儀礼のセミオティクス

メラネシア・フィジーにおける
神話／詩的テクストの言語人類学的研究

浅井優一

Semiotics of Ritual
Linguistic Anthropological Study of Myths / Poetic Texts in
Melanesia, Fiji

三元社

Ki vei kemuni
na rua na tamaqu mai na koro ko Nataleira mai Viti
tata Isireli Ratei kei tata Vuniani Naitau

Vata kei kemuni
na watiqu o Nerys kei na luvequ o Keita

即位したダワサム地域の最高首長を、彼の住居まで護衛している様子

即位儀礼が行われている家（ノレ）とその周囲の警護にあたる氏族の男性

即位した最高首長を牧師がキリスト教によって神聖化する様子

首長即位儀礼が終わった後の会食に振る舞われるウミガメを屠殺している

即位儀礼に向かう首長となる人物を護衛する準備をしている氏族の男性達

タイレヴ地方北西部ダワサム地域の沿岸部に位置するナタレイラ村

ナタレイラ村のセント・シレリ教会でのクリスマスの礼拝の様子

ナタレイラ村で新年の礼拝が行われた後の記念撮影

山で縄にかかった野豚を村落まで運んでいる様子

最高首長の即位儀礼が執り行われた家（ブレ）の内の装飾

もくじ｜儀礼のセミオティクス

図表・地図・写真一覧 *xv*

凡例 *xviii*

序 ◈ *001*

0.1　記号　*002*

0.2　リアリズム／リアル主義　*005*

0.3　ズレの所在　*007*

0.4　メタ言語　*010*

0.5　本書の構成　*012*
　　　0.5.1　議論の概要　*012*／　0.5.2　調査の概要　*017*

第Ⅰ部　言語、意識、テクスト

第1章　ボアズ人類学と言語　◈ *023*

1.1　言語、未開、意識　*025*

1.2　言語相対性　*027*
　　　1.2.1　副次的合理化　*028*／1.2.2　音と意味　*029*／1.2.3　語彙と意識　*030*／1.2.4　対照性と類似性：アナロジカルな増幅　*032*

1.3 レヴィ＝ストロース構造人類学 *034*
  1.3.1 無意識 *034*／1.3.2 アナロジー、ブリコラージュ、トーテミズム *035*

1.4 ヤコブソンからシルヴァスティンへ *037*
  1.4.1 転換子 *038*／1.4.2 詩的機能 *039*／1.4.3 メタ語用、較正、テクスト化 *043*／1.4.4 儀礼：行為のポエトリー *047*

1.5 記号の思想 *049*
  1.5.1 記号、対象、解釈 *050*／1.5.2 類像、指標、象徴 *052*／1.5.3 潜在態、現実態、規則態 *055*／1.5.4 名辞、命題、論法 *056*

第2章　儀礼のポエティクス　◈ *059*

2.1 儀礼と人類学 *060*
  2.1.1 儀礼化 *060*／2.1.2 ことばの民族誌 *061*

2.2 儀礼スピーチと形式性 *064*
  2.2.1 パラレリズム *064*／2.2.2 行為のダイアグラム（diagram） *067*

2.3 テクスト化／コンテクスト化 *069*
  2.3.1 媒介行為 *069*／2.3.2 超言語学 *070*／2.3.3 権威化 *072*

2.4 発話参加者と引用 *074*
  2.4.1 ゴフマンのフレーム理論 *074*／2.4.2 引用、模倣、憑依 *076*

2.5 意図性と発話行為論 *079*

第3章　構造、歴史、存在　◆ 083

3.1 サーリンズの構造 *084*
  3.1.1 王権論 *084*／3.1.2 ロノ神の死 *086*／3.1.3 出来事の不在 *088*／3.1.4 言霊とトーテミズム *089*／3.1.5 パース記号論の不在 *094*

3.2 トーマスの歴史的転回 *095*
  3.2.1 サーリンズ以後 *095*／3.2.2 文化の客体化と植民地期 *098*

3.3 ストラザーンと存在論 *101*
  3.3.1 モノ、分人、出来事 *102*／3.3.2 ナヴェン：ベイトソンのメラネシア *105*／3.3.3 存在論的転回：儀礼、パフォーマンス、アナロジー *107*

3.4 記号論的接合 *110*

第Ⅱ部　文書と序列

第4章　フィジー植民地政策と文書　◆ 117

4.1 フィジー諸島小史 *118*
4.2 初期植民地政策 *121*
4.3 ダワサム地域 *124*

4.3.1 地理的概要　*124*／4.3.2 集団構成　*128*

4.4　アーカイヴ記録国家　*131*

第5章　首長位の系譜　◆ *135*

5.1　首長位と即位儀礼　*136*

5.2　歴史の記号「アンディ・リティア」　*142*
　　　5.2.1 二つのレジーム　*142*／5.2.2 固有名詞と時空間の個別化　*149*

5.3　二分された贈与、王位の「証左（na ivakadinadina）」　*151*
　　　5.3.1 モノ化した社会指標性　*152*／5.3.2 ビロ（bilo）とゲレ・ヴァカラトゥ（qele vakaRatu）　*155*

5.4　儀礼を巡る集団間の思惑と「文書」　*158*

第6章　文書の体制　◆ *167*

6.1　作成方法　*169*

6.2　メタ文書化されたフィジー　*172*

6.3　『一般証言』あるいは象徴　*177*
　　　6.3.1 集団の「起源化」　*179*／6.3.2「氏族＞系族＞家族」のオントロジー　*188*／6.3.3 宣誓　*190*／6.3.4 テクストの詩的終焉と権威化した知識の序列　*194*

6.4 『氏族登録台帳』あるいは指標 *195*
  6.4.1 系族と土地所有／証言と台帳の対照ペア *196*／6.4.2 登記儀礼 *200*／6.4.3 文書への疑念 *203*

第Ⅲ部　神話と形式

第7章　儀礼、神話、文書　　◈ *209*

7.1 裸のヴァヌア *210*
  7.1.1 儀礼開催の画策 *210*／7.1.2 ペニ・ワンガの反応 *215*／7.1.3 反対派の主張：マタニヴァヌアとサウトゥラガ *218*

7.2 神話的邂逅 *224*
  7.2.1 ナンボロ系族とナワライ系族の接触 *224*／7.2.2 外来王「ナゾウ」 *227*／7.2.3 「彼ら先達」としてのダワサム：言及指示的次元の整合性 *238*／7.2.4 相互行為的次元の整合性と結束性 *246*／7.2.5 古き正しき「道」 *250*

7.3 土地の民とよそ者 *252*
  7.3.1 長老会議 *252*／7.3.2 知らない・出来ない「よそ者」 *255*／7.3.3 認識論・行為論・存在論 *262*／7.3.4 出自の暴露 *265*

7.4 「土地」というオリゴ *271*
  7.4.1 ハイポタクシス（hypotaxis）とパラタクシス（parataxis） *271*／7.4.2 リアルの所在 *276*

第8章 1930年との指標的類像性　◆ 279

8.1 賛成派の主張　*281*
　　8.1.1 三幅対フレーム　*281* ／ 8.1.2 土地の結束性　*288*

8.2 反対派の反論　*291*
　　8.2.1 親族名詞・呼称　*291* ／ 8.2.2 偽文書の引用　*295* ／ 8.2.3 フレーム修復儀礼　*298*

8.3 最終審議前半と相互行為的転換　*301*
　　8.3.1 ロコ・トゥイの質問　*301* ／ 8.3.2 出自の暴露　*306*

第9章 知識とダイクシス　◆ 313

9.1 ダイクシスと語彙ペア　*314*
　　9.1.1 ダイクシス　*314* ／ 9.1.2 cake (delana) / ra　*315* ／ 9.1.3 liu / muri　*316* ／ 9.1.4 donu / cala　*317*

9.2 魔法のフォーミュラ　*319*
　　9.2.1 マナ、それは真実である　*319* ／ 9.2.2 二者間の「類象性」　*323*

9.3 最終審議後半と構造的転換　*328*
　　9.3.1 mai / yani（アンディ・リティアの到来）　*328* ／ 9.3.2 政府の「印鑑」　*335*

9.4 神話の不在／不在の存在　*339*
　　9.4.1 土地（ヴァヌア）という「文書」　*339* ／ 9.4.2 心の中の本　*345*

／9.4.3　引用の連鎖と非決定性　*348*

第Ⅳ部　儀礼、映像、憑依

第10章　儀礼ことばの民族誌　◆ *353*

10.1　首長を「連れてくる」(kauta mai na Ratu)　*355*
　　　10.1.1　儀礼開催　*355*／10.1.2　定型の中の意図と侮蔑　*358*／10.1.3　「道」(sala)　*362*／10.1.4　最初の時への回帰　*364*

10.2　即位という「語彙化」　*366*
　　　10.2.1　ブレの内外の分節　*367*／10.2.2　空間の詩的多層化　*373*／10.2.3　象徴記号化　*375*

10.3　ヤンゴナを「飲ませる」(veivagunuvi)　*376*
　　　10.3.1　凝固した八つの氏族　*376*／10.3.2　「ビロ」の譲渡 (soli na bilo)　*379*／10.3.3　儀礼の秩序　*389*

10.4　首長を土地に「住まわせる」(veivakatikori)　*390*
　　　10.4.1　回顧的較正　*391*／10.4.2　首長のことば「風は正しく吹いている」　*397*／10.4.3　キリスト教による神聖化 (lotu ni veivakatikori)　*401*

10.5　儀礼の構造　*403*

第11章 映像の体制 ◆ 407

11.1　DVDによるアーカイヴ化　*408*
　　　11.1.1　土地の決定　*408*／11.1.2　割譲以前　*414*／11.1.3　著作権　*418*

11.2　「相克」のテクスト化　*420*
　　　11.2.1　伝令の道（sala ni tukutuku）　*421*／11.2.2　地の文の語り手　*422*／11.2.3　言文一致体　*427*

11.3　「ヴァヌア」というメタ・ディスコース　*429*
　　　11.3.1　All vests with the vanua　*429*／11.3.2　バイニマラマと民主化の語り　*431*／11.3.3　「今ここ」の複製　*434*

第12章 記号論的総括 ◆ 439

12.1　文化記述と記号論　*440*

12.2　文書から映像へのメディア的変容　*443*
　　　12.2.1　従属モデルから並列モデルへ　*443*／12.2.2　ビロの譲渡とズレの修正　*444*／12.2.3　亡霊の憑依　*446*

12.3　ポストコロニアルの登記儀礼　*447*

結／コーダ　　◆ 449

添付資料　　◆ 453

添付資料1（調査許可書関連）　454

添付資料2（新聞）　458

資料（地図・史料・統計）　460

参考文献　461

あとがき　479

索引　486

図表・地図・写真一覧

【図】

図1. ヤコブソンのコミュニケーションの六機能モデル　*041*

図2. 詩的構造化の原理　*041*

図3. 記号、対象、解釈の関係　*051*

図4. 儀礼スピーチのパラレリズム　*066*

図5. 儀礼化されたコロンビア川での水浴　*068*

図6. コミュニケーション出来事の媒介性　*071*

図7. 言語および行動的要素と発話範疇の指標的連関　*077*

図8. 発話者のカテゴリーと（発話者）個人の存在性の階層　*078*

図9. ダワサム地域における最高首長（Ratu）を中心とした氏族（yavusa）間の忠義（allegiance）関係とその居住村落　*128*

図10. ダワサムという時空間を形成する「証左」、及びそれぞれが喚起する範疇間のホモロジー　*164*

図11. 文書を通じた近代フィジーの生成：登記という世俗的儀礼　*203*

図12. ブレの内と外に座した長老たちの配置　*368*

【表】

表1. コードとメッセージ　*039*

表2. 三つの記号の三幅対　*057*

表3. 十通りの記号の組み合わせ　*057*

表4. 現在のダワサム地域の氏族とその居住村落　*129*

表5. ダワサム地域における首長の系譜　*138*

表6. デンゲイ（Degei）の妻と子孫たち　*243*

表7. ロコモウトゥ（Rokomoutu）の子孫たちと彼の息子のヴエティ（Vueti）　*244*

表8. 即位儀礼初日の式次第（ドゥリティ村→デラカンド村）　*389*

表9. 即位儀礼三日目の式次第（デラカンド村→ドゥリティ村）　*391*

表10. ダワサム地域の伝令の道（儀礼前）　*421*

表11. 再編成されたダワサム地域の伝令の道（儀礼後）　*421*

【地図】

地図1. ヴィティレヴ（Viti Levu）島におけるダワサム地域の所在　*125*

地図2. ダワサム地域の拡大地図　*125*

地図3. タイレヴ地方におけるダワサム地域の位置　*127*

地図4. 初代首長「ナゾウ」が辿ったとされる道筋　*237*

地図5. ヴェラタからヴニンダワ、そしてダワサムへの道筋　*245*

地図6. ドゥリティ村からデラカンド村へ（ペニ・ワンガが辿った道）　*355*

【写真】

写真1. ペニ・ワンガ宅の上座中央の肖像（矢印で示された箇所）に飾られた「ビロ（bilo）」と名付けられた「タンブア（tabua）」　*152*

写真2. 「首長の土地（qele vakaRatu）」の位置（四角で囲んだ箇所）　*154*

写真3. デライ氏族『氏族登録台帳』の表紙内側の見開き（Vola ni kawa bula, 1930）　*160*

写真4. ダワサム氏族『一般証言』　*180*

写真5. ダワサム氏族・ナサンギワ系族『氏族登録台帳』　*197*

写真6. 土地が系族ごとに区分けされているダワサム地域　*198*

写真7. 『一般証言』におけるヴォニ氏族のナマラレヴ系族とナンボロ系族の序列　*213*

写真8. デラカンド村に建てられ始めた儀礼の行われるブレ　*266*

写真9. ペニ・ワンガの邸宅（ドゥリティ村）へ向かうデライ氏族　*365*

写真10. ブレへ向かうペニ・ワンガとエヴェレティ　*366*

写真11. インベで作られた道に座す女性たちとヴァトゥヌロア　*370*

写真12. ブレの内の装飾　*372*

写真13. ヤンゴナを混ぜ合わせるヴォニ氏族の男性たち　*380*

写真14. ビロを手に持ちスピーチを行うナザニエリ　*381*

写真15. デライ氏族とヴォニ氏族と共に屋敷へと向かうペニ・ワンガ　*392*

写真16. ヴェイヴァカティコリ儀礼の最後を飾る「聖餐」　*402*

写真17. DVDの最終映像頁　*419*

凡例

1. フィジー語

1) フィジー語の人名、集団名、地名、その他単語などは、カタカナで表記した。また、初出の箇所には、可能な限りフィジー語を併記した。
2) フィジー語に特有な表記については、以下のように記載した。

　　b[mb]　：ン＋バ行　　　　dr　　：ドゥ＋ラ行
　　c[ð]　 ：ザ行　　　　　　g[ŋ]　：ガ行
　　d[nd]　：ン＋ダ行　　　　q[ng]：ン＋ガ行

3) b、d、qが語頭である場合、「ン」は省略した。

2. 談話記録

1) 全ての談話記録には、録音した日時・場所を付記し、録音時のコンテクスト情報を記述した。
2) 録音機器は、主にOLYMPUS Voice-Trek DS-71を使用した。即位儀礼における談話記録は、主にフィジー言語文化研究所によって撮影された映像記録を基にした。
3) 談話は、可能な限り実際の言語使用に忠実に書き起こし、方言変種（音声的変異）もそのまま記載した。日本語訳は、言及指示的等価性を高めるように訳出した。
4) 日本語訳においては、適宜、コンテクストを補足する情報を（括弧）で示した。日本語訳に対応するフィジー語を（括弧）で示した箇所があるが、これは訳出と原語との対応関係を明瞭化するために行った。

3. 画像記録（写真）

1) 全ての写真には、撮影した日時・場所を付記し、撮影時のコンテクスト情報を記述した。
2) カメラは、SONY Cyber-shot DSC-W300を使用した。

＊調査に際して、フィジー政府より調査許可書を取得した。また、村落・地域、フィジー言語文化研究所、教育省から調査承諾書を得て、これらの規定の範囲内で調査を実施した。調査許可書・承諾書に関しては、本書末の「添付資料」を参照のこと。調査概要に関しては、第4章5節2項（4.5.2）を参照のこと。

序

0.1 記号

　南太平洋のフィジー諸島にあるヴィティレヴ（Viti Levu）島東北部のダワサム（Dawasamu）地域に所在する小さな村落、ナタレイラ（Nataleira）に住み込み、本格的なフィールド調査に着手し始めてから、ちょうど十ヶ月になろうとしていた頃だった。私にとってのフィジーの父（tamaqu）、デライ（Delai）氏族の族長ヴニアニ・ナイタウ（Vuniani Naitau）と私の間で繰り返されたダイアローグ、村での生活を始めてから程なくして始まった二人のやり取りは、その頃までには村を超えて、地域中が知るにおよぶ儀礼のようになっていた。

　ラグビーボールを抱えて駆け回る子供たちの声が村中に響き渡り、二度目の漁に出ていた女性たちが網を抱えて村に戻ってくる夕方。大樹の陰になり心地良い風が通り抜けるナイタウの自宅で、メモ帳に書き記された私の質問に、彼が一つ一つ答えるといういつもの仕方で始まったその日の語らい（talanoa）の中で、2010年4月15日からの三日間にわたって開催されたダワサム地域にとっては約三十年ぶりの最高首長（Ratu）の即位儀礼（veivagunuvi）について、その開催の是非を巡って地域を二分した激しい対立が生じ、その過程でナイタウが率いるデライ氏族が儀礼を開催するという主張に賛同し、それを主導するまでに至った理由を私に開示した際に為された彼の語りと、それに付随して表出したパラ言語的な変容を、今も鮮明に記憶している。

　　　Qo na itukutuku. Au sa na tukuna vakadodonu vei iko. Au dau vunitaka tu vei iko. O iko tukuna ni o sega ni rawa ni vakabauta. [...] Iko kila tiko na ibalebale ni vosa na kalou vu? Yalo, sega ni rawa ni tou raica o kedatou. E rawa ni vosa mai, vosa mai me vaka e curu tale vua e dua na tamata. [...] Qo na ka qo, au sega ni via talanoataka vei iko. Baleta o iko na sega ni vakabauta. Qo na itukutuku e lako mai cake, na koro makawa mai cake, me muria na sala.
　　　［これは啓示（itukutuku）である。おまえに真っ直ぐ（vakadodonu）伝えよう。おまえには隠していたことがある。おまえは、信じられないと

言うだろう。[中略] おまえは、祖先神（kalou vu）が話す、とは何のことか知っているか？ 魂（yalo）、それは私たちには見えないもの。それは、ことばを発する（vosa mai）ことが出来る、誰かが別の身体に入り込んで、ことばを発するような。[中略] こうしたことを、私は、おまえには話したい（via talanoataka）と思うことは無かった。なぜなら、おまえはそれを信じないだろうから。これは上（cake）から降りてきた啓示である、上に在るかつての村（koro makawa）から、私たちが、その道（sala）に沿って進む（muria）ために。][1]

* * *

　本書は、私とナイタウをはじめとするダワサム地域の長老たちとの間で営まれた様々なダイアローグ、コミュニケーションという出来事を通して生み出された解釈のテクストであり、それについての更なる解釈、したがって、メタ語用的解釈のテクストである[2] (cf. Jakobson, 1953; Geertz, 1973; Silverstein, 1993)。上

1　2010 年 5 月 15 日、22 時 15 分。ダワサム（Dawasamu）地域、ナタレイラ（Nataleira）村、ナイタウ宅にて収録。

2　「語用（プラグマティクス；pragmatics）」とは、実際に起こっている言語使用やコミュニケーションの出来事、あるいは、それを構成している要素を指している。一般にフェルディナン・ド・ソシュール（Ferdinand de Saussure）に帰せられるラング（langue）とパロール（parole）の区分に照らせば、概ね後者に対応する現象・概念である。したがって、「メタ語用（metapragmatics）」とは、そのような実際に起こっている（一階レベルの）言語使用やコミュニケーションの出来事、それを構成している要素、これらを対象として（二階レベル／メタ・レベルから）指し示す言語使用やコミュニケーションのことを意味する（Silverstein, 1993; 小山, 2009）。よって「メタ語用」は、グレゴリー・ベイトソン（Gregory Bateson）の「メタ・コミュニケーション（meta-communication）」やジョン・ガンパーズ（John Gumperz）が「コンテクスト化の合図（contextualization cues）」と呼んだ現象・概念と類似するものである（cf. Bateson, 1972 [1955]; Gumperz, 1982）。これらの概念化に依拠すれば、クリフォード・ギアツ（Clifford Geertz）が打ち出した解釈人類学、すなわち、特定の出来事の「解釈（テクスト）の所有者たちの肩越しにそれらの解釈（テクスト）を読み取る」という文

に記したナイタウによる語りは、彼が従事した文化の語り、あるいは、ナイタウと私を取り結ぶ関係性が変容したことを示す儀礼的転換点であるばかりでなく（cf. Attinasi & Friedrich, 1995）、指標野の基点（origo）が転換することに伴って、彼岸（out there and then）の存在となった私たちについて参照すること、すなわち、本書が記されるという今ここ（out here and now）で生起する儀礼的な契機に、私が書き手として参与する上で、常に想起されている神話／詩的テクストである[3]。

言い換えるなら、本書が、この記述自体を含み込んで展開しているフィールド、今ここへと投錨されて進行し続けているフィジーなる記号の秩序——テクスト——その生成・変容の過程を審らかにするものであると同時に、本書が書かれる／読まれるという今ここで生起しているダイアローグ、そのプラグマティックな効果として、フィジーなるものが喚起され、その帰結として、フィジーなるテクストが創り出されてゆく——テクスト化されてゆく——という記号の過程、メタ・プラグマティックな出来事として特徴付けられるならば[4]、本書は必然的に、そのような私自身が参与している民族誌記述というコミュニケーションの出来事、それ自体へと向けられた指標の矢、再帰的なテクストとしての性格を有していることになるだろう。

化記述は、特定の語用についての語用である点においてメタ語用的な行為・実践である（Geertz, 1973）。「メタ語用」の詳細については、第1章4節（1.4）を参照。

[3] 言語学者ローマン・ヤコブソン（Roman Jakobson）は、「個人」をパロールの発生源とするソシュールの構造理論に対峙する形で、「モノローグ」ではなく「ダイアローグ」が発話の基礎的（fundamental）な形態であると捉えた（Jakobson, 1953）。ヤコブソンは、以下のように言及している。
  外部化されていない、声に発せられていない、いわゆる内的な発話とは、より明示的で、明瞭に発せられた発話の、間接的で、暗示的な代替物であるに過ぎない。さらに言えば、対話（ダイアローグ）が内的な発話の前提になっている。（ibid., p. 15）［日本語訳引用者］

[4] マリリン・ストラザーン（Marilyn Strathern）に倣って言い換えれば、新たな現実（イメージ、モノ）が生成され、それらが更なる現実を喚起／生成し続けてゆく終わりなき（メタ語用的な）過程が、「部分的繋がり（partial connections）」ということになるだろう（Strathern, 2004）。

0.2 リアリズム／リアル主義

　この意味での再帰性は、ポストモダン人類学として展開した再帰性とは、性質を異にするものである。ポストモダン人類学の再帰性は、客体を正しく表象し得ない主体へ向けられた反省、表象行為が孕む他者への権力性やポリフォニーの抑圧、解釈の断片性や経験の翻訳不可能性、これらを問い質し続ける限りにおいての再帰性——抵抗——であり、その抗いの帰結それ自体に、自己と他者が地続きとなる地平、主体と客体の二項対立（binary opposition）を瓦解する可能性を見出そうとする合目的的規範がメタ語用的な枠組となって織り出されるスピーチ・ジャンル（speech genre）であったと回顧しうるのではないか[5]（cf. Bakhtin, 1981, 1986）。

　そのような抗い、とりわけ他者論などと呼ばれたスピーチ・ジャンルは、そもそも他者論たりえていなかった。そこで言及される他者は、自己の反転像としてのみ浮かび上がる類の他者、つまり、不在の他者であることが予め指定さ

---

[5] 「ポリフォニー（polyphony）」は、ミハイル・バフチン（Mikhail Bakhtin）が提示した文学系社会理論（超言語学; metalingvistika）における基礎的な考え方である。Jakobson（1957）では、バフチン最大の同伴者であるヴァレンティン・ヴォロシノフ（Valentin Vološinov）の洞察が引用され、「伝えられた言葉（reported speech）」という発話様態が、「メッセージに関するメッセージ（message referring to message）」として範疇化されているように（ibid., p. 387; cf. Vološinov, 1973 [1929]）、ダイアローグを発話行為の基礎的形態と捉えるヤコブソンの視座と、高い親和性を有する考え方でもある（Dakhtin, 1981 [1934]）。このことは、メッセージ（発話）を通して、多様な社会的存在、あるいは「声（voice）」が指し示されること、言い換えれば、あらゆる存在の基底にはダイアローグという社会的媒介が位置していることを示唆するものである。バフチンの文学系社会理論については、第2章3節（2.3）を参照。
　ポリフォニーという考え方の基底に「対話性（dialogicality）」が存在するならば、自他や主客とは、個々のダイアローグにおいて喚起される多様な社会的存在の現れ、その「束」であり、そのような自明な区分自体が存在しないことを主張するものである。したがって、自己による解釈の対象としての他者の「多様性」という仕方で、ポリフォニーの概念を「我有（appropriate）」する向きには、看過し得ない誤謬が潜んでいる。

れており、その先に決まって現れるのは、解釈の暴力に淫した罪深き自己（主体）である。そこでは、未開、非西洋、オリエント、サバルタン、自然、客体。それを認識する西洋、近代、理性、主体。このヘゲモニックな二項対立が前提となり、しかし、その構図に抗い、両者の間／フィールドを旅するヘルメスとして民族誌家は据え置かれる。民族誌家は、旅路で遭遇した多様な多声的な他者、彼ら彼女らと従事した日常の出来事、「実際の」体験を、ありのままに描き出そうとすることを通じて、民族誌的現在に閉じ込められた人々、他者化（othering）された他者たち、彼ら彼女らの「多なる声」を救い出すことが任務とされる。個別の断片的な出来事からの提喩的な飛躍、「バリ風に」、「バリ人にとって」、「バリ文化とは」といったギアツ的リアリズムによってではなく、他者との日常的な出会い、「私」と「あなた」が共に従事した特定の相互行為、一人称と二人称によるダイクティック（diectic）な実際の対話、そのような諸事実それ自体――物自体（Ding-an-sich）――として文化を提示する意味でのリアリズムである。他者はやはり他者であり、自己はやはり自己であったという「事実」に今一度立ち返り、フィールドでの生の現実と人類学者による解釈、その齟齬に自省を促し続けることを旨としている。

　ギアツ／マリノフスキーの子供たちにとっての再帰性、その後、ポストモダン人類学と呼ばれてゆく転回の要諦は、こうした自省にあったと言えるが[6]、そ

6　特定の出来事や経験が「書かれること」、「言語化されること」、「他の言語へ翻訳されること」によって、出来事や経験が「歪曲する」という現象、その意味において（経験の）「翻訳／代替不可能性」に、「表象行為」の政治性や権力性を見出し、それを論うというポストモダン人類学、実験民族誌的な言説は（cf. Clifford, 1986, p. 115)、まず「純粋な経験」、「生の現実」、「リアル」を措定せざるを得ないが、当然、それらはイデオロギーとしてのみ措定されうるものである。
　　また、この意味での「翻訳／代替不可能性」は、厳密には出来事の一回性という記号作用の原理に帰されるものであり、その出来事の一部として生起する「解釈」やその「断片性」という現象は、当然、いかなる文化記述／民族誌記述が現れようと解決され得るような問題ではない。したがって、そのような問題設定自体が、ある意味では、文化を論じる上での議論の的を外していると言え、そうした「批判」ではない仕方で文化記述の在り方を探る必要がある（cf. Quine, 1968)。

のような自省は、他者に対する諒解可能性を問えば問うほど、その決して架橋しえない自己との溝を発見し、そして、その溝の所在を指差すことによって担保される自己（roots）へと回帰するためのナルシシズム、自分探しの旅（routes）となる（cf. Clifford & Marcus, 1986; Clifford, 1988, 1997）。つまり、この自省の旅は、自愛の旅であり、そこで（再）発見され続けるのは、サバルタンたちとの対照を通してのみ生起する主体、その特権的な立ち位置から離れる術をもたない——しかし、それに抗しようとする——疎外された「この私」である。サバルタン探しのこの旅は、主体と客体、観察者と被観察者、近代と未開、理性と野蛮、これらの二項対立を自明な前提とし、そして、その前提自体が孕む不均衡／不平等、齟齬／ズレを演劇的に論う——物神化し続ける——自己言及の儀礼である[7]（cf. 杉島, 2014）。したがって、その前提自体によって成立している民族誌記述という営為を相対化しうるメタ言語、その意味での外部、あるいは他者は、始めから不在になっている。他者無き他者論は、翻って、自省無き自省であり、その限りにおいて、他者論にも自省にも、なり得ない。ポストモダン人類学の再帰的旋回は、彼ら自身が辛辣に批判し、乗り越えようと試みた語る主体／フィールドワーカーの権威、「近代リアリズム＝民族誌＝人類学」という（マリノフスキー以来の）定式に取り憑かれ、ある意味では、誰よりもその定式を信奉した論議だったと言える。

0.3 ズレの所在

ここで改めて注意を促したいことは、以上に述べたような文化記述、すなわち、自己とその反定立として自明視された他者、リアル（real）、物自体、そこへの比喩的（提喩的）な一体化を希求し続ける近代リアリズム（＝リアル主義）、

---

[7] この点について、杉島（2014）は、「二元論を乗り越えようとする試みが、二元論を構成する二つの項に言及しながら展開されるために、その過程で両項の実在感はむしろ強まり、議論は二元論の範囲内にとどまる」とし、コミュニケーションという視座から次世代の人類学を構想するという視点を提示している（ibid., p. 25）。

その帰結として展開する二項対立批判の民族誌の叙述は、人類学を含む社会文化研究一般における他者、リアル、あるいは「ズレ」の所在を捉え損ねる帰結を、既に含意として示唆しているという点である。

私たち人間が、まさに自己や他者、主体や客体などとして現れる現象、通常、コミュニケーションと呼ばれる語用的契機、その効果としてのみ存在しうることを正当に認めるならば、自他や主客といった二項対立的な現れを瓦解する試みは、そのような二項対立それ自体を生み出している契機、私たちが従事しているコミュニケーションという出来事を正面から分析する試みに他ならない。例えば、自他や主客、そのアナロジーとして喚起・増幅する種々の二項対立は、語用範疇・文化的意味範疇の「対照性＝類像性」という記号論的原理が作用して発現する比喩的現象であり、それはコミュニケーション出来事を介して生起する私たちの意識の歪み、捉え損ねた現実、すなわち、リアリティ／リアルらしさ（real-*ity*）である。その限りにおいて、コミュニケーションという場所は、私たち人間という現象、そして人間を含み込んだ全ての文化的／自然的存在の邂逅の場所——文化と自然の結節点——であり、したがって、コミュニケーションという出来事の分析は、それ自体として一つのコミュニケーション出来事である文化記述、その基点／起点（locus）でもある (cf. Bauman & Briggs, 1990)。そうであるならば、文化の記述は、私たち人間という現象が生起する文化的で自然的なコミュニケーションの出来事が、どのようにして出来事として成立するのか、意識化されるのか、テクスト化されるのか、その記号の過程を厳密に記述・分析しうる理論的枠組みの構築を目指す試みでもなければならないだろう[8] (cf. 西井, 2011)。

8 　西井（2011）は、時間的視座を導入した社会空間論を展開するにあたって、次の三つの課題を提示しており、本書の問題意識と極めて近いものとなっている。1) 人間存在が自然の一部であることを視野に入れる必要がある。2) 社会空間論は、自然存在としての人間の実践過程に光を照射することにより、意志や意図を持った主体としての人間を中心に据えた思考から離れ、生成する出来事に視点を移す。つまり、探求すべきは、主体がいかに生成・変容するかではなく、主体を超えて出来事が生成する場を捉えることである。出来事が生成する現場や、その流れをいかに捉えるかが重要であると考える。3) そうした生成する出

具体的に言えば、どのような要素が私たち人間の意識には上り易く、意識化の対象となり易いのか、逆説すれば、どのような部分が意識には上りにくく、その限りにおいて無意識（意識下）へと後景化するのか、そのような意識による現実の捉え損ね——ズレ／歪み——のメカニズムを体系的に説明可能にするメタ理論の構築を企図しつつ、そうしたメタ理論と（明示的にであれ、非明示的にであれ）整合性をもつ仕方で、一回的で多様な文化的事象の特徴付けを試み続けることが肝要であると思われる。なぜなら、文化記述という行為、当然、これ自体が一回的で、経験的なコミュニケーション出来事であり、同時に、この出来事という地点が、文化記述と他の全ての記号現象が共起する指標野、いわば森羅万象の所在、「存在論的な基盤」だからである（cf. 春日, 2011a, p. 20）。したがって、この点が想定されていない文化の記述は、実際には相互行為的な言説としてしか機能し得ず、その儀礼的効力が切れる頃には「古き悪しきもの」と見做され、目まぐるしいモデルチェンジの波——様々な意匠／衣装の渦——の中に消えてゆく泡、まさに文化の産物としかならないのではないかと危惧されるからである。決して短くはない人文社会科学の歴史において、これまで為されてきた様々な議論を、移ろいゆく「流行」のように見立て、それらを「乗り越え」の対象としたり、「転回（turn）」などと呼び習わしたりすることは、まさに「転げ回る」というプラグマティックな運動が生み出すメタ・プラグマティックな帰結、コミュニケーションの比喩的効果（tropical effect）に過ぎず、それ自体、紛れもない自然／文化現象の一様態として説明可能なものである。

　そうであるならば、そのようなコミュニケーションという存在論的な基盤、あるいは人間という自然的／文化的現象にとっての唯一のサアル、そこに根ざして、そこに向かって、指標／分析の矢を放ち続ける営み、その限りにおいての再帰性、あるいは内在的な（immanent）批判によって、近代や理性、いわば西洋的なる二元論には回収しえない意味での他者、「ズレ」の所在、現代人類

来事をプロセスとして捉える方法を模索しなければならない。ミクロな社会的場面のなかに内在しつつ、そこからみえてくることを長距離の射程をもった理論にどのように精錬していくことが出来るのかが課題となる、としている（ibid., p. 2）（下線は引用者による）。

学における民族誌記述の外部／彼岸は、喚起されうるのではないだろうか[9]（cf. 春日, 2011a）。

0.4 メタ言語

　本書は、こうした現代人類学と民族誌記述につきまとった問いに、言語人類学という視座から迫るものである。したがって、本書は、その記述・分析の基点に、様々な言語使用、コミュニケーション出来事、すなわち「テクスト（text）」を据えることになる。ここで言う「テクスト」とは、特定の時空間に身を置く私たち人間にとって、認識可能となった全ての現象、特定の社会文化的コンテクストにおいて解釈可能となった経験的、語用的、コミュニケーション出来事一般のことを指している[10]（cf. Bauman & Briggs, 1990; Silverstein & Urban, 1996）。

　この概念の基底にあるのは、言わずと知れたアメリカ人類学の父、フランツ・ボアズの言語論であり、さらには、20世紀最大の言語学者ローマン・ヤコブソンの言語学／詩学である。ボアズの言語論は、言語によって音や意味の「範疇化」の仕方（意識のされ方）が異なり、したがって、世界の現れやその経験のされ方が、言語や文化によって異なることを示してきた（詳細は、第1

9　春日（2011a）は、今日の社会文化人類学における「存在論的転回」に関する論考において、以下のように、本書で提示したい民族誌記述の方途と極めて近い視点を提示している。

　　　生成とは何なのか。それはある人々やモノや混淆物が相互に影響を及ぼし合いながら齟齬と連接を生みだし、集合や分離を次々と形成することでさらなる齟齬と連接を作り出していく過程である。そしてこの過程に人類学者というアクターが加わり、アクターとしての対象とある種の関係を作り上げる作業つまり研究をおこなう。研究が内在的であろうとすれば、超越的な視座や規模の序列や定点を徹底して排除し、人類学者自らが定点のない視点として、他のアクターと共に全体像も序列もない連接を構築するしかない。これを書いている私とて例外ではない。(ibid., p. 19)

10　「テクスト」については、第2章3節2項（2.3.2）を参照。

章1〜2節を参照)。ヤコブソンは、「詩的機能（poetic function）」という言語機能、すなわち「メッセージがメッセージ化される」という再帰的な現象（"message for its own sake"）を発見し、それを基点にしたコミュニケーションの「六機能（six functions）」を提示する（Jakobson, 1960）。そして、パロールの発生源として措定されたソシュール言語学的「個人」を、「メッセージ」という指標的次元で発生する発話出来事（speech event）を通して現れる「二次的」な存在として位置付け、発話出来事を基盤に据えた言語理論を提示した。こうしたヤコブソンの言語学は、言語学と文学・詩学、文化研究との接合の契機ともなり、ソシュールによるラングとパロールの二分法を超えた、メッセージ（あるいは、発話出来事）を中心とした社会文化理解の理論的起点となった（詳細は、第1章4節を参照）。

　したがって、このような概念に基礎付けられた「テクスト」という現象は、ダイアローグが人間社会における相互行為の最も基礎的な形態であるのと同様に、**1)** 私たち行為者の「意識」、そして、その反定立として陰画的に措定される「無意識」、この両者の交叉によって発現する社会文化の歴史的変遷の語用的起点であると同時に、**2)** 20世紀（近現代）の人間諸科学の礎石を形成してきた「意識」と「無意識」という問題系、言い換えれば、私たちが身を置いている「近現代」という社会文化的な秩序、それ自体を形作っているメタ語用的枠組が生起する起点でもある。すなわち、文化記述の基点に、特定のコミュニケーションが「テクスト」（あるいは「コミュニケーション出来事」）として形作られる過程、つまり「テクスト化（*en*textualization）」の有り様についての分析を据え置くことは、**1')** 文化的事象やその歴史的変容を、経験的に、民族誌的に論じる際の必要不可欠な手続きであると同時に[11]（cf. 名和, 2011, p. 359）、**2')**

11　名和（2011）は、ネパール領ビャンス（Byans）地域に住む「ラン（Rang）」と呼ばれる民族集団による「死の解決」を巡る機構として葬送儀礼を取り上げ、儀礼における時間・空間の構成の定型性とその変容を、（定型的）言語使用の形態論的側面に降り立って論じている。名和は、言語使用の形態論上の詳細を検討することは、時間を経験的・民族誌的に論じようとする際の、最も主要な手掛かりの一つとして捉え、そうした考察を行わずに時間に関する民族誌的議論を重ねる営為は、必要な手続きを飛ばした議論であるとしている（ibid., p. 359）。

そうした文化的事象やその歴史的変容について語ってきた様々な研究、それ自体としてコミュニケーション出来事である研究営為を、コミュニケーションという人間一般に観察される記号作用の原理的一貫性の基に布置することを可能にするものである。つまり、個々の議論や研究視座が有する特徴、さらには、自らが従事している文化記述という出来事、それ自体の限界を同定できる座標、メタ言語を構築する際の必要不可欠な手続きでもあると考えられるだろう（cf. 小山, 2011, p. 24）。これらの問題意識に基づきながら、本書は、言語使用、コミュニケーション出来事、テクストを基点に据えた文化記述、その限りにおいて言語人類学的な民族誌記述に[12]、再帰的で、ある意味では、より十全な社会文化研究の方途があると考える。

0.5 本書の構成

0.5.1 議論の概要

現代人類学における言語人類学からの問い、その理論的な構えを前提にして、本書は、南太平洋のフィジーを調査地とした民族誌記述を展開するものである。そして、1）20世紀初頭に、英国植民地政府と先住民系フィジー人との間で行われた土地所有集団の登記作業に際して作成され、現在に至るまで土地と社会集団の所有関係を規定している「文書」（『一般証言（Ai tukutuku raraba）』および『氏族登録台帳（Vola ni kawa bula）』）、2）2010年4月15日からの三日間、フィジー諸島共和国ヴィティレヴ（Viti Levu）島東部、タイレヴ（Tailevu）地方最北部に位置するダワサム（Dawasamu）地域において、当該地域にとって

本書は、この見解を踏襲し、さらに同様の見解が民族誌記述一般において妥当しうると考えている。民族誌記述が、人間という現象の成り立ちの有り様を、様々な視座や方法に依拠して審らかにしようとするプロジェクトであるならば、人間という「現象」の生成の所在、（言語を介して営まれる）コミュニケーションという出来事や相互行為、いわば「細部」を丹念に、厳密に記述・分析することが民族誌記述の出発点であると考える。

[12] 言語人類学のコミュニケーション理論については、第1〜2章を参照。

は約三十年ぶりに開催された最高首長（Ratu）の即位儀礼（veivagunuvi）、以上二つのコミュニケーション出来事、「神話／詩的テクスト」の記号論的繋がりについて言語人類学の視座から記述・分析するものである。それを通して、1'）フィジーにおける植民地期の社会文化を「文書」を介して形成される秩序——文書の体制——として理解し、そのような秩序は、フィジー社会が植民地期以後へという史的変遷を経る中で、2'）「映像」（相互行為）への志向性が前景化した社会文化的秩序——映像の体制——へと変容していることを、「文書」・「神話的語り」・「儀礼」[13]・「DVD」という大きく四つに分類しうる異なる種類のテクストに焦点を当て、それらの異なるテクストが、テクスト化される様子を審らかにすること、そのような多角的測量に基づいて明らかにすることを目的としている。

　さらに、本書は、そのようなフィジーの社会文化的秩序が示す史的変遷と相関を成すように、フィジーを含むメラネシア／オセアニアを対象とした人類学的研究自体もまた、1'）象徴構造（文化的意味範疇の序列）に特化した意味論的な論議から、2'）そうした象徴構造（文化的意味範疇）の語用的／歴史的な生成の過程や、特定の出来事の分析を基盤として様々な知識や現実、リアリティが生成される仕方自体へと特化する議論、近年の社会文化人類学では「存在論的転回（ontological turn）」と呼ばれているような史的変遷を示していることを指摘したい（cf. Henare, Holbraad, & Wastell, 2007; 春日、2011c）。別言すれば、1''）意味や認識という問題に焦点を当てた研究から、2''）語用や存在という問題系に焦点を当てた研究へといった（本書自体も共有している）研究史的な変遷、こうした変遷自体もまた、フィジーで観察される社会文化的秩序——記号の体制——の変遷と共に展開していることを示唆する。本書が記述する出来事とそのような記述を可能にする枠組み、この両者が実際の文化現象として「共起」の関係にあること、再帰的に指標し合う言説的な布置として成立していること

13　ここで言う「儀礼」とは、社会文化人類学や比較社会学において主要な研究対象となってきた宗教儀礼など、明示的な意味での「儀礼」であり、アーヴィング・ゴフマン（Erving Goffman）による「相互行為儀礼」などが示唆する非明示的な意味での「儀礼」と対照性を示す概念である。前者と後者の区別は、相互行為が示す「テクスト性（textuality）」の程度による。詳細は第1〜2章を参照。

を審らかにしようと試みるものである。以下が、本書の骨子である。

＊＊＊

　本書は、四部から構成される。【第Ⅰ部：言語、意識、テクスト】は、言語人類学のコミュニケーション理論とメラネシア／オセアニア人類学の記号論的省察である。まず**第1章**では、20世紀、近現代人間諸科学の礎石を形成してきた意識／無意識という問題系を、ボアズからサピアやウォーフに至る言語相対性理論、レヴィ＝ストロース構造人類学、ヤコブソンの詩学とプラハ構造主義言語学、シルヴァスティンの言語人類学、そして、パースの記号論、これらの基礎的な考え方を素描して確認し、本書の記述・分析の基底を成す「テクスト化」という視点との関係について論じている。**第2章**では、ボアズ人類学の言語思想の中でも、詩や儀礼の民族誌的事例を基にした考察を行ってきた「ことばの民族誌」の系譜に、ヤコブソンの詩学、バフチンのダイアロジズム、さらにゴフマンの相互行為論などが結び付けられて構築されてきた儀礼スピーチに関する考察を概観し、言語使用を切り口とした儀礼の言語人類学的アプローチについて概括している。**第3章**では、言語人類学のコミュニケーション理論に依拠して、メラネシア／オセアニアを巡る社会文化人類学的議論、特にマーシャル・サーリンズ（Marshall Sahlins）が提示した「構造歴史人類学」、ニコラス・トーマス（Nicholas Thomas）による「文化の客体化」、マリリン・ストラザーン（Marilyn Strathern）の「分人論」に関する議論、それぞれ「構造」、「歴史」、「存在」として理解できる三者の論議を、（メタ語用的）「テクスト化（*entextualization*）」という記号原理を基盤に布置・接合している。

　【第Ⅱ部：文書と序列】では、植民地期のフィジー社会とその生成に重要な役割を果たしてきた二つの文書（『一般証言（Ai tukutuku raraba）』および『氏族登録台帳（Vola ni kawa bula）』）に焦点を当てている。まず**第4章**では、フィジー社会と植民地政策の関係について論じ、近代フィジー社会の形成に文書という媒体が担っていた社会的意義や機能について論及している。**第5章**では、筆者の調査地であるダワサム地域における首長位の系譜と継承、それに纏わる地域内部の集団間の序列意識について記述し、その序列意識が植民地期に作成

された「文書」に端を発するものであることを指摘している。**第6章**では、上述した二つの文書の形式と内容について詳細に分析している。具体的には、19世紀末に初期植民地政府下に設置された「先住民所有地委員会（NLC）」は、フィジーにおける各氏族の移住伝承や内部の系族構成、それら構成集団に付与される儀礼的役割などを、フィジー人による「宣誓」という行為形態において記録し、それらを収録した『一般証言』と、その内容に照応した集団ごとの構成員を登記する名簿として『氏族登録台帳』の二冊の文書を作成したこと、そして、『一般証言』が厳重な管理の下、一般への公開が制限される一方、『氏族登録台帳』は比較的一般の目に曝され、随時、集団の成員を登記（書き込み・修正）することが可能な名簿として機能し、「氏族＞系族＞家族」という明瞭な階層／序列構造（serial structure）としてのフィジー社会が、成員の「登記」という文書を媒介とした反復作業（世俗的な儀礼）を通して創出されたことを明らかにしている。

【**第Ⅲ部：神話と形式**】では、ダワサム地域における文書の記載事項に対する疑念と、その記載を覆すために首長の即位儀礼を開催しようと画策された出来事について論じている。まず**第7章**では、植民地期における文書化の過程を通して、劃然とした集団間の序列が生起し、その序列へ人々の意識が収斂するようになった結果、序列を巡る集団間の「排他的意識」が醸成された点を指摘している。そして、過去に存在したとされる「本来の」首長位の系譜が途絶えた原因が、文書に記載された民族・氏族集団間の「誤った」地位・序列にあるとされ、土地の「誤った」文書の秩序を、「文書以前」（植民地期以前）に遡る「正しい」秩序へ是正しようという申し立てが為されたこと、そこで地域の長老たちが従事した地域の過去についての語り、神話的語りを分析している。**第8章**では、地方行政担当官を交え、即位儀礼の開催の是非を審議する会議で、即位儀礼の開催が決定される過程について考察している。**第9章**では、即位儀礼の開催を画策した集団が、様々な文化的価値を指標する「語彙ペア」、それに付随する「ダイクシスのペア」を駆使し、強い一貫性と結束性を有する神話の語りに従事することを通して、儀礼を開催する正統性が自らの集団にあることを示した点を考察している。そのような神話の語りが、首長と土地の民、その他の集団間の「排他性／並列性」が前景化した形式（パラタクシス；

parataxis）を有しており、首長を頂点とした集団間の階層性や「支配−従属」の関係性が前景化した植民地期の文書の形式（ハイポタクシス; hypotaxis）とは異なりを示す点について明らかにしている。

　【第Ⅳ部：儀礼、映像、憑依】では、ダワサム地域の過去／神話を模した首長の即位儀礼と、儀礼の一部始終が先住民系フィジー総務省（Ministry of Fijian Affairs）傘下のフィジー言語文化研究所（Institute of Fijian Language and Culture）により映像で記録された過程を考察している。まず第10章では、儀礼開催を模索する集団が提示した地域の神話的過去のレプリカ、すなわち「メタ語用的ダイアグラム（metapragmatic diagram）」（＝指標的類像記号; indexical icon）としての即位儀礼が実行された点について、儀礼全体の時空間の構成や儀礼スピーチの分析を通して明確にしている。また、そのような儀礼の実現によって、**a)**［儀礼賛成派：首長（神）：土地の民：最初の正しい土地の神話］と、**b)**［儀礼反対派：悪魔：よそ者：現在の誤った植民地期の文書］、この対照性を有した二つの範列で構成された秩序を創出することによって、儀礼を実行した集団は文書的秩序を遡及的に取り消し可能にし、「ズレ」の再秩序化を遂行した点について論及している。第11章では、ダワサム地域で開催された儀礼の一部始終が、先住民系フィジー総務省に属する政府機関フィジー言語文化研究所によってヴィデオ撮影され、100分程度のDVDとして記録されたことについて考察している。そして、文書と儀礼を巡った一連の政治的対立の顛末が産み落としたDVDは、土地の民（土地とその所有集団）が文書的秩序を生成してきた政府に「憑依」し、政府は土地の民が演じる語りや儀礼を「直接引用」するという事態、いわば両者の二重体／言文一致体としての秩序が、今日のフィジーで生起していることを指標しうるものである点について論じている。

　第12章では、2009〜2010年に掛けて、ダワサム地域において生起した、植民地政府の「文書」と、土地における「儀礼」という二つのテクストを巡った一連の出来事は、**1)** 微視的には、儀礼を開催した人物・集団たちが、文書以前に遡るものとして理解した土地の「過去」を、「今ここ」において体現・反復する儀礼であったと同時に、**2)** 巨視的には、植民地施政下で行われた文書編纂／土地所有集団の登記という儀礼的出来事、これ自体を踏襲した（ポスト・コロニアルな）儀礼であったと指摘している。そのことは、文書を保管す

る「近代国民国家」という権威と、文書を介して生成された威信（潜在的権威）の所在としての土地、超越と経験、象徴と指標、この両者が近似的に肉薄し続けてゆく体制、言い換えれば、今ここの経験的な「土地（vanua）」と「土地の民（itaukei ni vanua）」という範疇自体に、社会文化を規定する審級／神話を内在的に帰してゆく記号生成の体制、両次元の憑依体が生起していると結論付けている。

　以上を通して、本書は、メラネシア／オセアニア人類学における構造、歴史、存在という問題系、それぞれサーリンズ、トーマス、ストラザーンを中心に展開する諸議論を、言語人類学の「テクスト化」、あるいは「詩／儀礼」という概念を基点として接合可能にし、フィジーが記した植民地期から植民地期以後へと至る歴史を、文書体制から映像的体制へという記号の体制の変遷として特徴付けている。そして、本書の記述自体もまた、同様の理論に基づいて、同様の記号体制の中で「共起」していることを示唆し、本書の記述を含み込んで生起している現代フィジーを（再帰的・内在的に）記述することを目指すものである。

0.5.2　調査の概要

　筆者は、まず2008年9月から2009年1月にフィジーに滞在し、首都のスヴァ（Suva）市でフィジー語の学習を進めながら[14]、調査地となる村落を南太平洋大学（University of the South Pacific）に所属する研究者たちの伝を頼りに探していた。その時期に、偶然が重なって（そして、ある意味では、「たらい回し」に遭いながら）、ダワサム地域出身のイソア・ワンガ（Isoa Waqa）氏を知るに至り、イソア氏を介して、彼が「フィジー地域管理海域（Fiji Locally-Managed Marine Area; FLMMA）」と呼ばれる沿岸資源保護の活動を実施していたダワサ

14　フィジー語は、Milner（1990）や菊澤（1999）、その他の書物を基にして学習したが、村落での住み込み調査を本格的に始める前の一ヶ月程度（2009年7月）は、スヴァ市にあるフランス語教室Alliance Française de Suvaでフィジー語の講師をしている、サヴァイラ・トゥンベリ（Savaira Tuberi）氏に依頼し、スヴァ市にあるスクナ公園脇のマクドナルドにて、週三日二時間ずつの「特訓」を受けた。

ム地域の沿岸部に位置するシラナ (Silana) 村を訪問した。そこで、隣村であるナタレイラ (Nataleira) 村に、当該地域では誰もが知っているメケ (meke) と呼ばれるフィジーの伝統舞踊の作詩家 (daunivucu) の末裔が住んでいると聞き、元々、フォークロア研究に興味関心をもっていた筆者は、イソア氏に取り次ぎを依頼し、2008年12月27日から2009年1月3日にナタレイラ村を訪問する機会を得た[15]。

その後、一時的に日本に帰国した後、2009年7月に当該村落を再訪する機会を得て、ナタレイラ村に住むメケの作詩家の直系の孫、三代目のイシレリ・ラテイ (Isireli Ratei) 氏宅に止宿する許可と、地域の首長ペニ・ワンガ (Peni Waqa) 氏らによる調査の許諾を得た。また、筆者のフィジーでの調査の受け入れ先機関として、フィジー言語文化研究所 (Institute of Fijian Language and Culture) からの調査協力の承諾と、フィジー政府からの調査許可証を得た後[16]、2009年7月下旬からナタレイラ村を拠点に、ダワサム地域におけるフィールド調査を本格的に開始した。調査開始当時、ダワサム地域における最高首長の即位儀礼開催に関する議論は、地域に存在する氏族の族長、長老らの間でインフォーマルには進行していたのだが、筆者が実際にその議論を知ったのは、調査を開始してから数ヶ月が過ぎた、2009年11月中旬であった[17]。また、筆者が、即位儀礼の具体的な計画を立てるために開催された、地域の各氏族の長老らを中心に行われた、計四回の長老会議に初めて参加したのは、その第三回目の2010年1月13日であった。したがって、それまでに地域の長老たちの間で為されていた即位儀礼に関する論議の内容は、とりわけ、ヴォニ (Voni) 氏族のナザニエリ・ラギラギ (Nacanieli Lagilagi)、デライ (Delai) 氏族のヴニアニ・ナイタウ (Vuniani Naitau) とイシレリ・ラテイ、ダワサム (Dawasamu) 氏族

15　第4章3節1項 (4.3.1) の**地図3**を参照。

16　これらの承諾書は、本書末の「添付資料1」に掲載した。

17　それまで、筆者が主として取り組んでいた調査は、イシレリ氏の祖父であったメケの作詩家オリシ (Orisi) が創作したとされ、現在もなお地域で継承されているメケの詩の翻訳、オリシらに纏わる伝承の収集、そして、これらの「文化的」な事象と、イソア氏が主導していたFLMMAの沿岸資源保全活動との言説レベルにおける交差・接点に関する調査であった。

のアリオケ・コロドゥアンドゥア（Arioke Koroduadua）各氏を含む、様々な地域の長老たちと筆者の間で日常的に繰り返された会話／ダイアローグに依拠して審らかになっていったものである。

　本書が記述している議論は、これらの談話データの書き起こし[18]、および2010年1月以降、筆者が実際に参加した長老会議の記録が大部分を占めている。録音機器は、ポケットに入る程度の大きさのOLYMPUS Voice-Trek DS-71を主に使用し、筆者が従事したほとんど全ての会話を収録した。加えて、フィールド日誌、写真・映像記録、その他、南太平洋大学パシフィックコレクション（University of the South Pacific, Pacific Collection）、先住民所有地漁場委員会（Native Lands and Fisheries Commission; NLFC）、フィジー言語文化研究所において得られた史料・資料や文献など、足掛け二年、最後は2011年12月26日、ナタレイラ村のセント・シレリ（St. Sireli）教会において筆者が「洗礼を受ける」というおまけが付いて幕を下ろすことになったフィジー諸島での調査で収集されたデータに一次的に依拠したものである。

＊＊＊

　本章では、言語人類学に依拠した民族誌記述の方法論的構え、および、その現代人類学における位置付けについて素描した。その上で、本書を通じた記述・分析の基底を成しているコミュニケーション出来事としての「テクスト」という概念、あるいは「テクスト化」という視座について略述した。

　次章（第1章）では、フィジー・ダワサム地域における具体的な調査事例の分析へと進む前段階として、この「言語人類学」と呼ばれる学流、フランツ・

---

[18] これら談話データの書き起こしの大半は、イシレリ氏の三男サランボンギ・エネリ（Salabogi Eneri）氏、フィジー言語文化研究所のケアシ・ヴァタニタワケ（Keasi Vatanitawake）、ラニエタ・デンゲイ（Lanieta Degei）両氏、そして、2008年10月、スヴァ市のショッピングモールMHCCの三階フードコートで独り昼食を取っていた筆者に、気さくにも声を掛けてくれたことが切っ掛けで知り合ったオファヴィウ・マイロマロマ（Ofaviu Mailomaloma）氏、以上、各氏の協力を得ながら調査中に少しずつ起こしたものである。

ボアズが構想したアメリカ人類学の四領域の一つであり、自然科学系の形質人類学から、解釈学・歴史的科学系の文化人類学までの領域横断的な接合を企図するボアズ人類学の要石として位置付けられていた言語人類学の理論的変遷と展開を概観したい。とりわけ、チャールズ・サンダース・パース（Charles Sanders Pierce）に由来する記号論（Semiotics）を体系的に取り入れて打ち立てられた「テクスト化（*en*textualization）」という概念が、具体的にどのようにして「意識」と「無意識」という問題系へと接合しているのかについて論じる。

　その際、便宜的に、**1)** フランツ・ボアズから、エドワード・サピアやベンジャミン・リー・ウォーフらによって体系化される言語相対論（言語人類学）、**2)** ヤコブソンの言語論に学び、その幾つかの概念を文化研究へと援用したフランスの文化人類学者クロード・レヴィ＝ストロースの構造人類学、**3)** プラハ言語学サークルの言語学者であり、ロシア・アヴァンギャルドの詩人ローマン・ヤコブソンの「転換子（shifters）」および「詩的機能（poetic function）」を軸とした言語理論、そして、**4)** ボアズ以来の言語人類学の系譜に、ヤコブソンの言語理論を導入したマイケル・シルヴァスティンの「メタ語用（metapragmatics）」などの概念を中核として打ち出されたコミュニケーション理論、最後に、**5)** これらの理論の底流を成す思想であるパースの記号論について概観する。

第Ⅰ部

言語、意識、テクスト

第1章　ボアズ人類学と言語

多くの人類学者にとって、フランツ・ボアズといえば、19世紀の社会科学に支配的だった社会進化論[1]や進歩主義、それに付随して蔓延していた人種差別に対し、文化相対主義の思想を唱えて反旗を翻した「アメリカ人類学の父」として想起される人物であろう。しかし、このボアズの思想、今日では、人類学を超えて社会文化研究一般における前提とさえなったと言える文化相対主義という考え方、その妥当性を支える経験科学的な証拠の一つが、アメリカ先住民諸語に関する実証的研究にあったこと、また、そうした経験科学的な言語研究が、人類学を含む社会文化研究全体において担っていた理論的意義と革新性は、一世紀以上にわたる歴史の中で十分には強調されず、その結果、忘却されてきたとさえ言える背景を指摘できるかもしれない。

　本章では、本書の記述を貫く言語人類学という視座・方法論を概観するにあたり、ボアズ人類学、およびその黎明期に立ち返ることから始めたい。特に、ボアズ人類学が、自然科学系の形質人類学から、解釈学・歴史的科学系の文化人類学までを射程とした四領域からなる「全体の学」として構想されたものであったこと、そして、各々の領域を体系的に接合する理論的な要石として、「言語」（ないし言語人類学）が位置付けられていた点を明示したい[2]。その上

---

[1] 社会進化論は、非西洋社会において観察される文化現象を収集・分析し、それらの地理的分布や相互の類似性を検証することによって、西洋社会が歩んだ過去、西洋社会という「成熟した」社会の起源と発展の過程を、実証的に再構築することが可能であるとする考え方である。

[2] 「理論」という語に不快感を覚える向きも予想される。例えば、「理論」なるものが、特定のイデオロギーであるからには、それを最初から前提とする文化記述は、既に文化を掴み損ねている、「分析」と「分析対象」に明瞭な境界は存在しないなど、前章で論じた「ギアツ批判」に類似した見解である。そのような批判に対して、以下の二点から回答しておきたい。1) 全てのコミュニケーション行為が、それが起こる特定のコンテクストを不可避的に伴うことを認めるならば、そのことは、学術研究を含むいかなるコミュニケーション行為も、特定の視点（理論）を前提にしている。2) 規則性／法則性を顕著に示す現象でありながら、文化概念の中核にも存在している「言語」という現象を切り口としたコミュニケーション理論には、覆しがたい一貫性と結束性が存在していることも確かである。差し当たり、以上の事由により、本書では、その記述・分析の前提を鮮明にする意味を込めて、「理論」という表現を使用するものである。

で、本章は、ボアズからエドワード・サピア、ベンジャミン・リー・ウォーフらへと展開した「言語相対性」というテーゼ、その後、ローマン・ヤコブソン（プラハ言語学派）による言語理論、とりわけ、「転換子（shifters）」、「詩的機能（poetic function）」を基点としたコミュニケーションの「六機能モデル」、およびチャールズ・サンダース・パースに由来する記号論（Semiotics）、ないしプラグマティシズム（pragmaticism）を体系的に接合し、マイケル・シルヴァスティンによる「テクスト化（entextualization）」、「メタ語用（metapragmatics）」、「儀礼（ritual）」などを鍵概念としたコミュニケーション理論へと至る、ボアズの言語思想の系譜が、「意識」と「無意識」という近現代人間諸科学の基底を成してきた問題系（社会文化人類学においては、クロード・レヴィ＝ストロースに帰される構造人類学、そのトーテミズムや神話／野生の思考に関する一連の研究を通して論じられた無意識）と、どのように通底し、どのようにそれらを構築してきたのか、以上について明らかにする。

1.1 言語、未開、意識

　ボアズ人類学は、a）規則、法則、説明（Erklären）を重視する法則定立（自然）科学（nomothetic science）から、b）研究対象の独自性・個性・理解（Verstehen）を重視する個性記述（解釈学的・文化学的・歴史的）科学（idiographic science）、これら両次元を包括する四つの領域（形質人類学、考古学、言語人類学、文化人類学）を下位分野とした、「人間／自然」一般に関する学——全体学（holism）——として構想されたものであった（Boas, 1887, 1901, 1939）。では、そうした理論化は、どのようにして可能であったのだろうか。
　ボアズは、アメリカ先住民の諸言語を調査し、後に「音素（phoneme）」と呼ばれるに至る現象を発見する。物理的・身体的な音、無限に多様な音声（phonetic sound）を、特定の限られた音として認識するための抽象的な範疇が、個々の言語に特有なものであること、音声や感覚のように多様で個々に独自な（idiographic）経験的実体に、音の類型（sound patterns）のような範疇的（規則的）形式を「被せて」把握する人間の能力や傾向、すなわち、「範疇的認識

(categorical perception)」が存在することを明らかにした。それと同様に、意味（文法）に関わる部分において、アメリカ先住民の諸言語にも文法構造が存在することを示した[3]。例えば、音素や形態音素といった音の範疇、あるいは、「時制（tense）」、「相（aspect）」、「様態（modality）」などといった「文法範疇」は、抽象名詞など「語彙」によって指示されるような抽象的・象徴的な「文化概念」よりも、高度に抽象的・象徴的であるため、通常、言語使用者はその存在を十全に意識すること自体が難しい。したがって、ボアズは、アメリカ先住民諸語にも文法範疇が存在すること、つまり高度に抽象的・象徴的な言語の構造や体系が存在することを証明することによって、19世紀においては、体系性を欠いた「劣った」言語を使用する「未開人」として見做されがちであった、その言語使用者であるアメリカ先住民たちが、実際には、西洋諸言語の使用者と同様に、抽象的・象徴的な範疇を自在に操っていること、彼らにも「抽象的／象徴的な思考様態」（抽象化する力）が備わっていることを、経験的調査を通じて実証的に示したのである。

このように、ボアズは、言語によって音や意味の範疇化の仕方が異なること、世界の経験や認識は、個々の言語に多様な仕方で現れることを厳密な調査に依拠して証明し、社会進化論に依拠した発展段階の図式や、「人種」概念に象徴されるような物理的次元には還元することができない個別性、相対的な自律性を有するものであることを示した一方で（cf. Boas, 1966 [1911]; 小山、2008a）、そのような個々の言語に特有の抽象的な音・文法の範疇は、理論的に説明可能な仕方で現れること、つまり、全ての言語に共有される枠組み（普遍文法）が存在していること（他の諸言語と比較可能な仕方で出現すること）を、経験的調査

---

[3]　19世紀のドイツで学者として体を成し、アメリカへと移民したボアズの思想は、フリードリヒ・ニーチェ（Friedrich Nietzsche）の言語論、さらにはイマヌエル・カント（Immanuel Kant）（ないし新カント主義）の認識論に淵源をもつ。人類学者としてのボアズは、そのような問題系を経験的な調査研究に基づいて実証することを旨とし、それによって、当時の社会科学において支配的だった社会進化主義の「非科学性」と、文化・経験の多様性を証明するという社会的要請を担っていた。

を通じて明らかにしたのである[4]。したがって、ボアズは、この言語という現象を、研究対象の規則性・法則性に焦点を当てる法則定立科学、他方、研究対象の独自性・個性を重視する個性記述科学、これら二種類の科学の蝶番に据え置いた。すなわち、ボアズの人類学は、言語を介した範疇的認識という現象を要石にして、音声や身体・感覚などの物理的で、社会文化的な意味をもたない自然の次元、他方、象徴的・構造的な、社会文化的な意味の次元、この両次元の交叉によって創られている現実世界、宇宙の有り様（cosmography）、両次元の相互嵌入を体系化できるように立ち上げられていた。ボアズが唱えた「文化相対主義」、西洋に対する自己批判の要諦は、ここに存在している。ボアズが構想した人間の学、言語研究に基礎付けられた社会文化研究は、20世紀初頭のアメリカ、あるいは西洋社会が創り上げた独自の認識論などといった言辞で単純に片付けられるような議論では無いことが理解できるだろう。

1.2　言語相対性

このようなボアズ人類学、特にその言語思想の系譜は、その後、エドワード・サピア（Edward Sapir）やベンジャミン・リー・ウォーフ（Benjamin Lee Whorf）らによって進められた、「意識／無意識」と「経験世界／世界観（Weltanschauung）」との関係についての研究、「言語相対性（linguistic relativity）」と呼ばれるに至る一連の議論を通じて体系化されることになる。本節では、ボアズ人類学全体の中で、特に重要性が付与されていた言語研究が、意識と無意識、そして経験世界／世界観との関係を審らかにする理論として、どのように体系化されたかについて論じたい。

---

[4]　これはケネス・パイク（Kenneth Pike）による「エティック（phonetic）」と「イーミック（phoemic）」の分類に対応する（Pike, 1967, pp. 32-72）。

1.2.1 副次的合理化

　20世紀初頭以降、サピアやウォーフらが体系化してゆく言語相対性理論では、文化の史的変容が、「意識」と「無意識」の交叉／相克によって発現するものとして捉えられていた。具体的には、言語使用者（行為者）が用いる①「言語構造」や、言語使用者（行為者）が従事する②「言語使用」（行為）について、言語使用者（行為者）が③「意識」を向けた際、その意識は、得てして「言語」や「言語使用」を歪曲して捉える、つまり「捉え損ねる」という現象である。言い換えれば、①'「言語構造」、②'「言語使用」、この両方を対象として立ち上がる人間の③'「言語意識」、これら三者は異なる次元／位相に属し、それぞれは一対一対応せず、三者間に「ズレ」が生じることで文化変容が生起すると考えられていた。

　この現象は、翻って、言語使用者（行為者）たちが、①"自らが（無意識的に）使用している「言語構造」、②"自らが言語を使用して（無意識的に）従事している「語用」について、③"「意識的」な信奉を抱く際、言語構造の中でも、意識に上り易い音韻範疇や文法範疇に（無意識的に）依拠してしまい、言語構造の中で意識が向かう対象となりにくい部分が、意識下に後退することを意味している。その結果、言語使用者たちは、自らが用いている言語や自らが従事している語用の実践を、「歪んで」把握してしまう。これが「副次的合理化（secondary rationalization）」[5]と呼ばれる現象である。言語相対性という考え方は、このような副次的合理化が生じるメカニズムを解き明かすこと、言い換えれば、上記した①・②・③の三者が一対一対応せずに「ズレ」ること、そして、このズレが、なぜ、どのような原理に従って生じるのかについて審らかにすることにより、文化・歴史変容を厳密に説明可能にしようとするテーゼである[6]。

5　これは「類推的平準化（analogical leveling）」と言い換えられる現象である。
6　今日、「サピア・ウォーフ仮説」として流布している論議は、次のようなものである。世界の認識は、言語によって創られており、ある言語体系に属している人々は、それとは異なる言語体系に属している人々とは、世界の認識・経験の

1.2.2　音と意味

　このテーゼについて、より具体的に記しておこう。まず、音の次元では、「音声（phonetic sound）」は様々な物理的な状況下で産出されるため、当然、原理的には「同一」の音声が再現することはない[7]。しかし、実際の物理的な音（音声）とは透明な対応関係をもたない音の範疇／類型である「音素（phoneme）」が、音声へと「投射（project）」され範疇化／類型化されることによって[8]、音声は特定の「意味」を担った音として行為者の意識に上るものとなる。

　これと同様の現象が、「意味」の次元でも観察される。例えば、社会的な力関係上、聞き手に対して優位な立場にある話し手が、窓の開いた部屋で「少し寒いですね。」と述べることによって、必ずしも「命令法」を使用せずとも、「命令行為」は成立し得る。また、"Have a nice trip."などの表現は、文法的には「命令法」が使用されているが、実際の言語使用の場で、「命令行為」として認識されることはあまりない。つまり、「命令形」という統語形態的範疇、「命令法」という文法範疇（grammatical categories）、そして「命じる」という語彙

　　　　仕方が異なる、といったものである。特に、「空（empty）」と張り紙が貼ってある灯油缶に、人々がタバコの吸い殻を投げ入れることで、火災を招いてしまう事例に関するウォーフの分析は、人々が「空」という語彙に捕らわれいること、人々は語彙が創り上げる言語的世界に生きていることを示す事例として理解されていることが多い（Whorf, 1939）。

　　　　しかし、このような「サピア・ウォーフ仮説」は、実際には、その要諦を捉え損ねた理解であることが分かる。サピア・ウォーフの議論は、語彙と認識世界を対応付け、それぞれの言語体系がもつ特有の世界観を論じる（平板な）文化相対主義の議論ではなく、そのような思考に陥ってしまう人間の（言語的）意識の限界、すなわち、なぜ人々は、（言語構造の中の特定の部分であるに過ぎない）語彙が世界を創っている、なぜ人々は、語彙が現実世界に存在する特定の事物に対応していると「誤認」し、それに依拠して行動を起こしてしまうのか、言語構造の中の語彙部に人々の「意識」が集中しがちなのはなぜか、これらのメカニズムを明らかにしようとした議論であることを強調しておきたい。

7　もちろん、指標性（偶発性）を強く制御できる実験室などの「詩的空間」を設置し、それらの等価性を近似化することは可能ではある。

8　これは、「内包」（音素）と「外延」（音声）のことである。

範疇は、実際に言語使用の場で為される「命令行為」とは必ずしも対応するわけではない。しかし、言語使用の場において、「命じる」という語彙（発話動詞）が使用されたり、「〜しなさい」といった命令法が使用されたりした場合、それが実際には、「命令行為」とは言えない出来事だったとしても、命令行為として類型化される傾向が強くなる。すなわち、「音」の次元では、「音声」が音素の範疇を介して、「歪んで」人間の意識に上るのと同様に、「意味」の次元では、言語使用の次元で生起する行為の「意味」が、「語彙」や「文法範疇」の類型に依拠して「歪んで」生起するのである。言い換えれば、言語使用者たちは、言語構造（構造的な無意識）や言語使用（指標的な無意識）のうち、彼らが容易に「意識化」し得る部分に基づいて、自らが参与している出来事を理解する傾向がある。そのような歪みを伴った出来事の認識・理解が、様々なコミュニケーションにおいて、さらに「引用・伝達」されることを通して、経験世界、社会文化的空間は形成され、変容を被ってゆく。

1.2.3 語彙と意識

では、どのような範疇に人々の意識が集中し易いのだろうか。簡潔に述べれば、音の領域においては、言語使用者の意識は、「音素」、「シラブル」、「モーラ」、「トーン／ピッチ・アクセント」などに集中し易く、他方、「弁別特徴」、「形態音素」、「イントネーション」などには、比較的意識が向きにくい。意味の領域においては、「語彙」（単語・表現）に意識が集中する傾向があり、「形態素」や「統語的範疇」（例えば、倒置・一致などの統語的配置、完了形・進行形などの機能語）などには、意識が向きにくい。このように、言語要素に応じて意識化の度合いに差が現れる原因は、これら意識に上り易い言語構造の要素は、①言語使用（語用・実践）という「表層」のレベルにおいて、分断されずに分節可能なかたち（纏まりを有する連続体）として現れること（continuous segmentability）、②言及指示的な要素であること（unavoidable referentiality）[9]、

---

[9] 言及指示とは、特定の事柄について「言及」し、それについて何らかの「述定」を行うこと（reference and (tensed-and-modalized) predication）を意味する。

③前提的に機能するユニットであること（relative presupposition）、以上三つの条件に合致する度合いが、他の言語要素と比べて高いからである（Silverstein, 1981b, p. 386）。

　例えば、音の領域では、「音素」は、言及指示的な意味を担った形態素を区別する基準となることが示す通り、①表層レベルにおいては分断されずに、容易に分節可能なユニットとして表出し、②言及指示的な意味を担っている要素である。したがって、音素は（ある音素と別の音素を区別し）表層レベルでは分断されずに分節可能なかたちで（変形を被らずに）表出する。その結果、「音素」は、表層レベルでは分断されてしまい変形を被ってしか現れない「形態音素」などと比較して、言語使用者の意識に上り易い要素となる。その他、例えば、「シラブル（音節）」は、①表層レベルでは、「オンセット（onset）」・「ピーク（peak）」・「コーダ（coda）」という分節可能なユニットとして現れ、②それらは（ソノリティーの階層を通して）音素と強い相関を示すことによって、言及指示的な意味を担う要素（つまり、音素の連なり）となっている。したがって、「シラブル」は、表層レベルにおいて現れるにも拘わらず、分節可能ではなく、言及指示的な意味を担わない「イントネーション」などの要素に比べて、言語使用者の意識に上りやすい要素となる。さらに、「シラブル」との対応関係が強い時間的ユニットである「モーラ（拍）」や、「シラブル」や「モーラ」を、強弱／高低などの対照性によって区別する「強勢」や「トーン／ピッチ・アクセント」も、言語使用者の意識に比較的上り易い要素である。

　他方、意味の領域においても、音の領域と同様の原理に則って、言語要素に対応する意識化の度合いを同定することが出来る。まず、意味の領域では、「語彙」（単語／内容語）が、言語使用者の意識に最も上り易い要素となる。語彙は、①多くの文法範疇が凝縮された「束」であり、表層レベルにおいて、分節可能な纏まりを有した連続体として現れる。また、語彙は、②言及指示的な意味（つまり、具体的な内容）を担っており、その結果、③現実世界を「前提的」に指し示すもの、例えば、言語に先立って存在する外界／モノに対応する「ラベル」として理解される傾向が顕著な要素となる。このように、①・②・③の条件に合致する度合いの高い「語彙」は、言語使用者の意識が集中する言語要素となるのである。それに対して、①・②・③の条件に合致する度合いが

比較的低い言語要素は、語彙に比べて、言語使用者の意識に上りにくい要素となる。例えば、表層レベルにおいては、分断されて（非分節的に）現れる「倒置」や「一致」などの統語的配置、「機能語」などは、言語使用者の意識に上りにくい[10](Silverstein, 1981b)。

以上を要約すれば、言語使用者の意識は、表層レベルで分節可能であり、顕在的（overtly）に認識し易い「語彙」が、言語構造と言語使用の実質的な関わりを通じた複雑な認識のメカニズムを経て、初めて表出する言語要素であるという事実には、全く及ぶことが無く、その結果、そのような語彙は、例えば、「本」という単語は、図書館に所蔵されている印刷された紙の束を指す「ラベル」である、灯油缶に記された「空（empty）」という張り紙は、缶の中に何も入っていないという状態と対応しているなど、あたかも現実世界を反映するもの、コミュニケーション出来事に先立って「現存」する世界――物自体――と対応するものであるといった認識、その限りにおいて、誤認／幻想を抱くことになる[11]。

1.2.4 対照性と類似性：アナロジカルな増幅

以上の通り、言語使用者が、単語やモーラなどの意識に上り易い要素、つまり、表層レベルで連続的に分節可能なユニットとして表出する言語要素に基づいて、言語構造の深層部に位置する形態素などの意識には上りにくい要素を捉えてしまう現象が、「副次的合理化」（あるいは「類推的平準化（analogical leveling）」）と呼ばれる現象である。これが、言語の構造的変容（さらには、文化の史的変容）を促す主要なメカニズムとなっていることを、サピアやウォーフは指摘したのである。

10　これらの詳細については、意識の限界性について論じたSilverstein（1981b）を参照。

11　例えば、「辞書」は、語彙の言及指示内容を記述した書物であり、それらは、現実世界に存在している何らかのモノ（実体）と対応している「ラベル」として理解される類いのものである。つまり、「辞書」なるものが存在すること自体が、語彙に、人々の意識が向かいやすいことを示唆している。

小山（2011）は、こうした現象を、日本語を例に取って説明している。例えば、東京標準語の「なかった」という完了・否定表現の形態（音）素の配列（//(a)nak+at+ta//）は、言語使用者の意識にはほとんど上らない。意識に上るのは、表層レベルの「モーラ（拍）」の配列（[na][kat][ta]）である。したがって、関西方言の使用者は、「かった」（[kat][ta]）を、関西方言の否定型である「ん」（(a)n）に後続させてしまい、例えば、「食べなんだ」や「行かなんだ」（//[動詞語幹]+(a)nan+da//）といった表現を、「食べ（へ）んかった」、「行か（へ）んかった」などの表現へと変形させることがあるとしている[12]。この過程は同時に、単純に、関西方言の標準語化／平準化を促しているだけではなく、それによって、［東京標準語：関西方言］＝［ない：ん］というアナロジカルな増幅を助長することに繋がる。つまり、関東（東京）と関西といったナショナルな地政的構図と、「ない」と「ん」という否定を意味する二つの表現が類推的に対応付けられること、すなわち両者に類似性が見出された結果、そこには「対照性（contrastiveness）」が発生し、それぞれが排他的（二項対立的）な構造をもった語彙ペア（対照ペア）として生成される[13]。これによって、「東京標準語」と「関西方言」などという前提可能な「レジスター（register）」、そのようなナショナルな言語意識（language ideology）が形成（強化）されるのである。このような現象、つまり、言語使用者たちの意識に上りやすい言語要素と、他方、語用的な場において喚起される社会指標性が、直接的に重ね合わされる（類推される）という言語使用によって、実際にその時空間を生きる者たちにとっての社会文化的アイデンティティや政治的な力関係など、（ナショナルな）現実世界／リアリティが紡がれてゆくとする（ibid., pp. 32-36）。

＊＊＊

---

[12] これは、社会言語学において「ネオ方言化」と呼ばれる現象である（cf. 真田、1999）。

[13] これは、ベイトソンが論じた「相補的分裂生成（complementary schismogenesis）」と重なる現象である。この点については、第3章3節2項（3.3.2）を参照。

以上の通り、ボアズ、そしてサピア、ウォーフらによって体系化されてゆく言語相対性という考え方の底流には、行為者たちの意識（意識化された言語構造や言語使用）、その反定立としての無意識（行為者が無意識に使用している言語構造や、無意識的に従事している言語使用）、この両者の相関とズレに関する問いが存在し、このズレが生じる仕方、すなわち、「意識化」という現象を説明可能にすることで、社会文化の史的変遷のメカニズムを明らかにしたのである（cf. Lucy, 1992）。このような意識と無意識に関する問題意識は、もちろん、ボアズ以降の言語研究の系譜が中心的に論じてきた課題であったばかりでなく、20世紀の近代諸（社会）科学における、最も重要なテーマの一つを成してきた。

1.3　レヴィ＝ストロース構造人類学

1.3.1　無意識

　クロード・レヴィ＝ストロース（Claude Lévi-Strauss）の「構造人類学」は、その典型的な現れの一つとして読み取ることが出来るかもしれない。レヴィ＝ストロースによって提示された構造人類学は、近代的「主体」の抱く歴史意識や近代理性への強い懐疑によって彩られたものであった。例えば、レヴィ＝ストロースによるサルトル批判は、サルトルによる主体性の歴史哲学、いわゆる歴史意識を、西洋近代社会の「イデオロギー」として捉え、そうした歴史意識に対して、「未開社会」が体現する構造的な思考、神話的思考を「無意識」として指定した（レヴィ＝ストロース, 1976 [1962]）。そのようにしてレヴィ＝ストロースは、主体が有する理性的な歴史意識、あるいは近代理性、その外部として指定された構造的な思考、「無意識」という領野に、（構造）言語学、そして数学や音楽学などの学問分野が示す規則性や論理性が体現されているとしたのである。無意識は構造的、あるいは神話的であり、人間の歴史に先立って存在する普遍的な思考であることを、強く打ち出したのである（レヴィ＝ストロース, 1972 [1958]）。すなわち、規則性や論理性を無意識のうちに、「非合理的」に、それ自体として体現している社会が「冷たい社会」（非近代社会）であり、その

ような無意識的／非合理的な思考が、西洋近代の歴史意識、理性、主体の基底を成していると論じることを通して、主体性の歴史（マルクス主義的史的弁証法）というイデオロギーの相対化を図った議論であった。

1.3.2 アナロジー、ブリコラージュ、トーテミズム

　レヴィ＝ストロースは、1942年にニューヨークでローマン・ヤコブソンの「音と意味についての六講義（Six leçons sur le son et le sens）」を受講したことでもよく知られている。実際、彼の構造人類学は、ヤコブソンによって体系化された音韻論の一部であり、「弁別特徴（distinctive features）」を成す原理である「排他的対立（equipollent opposition）」を、「社会・文化」の領域へ（「二項対立（binary opposition）」という表現に変えて）応用したものであったことも遍く知られている通りである[14]。しかし、レヴィ＝ストロースによるヤコブソン言語学の文化研究への応用は、社会文化人類学と構造言語学を並べて「相関させる」という仕方、両者の間に「対応関係（アナロジー）」を見出すという意味での応用・接合である（Caton, 1987, pp. 249-250）。当然、そのような応用・接合は、一種の論理的飛躍によって成し遂げられ得るもの、つまり並置された二つの事物が何らかの類似性／対照性を喚起することによって可能になるものである。このことは、レヴィ＝ストロースによって為されたヤコブソン言語学（プラハ構造主義言語学）の社会文化人類学への接合は、まさしく彼自身が「未開人」の思考様式として提示した「ブリコラージュ（器用仕事）」、それ自体によって可能となる応用・接合であったことを示唆している。すなわち、レヴィ＝ストロース構造人類学は、「意識」と「無意識」という二項対立によってまず規定され、その枠組みにおいて無意識として措定された領域、すなわち、未開／野生の思考として彼が見出そうとした類推／アナロジーに基づいた思考、トーテミズム、あるいは神話の論理を、それ自体として具現化するものである。レヴィ＝スト

14 　もちろん、レヴィ＝ストロース構造人類学は、デュルケム・モースの比較社会学（社会学年報派）によるトーテミズム論、供儀論などに先鞭を付けられたものである（竹沢, 2007, pp. 107-109）。

ロース構造人類学は、彼自身が相対化を図ろうとした、まさに「近代の思想」を、美しいまでに体現したものであったと回顧できるだろう[15]。

このように、レヴィ＝ストロースによる構造人類学が、構造的な思考、したがって、象徴的な無意識へと焦点を当てたものであった一方で、例えば、ピエール・ブルデュー（Pierre Bourdieu）の「ハビトゥス（habitus）」などへと展開した[16]、マルセル・モース（Marcel Mauss）の「身体技法」（技術論）の系

---

15 この点について、少し掘り下げて記述しておきたい。ヤコブソンの言語理論は、構造と語用の両次元の体系的な接合関係（文法範疇）が、語用的範疇に依拠して説明可能であることを証明したこと、言い換えれば、象徴的な（無意識的な）言語構造が、機能的／指標的な（意識的な）語用、すなわち、社会文化の次元にある「発話出来事（speech event）」へと投錨されていることを体系的に示したことに革新性がある（Jakobson, 1957）。ヤコブソンの音韻論、とりわけ「弁別特徴（distinctive features）」に関する議論も、その点において重要性がある（Caton, 1987, pp. 227-229）。例えば、/b/ と /p/ という音素を比較した場合、前者は、「＋有声」・「＋破裂」・「＋両唇」という三つの音声的（外延的）弁別特徴において「有標」であるのに対し、後者は、「－有声」（無声）・「＋破裂」・「＋両唇」となり、「有声」という弁別特徴において「無標」となる。つまり、この両音素は、有標・無標という音の「階層」（包含構造）の中で、「有声」という一つの外延的／指標的特徴において「排他的／対照的」に弁別されることになる（小山, 2009, pp. 35-37）。こうした「排他的対立（equipollent opposition）」という法則性を、「二項対立（binary opposition）」として社会文化の領域へ応用すること、すなわち、「言語」と「文化」をアナロジーによって接合すること（両領域の間に「相関関係（ホモロジー）」を見出すこと）は、イデオロギー的な飛躍であることを意味する。

そのようなアナロジカルな接合では、言語構造（内包）と語用（外延／指標）、したがって、社会文化的領域（発話出来事／言語使用）との実質的な接合関係（接合の基点）が不可視となる。その結果、議論自体の論証性を担保する経験的基盤が不在となり、それ自体としてトーテミズム的文化現象（野生の思考）を体現し続ける帰結を意味する。レヴィ＝ストロースは、ヤコブソンの言語学を基礎とした社会文化理論の最も重要な部分、つまり構造−機能的な理論の精髄を吸収しえなかったと回顧され得るだろう（Caton, 1987; cf. Parmentier, 1987, pp. 9-10）。その原因は、1942年当時のヤコブソンが、パース記号論を取り入れた構造機能主義的な言語理論を構築する以前であったことにも由来している。

16 ブルデューの「ハビトゥス」は、特定の社会集団に特徴的に観察される志向性や行動様態が、スポーツの「実践感覚」に似た身体化された行為の様態と

譜、さらには、メルロ＝ポンティ（Maurice Merleau-Ponty）以降の現象学などは、実践的／身体的な次元に位置付けられる「感覚」や「性向」、すなわち構造的ではなく「指標的」な無意識を、意識の外部として指定してきた議論であると理解できる[17]。

1.4　ヤコブソンからシルヴァスティンへ

レヴィ＝ストロースが、ヤコブソンの言語理論を社会文化研究へと接合した一方、ボアズからサピア、そしてウォーフへと展開したアメリカ言語人類学、

して、集団の成員に「無意識的」に実践される慣習的行為様態（pratique）、性向（disposition）を指す。そうした特定の志向性や行為様態は、特定の社会的価値付け（社会関係資本; capital social）を指標し、そのような価値付けを担うことによって、「差異化された」集団の成員を再生産してゆく（ブルデュー, 2001 [1980]）。言い換えれば、ハビトゥスが一種の「相互行為儀礼（interaction ritual）」として（cf. Goffman, 1979）、「構造」と「語用」を接合する理論的枠組みとなっている。その意味において、ブルデューの「ハビトゥス」とゴフマンの「相互行為儀礼」という視座は、親和性を有するものであるが、前者は、より行為者自身に視点が据えられた理論となっている一方、後者は、行為者とそれを取り巻くオーディエンスとの変転する関係（「フレーム（frame）」、「フッティング（footing）」）に視点が据えられている。「フレーム」や「フッティング」については、第2章4節1項（2.4.1）を参照。

17　例えば、歴史という構造的無意識、無意識の思考の歴史を掘り起こそうとしたフーコーが論じたように、現象学と実証主義は、互いに密接に絡みあった思想であり、また、論理実証主義者ルドルフ・カルナップ（Rudolf Carnap）の「アウフ・バウ」や「論理的構文論（統語論）」の思想の起源は、フレーゲやラッセル流の述語論理学やマッハの実証主義、現象主義だけにではなく、ゲシュタルト心理学、そして「間主観性」や「世界の構築」（プロト構築主義）という現象学的な主題にも見出される。さらに、19世紀、グスタフ・フェヒナー（Gustav Fechner）の時代以来、実証主義的な実験心理学は「刺激と感覚」（刺激の量と、その知覚との相関）などに関する研究を通じて、意識によって把握されるものと、把握されないものとの差異と相関について考察してきた。これらの議論は、概ね、実践的／身体的な次元の無意識、すなわち「指標的」無意識へと焦点を当ててきたものである（小山, 2011, p. 9）。

言語使用者の意識と無意識を巡る言語相対性に関する論議の延長線上に、その後、マイケル・シルヴァスティンは、ヤコブソンによって見出された「転換子（shifters）」や「詩的機能（poetic function）」に関する議論と、比較社会学や社会文化人類学などの研究において中心的に扱われてきた「儀礼」という視座、この両者の結節点を見出してゆく。本節では、ヤコブソンからシルヴァスティンへという思想的展開について素描したい。

1.4.1 転換子

　Jakobson（1957）は、言語構造の中でも、メッセージが発せられる場（発話のコンテクスト）に応じて指示される対象が変転する文法範疇に属する言語要素を「転換子（shifters）」と呼んだ。転換子とは、通常、「これ」、「私」、「あなた」などの代名詞や、「昨日」、「今日」、「明日」といった時制など、一般に「直示（deixis; ダイクシス）」と呼ばれる表現である。これらの語が言及指示する対象は、言語構造にはコード化されておらず、メッセージが発せられる場、すなわち、発話の「コンテクスト」に強く依存したものとなる。したがって転換子は、「言語コード」が「メッセージ」を指し示す（Code referring to Message; C/M）二重構造を有しており、それが使用される語用的コンテクストを不可避的に指し示す限りにおいて「メタ語用的（metapragmatic）」な文法範疇（指標的文法範疇）に属することを意味している。ヤコブソンは、「コード（code）」と「メッセージ（message）」（言語構造と語用）という二重構造から導かれる四つの区分に依拠して、他の言語／発話要素を**表1**のように区分している。

　ヤコブソンは、転換子という指標的（語用的）性格が強い文法範疇によって、言語構造（文法、象徴）は、発話のコンテクスト（指標）に投錨されていることを示した。このように、ヤコブソンは転換子を同定した上で、さらに、発話自体（speech; s）とその中で語られる事柄（narrated matter; n）、出来事（Event; E）とその参加者（Participants; P）を区別し、これらの組み合わせによって得られる四つのカテゴリー、①「発話出来事（speech event; E^s）」、②「発話出来事参加者（participants in the speech event; P^s）」、③「（発話出来事で）語られる出来事（narrated event; E^n）」、④「（発話出来事で）語られる出来事の参加者

表1. コードとメッセージ

(1) message referring to message (M/M)
(2) code referring to code (C/C)
(3) message referring to code (M/C)
(4) code referring to message (C/M)

[Jakobson（1957, p. 387）から引用]

(participants in the narrated event; P^n)」を同定する。これらは、メッセージが発せられる場（語用的コンテクスト）に基盤付けられた四つの区分であり、いかなる言語使用も前提とせざるを得ない語用的区分けとなっている。ヤコブソンは、この四区分を掛け合わせることで得られる区分に基づいて、言語構造の根幹を成す文法範疇（例えば、品詞、人称、ジェンダー、数、格、時制、相、法、様態など）が区分され得ることを示すことで、「発話出来事（speech event）」を基点とする語用論的な範疇によって特徴付けられるものであることを明らかにした。この「転換子」に関する論考で、ヤコブソンは、発話出来事（語用／指標）に基づいて、言語コード（構造／象徴）が記述されることを示すことによって、言語構造（コード）と発話出来事（メッセージ）を統合的に扱うことの出来るモデルを提示したのである[18]。

1.4.2 詩的機能

さらに、ヤコブソンは、この発話出来事（メッセージ）に焦点を据え、メッ

18　20世紀前半に開花してゆく構造主義言語学は、個々の言語・文化のコンテクストにおいて働く「機能」に焦点化する機能主義、個々の言語・文化の独自の体系性（構造機能主義）などの共時的な社会文化研究など、19世紀的な、通時的、歴史言語学的研究、進化論的歴史を前提とした言語・社会文化研究へのアンチテーゼとして展開した言語・文化相対主義の思想的潮流と軌を一にして展開した。言語学を基盤とした隣接諸分野（文学、心理学、社会学、人類学など）を射程に入れたヤコブソンのプロジェクトは、言語構造（コード、「象徴」）を、言語使用（メッセージ、語用、「指標」）へと投錨すること、社会・文化と言語は、発話出来事を基点として、どのように関係しているかを理論化しようとしたコミュニケーション論である。

セージを発話者の思考や経験を具現化する媒体として捉えるのではなく、「メッセージがメッセージとして生成される」という経験科学的な視座を提示する。それが、「詩的機能（poetic function）」という言語機能である（Jakobson, 1960a）。ヤコブソンは、言語を介したコミュニケーションが六つの要素、①送り手（Addresser）、②受け手（Addressee）、③コンテクスト（Context）、④メッセージ（Message）、⑤接触回路（Contact）、⑥解釈コード（Code）によって構成されることを同定し、それぞれの要素には、それに対応する言語機能、❶表出的機能（emotive function）、❷動能的機能（conative function）、❸言及機能（referential function）、❹詩的機能（poetic function）、❺交話的機能（phatic function）、❻メタ言語機能（metalingual function）が作用することを明らかにした。さらに、そのコミュニケーション自体がどの要素を志向するコミュニケーションであるかによって、それに対応する言語機能が、他の言語機能と比較してよりドミナントに働くとする視座、コミュニケーションの「六機能モデル」を図1に提示する。

これら六機能のうち、❹詩的機能は「メッセージのためのメッセージ（the message for its own sake）」、つまり、メッセージを「メッセージ化」する言語機能であり、メッセージが「生成する」という点に、理論的、思想的焦点が据えられた六機能モデルにおいて、中心的位置を占める機能である。図2に示した通り、詩的機能とは、ソシュールの構造言語学において見出されたラングとパロールの根本を成す二つの原理軸の一方である「範列（paradigm）」、その構成原理である「類似性」（＝等価性、類像性）が、もう一方の軸であり「連続性」（＝隣接性、指標性）の原理によって構成される「連辞（syntagm）」へと投射されるという現象を指している。すなわち、連辞上に類似した言語要素が顕れるという「パターン」が表出すること、「反復構造」が浮かび上がる時、そこには詩的機能が働いていることになる[19]（ibid., p. 358）。したがって、連続的に

19　パース記号論の語彙に置き換えれば、範列は類像関係（iconicity）、連辞は指標関係（indexicality）によって、それぞれ構成される。つまり、前者は潜在態（qualisign）であり、後者は現実態（sinsign）（語用レベルで現れるトークン；token）である。したがって、潜在態としての類像性が、指標性の次元で現実態として現れることが詩的機能、つまり「反復」という現象であり、その反復が

図1. ヤコブソンのコミュニケーションの六機能モデル

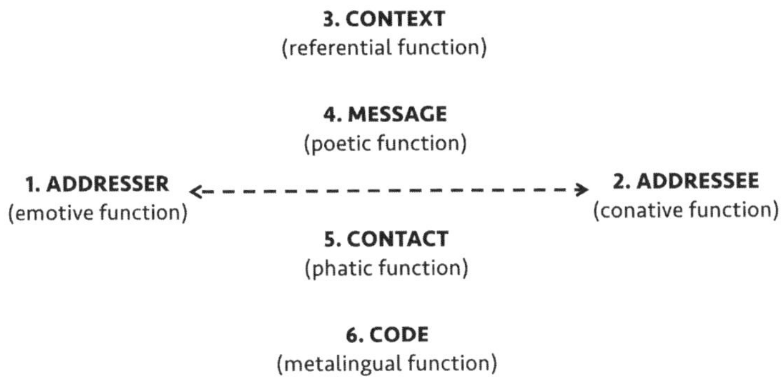

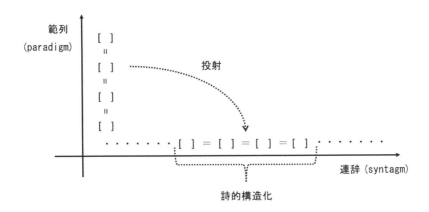

[Jakobson（1960, pp. 350-377）から作成]

図2. 詩的構造化の原理

（序数的に）進行してゆくメッセージの中に、等価ユニットが（基数的に）反復することによって、そうした反復が顕著には観察されない部分から、より浮

（それが生起する）コンテクストにおいて引き起こす語用的効果は、社会指標的／社会文化的な現象であると整理できる。パース記号論については、本章5節（1.5）を参照。

き立つ（構造化される）ことになる[20]。

このような反復構造は、脚韻や頭韻などの韻律的反復を顕著に示す「詩（韻文）」に特徴的に観察される。したがって、詩（韻文）は、話し手、聞き手、発話の場などから成る「コンテクスト」（地／バックグランド）から比較的明瞭に輪郭付けられた「テクスト」（図／フィギュール）[21]を構成し、他方、小説や日常会話などの「散文」が織り成すテクストは、コンテクストと比較的融合した（韻文ほど卓立した構造性を示さない）状態で構成されている。

Jakobson (1960b) は、このような詩的構造は、「愛称」（指小辞; diminutive）などに代表される幼児語や「擬音語・擬態語」などに顕著に観察されるとする。典型例としては、「パパ (papa)」、あるいは、[Nasal] 対 [Oral] によって対照性を示すシラブルの反復「ママ (mama)」といった両親を指し示す語句[22]、さらに、「ぶうぶう」や「ぽんぽん」などといった「擬音語」などが挙げられる。これら幼児期の言語使用おいて顕著に観察される語句のシラブルは、[a]を始めとする響きの大きい母音（のプロトタイプ）と、[p], [t], [k]などの無声の口腔破裂音を始めとする響き（ソノリティー; sonority）の小さい子音（のプロトタイプ）との組み合わせすなわち、響き（ソノリティー）の対照性が最大化される子音と母音の組み合わせ（maximal contrast）によって構成されるシラブルの反復であるものが比較的多い。こうした現象は、全ての言語に広く観察される現象であり（ibid., p.306）、それは、子音と母音の響きの対照的な組み合わせによって形成されるシラブルの反復は、そうではない組み合わせによるシラブルと比較して、それが発せられた場所（今・ここ）から、より遠く離れた場所（かつて・彼岸）にいても比較的容易に認識されるからであると考えられる。つまり、その明瞭な「詩的構造」によってメッセージそのものへ注意が向けられる結果、人間の意識に上り易い（ヴィヴィッドに認知されうる）メッセージ

20　これが、ゲシュタルト（Gestalt; 形象）の効果である。

21　したがって、人々の注意関心を引き寄せる標的、すなわち「意識」が集中し易いゲシュタルトとなる。

22　日本語で、北陸地方から瀬戸内地方などに広く分布している父母の呼称「トト (toto)」や「カカ (kaka)」などがある（真田, 1983）。

となる[23]。

　詩的機能によって生み出される類像性は、「音」のみではなく、リズム（強勢）や、形態・統語（文法範疇）などを含んだ、様々な次元で観察される。詩的機能は、メッセージ自体へと再帰的に働く機能であり、それが（相対的に）強く（様々な次元で多層的に）働いているメッセージは、それが（相対的に）緩やかに働いているような「散文」などに比べて、内部の構造がより堅固になる。そのような内部構造が堅固なメッセージは、全体としてまとまった（境界が明瞭な）一個の塊、形象、アイコン（icon）となり、相対的自立性、非コンテクスト化の度合いが高く、鑑賞の対象になり易い[24]。したがって、言語芸術／作品（詩、韻文など）としての性格を帯び易いものとなる[25]。このように、詩的機能が様々な次元で多層的に働き、指標的な連辞軸上に類像的な反復が浮かび上がるとき、それは発話のコンテクストにおいて明瞭に判別できる、すなわち、容易に意識化されうるメッセージ——詩的テクスト——が語用的に生成される。

1.4.3　メタ語用、較正、テクスト化

　以上のような、「転換子」および「詩的機能」に関するヤコブソンの言語理

---

[23]　そうした理由から、響きの対照性が最大化されたシラブルの反復が、父や母、つまり、自らを守る術をもたない幼児の生存にとって必要不可欠な保護、栄養、あるいは「愛情」を提供してくれる"Great Provider"（扶養者）に対する呼称を典型例とした第一言語習得期の言語使用一般に観察されるのではないかと考えられる（Grégoire, 1937）。

[24]　詩的構造は、パース記号論の類似性（等価性）の原理に従って生じる現象である。パース記号論については、本章5節（1.5）を参照。

[25]　例えば、アイゼンハウアー大統領（1890-1969; 任期 1953-1961）の選挙キャンペーン中のスローガンである"I like Ike"（[[ØayØ] = [layk] = [Øayk]]、あるいは、[[ayl] = [ayk] = [ayk]]）や、Intel社の「インテル入ってる」、NEC社の「バザールでござーる」など、企業広告のキャッチフレーズなどにも散見されるものである。こうした詩的構造は、人々の意識に上り易い（印象や記憶として残り易い）語用的効果を生み出す。

論を、ボアズ、サピア、ウォーフ以来のアメリカ言語人類学の伝統、言語相対性に関する論議に則って、言語のみならず、相互行為や社会文化といった領域全体を射程に収める枠組みへと発展させた人物が、ハーヴァードでヤコブソンに師事した言語人類学者マイケル・シルヴァスティンである。特に、「メタ語用（metapragmatics）」や「較正（calibration）」、「テクスト化（entextualization）」と呼ばれる概念に、それが現れている (Silverstein, 1993)。

＊＊＊

　Silverstein (1993) は、全てのコミュニケーションは、①コミュニケーション（語用／指標）を二階レベルから統制するメタ指標、②それによって統制される一階レベルのコミュニケーション（語用／指標）、これら二階層に分けられる指標性の関わりによって成立するものであるとし、この二階レベルで作用するメタ指標が、彼が「メタ語用（metapragmatics）」と呼ぶ記号作用である。シルヴァスティンは、この二次元、つまり語用とメタ語用の関係の仕方には三種類あり、それぞれ異なるコミュニケーションの出来事、「時空（space-time）」、「テクスト」を創出するとしている。

　そのような三種類のコミュニケーションの時空間を、測定的に同定する概念として、シルヴァスティンは「較正（calibration）」という概念を提示している。そして、これら三種類の較正は、ヤコブソンの転換子に関する論考で提示された区分けを発展させた、① E^s (signaling event; メタ語用的に機能する出来事)、② E^t (textualized event-structure; メタ語用によってテクスト化される出来事)[26]、あるいは、③ $E^{t'}$ (E^s as entextualized; テクスト化された E^s) という区分に依拠して特徴付けられ、さらに、パース記号論の概念によって整理されている (ibid., pp. 48-53)。これら三種類の較正は、以下の通りである。

a)「再帰的較正（reflexive calibration）」（$E^s = E^t$）
　再帰的較正とは、「今ここ」で起こっているコミュニケーション出来事が、

---

[26] これは、ヤコブソンの E^n に相当する概念である。

その出来事それ自体を再帰的に指標する。つまり、E^sとE^tとが一致する較正である。これは、グレゴリー・ベイトソンが「メタ・コミュニケーション」と呼んだ現象に観察されるものである[27]。例えば、互いに噛みつき合うというカワウソの行為が、本当の攻撃ではなく、「遊び」として成立するのは、噛みつき合いの行為が「これは遊びだ」というメタ・メッセージを再帰的に発していることによる。そのような再帰性は、その他、格言や遂行文（儀礼などの場で、コミュニケーションのもつ意味を明示的に述べ、その出来事の意味を強く統制するために用いられる定型表現）などにも見られるものである。さらに、前項（1.4.2）で論じたヤコブソンの詩的機能も、メッセージをメッセージ化する再帰的な機能であり、$E^s = E^t$に貢献するメタ語用である。詩的機能が強く働いたテクストが、自律性（コ・テクスト性）[28]の高い定型的テクスト（フォーミュラ; formula）となり、コンテクストに拘わらず引用（反復）される可能性が高くなることは、E^sがE^tを再帰的に較正するように働いているからである。したがって、この再帰的較正には、パース記号論に依拠して言えば「類像性（iconicity）」の原理が顕著に観察される[29]。

b)「時空内的較正（reportive calibration）」（E^s / E^t）

時空内的較正（reportive calibration）は、「今ここ」で起こっているコミュニケーション出来事が、「今ここ」で起こっているコミュニケーションではなく、「そこ」、「あの時」、「やがて」起こる／起こったコミュニケーションを指標する。つまり、E^sとE^tを同一の（認識）存在論的空間（ontic realm）において非対称

27　ベイトソンの「メタ・コミュニケーション」については、第3章3節2項（3.3.2）を参照。

28　「コ・テクスト（co-text）」とは、発話出来事において言われたことが生成する前後の関係性（連辞軸上の連続性と言及指示的な同一性）、つまり「情報構造」のことである。「情報構造」は、（プラハ学派やハリデーの機能文法などによって扱われてきた）「テーマ」（旧情報）と「レーマ」（新情報）が整合して織り成す、言及指示的テクスト（談話テクスト）自体が示す構造である（cf. Halliday & Matthiessen, 2004）。

29　パース記号論については、本章5節（1.5）を参照。

的に位置付ける較正である。前述した「再帰的較正」の場合、例えば、遂行文では現在形が用いられるが、「時空内的較正」に見られるのは、発話動詞の完了形や推量・未来の助動詞である。すなわち、「今ここ」で起こっている出来事が、その指示対象となる出来事を、かつて起こった出来事、あるいは、これから起こる出来事（「今ここ」で起こっている出来事と同じ認識存在論的空間に存在するが、「今ここ」ではない場所・時間〈過去、未来、遠方〉にあるもの）として非対称的に指し示す（指標する）較正である。したがって、この時空内的較正は、パース記号論に依拠すれば、「指標性（indexicality）」の原理が顕著に観察される。

c)「超時空的較正（nomic calibration）」（$E^s \neq E^t$）

超時空的較正（nomic calibration）は、E^sとE^tとを異なった（認識）存在論的領域に位置付ける較正である。すなわち、一方の領域ではE^sを経験・体験でき、他方の領域では、E^tが属するとして概念化できる二つの領域が、互いに断絶した二つの（認識）存在論的な領域に属するものとして較正する。E^tが神話的な定めや祖先の復活、超越的理性、価値、意味など、異界的な領域であり、E^sは、そのような象徴的領域を指し示す、現象次元で指標的に生起する経験・体験、あるいは、異なった次元（異界）、意味の次元（象徴の次元）に存在する出来事タイプの、残余的な（residual）「今ここ」におけるレプリカ（replica; 再現／再生）となる。超時空的較正をもたらす言語的な諸装置として、例えば、特別なモーダリティー・マーカー（法・様態標示の形態）や、証拠性／推論の標示形態（evidential / inferential markers）、特殊な引用の標示などが挙げられる。これらの使用は、指標記号のテクスト的構成（E^t）を、発話出来事（E^s）とは切り離された別の領域、経験されない（超経験的な、観念的な）次元の権威の下に基礎付けることで、その出来事を権威化（authorization）する役目を果たす。したがって、この超時空的較正は、パース記号論に依拠して言えば、「象徴性（symbolicity）」の原理が顕著に観察される。

1.4.4 儀礼：行為のポエトリー

　このような仕方でシルヴァスティンは、ヤコブソンによる言語理論を、社会文化的研究一般（民族誌的研究）へと接合し、ことばの次元における詩（韻文）と同様に、社会文化の次元においては、通常、儀礼として範疇化される相互行為に、詩的構造が顕著に／多層的に観察されることを指摘した。

　簡潔に述べれば、ことばと社会文化との領域に跨って、[(a) 韻文（詩）：(b) 散文（日常の言語使用）] :: [(a') 儀礼：(b') 日常的行為・出来事] という相同的な関係が成立すること、「儀礼は＜行為の詩＞である」という洞察である。つまり儀礼は、その多層化した強固で明瞭な反復構造を成すことによって、それを取り巻くコンテクストから輪郭をもって浮かび上がる「相互行為のテクスト」となり[30]、それが行われる共同体内部の生活者に対しても、それを観察する「外部（観察）者」に対しても、その注意関心を比較的容易に集め得る場所、つまり「意識」が集中し易い「モノ」、相互行為の「トーテム（totem）」として存在することになる。よって、そのような特徴をもつ儀礼は、共同体において広く共有され、前提可能性が極めて高い、象徴化した文化的意味範疇／文化的ステレオタイプの構造（センス）——神話——を映し出す。そして、それを反復的に体現（instantiate）・引用する語用的契機、「今ここ」の行為の定型／フォーミュラ／レプリカ、したがって「指標的類像（indexical icon, or "diagram"）」となると理解されている（Silverstein, 1993, p. 52）。

　以上に示される詩的構造は、もちろん、明示的な意味での儀礼に限らず、「日常的」（散文的）な相互行為においても緩やかに観察される[31]。こうした見解に

---

[30] 儀礼は、相互行為の始まりと終わりが明示的に指示され、日常的な相互行為と比較した場合、その内的構造化の度合いが高い。また、儀礼参加者たちは、相互に同一の行為に従事し（相互の行為を引用し合い）、儀礼という相互行為それ自体も、反復／引用されるべき「定型」、したがって「伝統」として位置付けられていることが比較的多い。

[31] ゴフマンが、「相互行為儀礼（interaction ritual）」という概念を通じて喝破したように（Goffman, 1967）、「日常」とは、（明示的な）「儀礼」との対照性によって生成される相互行為であると言えよう。例えば、語用論や会話分析などで考察

依拠すれば、全ての相互行為出来事・文化現象の基底に「詩/儀礼」が存在していると理解することが可能であり、よって、そこには詩的形象化(指標的類像化)という記号作用が存在していることが了解されよう(小山, 2008, p. 515)。言い換えれば、「今・ここ(here-and-now)」を起点(origo; オリゴ)[32]として現象するいわば「なまの出来事」(指標記号)が、それを取り巻くコンテクスト(「かつて・彼岸(there-and-then)」)を前提的に指標することにより、なまの出来事が範疇化/類型化される。すなわち、「今ここ」に詩的構造を伴った認識可能な相互行為出来事が生起し、秩序を有していない「なまの出来事」(指標記号)は、社会文化的に解釈可能な「テクスト」(図/フィギュール)へと、(ズレを孕みつつ)再帰的に/メタ語用的に統制(metapragmatic regimentation)されるのである[33]。

される「隣接ペア(adjacency pair)」と呼ばれる行為のパターンは、挨拶と挨拶、質問と応答、依頼と受諾/拒絶など、特定の行為範疇の反復であり、それらは通常、「話者交代(turn-taking)」や「相槌(back-channeling)」などの行為と共起して現れる。そのような緩やかな反復構造を通じて、特定の相互行為の類型(ジャンル)が喚起され、日常的な相互行為もまた、文化的に意味を担った出来事として(儀礼的に)生成される。ゴフマンの相互行為儀礼については第2章4節1項(2.4.1)を参照。

32 相互行為出来事が生起するコンテクスト、「指標野の中心(deictic center)」、「語用的現在(pragmatic present)」のことである。この相互行為出来事の起点を、言語人類学ではドイツ語圏の心理言語学者カール・ビューラー(Karl Bühler; 1879-1963)の用語を使用して「オリゴ(origo)」と呼んでいる(Bühler, 1982 [1934])。

33 詩的機能は、語用自体に再帰的に作用する機能であるから、メタ語用的(metapragmatic)な現象である。また「メタ語用(metapragmatics)」とは、実際に起こっている特定の言語使用や相互行為出来事、その構成要素、すなわち「語用(pragmatics)」を対象として指標する言語使用や相互行為出来事のことである。
　例えば、名詞句の範疇に関して言えば、一人称代名詞や二人称代名詞は、実際に起こっている言語使用や相互行為出来事に位置する話し手や聞き手、つまり「語用的/指標的」な存在や範疇を指し示す意味において、「メタ語用的」な名詞句の範疇となる。言い換えれば、一人称や二人称代名詞などは、語用自体をいわば「透明に」指し示す名詞句範疇であり、使用されるコンテクストが変われば、それらが指し示す対象は大きく異なる。一方で、例えば「真/善/

第1章 ボアズ人類学と言語　　*049*

　シルヴァスティン以降の（記号論系）言語人類学では、こうした相互行為出来事の「テクスト化」、つまり「指標的類像化」という記号作用が、文化変容の所在であると考えられている。サピアを引用して別言すれば、無意識の、歴史的な、社会共同体的な象徴的形態（構造的範疇）が、現実の語用や実践の世界へと投射され、ダイナミックで混沌とした実践の「流動を、美しく、それ自体において満ち足りた知覚可能な形態・形式に変容させる」(Sapir, 1949, p. 348) という美学的形式、詩的形象化の過程（poetic con-figuration）の総体、それが文化の所在である。

1.5　記号の思想

　ここまで、ボアズからサピア、ウォーフの言語相対性理論、レヴィ＝ストロース構造人類学、さらにヤコブソン構造言語学、そしてシルヴァスティンの言語人類学へと便宜的に辿ることによって、本書が前提としているボアズ人類学の言語思想、今日、言語人類学として知られるようになった理論的構えを素描し、それらを「意識と無意識」というより広範な問題系との関わりにおいて説明した。既に明らかだと思われるが、このような言語人類学の軌跡、特にヤコ

美」などといった抽象名詞は、実際に起こっている言語使用や相互行為出来事には直接的な関わりをもたず、いわゆる「概念」や「性質」、類的集団などを意味する範疇である。その限りにおいて、メタ語用的透明性（metapragmatic transparency）は比較的低い。
　このように抽象名詞は、それ自体としては実際に生起している言語使用や相互行為出来事を指し示すものではないが、それらは前提可能性の高い文化的意味範疇／文化的ステレオタイプ（象徴記号）を喚起することによって、それが使用された出来事の意味を強く範疇化／類型化するように機能することがある。その時、抽象名詞（象徴記号）は、メタ語用的な機能を果たすことになる（小山, 2011, pp. 27-28）。その典型例が「儀礼」であり、儀礼は、前提可能性の高い文化的意味範疇／文化的ステレオタイプが喚起されることで、相互行為が強度に類像化されるメタ語用的な現象である。儀礼についての言語人類学的理解は、第2章を参照。

ブソンからシルヴァスティンへと展開したコミュニケーション理論は、パース記号論を言語、および社会文化の研究に、メタ理論的枠組みとして体系的に接合したことにも重要性がある。したがって、本節では、主に、Parmentier (1994)、Lee (1997)、小山 (2008) の議論を参照し、そのパース記号論の概論を記することをもって、本章を締め括ることにしたい[34]。

1.5.1 記号、対象、解釈

「記号論（semiotics）」とは、19世紀中葉以降のアメリカ最大の哲学者チャールズ・サンダース・パース（Charles Sanders Peirce; 1839-1914）による記号の三幅対（trichotomies of signs）として構想された思想である。パースの記号論は、あらゆる自然的・文化的現象（森羅万象）を相互関係（relation）として捉え、その相互関係は、指示作用（signification）、つまり、「指す／指される」という出来事（embodiment）、その過程ないし連鎖（semiotic chain）として存在していると考える[35]。言い換えるなら、森羅万象の中心には指示作用があり、全ての事象は、この指示作用という「出来事」の発現によって、つまり「指す／指される」限りにおいて存在する「根拠（ground）」を有すると考えられている（小山, 2008, pp. 41-54）。

---

[34] パースの記号論は、ヤコブソンによって言語理論へ体系的に接合され、さらに、シルヴァスティンによってコミュニケーション一般、社会文化研究の領域へと十全に導入されている。その意味において、本書では、ヤコブソンやシルヴァスティン、ひいてはボアズに先立って、パース記号論に関する論述が施されるべきであったとも言える。しかし、本書は、1) パース記号論自体を詳述しようと企図した書物ではないこと、2) パース記号論を中心的に扱うには、腰を据えた新たな論考を要する深遠な思想であること、さらに、3)「学説史」のような仕方で、様々な「理論」を年代順に記述するという志向性それ自体が、記号論的な文化記述の分析対象となりうる志向性であること、主にこれらの理由から、本書では、パースの記号論については、この第1章最終節において、その概略のみを付すという形で提示することとした。

[35] 記号論が描き出す世界は、出来事が生起する場、つまり「今ここ」のコミュニケーションを中心に開示されており、「主体」や「客体」、「自己」や「他者」という概念を起点とするものでは決してない。

図3. 記号、対象、解釈の関係

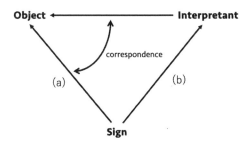

[Kockelman（2007, p. 377）から作成]

　この指示作用は、「記号（signs）」、「対象（objects）」、「解釈項（inter-pretans）」という三つの要素の関係によって引き起こされる[36]。パースの記号論では、記号とは、対象に対する何らかの「指示関係（significative effect of a sign）」が解釈されること、すなわち「解釈項」を介して初めて、認識可能な記号的存在として成立するとされる（Parmentier, 1994, p. 10）。この点を、パースに倣って簡潔に言えば、「記号は、記号として理解されない限り、記号として機能しない。(A sign does not function as a sign unless it be understood as a sign.)」ということになる（ibid., p. 4）。これら三つの要素の関係は、図3のように図示できる。

　その上で、パース記号論では、記号と対象との関係（指示関係）は、三種類の三幅対に分類（**1.「①潜在態・②現実態・③規則態」、2.「①類像・②指標・③象徴」、3.「①名辞・②命題・③論法」**）されている[37]。ここでは初めに、そ

---

[36] 例えば、ソシュールの記号学（semiology）で良く知られている記号の相互関係は、この内の前二者（「記号（signifier; シニフィアン）」・「対象（signified; シニフィエ）」）の関係であると理解されることが多い。しかし、ソシュールのシニフィアンとシニフィエは、パースによる記号と対象に対応する概念ではない。言語構造化された「解釈項」のうちの記号に対応する部分がシニフィアンであり、対象に対応する部分がシニフィエとなる。

[37] また、各々の三幅対は、①**第一性**（firstness）、②**第二性**（secondness）、③**第三性**（thirdness）という三つの序列、（パースの考える）現実性の度合い（degrees of reality）に従って順序付けられている（Lee, 1997, pp. 118-119）。第一性は、質的実現性（qualitative possibilities）、第二性は、反応的な対象（reactive

のうちの最も重要な三幅対（三種の指示原理）である、①類似性の原理に基づく指示（＝類像記号; icon）、②隣接性・連続性に基づく指示（＝指標記号; index）、③指示関係が経験的な根拠をもたない象徴的なものである指示（＝象徴記号; symbol）について、それぞれ概略を示したい。

1.5.2 類像、指標、象徴

類像記号（icon）

　類像記号とは、類似性（resemblance）の原理に基づいて、記号と対象が関係付けられる指示である。言い換えれば、記号と対象の間に、「似ている」という解釈項が生起することによって、記号と対象が結び付けられる時、この結び付きは「類像的（iconic）」であると捉えられる。例えば、ある肖像画が、特定の人物を指すという出来事は、そこに描かれている肖像が特定の人物と類似している（という解釈が成立する）ことによって生じる。言語を例にした場合、例えば、擬音語・擬態語（オノマトペ）は、類似性（模倣）によって対象を指示する類像記号となる。また、詩に見られる頭韻や脚韻も、韻律的な繰り返しという類像性に基づいた現象である。さらに、特定の人物の物真似などは、類似した行為の繰り返しであるし、儀礼と呼ばれる行為は、それが行われている「今ここ」を越えた世界（神々の時空、宇宙全体、象徴界）の再現、つまり「レプリカ（replica）」であり、これらにも類像性による指示関係が確認できる[38]（Parmentier, 1994, pp. 128-134）。もちろん、このような類像関係は所与の「質」ではなく、それが生起する状況に依存したものとなる。例えば、外見が全く異なる二人の男女でも、遠くから眺めた時には、類似した二つの物体と理解される

---

objects）、第三性は、規則や法則、媒介や表象などを含む、不可避的に三項に跨がる現象（triadic phenomenon）とされている（Parmentier, 1994, p. 7）。

[38] 日常会話・散文や日常行為にも、情報や定型（相互行為の型）の反復によるテクストの形成という現象は強く見られ、これがジャンル（speech genres）や社会文化的な行為類型（activity-types）、出来事類型（event-types）を構成している。反復（類像性）が最も強度に見られるのは、言語に関しては韻文（詩）、言語以外の行為に関しては、いわゆる儀礼である。

可能性がある[39]。

指標記号（index）

　指標記号とは、隣接性／連続性（contiguity）の原理に基づいて、記号と対象が関係付けられる指示であり、この隣接性のことを、記号論では「指標性（indexicality）」と概念付けている。言い換えれば、記号と対象の間に、「隣接的（連続的）な関係がある」という解釈項が生起することによって、記号と対象が結び付けられる時、この結び付きは「指標的（indexical）」であると捉えられる。例えば、ゴルファーが地面から毟り取った草を落とし、それが右から左へ流れて落下するのを見た時、それは一定量の風が右から左へと吹いていることを示す記号となる。この時、草は風によって流されるという（物理的な）隣接性を有しているという理解が生起している。言語を例にした場合、「本」、「犬」、「善」などの普通名詞とは異なり、「ここ、そこ」、「私、あなた」、「昨日、今日」、などの直示（deixis; ダイクシス）が指示する対象は、それが発話された場（コンテクスト）に隣接している[40]。つまり、「私」や「あなた」などの人称代名詞が実際に誰を指すのかは、それが使われている発話の場を共有していなければ容易には判別できない。同じように、時制や法（命令法、直接法、疑問法、希求法）、様態（必然性、可能性、義務、許可）などの語や文法範疇は、それが指示する話者や聞き手、特定の場所や時、行為や判断などの対象が、発話の場と隣接している状態にあるという解釈を求める点において、指標記号である。

象徴記号（symbol）

　象徴記号とは、類似性や隣接性のいずれの経験的な根拠を欠くにも拘わらず、指示関係が成立する場合のことを指す。言い換えれば、類似性や隣接性のいず

39　類像関係（iconicity）は、出来事の場（コンテクスト）での隣接性・連続性ではなく、類似性に基づいているため、出来事の場（コンテクスト）に対して不連続的に振る舞う。つまり、出来事が起こっている「今ここ」の場に近接していない不在の事物も簡単に指示することができることを意味する。

40　ダイクシスについては、本章4節1項（1.4.1）で解説したヤコブソンの転換子を参照。

れの根拠にも基づかずに、記号と対象が結び付けられる時、この結び付きは「象徴的（symbolic）」であると見做される[41]。したがって、象徴記号は、「指標でも類像でもないもの」、あるいは「経験的な根拠をもたないもの」という否定的な仕方で定義される指示関係となる。前述した例に基づけば、例えば、ゴルファーが自ら落とした草が風に靡いて落下したことに気付かなかった場合、それにも拘わらず、草は風に押し流されたという指示関係は、そこで生じていると解釈することが可能である[42]。しかし、例えば、「本」という語が、図書館に所蔵されている印刷された紙の束を指すという指示関係は、その語が何らかの理由で使用されなくなれば、「本」は記号として生起し得ない。つまり前者は、「可能性として記号（possibly a sign）」であり、後者は、「必然的に／不可避的に記号（necessarily a sign）」となる（Parmentier, 1994, p. 8）。経験的根拠を欠くということは、実際の経験や出来事が起こっている場には還元されない、抽象的な範疇を介して指示関係が成立することを意味しているが、抽象的な範疇とは、経験的に観察可能な個物や個人の次元を超えた集団（共同体）の次元、つまり「集団表象（collective representation）」に関係する範疇のことである[43]。例えば、特定の動物が特定のスポーツチームを指すという指示関係（形式的な規約）、あるいは、特定の型に則った行為が、特定の宗教的儀式を示すという指

41　指標関係は隣接性に基づき、類像関係は類似性に基づくという違いがあるが、両者とも何らかの観察（体験、想像、認知）可能な、経験的な基盤に基づくものである点で相違がない。指標関係が、その根拠とする連続性（隣接性、近接性）も、類像関係がその根拠とする類似性（相似性、類縁性）も、指示が生起する場（コンテクスト）で、指すものと指されるものとの間に観察される（経験的に体験される）特徴であるという点で一致している。

42　すなわち、記号と対象の関係を解釈されることなしに存在するもの、つまり非・任意的（非・象徴的）なもの、類像的な「名辞（rheme）」や指標的な「命題（dicent）」として解釈されることを要求するのである。名辞（rheme）や命題（dicent）については、本節4項（1.5.4）を参照。

43　したがって、象徴記号は、デュルケムが「社会的事実」と呼んだもの、例えば、トーテムなどの集合的な範疇（集団表象）や、ナショナリズムなどの共同体イデオロギーと深く関与する。象徴関係は、指標関係は言うに及ばず、類像関係と比べても、指示関係が起こっている「今ここ」の場で経験的に観察され得ない事物を、より容易に指示することができる。

示関係（儀礼や慣習）など、「形式的」な事象において、象徴記号（symbols）は典型的に観察されるものとなっている[44]。

1.5.3 潜在態・現実態・規則態

　このようにパース記号論では、人間によって経験・想像・構成可能な全ての事象は、三つの記号類（記号、対象、解釈）の三種の指示関係（類像、指標、象徴）として特徴付けられる。しかしパースは、この記号の三幅対に付随して、さらに二つの三幅対を同定している。その一つが、①「潜在態（qualisign）」、②「現実態（sinsign）」、③「規則態（legisign）」である。潜在態（qualisign）は、記号がそれ自体として有していると考えられる質（quality）、現実態（sinsign; a *sin*-gular thing）は、実際に記号として存在する物体や出来事（an existent）、規則態（legisign）は、一般的法則や規則としての記号である（Parmentier, 1994, pp. 16-17）。

　論理的に見た場合、潜在態は、（潜在態の現実化である）現実態（sinsign）に先行し、規則態は、現実態の生起を決定する記号であるから、前者は後者を前提としている。したがって、潜在態（qualisign）は第一性（firstness）、現実態（sinsign）は第二性（secondness）、規則態（legisign）は第三性（thirdness）として位置付けられる（Lee, 1997, pp. 118-119）。しかし、実際に生起する指示作用では、潜在態（qualisign）は、現実態（sinsign）を通してしか現れ得ないため、後者は前者に先行する[45]。また、特定の歴史的、社会的コンテクストで生起する一回的な、固有の出来事である現実態（sinsign）は、同時に、それまでに起こった出来事と「同じ」タイプの出来事（legisign）、一般的な出来事の範疇「**タイプ（type）**」の範例「**トークン（token）**」でもある。つまり、どのよう

---

[44] 数や音楽、文法・語彙の形式的な側面、そして儀礼などの行為が、経験に対する超越性、抽象性、任意性（つまり、類似性や隣接性などの経験的な動機づけの欠如）を強く示す。

[45] つまり、現象過程と論理関係とで先行関係が異なる。パース記号論は、過程論と関係論とが体系的に組み合わされ一体化した「プラグマティシズム（実践論、過程論）の記号論（論理関係論）」となっている。

な出来事も、固有で一回的である一方で、同時に規則性（反復可能性）も有しており、それが属している範疇（タイプ）を指示することができる。

　例えば、ゴルファーが落とした草が右から左へ風が靡（なび）いて落下するという出来事は、隣接性に依拠して指示される草も風量も一回一回異なるトークン、つまり一回的な出来事であるが、「物体が右から左へ風に靡いて落下する」という出来事自体は、一般的なタイプ（類型、範疇）として存在する。つまり、右から左へ靡いて落下する物体は、物体に吹いている一定量の風を指標するという経験的（蓋然的）な規則性である。しかし、象徴的指示（象徴記号）は、慣習的・規約的なものであるから、常に、規則性・タイプ・範疇レベルの現象であり、一回的な出来事ではありえない。

1.5.4　名辞・命題・論法

　最後の三幅対は、「名辞（rheme）」・「命題（dicent）」・「論法（argument）」である。パース記号論では、記号は記号として解釈されることによって始めて記号として存在する、と説明した。つまり、厳密に言えば、①類像記号、および、②指標記号は、記号と対象の関係が、解釈項とは独立に存在していると解釈されることを要求する。言い換えれば、類像的ないし指標的に対象を指示する記号は、記号と対象の関係に解釈項が介在することなしに存在する記号としての解釈を要求する。他方、③象徴記号は、解釈項の存在によって記号的存在になるばかりでなく、その関係の根拠（ground）自体が解釈項の介入無しには成立しない指示関係である（と解釈される）ことを要求する。パース記号論は、このような解釈項の三つの区別も認識し、それぞれ、①「名辞（rheme）」、②「命題（dicent）」、③「論法（argument）」という区別を付けている。

　以上のように、パースの記号論は、それぞれが第一性（firstness）、第二性（secondness）、第三性（thirdness）として序列化される三種の記号の三幅対（1.「①潜在態・②現実態・③規則態」、2.「①類像・②指標・③象徴」、3.「①名辞・②命題・③論法」）の交叉によって導かれる二十七通りの記号分類のうち、実際に生起可能なのは十通りであることを示している。それらを図式化したのが、**表2**である。さらに、これらの具体例を付け加えたものが**表3**である。

表2. 三つの記号の三幅対

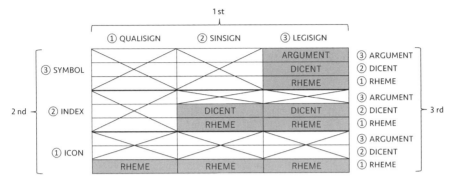

[Parmentier（1994, p. 17）から作成]

表3. 十通りの記号の組み合わせ

組み合わせ	1st	2nd	3rd	具体例
1-1-1	qualisign	icon	rheme	feeling of red（赤いという感覚）
2-1-1	sinsign	icon	rheme	individual diagram（個別のダイアグラム）
2-2-1	sinsign	index	rheme	a spontaneous cry（自発的な叫び声）
2-2-2	sinsign	index	dicent	weathercook（風見鶏）
3-1-1	legisign	icon	rheme	diagram（ダイアグラム）
3-2-1	legisign	index	rheme	demonstrative pronoun（指示代名詞）
3-2-2	legisign	index	dicent	street cry（路上での呼び売りの声）
3-3-1	legisign	symbol	rheme	common noun（一般名詞）
3-3-2	legisign	symbol	dicent	proposition（命題）
3-3-3	legisign	symbol	argument	syllogism（二段論法）

[Lee（1997, p. 122）から作成]

＊＊＊

　本章では、ボアズからサピア、ウォーフ、そして、レヴィ＝ストロース、パース記号論を言語理論へ接合したヤコブソン、さらにシルヴァスティンによって体系化される言語人類学の基礎的な考え方を素描し、本書の記述の基底を成

す「テクスト」という視座が、私たち行為者の「意識」とその反定立として措定される「無意識」が交叉する場所であることについて論じた。そのことは、テクストという視座が、「意識化」という（文化記述自体を含んだ）全ての相互行為・文化現象が発現する起点であると同時に、20世紀の近現代人間諸科学の礎石を形成してきた意識と無意識に関する問題系、私たちが身を置いている「近代」というディスコースの布置それ自体の起点でもあることを示唆するものでもあった。最後に、パース記号論について、その概論を記した。

次章（第2章）では、本章で概観したボアズ人類学の言語思想、その中でも、デル・ハイムズとジョン・ガンパーズによって打ち出された「ことばの民族誌」、この系譜に、ヤコブソンの詩学、バフチンのダイアロジズム、さらにゴフマンの相互行為論などと共鳴し合い、様々なナラティヴやフォークロア、そして儀礼スピーチを分析対象としてきた、言語人類学の儀礼論についての梗概を記す。

第 2 章 儀礼のポエティクス

前章では、ボアズ人類学の言語思想、特にパースが考案した記号論を言語の領域へと体系的に接合したヤコブソンの詩学からシルヴァスティンの儀礼論、「テクスト化」という概念を軸とした言語人類学のコミュニケーション理論への展開を概観し、それが近代社会科学の基底を成してきた「意識／無意識」という問題系と関連することについて示した。

　ボアズ人類学の中でも、詩や儀礼の様々な民族誌的事例を基にした考察は、特に、デル・ハイムズ（Dell Hymes）とジョン・ガンパーズ（John Gumperz）によって打ち出された「ことばの民族誌（ethnography of speaking）」や「エスノ・ポエティクス（ethno-poetics）」と呼ばれる一群の研究を中心にして展開してきた（Gumperz & Hymes, 1972; Hymes, 1981, 1996, 2003）。この系譜は、ヤコブソンの詩学、バフチンのダイアロジズム、ゴフマンの相互行為論などと共鳴し合い、様々なナラティヴやフォークロア、そして儀礼スピーチ（ritual speech）を分析対象とする、言語人類学の中核的研究群となっている（cf. Bauman & Sherzer, 1989 [1974]; Chafe & Nichols, 1986; Fox, 1988; Hill & Irvine, 1993; Tedlock & Mannheim, 1995）。

　本章では、これらの研究群を参照し、儀礼の言語人類学的アプローチについての概論を附す。そして、儀礼がどのようにして宗教的／魔術的と言えるような「力（force）」や、社会的な「権威（authority）」を創出する相互行為であるのかについて明らかにする。また、それがジョン・L・オースティン（John L. Austin）以降、ジョン・サール（John Searle）、ポール・グライス（Paul Grice）など日常言語学派（Ordinary language philosophy）の中心概念である、発話参加者の「意図性（intentionality）」という問題系と、どのように関連しているのかについて論じる。

2.1 儀礼と人類学

2.1.1 儀礼化

　周知の通り、儀礼は、人類学を含む社会文化研究一般において、常に重要な研究対象となってきた。例えば、デュルケムの宗教儀礼、モースの供儀論、レヴィ＝ストロースのトーテミズム、グラックマンやターナーの社会劇、儀礼過

程論、ギアツの劇場国家論、モーリス・ブロックの儀礼イデオロギー論、ロイ・ラパポートの儀礼パフォーマンスなど、機能主義、構造主義、象徴人類学などの名称で展開した多くの人類学的研究は、儀礼に社会文化のエッセンスを見出してきた (cf. 名和, 2002, pp. 156-163)。

　これらの儀礼研究の要諦は、社会が体系的な意味範疇、すなわち「文化」をもつならば、それは、儀礼において（象徴的に）表現されるというものである。例えば、儀礼が、特定の世界観をメタファーやメトニミーを通じて体現するといった議論は、象徴人類学のお家芸となってきた。こうした儀礼論は、儀礼と社会文化の関係を論じる上で重要ではあるが、そこでは、「儀礼」という相互行為カテゴリーは所与のものであり、そのような相互行為が実際にどのようなメカニズムに基づいて生起するのか、儀礼はどのようにして通常の相互行為には観察されないような、特殊な「力」を発揮することが出来るのか、これらの点は十全には説明され得ない。こうした理由により、儀礼論の多くは、「いかなる説明も受け付けない相互行為であることが、儀礼である所以である」といった、まさに「儀礼的」な説明に終始する傾向をもつことになる (cf. 浜本, 1989)。儀礼を巡る人類学的課題は、まさしくこの点にある。つまり、なぜ人類学者たちは、儀礼という相互行為カテゴリーを所与のものとして捉えてしまうのか、どのようなコミュニケーション的特徴が、人々の「意識」を儀礼へと収斂するように仕向けるのか、そのような特徴は、宗教的、魔術的な力の喚起とどのように関連しているのか、これらの点に分析の焦点が据えられる必要がある。

2.1.2　ことばの民族誌

　このような課題に応えようとしてきた研究が、儀礼における言語使用、つまり「儀礼スピーチ」を対象とした研究である (Silverstein, 1981a, p. 2)。儀礼スピーチに関する研究は、とりわけ、ハイムズやガンパーズによって打ち出された「ことばの民族誌」によって担われてきた。「ことばの民族誌」は、文化研究における言語使用の考察の重要性を提示し、人類学（を含む社会科学一般）と言語学を、ヤコブソンに由来する「発話出来事 (speech event)」の概念を軸

にして接合することを企図したナラティヴ研究である[1]。その中でも、特に、形式性が際だって観察されるテクスト、フォークロアの言語に焦点を当てた研究が「エスノ・ポエティクス」であり、ハイムズをはじめ、デニス・テッドロック（Dennis Tedlock）、ポール・フリードリック（Paul Friedrick）、リチャード・バウマン（Richard Bauman）やジョエル・シャーザー（Joel Sherzer）などによって着手されたものである。「ことばの民族誌」や「エスノ・ポエティクス」は、ヤコブソンやバフチン／ヴォロシノフ、ゴフマンの発話理論を下敷きとしながら、儀礼スピーチ研究としても展開し、儀礼を多様なコミュニケーション出来事や相互行為の「ジャンル」の一つ、あるいは「パフォーマンス」として捉え、宗教的／魔術的と言えるような「力」や社会的な「権威」を、儀礼という相互行為が喚起する記号のメカニズムを明らかにしてきた[2]。このことは、儀礼論を

---

[1] また、ハイムズは、社会文化の考察は、発話出来事とそれが起きているコンテクストとの相互関係に焦点を当てることが重要であるとし、発話出来事とコンテクストを結び付けている主な要素として、場面（Setting / Scene）、参加者（Participants）、目的（Ends）、行為連鎖（Act sequence）、調子（Key）、メディア（Instrumentalities）、規範（Norms）、そしてジャンル（Genre）の八要素（SPEAKING）を挙げた。この"SPEAKING"モデルは、第1章で論じたヤコブソンの六機能モデルと比べた場合、発話出来事の八要素のうち三つ（調子、規範、ジャンル）が、言語のメタ語用的機能に当てられている。言語使用と社会文化（コンテクスト）の関係を反映する要素がメタ語用的要素であり、それに焦点を当てることが社会文化の研究において有効であることを示唆したと言える。

[2] 「ことばの民族誌」は、社会文化人類学においても良く知られているが、その研究の重要性が、正面を切って論じられることはあまり無い。そのことは、これらの研究は言語・コミュニケーションに特化した研究であり、社会文化に焦点を当てる人類学的研究とは趣向を異にするものであると捉えられていることを示唆するものである。つまり、言語は言語研究が担い、社会や文化は社会文化研究が担うという一種の棲み分けが暗黙裏に設定されている。そのような棲み分けは、特定のイデオロギーであることを指摘しておかなければならないし、第1章で記述したレヴィ＝ストロースによる言語学の文化研究へのアナロジカルな接合は、これと同種のイデオロギーに則っていたと言えるだろう。アナロジーによる接合ではなく、言語と社会の実質的で不即不離な（指標的）関係を明らかにしようとする研究視座をもって、（言語）人類学と（社会）言語学の接合を企図した研究としてBlommaert（2010）が挙げられる。

「脱宗教化」するものであると同時に、日々営まれる様々な相互行為（コミュニケーション出来事）、その終わり無き過程としての社会文化が、どのような意味で「儀礼的に」生み出されていると言えるのか、以上について審らかにしてきた視座でもある（cf. Silverstein & Urban, 1996; Senft & Basso, 2009）。

＊＊＊

　このように、儀礼をコミュニケーション出来事として考察する上で、ウェブ・キーン（Webb Keane）は示唆的な事例を紹介している（Keane, 1997a, p. 49）。それは、神学者アウグスティヌス（Augustine）によるキリスト教への改宗（conversion）の事例である。アウグスティヌスは、自分には見えていない壁の向こう側で、「手にしなさい、そして読みなさい（tolle lege, tolle lege）」[3]と子供たちが歌うように唱えている声を聞いて、それを神からの「お告げ」として理解した。その後、彼は改めて聖書を開き読み進め、そこに書かれていたことばを、キリスト教徒としての新たな契機として捉えた、というエピソードである。
　このエピソードは、少なくとも三つの前提や特徴によって成立する出来事であると読み取ることが出来る。一つ目は、**1）** 特定の言語の形態が、アウグスティヌスの注意を子供たちが歌うフレーズへと向けさせたこと、二つ目は、**2）** ある特定の時空間（コンテクスト）で書かれたことば（テクスト）が、異なる時空間において取り上げられ、そして読まれたことによって、そのことばの宛先（addressee）が自分自身であるとアウグスティヌスに思わせたこと、三つ目は、**3）** 実際の発話の場における特定の話者の不在性（invisibility）が、アウグスティヌスにそのことばを「お告げ」として理解せしめたこと、言い換えれば、そのことばが発せられた場所や起源、そのことばの本当の所在がどこであるかについて思考させたことである。具体的に言えば、アウグスティヌスの改宗は、**1）**「パラレリズム（parallelism）」や「類似（assonance）」といった言語的形式が人々の注意を喚起する「力（force）」を有すること、**2）**「テクスト」

3　ラテン語では"tolle lege, tolle lege"、英訳は"take up and read, take up and read"となっている。

と「コンテクスト」の媒介、3）スピーチにおける発話参加者の役割が、儀礼スピーチが発揮する「権威（authority）」などの語用的効果やそれを生み出すコミュニケーション原理を理解する上で、重要な示唆を与えるという点である。そして、この三点全てが指標性の概念を下敷きにすることによって、儀礼が発話者個人の「存在性（presence）」や「意図性（intentionality）」を消去するよう貢献していることを、論理的一貫性を保持して説明され得ることである[4]。以下では、これら三つの観点（1. パラレリズム、2. テクストとコンテクストの媒介性、3. スピーチにおける発話参加者の役割）に沿って、儀礼スピーチの特徴を概観する。

2.2 儀礼スピーチと形式性

2.2.1 パラレリズム

　初めに、**1）**儀礼スピーチが示すパラレリズムについての概略を附す。日常的に行われる相互行為とは異なり、儀礼で行われる発話が顕著に示す特徴として、「反復」が上げられる。第1章4節（1.4）で概観したように、言語使用に観

---

[4] これに類似するものとして、Du Bois (1986) が提示する区分が挙げられる。デュボアは、様々な言語・文化に観察される儀礼スピーチを考察し、その特徴や原則を以下の四つ、①「相補性（complementarity）」、②「パラレリズム（parallelism）」、③「媒介（mediation）」、④「制限（constraints）」へと収斂させる。①「相補性」は、儀礼を日常的な発話が示す特徴との対比によって、儀礼を日常的な発話から区別し、聖なる領域に属する発話として位置付ける性質、②「反復性」は、音声、統語、意味などにおいて、並列構造を成していること、③「媒介」は、特定の人物の発話を「引用」して伝達したり、他者によって書かれものを「代読」する、などの発話行為に典型的に見られる特徴、④「制限」は、ある一定の談話形式や特徴を示すことによって、他の多様な会話の形式の使用が制限されること、以上の四つである。デュボアは、これら四つの特徴や原則が、儀礼を執行する発話者が、発話者「個人」として発話をコントロールする力を制限する特殊な談話構造を「儀礼」において機能させ、儀礼がそれ自体によって権威を喚起する（「自明性（self-evidence）」を獲得する）ことに繋がっているとしている（ibid., p. 322）。

察される反復性は、ローマン・ヤコブソンが提示したコミュニケーションの六機能のうちの一つである詩的機能が、その理論化の源泉となってきた。儀礼スピーチは、詩的反復性が顕著に現れる韻文の一種であり、高い形式性を有したテクスト（語用的ダイアグラム）を形成する。それによって儀礼スピーチは「今ここ」に比較的近いコンテクストではなく、遠く離れた時空間（異界）を指し示すような、象徴的で、「魔術的」な力をもったメッセージとしての性格をもつ傾向を強くする[5]。

例えば、『ことばの民族誌』所収の論文であるBricker（1989 [1974]）は、メキシコのチアパス州シナカンタン（Zinacantán）に住むツォツィル語（Tzotzil）話者によって為される、以下に英訳を示した儀礼スピーチを取り上げており、後にシルヴァスティンによって再分析されている（Sliverstein, 1981a）。

I. Well grandfather, /
   Lord:
II. How long have you been waiting here for my earth?/
    How long have you been waiting here for my mud?
III. I am gathering together here;
     I am meeting here
IV. I see the house of poverty;
    I see the house of wealth
V. Of His laborer,
   Of His tribute-payer.
VI. Holy Esquipulas, thou art my father;
    Thou art my mother.

（Bricker, 1989 [1974], pp. 369-371）

　この儀礼スピーチは、I〜VIの六つの節（verse）から成っており、各節はそれぞれ同一の統語構造を有する二つのパートから構成されている[6]。図4は、この儀礼スピーチを成す六つの節を軸とした詩的構造を図示したものである。まず、IとIIは両節とも、類義語（grandfather：Lord、earth：mud）によって構成される節となっており、IIIも二つのパートが同一の意味内容を繰り返している点において、IとIIに準じる類義的な節である。他方、IVは、VとVIと同様に、反義語（poverty：wealth、laborer：tribute-payer、father：mother）によって構

5　したがって、言及指示的意味（解釈）が曖昧（多様）化する傾向を有する。
6　IおよびVI節は、同一構造における空所化変形（gapping）が起きている。

図4. 儀礼スピーチのパラレリズム

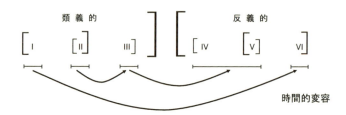

[Silverstein（1981a）から作成]

成される節となっており、ここでまず、この儀礼スピーチにおいて、[I–II–III]対[IV–V–VI]という二項対立の構図が、[類義的：反義的]として措定できる。

次に、IとIIを構成している語句と、VとVIを構成している語句は、それぞれ第三の意味を喚起するものとなっている。すなわち、I節のfatherとLordは、共に「年長」を含意し、II節のearthとmudは、共に「（長く待ち望まれた）到着」を含意している[7]。また、V節のlaborerとtribute-payerは、共に「隷属性」を含意し、VI節のfatherとmotherは、共に「両親」を含意している。したがって、前二節（IとII）はIIIから、後二節（VとVI）はIVから、それぞれ分離される内容になっている。さらに、IとVIは、親族やそれに関連する地位という意味的領域における対照性を有した節である一方、IIからVでは、二人称（このテクストにおける表面上の聞き手／宛先人）から一人称（話し手）、そして三人称（恩恵を受ける人として言及された者）へと、人称代名詞に変容が観察され、意味内容的に連続性を有した集合を形成している。これによって、IとVIは、II–III–IV–Vを枠付ける（両端に位置する）という更なる構造を形成している。

以上に加えて、この儀礼スピーチは、贖いを行う者が、その見返りとして受ける富に纏わる祈り（メタファー）となっているが、そのことは当該テクストの非対称的な進展に現れている。まず、[II→III→IV→V]へというスピーチ

7　これは、「旅人の足は土や泥で汚れている」という意による。

の連辞軸上の移行は、このスピーチのメタファーが示す［過去→現在→未来］という移行と一致している。そして、スピーチ自体を枠付けている［I→VI］という流れも、これと同様である。この［過去→現在→未来］という移行に沿って述べられている内容は、次の通りである。まず、テクストの聞き手／宛先人とされている神"Esquipulas"は、II（過去）で示されている懇願者を待っており、その懇願者は、III（現在）において、彼の現在の祈りの行為に注意を喚起している。そして、IV–Vでは、現在の労働者の家の、現在の貧困が、神へ讃辞を捧げることによって得ることになる、彼の家の未来の富へと変容することを「見る（sees）」というものである。

このような形式的・意味的なパラレリズムが、スピーチ自体の流れによって時間性を与えられること、すなわち、連辞軸上に詩的構造が投影されることによって、この富のメタファー（語用的ダイアグラム）は、スピーチの移行を通じて達成されるのである。このように儀礼スピーチには、ヤコブソンの言う詩的構造（反復）が、音韻レベルのみならず、センテンスの構造や意味内容においても作用しており、テクスト全体として強い「ダイアグラム性」を生み出すことに貢献している（Silverstein, 1981a, pp. 6-7）。

2.2.2 行為のダイアグラム（diagram）

儀礼スピーチが示す形式性は、もちろん言語的次元に限定されるものではなく、行為の次元においても観察されるものである。例えば、Silverstein（1996）は、エドワード・サピアが1905年の夏、米ワシントン州のヤキマ保留地にて、アメリカ先住民（チヌーク語キクシュト変種話者）を対象として行った調査記録を取り上げ、そこで言及されている冬の水浴（winter bathing）という儀礼的行為が体現していたチヌーク語話者の宇宙（cosmos）を再構築している。

この儀礼は、**1)** 神話を聞きながら居眠りをしてしまった子供が、**2)** その罰として、冬の夜に凍ったコロンビア川まで行き、**3)** 氷を割って特定の仕方で川に潜り、**4)** 家に帰ってきた後に暖炉で冷えた身体を温める、という一連の行為から成っている。とりわけ、**3)** 川の氷を割って潜る行為が、この儀礼的行為のピークを成している。この一連の行為を図示したものが**図5**である。子

図5. 儀礼化されたコロンビア川での水浴

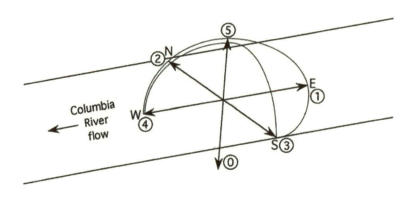

[Silverstein（1996, p. 92）から引用]

供は、氷を割った後、⓪–⑤川に潜って上がって"Wah!"と叫ぶ動作を、①東（rising sun）→ ②北（across this way）→ ③南（across yonder）→ ④西（setting sun）の順に、各々の方角を向いて繰り返し行うとされている。すなわち、1）潜って上がる垂直運動（**Down-Up**）が全体をフレーム化し、2）東西（*East-West*）がコロンビア川の上・下流、3）北南（North-South）がコロンビア川の横幅に対応し、東西と垂直に交叉する。したがって、[⓪**Down** - [①*East* - [②North + ③South] - ④*West*] - ⑤**Up**]という三つの軸の交点に、川に潜った子供の身体が位置付けられ、そこを基点（deictic origin）とした一連の水浴動作によって喚起される形式、つまり「行為のダイアグラム（diagram）」が、チヌーク語話者たちにとっての宇宙を映し出している。

そして、この一連の行為は、1）神話を聞いた後、川で潜って帰ってくる道中で、子供が神話で語られた動物、「守護神（guardian spirit）」と遭遇すること、2）そのような守護神と出逢えるほどに強くなるために「罰（punishment）」を受けること、この二つの出来事の邂逅（隠喩的出会い）によって、この儀礼の効果（メタフォリカルな力）を生み出し、その効果が当該儀礼を通して子供が獲得する「聖霊の力（spirit power）」（=「メタフォース; metaphorce」）となっている。

2.3 テクスト化／コンテクスト化
2.3.1 媒介行為

　以上のような、儀礼スピーチ／儀礼的行為が示す顕著なパラレル構造（ダイアグラム性）は、その儀礼が、スピーチが行われている「今ここ」を超越した彼岸、発話のコンテクストには不在の者（例えば、精霊、亡霊、神、祖先など）を、儀礼の参加者が、「今ここ」で身をもって体験するような相互行為——今ここの彼岸——として存在せしめることに貢献していると考えられる[8] (cf. Bakhtin, 1981)。

　そのような高い形式性を有したテクストは、それゆえに、様々な相互行為において「引用」される可能性が高くなる。それらは、例えば、昔話や物語のように口伝によって継承されゆくものや、聖書のような書物（書かれたもの／文書）(text artefact)、あるいは、映像として保存されたヴィデオテープなど、多様な形態を取る (cf. Coleman, 2000)。そして、それらのテクストは、復唱されたり、部分的に参照されたり、それぞれに異なるコンテクストで、異なる仕方で引用され、受け継がれてゆく。このようなテクストの引用は、その仕方によって、テクストの権威を高めたり、貶めたりすることを可能にすると同時に、引用を通じたテクストとの関係性を明示することによって、引用行為が行われている「今ここ」の相互行為の意味を決定することに貢献する。テクストとコンテクスト（あるいは、「今・ここ」と「かつて・彼岸」）、この両者の「媒介性」がどのように喚起されるか、これが相互行為の意味を決定する重要な要素となっている。

---

[8]　Bakhtin（1981）は、以下のように言及している。
　　権威のある言葉とは、遠く隔たった領界に属し、階層的により上位にあると感じられる過去に淵源を発するものである。言うなれば「父の言葉」である。その権威は、過去において既に認められたものである。それは「以前の」ディスコースである。(ibid., p. 342)［日本語訳引用者］

2.3.2 超言語学

テクストとコンテクストの媒介性に関する考察は、ミハエル・バフチンの文学系社会理論（metalingvistika; 超言語学）、とりわけ、その「ダイアロジズム（dialogism）」と呼ばれるに至る考え方に主要な源泉を見出してきた。ダイアロジズムとは、発話を通して、（必ずしも発話の場には存在しているとは限らない）様々な社会的存在、その「声（voice）」が指し示されること、すなわち、どのような発話（話し言葉であれ、書き言葉であれ）も、実際には、それ以前の、それとは異なる場で為された発話に関係づけられる／媒介されることによって成立していると捉える視座である。言い換えれば、いかなる発話も、常に必ず、その場には「不在の存在」との「ダイアローグ」として生起していること、あらゆる存在の基底にダイアローグという社会的媒介が位置していることを示唆するものである[9]（Bakhtin, 1981, pp. 326-330）。

例えば、バフチンは、特定の発話やディスコースが、（直接的に／間接的に）別の発話やディスコースの時空間に取り込まれる時、そのディスコースは間ディスコース的（interdiscursive）効果を生じさせると指摘している。そのような間ディスコース性が、言語自体や言語的レジスターの使用によって生じるものである場合、バフチンは、その効果を「ヘテログロッシア（heteroglossia）」と呼んでいる。また、他者の声が引用される時、引用するディスコースでは「ヘテロフォニー（heterophony）」という効果が生じるとし、さらに、他者の声が、それら他者自身がするような仕方によって引用される時、すなわち、散文（フィクションの文学作品）における「自由間接話法（free indirect style）」のような語法が採用される時[10]、引用するディスコースでは、「ダブル・ヴォイシング（double voicing）」という効果が生み出されるとしている。

---

9 この点において、バフチン、そして、彼の最も重要な同伴者であったヴォロシノフによる文学系社会理論は、ヤコブソンの議論と高い親和性を有しており、実際に両者は互いに影響を与えながら形成されたものである。

10 自由間接話法とは、例えば、物語における作中人物の発話や思考が、引用形式によっては表されず、地の文に溶け込んでいるような仕方で表す話法形式である。

図6. コミュニケーション出来事の媒介性

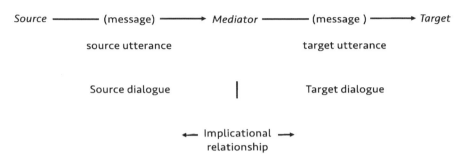

[Bauman（2004, p. 133）から作成]

このようなディスコース間の媒介性という視点を、より動態的・過程的に理解したものが、第1章4節（1.4）で概略を示した「テクスト化（*en*textualization）」という概念が示す現象であると考えられる。すなわち、テクストとは、それとは別のテクスト、つまりテクストを取り巻くコンテクストに媒介される過程であり、したがって、テクスト化とは、コンテクスト化という過程を同時に経る現象、両者の弁証法的過程の一局面であることを含意している[11]。そして、儀礼スピーチは、このテクストと結び付けられたコンテクストとの区別を、とりわけ明瞭すること、つまり、両者の媒介性をより強く喚起し、スピーチが行われている今ここの出来事を権威化（authorize）するように作用する（メタ語用的）出来事である。儀礼スピーチが顕著に示すテクストとコンテクストの媒介性／媒介行為を、例えば、Bauman（2004）は、図6のように図式化している[12]。

---

11 Bauman & Briggs（1990）は、テクスト化という現象は、「ディスコースが取り出し可能になること、相互行為の場から持ち出すことが可能な一つのユニット（まとまり）として生み出される過程」と説明している（ibid., p. 73）。

12 Bauman（2004）が、SourceとTargetの関係を"implicational relationship"と表現しているのは、この両次元が所与のものではなく、談話や相互行為を通して喚起（含意）されるものとして捉えているからである（ibid., p. 133）。

2.3.3 権威化

バフチンが指摘するように、ディスコース間の媒介性は、どのような言語使用にも必ず観察されるものであるが、日常的な相互行為では、それが強く意識に上ることはない。他方、儀礼スピーチでは、この媒介性は極めて顕著になり、そのような媒介性を表すための行為が儀礼の手順自体に組み込まれていることが多い。そのようにテクストとコンテクストの媒介性を高めること、あるいは、話し手と聞き手の関係性を複雑にすることを通じて、両者の間に断絶が存在することを発話参加者に意識させるような相互行為として、儀礼は機能していると言い換えられるだろう。

このような媒介性を最も顕著に現す事例として、同一テクストを復唱（二重に発話）するという行為が挙げられる。例えば、Spier & Sapir (1930) では、アメリカ先住民のウィシュラム（Wishram）語話者たちの名付けの儀式が考察されており、そこでの卓越した復唱行為が記述されている。この名付けの儀式では、儀式を執り行う二人の者が、命名される者の両脇に立つ。そして、まず二人のうちの一人が、儀礼スピーチの最初のセンテンスを「低い声で」発話する。それに続けて、もう一方の人物が、今度は（対照的に）「大きな声で」、同一センテンスを復唱し、その後に、周囲を取り囲んでいる親族や友人たちが、それに呼応した発話（a:xi:）を行う。この発話の連鎖は、儀礼スピーチが終わるまで続けられ、後続するセンテンスは毎回、同様の復唱手続きを繰り返しながら進行する。こうしたテクストの「復唱」は、「復唱のための復唱」であることは明らかである。すなわち、読み上げられる儀礼テクストの世界（source dialogue）と、「今ここ」のコンテクスト（target dialogue）には、「隔たり」があることを明記する行為となっており、復唱する二人は、両ダイアローグの媒介者となっている。このような、同一テクストの復唱と、その復唱行為自体の反復は、名前を授かる者が、同一の名前をもった祖先たちが住む「異界」、そこから代々続く「系譜上」に取り込まれることを、その儀礼の手順や行為の定型を通して体現することによって、「今ここ」で行われている「命名」が成立している。

テクスト間の媒介性の明瞭化は、特定のスピーチを代理で伝える役割を担

う者を伴った発話にも観察される。Yankah（1991, 1995）は、ガーナのアカン（Akan）社会のアシャンティ州の王によるスピーチを考察し、王の公的な発話を、代理で聴衆に伝えるakyeame[13]という媒介者に着目している。以下は、そうした発話の抜粋である。

King:　　I am concerned about this funeral (sio)
　　　　　Because the gentleman who has returned to his soul's origins (sio)
　　　　　Served in this palace for thirty-nine years (sio)

Okyeame:　Otumfuor, the Almighty, says he is concerned about these events,
　　　　　Because the gentleman who has returned to his soul's origins,
　　　　　Served in this palace for thirty-nine years.

King:　　We all know the role he has played in this palace (sio)

Okyeame:　He says we all know the role he has played in this palace.

King:　　We would have done him no greater honor (sio)
　　　　　Than to observe his wake (sio)
　　　　　To bid him farewell (sio)

Okyeame:　He says we would have done him no greater honor, than to observe
　　　　　His wake, to bid him farewell.

（Yankah, 1991, pp. 13-14）

　ここでakyeameは、低い声で、かつ不完全さを伴って為される王による発話を、それとは対照的に、大きな声で、より十全に、表現豊かに、聴衆に伝えるという行為に従事している。また、王による発話の直後に、「はい（sio）」と返事をし、それを承認するという行為にも従事している。このような行為によって、akyeameは、起点ダイアローグ（source dialogue）と目標ダイアローグ（target dialogue）の間接性を高め、直接的な接触によって生じうる王の権威性や神聖性の侵害を回避するように機能している。同時に、akyeameの発話では、例えば王による"this funeral"という言及が、"these events"へと変更される

13　単数形はokyeameである（Yankah, 1995, pp. 84-85）。

などの相違が観察されるが、こうした変更は限定的である。つまり、王による発話（テクスト）を、自らと聴衆との間のコンテクストへと忠実に「引用」（再現、再コンテクスト化）すること、両発話の類像性を高く保持することによって、王が行った発話の権威を高めることに貢献している。

このように、両ダイアローグ間の隔たりを認識可能なものにしておく度合いに応じて、相互行為は、今ここには「不在」の権威を背景にして浮き立つ、あるいは、その「不在性」の権威に服従するという現象が生じる。媒介行為による「権威化（authorization）」について、Bauman（2004）は、以下のように述べている。

> 権威化の過程は、［中略］時間的に先立つ起点的発話が、（実際に為されている）目標的発話を、その形自体によって支配することを示している。媒介者による起点的発話の再現（replication）は、再現する際に、その発話の威厳を保持したり、その発話に対する特別な配慮を示すことで、相互行為的な服従（discursive submission）へと達する。つまり、現在のディスコースが、過去に淵源をもつディスコースに従属するというものである。さらに、起点的発話が示す形式への服従は、テクストの修辞的力に付随した効果を生じさせる。つまり、発話形式の威厳を維持することは、メッセージが有効なものとして受け入られることを可能にする。このように媒介的行為（mediational routines）は、［中略］ディスコースが権威を付与される過程を再帰的に実演するものである。(Bauman, 2004, p. 153)［日本語訳引用者］

2.4 発話参加者と引用

2.4.1 ゴフマンのフレーム理論

最後に、**3)** 儀礼における発話参加者と引用行為の関係について論じたい。儀礼の言語使用と発話参加者についての理論的源泉の一つとなってきたのは、アーヴィング・ゴフマンの相互行為理論であり、とりわけ「フレーム（frame)」

や「フッティング（footing）」などの概念である。

　ゴフマンは、人々は特定の枠組み（フレーム）を前提にして相互行為に参与しているとを捉え、そうした参与の枠組みは、相互行為参与者たちの「フッティング（footing）」として生成しているとする。フッティングという概念は、人々は、相互行為が生起している「今ここ」を基点に、「ダンスを踊っている」という見立て（dance in the talk）によるものである（Goffman, 1981[1979], p.73）。その上で、ゴフマンは、話し手が示すフッティングを、①animator（発声体）、②author（作者）、③principal（責任主体）へ、聞き手を、❶addressee（宛先人）、❷ratified hearer（それ以外の是認された聞き手）、❸bystander（傍聴者）などの役割へと分解し、相互行為の参与者は、そうした特定の役割／フッティングを伴ってコミュニケーションに参加していることを示した（Goffman, 1981[1979]）。

　例えば、ニュース番組のアナウンサーが、報道記者が書き上げたニュースを読み上げるという場面を想定してみたい。ここでは、①「アナウンサー」が自分ではない誰かが書いたニュースを読み上げる「発声体」、②「報道記者」が読み上げられたニュースの「作者」、③「テレビ局」が読み上げられたニュースに対して責任を取る「責任主体」、となろう。すなわち、コミュニケーションという相互行為は、その参与者たちによって取られる様々な視点、スタンス、関わり方、それらの総体として形成されるものであり、ゴフマンは、そうしたコミュニケーションへの参与枠組みを「フレーム」と呼んだ。日常的な相互行為では、例えば、話し手の役割は話し手が、聞き手の役割は聞き手が、それぞれ一人で担っているように認識されることが多いが、実のところ、これらの役割は分かれていることがほとんどである。したがって、ゴフマンの相互行為理論に従えば、自らの意図に従って主体的に社会参加を果たす「個人」としての自己は、存在しないことになる。このような、ゴフマンによるフレーム／フッティングという指摘は、それらが相互行為の分析上、必ず想定されるべき固定化した分析概念でも、相互行為の動体性を指摘するための概念などではなく、相互行為を通して生起し変転する「関係性」それ自体として――自己（self）の儀礼的呈示（演技／ドラマ）を通して（"ritually organized system of social activity"）――社会的存在としての自己、そして「社会なるもの」がミクロに生

成・維持・変容されてゆくことを捉えようとした視座であると言える[14] (Goffman, 1967, pp. 5-46)。

2.4.2 引用、模倣、憑依

　このような発話参加者の役割に関する議論を、ジョン・デュボア（John Du Bois）は、言語使用における「引用（quotation）」の問題へと接合し、通常は言語使用の次元における引用という視点を、一般に儀礼において観察される「模倣／物真似（mimicry）」や「憑依（trance）」など、相互行為一般の次元へと敷衍している（Du Bois, 1986）。

　デュボアは、言語使用において観察される「言語および行動的要素（linguistic or behavioural feature）」と、その「発話範疇（speech categories）」の両局面は、発話を実際に行っている特定の発話者個人（proximate speaker）の存在が指標される／されない度合い（hierarchy of personal presence）、言い換えれば、「引用」の直接性の度合いに応じて相関することを示し、それがパース記号論でいう「指標性（indexicality）」の原理、その強度に従って階層化できることを図7の通り明瞭に図式化している（ibid., p. 330）。ここで発話者個人が"proximate speaker"と表現されている理由は、相互行為出来事が実際に生起している「今ここ」、すなわち「指標野の中心（deictic center）」に、最も近接している（proximate）存在として発話者を規定しているためである。

　この図式について、具体的に説明を施そう。①「(発話者個人が) 主権を有する発話（sovereign speech）」として範疇化される発話で、「命題内容（言及されている内容; propositional context）」を含む、全ての言語的（および行動的）要素が、発話者個人によって制御され、発話者個人が発話を制御している度合いが最も強い。しかし、②「間接的発話（indirect speech）」では、「命題内容」

14　ゴフマンの相互行為理論（象徴的自己提示論、儀礼／ドラマトゥルギー論）、特に「フレーム」や「フッティング」は、バフチンの超言語学とも高い整合性がある。また、「ことばの民族誌」の系譜と共鳴し合いながら創られてきたものである。

図7. 言語および行動的要素と発話範疇の指標的連関

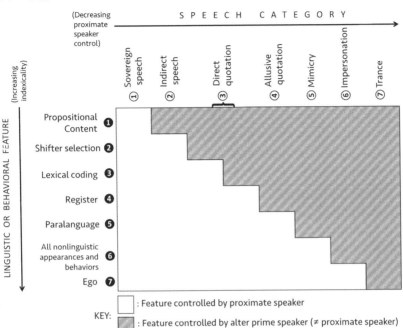

[Du Bois（1986, p. 328）から作成]

は、発話者個人によっては、制御されなくなる。そして、③「直接引用（direct quotation）」や④「暗示的引用（allusive quotation）」などの発話では、引用した発話の内部における「転換子（shifter）」、「語彙（lexical coding）」、「レジスター（register）」といった要素は、発話者（引用者）個人によっては制御されえず、引用の強度／直接性が高まる。さらに、⑤「模倣／物真似（mimicry）」の段階に至っては、「パラ言語的要素」（音声・リズムなど）も「模倣」（引用）される。そして、⑥「人格化（impersonation）」の段階においては、身体（非言語）的要素が引用され始める。最後に、⑦「憑依（trance）」の段階では、発話者個人は「自我（ego）」を失った（とされる）状態、つまり、「引用された人物（alter prime speaker）」が、発話者（引用した者）の身体を借りて発話している状態（a voice which can index no personal origin）として概念化されている（ibid.,

図8. 発話者のカテゴリーと（発話者）個人の存在性の階層

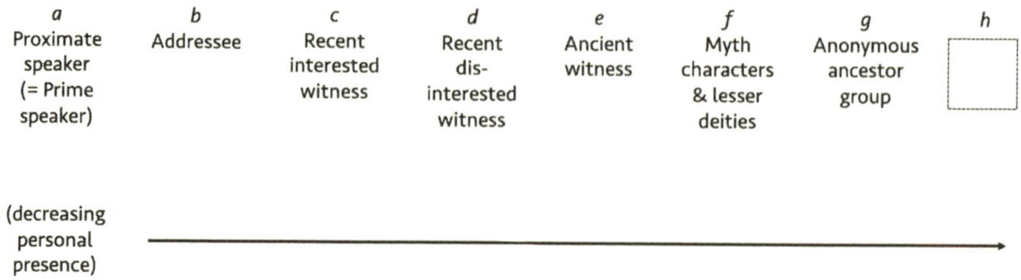

a	b	c	d	e	f	g	h
Proximate speaker (= Prime speaker)	Addressee	Recent interested witness	Recent dis-interested witness	Ancient witness	Myth characters & lesser deities	Anonymous ancestor group	

(decreasing personal presence) →

［Du Bois (1986, p. 330) から作成］

p. 333)。すなわち、デュボアは、「模倣」や「人格化」、そして「憑依」という行為範疇においては、発話者個人が指標される度合い、指標性（コンテクスト依存性）が相対的に低くなることを明確にし、「引用」を通した「（発話者）個人の存在（personal presence）」の消去によって、（儀礼などの）発話・行為は権威付けされていることを指摘している。

さらにデュボアは、この「個人の存在性」（指標性／発話のコンテクストを指し示す度合い）の大小に対応する仕方で、発話者の八つの範疇を図8のように提示している。これらの範疇は、(a) 一人称（= proximate speaker）→ (b) 二人称 → (c-g) 三人称へと変化する。(a) から (f) へ移行するにつれて「個人の存在性」は減少し、(f) では歴史的時間性を有する時空の外部に移行しており、(g) では人格性を有しない何らかの「存在」へ接近してゆく。最後の (h) が空白となっているのは、個人の存在性が消滅する最終的な地点（理論的説明を超えた次元）であることを示している[15]。

---

15 以上の考察を経て、Du Bois (1986) は、儀礼スピーチ一般に観察される（つまり、反復的に出現する）「（発話者）個人の存在（personal presence）」の消去に貢献し得る幾つかの特徴を、以下のように列挙している。
　①儀礼的レジスターの使用（ritual register）、②古語の要素（archaistic elements）、③他の言語から借用された要素（borrowed elements）、④婉曲的表現や比喩（euphemism and metaphor）、⑤意味の難解性（meaning opaqueness）、⑥意味と文法の平行性（semantic-grammatical parallelism）、⑦有標的な声の質（marked voice quality）、⑧定型的で制限されたイントネーションの音調（intonational

2.5 意図性と発話行為論

　以上のように、「ことばの民族誌」の儀礼研究の系譜が明らかにしてきたことは、儀礼スピーチの重要な特徴の一つが、コミュニケーション出来事の場における発話者自身の意図性（intentionality）や責任主体性（responsibility）を消去するように作用している点である。つまり、儀礼という相互行為は、発話が為されている「コンテクスト」を指標する度合い（コンテクスト依存性）が限りなく消去され、コンテクストの一部である発話者の意図性が問題にはならない発話形態となっていることである。儀礼スピーチの研究は、この点において、（オースティン以降の）発話行為論、ジョン・サール、ポール・グライスら日常言語学派の語用論（さらにはスペルベルやウィルソンによる関連性理論など）とは、決定的な相違を示す。例えば、サールは、コミュニケーションと意図性の関係について、以下のように論じている。

> （何らかの象徴的記しを）石や滝や木のように、自然現象として扱うことは出来ない。例えば、私たちがマヤ文明の象形文字を解読しようと試みることは、石の上に掘られたそれらの記しが、多かれ少なかれ私たちと同じような存在によって、何らかの意図（certain kinds of intentions）を伴って産み出されたものだという論理的前提に基づいて行われる行為である。もし、それらの記しが、水流による侵食の結果でき上がったものであることが判然としているならば、それらを解読し、象形文字と呼ぶこと自体が意味を成さなくなる。それらの記しを、言語的コミュニケーションのカテゴリーにおいて解釈することは、それらが常に発話行為として産出されたものとして解釈することを前提として成り立つので

---

restriction)、⑨スピーチの際だった流暢さ（fluidity）、⑩ゲシュタルト的知識（gestalt knowledge）、⑪個人的意図性の放棄（personal volition disclaimer）、⑫一人称ないし二人称代名詞の使用の回避（shifter avoidance）、⑬祖先に帰属するスピーチスタイル（ancestral model）、⑭媒介的発話者の使用（mediated speech）（ibid., pp. 317-320）。

ある。(Searle, 1972, p. 137) [日本語訳引用者]

ここでサールが提示している「意図（intentions）」という概念には、発話が行われている「今ここ」のコンテクストに、その発話を行った者（書かれたものである場合は、筆者）が不在であっても、それを辿ってゆけば、最終的には特定の個人（話者や筆者）に辿り着くという前提がある。つまり、何らかの象徴性を有した発話、ひいては、言語を介するコミュニケーション一般は、人間が何らかの「意図」をもって行ったものでしかあり得ず、自然現象は（意図性を欠くゆえに）その範疇には含まれないとする。その限りにおいて、サールにとっての言語的コミュニケーションは、「何かについて言及し、それについて述定する」という言及指示と述定の行為に、その本質を見出すものである。そこでは、「意図」を有した行為主体が、言及指示的行為を通して自らの意図をどのように相互行為として成就させるか、この点において言語が問題となる。例えば、サールの「間接的発話行為（indirect speech act）」やグライスが提示した「推意（implicature）」などの概念は、発話が示す言及指示的側面と相互行為的側面の両者の非明示的／非論理的な関係を説明するために提示されたものである[16]。

「ことばの民族誌」の儀礼論は、この前提を正面から覆すものである。例えば、ヤコブソンによるコミュニケーションの六機能モデルを再掲するまでもなく、言語コミュニケーションにおける言及指示機能（referential function）は、メッセージの生成に貢献する諸機能の内の一つにしか過ぎない。また、儀礼スピーチが顕著にその特徴を示すように、コミュニケーションの形式性（詩的構造／再帰性）や、引用（媒介）行為を通したテクストとコンテクストの関係性／媒介性が、（発話者の意図に拘わらず）実際に行われているコミュニケーションの性格をメタ語用的に決定（テクスト化）してゆく重要な要素となっていることは明らかである。すなわち、発話者個々人の意図、そして聞き手による発話者の意図の解釈といった視点は、儀礼スピーチを通して成立しているコミ

16　カントの区分に由来する、サールの統制的規則（regulative rules）と構成的規則（constitutive rules）のうち、後者に依拠した儀礼論に、浜本（1989）がある。

ュニケーション出来事にとっては中心的要素とはなっていない。たとえ、発話者の「意図」なるものが存在したとしても、それは儀礼というコミュニケーション出来事が生み出す効果の一側面に過ぎない。

　ゴフマンが「相互行為儀礼（intereaction ritual）」[17]として喝破したように、日常的に行われるコミュニケーションは、儀礼的要素をそれ自体として含んで生起しており、日常的な相互行為と儀礼的な相互行為は、儀礼性の程度に基づいて相対的に現れる（メタ儀礼的）区分けである。したがって、言語行為の本質は、儀礼的な相互行為性、形式的・美的なパフォーマンス性（遂行性）であり、言語や意図性は、そのような相互行為を特徴付ける一つの要素に過ぎず、コミュニケーション自体を生起させる前提ではないことが理解できるだろう。

＊＊＊

　本章では、儀礼の言語人類学的アプローチ（パフォーマンスとしての儀礼論）についての概論を附し、儀礼がどのようにして宗教的や魔術的と言えるような力や権威を喚起する相互行為として成立し得るのかについて、儀礼スピーチが示す形式性／パラレリズム、テクストとコンテクストの媒介性、発話参加者と引用行為などの観点から明らかにし、それがオースティン以降の発話行為論、サール、グライスへと展開した日常言語学派の中心概念である、発話参加者の「意図性」と関連している点について論じた。

　次章（第3章）では、以上に概観した言語人類学、そのパース記号論に依拠したコミュニケーション理論に依拠し、これまでメラネシア／オセアニア人類学における研究史的コンテクストを形成してきた諸議論を、「構造」、「歴史」、

17　社会学者のゴフマンの役割論は、発話者の意図性に焦点が当てられた相互行為理論とは異なる考え方として立てられている。ゴフマンの相互行為理論で良く知られているフレームの概念、それに付随したフッティングの概念、フェイス（面子）の概念などは、デュルケムの「聖俗（sacred-profane）」の二分割に則り、その儀礼論を日常的な相互行為へと敷衍した理論となっている。すなわち、いわゆる儀礼（聖なる儀礼）で行われる神聖なる存在と俗的なる存在の可視化が、日常的な場にでも行われているとするものである。

「存在」という三つの視座から整理する。そして、言語人類学における「儀礼」という概念を、これら三つの視座を基礎付ける指標的結節点（intersection）として位置付けることによって、本書の記述とその理論的枠組みの両者を、メラネシア／オセアニア文化研究史的コンテクストへ接続したい。

第 3 章 構造、歴史、存在

本章では、メラネシア／オセアニア人類学における研究史について、マーシャル・サーリンズ（Marshall Sahlins）、ニコラス・トーマス（Nicholas Thomas）、マリリン・ストラザーン（Marilyn Strathern）らの研究に焦点を当てて記述・分析する。

前二者の研究視座は、オセアニア地域を対象とした社会文化研究において、それぞれ「構造」と「歴史」に焦点を当てたものとして理解され、時に架橋困難な「イデオロギー的対立」として語られてきた研究視座でもある。この構図は同時に、構造、象徴、解釈などの問題群に焦点を当ててきた人類学から、ポストモダン人類学への転回と軌を一にしていたと理解することも出来る。このようなメラネシア／オセアニア人類学の潮流にあって、ストラザーンの研究は、事物のプラグマティックな関係、それを通した現実の生成や変換の過程自体へと焦点を据える視座としてプレゼンスを示してきた。とりわけ今日では、「存在論的転回」と呼ばれる文脈に位置付けられることも多く、メラネシア／オセアニア人類学を超えて、社会文化研究一般においても強い存在感を表すに至っている。したがって、これら三者の研究は、現代オセアニア人類学の骨組みを形成してきた問題系であると言えるだろう。

本章では、この三者を軸としたメラネシア／オセアニア人類学の諸議論を、第1～2章で略述した言語人類学の理論枠組みに照らして、それぞれの特徴を鮮明化したい。各々の研究視座が対立するようなものではなく、「詩／儀礼」という概念を語用的／指標的結節点とした「テクスト化」の記号作用として、論理的一貫性の基に布置可能であることを指摘し、後続するフィジーでの民族誌的記述への研究史的フレームとしたい。

3.1 サーリンズの構造

3.1.1 王権論

オセアニア地域に通底する「構造」に焦点を当てた研究は、ホカート（A.

M. Hocart）に端を発し、サーリンズ[1]へと結実する神話や儀礼[2]に関する王権論を磁場として、長らくオセアニア人類学の中心的課題を成してきた（Hocart, 1927, 1936; Sahlins, 1976, 1981, 1985; cf. 春日, 2002）。

まず、ホカートの王権論は、「首長や王のもつ力は、ポリネシア全体でマナ（mana）[3]と言われる。この力は一般に神と精霊のもつ特性をさす。それ故、王＝神という等式が成立し、王は奇跡を行うことができる」存在であると規定する。そして、フィジーを含むポリネシアの王権は、「王は神である」という「一つの同じ構造」によって成立していると考え（Hocart, 1986 [1927], pp. 45-46）、その「構造」が、王の即位儀礼において顕れるとする。例えば、フィジーにおける首長の即位儀礼（veibuli）では、首長となる人物が、土地の民から渡されるカヴァ（kava）[4]を飲むことによって、その人物の「古い自我」が死を遂げ、同

---

[1] サーリンズは70年代の滞仏を機に、レヴィ＝ストロースから構造主義を学んだ人物であり、シカゴ大学では、ヤコブソンの弟子たちであるマイケル・シルヴァスティンやポール・フリードリックなど、いわゆる言語人類学者たちと同僚・同伴者的な存在にあった（小山, 2009, pp. 74-79）。

[2] フィジーの首長制は、「植民地期の遺制」、民主主義への「過渡期の形態」などとして表象される一方、「封建的」な政治制度や首長の存在が、フィジー独自の伝統文化や民族アイデンティティを体現するものとして意識化され、1987年（2回）、2000年に起きたクーデターでは、フィジー系首長層の積極的な政権関与や指導力の発揮が期待され（Dean & Ritova, 1988）、首長制に依拠したフィジー流民主政治の確立が主張されてきた背景がある（cf. 橋本, 1988, p. 15; 小林・東, 1998, pp. 84-96; 石井, 2002, p. 130; 東, 2003, p. 21）。

2012年3月14日、フィジー政府首相チョサイヤ・ヴォレンゲ・バイニマラマ（Josaia Voreqe Bainimarama）は、1876年に設立されて以来、憲法法典に規定された組織としてフィジー政治の中心的組織の一つであり続けてきた「大首長会議（Bose vaka turaga / Great Council of Chiefs; GCC）」の撤廃を正式に発表した（Tevita, 2012）。この点については、第11章3節（11.3）で議論している。

[3] 通常、「マナ」は超自然的力を指す。この概念が指示する超自然的な力ないし状態が、どのようにして生成・維持されているかに関する記号論的考察は、第9章1節4項（9.1.4）を参照。

[4] 胡椒科の植物（Piper methysticum）の根を乾燥させて作られる飲み物。フィジー語（標準変種バウ語; Bauan）で「ヤンゴナ（yaqona）」と呼ばれる。以下、本書では、ヤンゴナと表記する。

時に、その人物の体内に、神あるいは死者の霊（不死性）であるマナが招かれることによって、その人物は神として再生を果たし首長になると捉えた (Hocart, 1986 [1927], pp. 89-97)。

　サーリンズは、こうしたホカートによる「王＝神」という二元論的な王権図式を前提とし、そこへ文化と自然、あるいは「構造」（神話）と「歴史」（出来事）という二項対立を導入する、それにより、歴史的に継起する出来事を意味化（再生産）し続ける「構造」を、フィジーにおける「外来王 (stranger-king)」や、ハワイでのジェームス・クック (James Cook; 1728-1779) の殺害に関する分析に依拠して提示するに至る (Sahlins, 1993 [1985], pp. 99-134)。「外来王」に関する論考においてサーリンズは、「本来的に社会の内側に発生した文化の外にいる王は、社会内では自然の力として現れる」と捉え、王権は社会を超越した外部、「自然」の象徴であり、社会の内側は「文化」の象徴であると措定する。そして、「自然の力」であり、野蛮で、恐れの対象として社会の外部から到来した王は、土地（土着）の民によって授けられるヤンゴナを飲むこと、すなわち（象徴的に）毒をもられることで死を遂げるに至る。それによって、野蛮で恐れの対象である自然の力が「土着の民により吸収され馴化」され、同時に土地の民の霊的力を吸収することによって「土地神として再生する」とした。つまり、「外部」（海）からやってくる「王（首長）」と、それを「内部」（土地）で迎える「土地の民」という、二者間の対照性（海と陸、王と民）が、「自然」と「文化」という概念の導入によって、それぞれレヴィ＝ストロース流の二項対立的な概念領域として規定され、その対立する両領域が、即位儀礼という王権の樹立を結節点として、宇宙論的調和を果たすと結論付けた (Sahlins, 1993 [1985], p. 102)。

3.1.2 ロノ神の死

　サーリンズは同様の図式に基づいて、18世紀末に太平洋と大西洋を繋ぐ航路探索の航海の途上、北極海に航路を求める探検に挑戦するための休養先として、ハワイ島のケアラケクア湾に投錨したジェームス・クックの殺害をめぐる出来事を、「ミソ・プラクシス」という概念によって分析を展開する (cf. 多木, 2003)。

＊＊＊

　1778年1月、クック一行を乗せたレゾリューション号は、フランス領ポリネシアを去り、太平洋を北カリフォルニアに向けて航海する途中、偶然ハワイ群島に辿り着く。ヨーロッパ人がハワイを見た最初であり、ハワイ人がヨーロッパ人を迎えた最初でもあった。その一年後、北極海に航路を求める探検に挑戦するための休養先として、再びハワイ群島にやってきたクック一行は、ハワイ島のケアラケクア湾に投錨することになった。18世紀当時、ハワイでは四人の神々が信じられていた。戦いの神「クー（ku）」、豊饒の神「ロノ（Lono）」、生命の神「カネ（Kane）」、死者の世界の神「カナロア（Kanaloa）」である。ロノ神は、虹にのってハワイ島に降りてきた。地上に降りたロノは人間と恋に落ち、ハワイの王女と結婚し、ケアラケクア湾に住みついた。しかし、ささいな嫉妬から、ロノ神は王女を殺してしまう。その後、自らの過ちに気付いたロノ神は、「いつか色々なものを積んで帰ってくる」と言い残し、大きな帆をもつ巨大カヌーに乗って、傷心の船旅に出る。それ以降、ハワイではロノ神の帰りを待つ収穫の祭「マカヒキ祭」が行われるようになった。

　1779年1月17日。クックがハワイ島にやって来たのは、このマカヒキ祭の真最中だった。レゾリューション号には、高く聳える白い帆があり、彼らが取った航路も、ロノ神が帰って来るとされていたハワイ島の南周り航路だった。クックはロノ神として迎えられ、盛大な歓待を受けた。補給を終えて、この地を後にしたクック一行は、ハワイ島の北西で嵐に遭い、船のマストが折れてしまう。クック一行は、船の修理のために、ケアラケクア湾に戻って来ることになるのだが、その時にはマカヒキ祭は終わっていた。しかも、今度は南周りではなく、北回り航路を辿って。ロノ神の象徴であったマストは折れ、航路も反対。クックは戻ってきてはならない仕方でハワイを再訪することになった。

　ハワイ島に引き返したクックは、今度は、略奪と暴力によって迎えられることになる。世俗の王クーが豊饒神ロノに勝利し、彼を送り返す神話の最後を飾る戦いの筋書きに則るかのように。クックはハワイ人たちに共有される神話の豊饒神ロノとして迎えられ、そして、ロノとして葬られた。つまり、クック（白人／西洋）の到来という、ハワイ人にとっては偶発的事件、それ自体とし

ては文化的意味をもたない出来事が、マカヒキ祭として体現されるハワイの神話、すなわち「象徴構造」に取り込まれることによって、クックは豊饒神ロノとなり、偶発的事件はハワイ人にとって文化的意味を担った出来事、神話的リアリティ（mythical realities）として（再）生産された。ハワイ人は、神話を実践する人々であり、「ミソ・プラクシス（mytho-praxis）」[5]の内にクックを殺害したのである、と（Sahlins, 1981, pp. 9-32; 1993 [1985], pp. 19-54, pp. 135-173）。

3.1.3 出来事の不在

　しかし、こうしたミソ・プラクシスというサーリンズの視点は、単に神話構造が出来事を意味化し再生産し続ける、経験世界を越えた象徴的で非歴史的な意味範疇として立てられた概念では当然ない。そうした構造自体もまた、ミソ・プラクシスという実践を通して変容を被ってゆくこと、つまり、構造が出来事に文化的意味を付与するプロセスを通して、今度は出来事が構造を変容させてゆくヘーゲル的／全体的弁証法（synthesis）、言い換えれば、構造（共時・意味）と出来事（通時・指示）の「遂行的構造（performative structure）」として文化の歴史的変容を捉えたものである。実際に、サーリンズは、白人社会との接触を切っ掛けとして、「イギリスの＜キング・ジョージ＞を天上界的マナのモデルとするようになったハワイの首長が、もはや、もとの首長ではなく、同時に臣民との関係も同じではなくなった」こと、「西欧式チョッキに身を包み、すばらしいチークの家具や金箔を被せた鏡で飾った部屋や銀無垢の食器を用いたディナーを楽しんだりする」英語名を自らの名に冠するようになった首長層らと平民との関係が、それ以前の関係とは大きく変化していったことについて言及し、それらの事例を、出来事（歴史）が構造に及ぼした変化として提示している（Sahlins, 1993 [1985], pp. 186, 202）。

　オセアニア地域に自律的な文化の秩序、言い換えれば、レヴィ＝ストロース流の「神話的思考」をオセアニアに見出そうとするサーリンズの議論の始点は、やはり「構造」にある。例えば、マオリ反乱の事例から「彼らの神話的行為の

5　神話的（mytho）実践（praxis）。

顕著な特徴は、そうした利害関心のあるなしではなく、まさしく利害をそのように考えるということである」とし、また「現在にはいつも過去が、つまり、解釈のア・プリオリなシステムとしてある」、「文化はまさに、過去の用語でもって現在の状況を組織化したものなのだ」と述べるように（Sahlins 1993 [1985], pp. 15, 18-19, 79）、サーリンズは、オセアニアにおける「文化の自律性」を強調することによって、結果的には、実際に生起する「出来事」（指標記号）に先立つ意味範疇として「象徴構造」（神話）を位置付けている。その結果、「出来事（event）」は象徴構造に取り込まれて意味化される偶発事（accident）として二次的に——二項対立的に——措定されている（ibid., pp. 197, 201）。その限りにおいて、サーリンズが提示している「出来事」という概念は、実のところ、実質的な理論的機能を果たしておらず、象徴的事件や歴史的契機としての「西洋との接触」、それ自体としてコスモロジカルな出来事、オセアニアにおいて共有される「宇宙観」をまさに揺るがしうる異例の事態へと限定された論議となっている（cf. Thomas, 1989b, pp. 111-114）。サーリンズの論議では、「出来事」は不在となっているのである。このことは、彼の分析が、通常それ自体として象徴構造を透明に体現する傾向を示す相互行為の様態、すなわち、（明示的な）「儀礼」に限定されたものになっていることを示唆している。

3.1.4 言霊とトーテミズム

この点に関する限り、サーリンズの議論が呈している記号論的課題は、ジョン・L・オースティン、そして、ジョン・サールやポール・グライスらの発話行為論、ないし、そこで中心的に論じられてきた「遂行的発話」（遂行文）の論議が有した問題点と「同型」のものとなっている[6]。

---

[6] ここで「日常言語学派」について言及する理由は、1)「言及指示」から「相互行為」へという展開、あるいは、言及指示が有する相互行為的機能へという、彼らの言及指示機能中心主義的な焦点移動の仕方と、1')「構造」から「歴史」へ、あるいは、構造が有する歴史性へというサーリンズの構造（中心）主義的な焦点移動の仕方、2)「遂行性」という場所に言及指示と行為の接点を見出す仕方と、2') 構造と歴史の（二分法的）接点を見出そうとする理論化、そして、

オースティンら言語の哲学者は、遂行的発話/発話動詞（語彙・単語）に、パフォーマティヴな力[7]——言霊——が「内在化」していること、言い換えれば、特定の発話や語彙・単語（言及指示）に、「非言及指示的」（相互行為・語用論的）な機能があることに気付いた。つまり、言及指示的側面と非言及指示的側面が、たまたま共起する遂行的発話、いわば両者の奇妙でエキゾチックな「邂逅」、その儀礼的な一点においてのみ、発話が有する非言及指示的機能の次元、すなわち「出来事」に着目したのである[8](cf. Austin, 1962)。

これと同様に、サーリンズは、通常、「出来事」（相互行為）とは乖離していると（彼がレヴィ＝ストロースに倣って）考えた象徴構造/神話と出来事が、特定の出来事においては共起すること、「なるほどクックは神話の通りに死んでいる」と、両者のエキゾチックな対応関係を発見し、そのようなまさに「神話的邂逅」（ミソ・プラクシス）についての分析に依拠して、（フィジーやハワイにおける）全ての行為が、常に共同体に共有される文化、宇宙観、神話を

---

3) 発話動詞などの「語彙・単語」と、3') 抽象名詞のペアとして喚起される文化的意味範疇/文化的ステレオタイプの構造といった「意識」に上り易い言語/文化範疇に依拠した理論化、以上の点において両者が極めて類似した志向性、同型/同根の問題を呈しているからであり、したがって、両者を比較することで、その問題点を鮮明化しうると予想したためである。

7　「遂行性」とは、言及指示（言われたこと）と、非言及指示/相互行為（為されたこと）の間に、1) 比較的際立った透明性（言及指示的透明性）が観察されること、2) 両者が同一のコンテクストで共起し「再帰的」に指標し合うこと——例えば、物真似や憑依など——、以上二つの原理に基づいて生じる現象のことである。したがって、遂行的な言及指示は、それが指示対象とする非言及指示/相互行為（出来事・行為）、つまり言及指示を通して「為されていること」のもつ社会文化的な意味を、最も明示的に言及指示するもの、別言すれば、出来事の意味を、強くメタ語用的に（一義的に）統制する発話となる。

8　このことは、これらオックスフォードの「日常言語学派」が、発話の「言及指示」という側面に基盤を据えた行為論であったことを示すものである。同様に、ブラウンとレヴィンソンのポライトネス理論（cf. Brown & Levinson, 1987 [1978]）や、スペルベルとウィルソンの関連性理論（cf. Sperber & Wilson, 1995 [1986]）などは、この言及指示と相互行為の「ズレ」を、「丁寧さ」や「関連性」の問題として議論する、やや還元論的な研究枠組みとなっていることが指摘できる。

映し出しているものと理解し、そのような宇宙観や神話を、彼ら彼女らが使用する「語彙・単語」のペア、言語使用者の意識に最も上り易い（意識化され易い）言語構造的ユニットに依拠して論じている。そして、そうした人々の行為を規定してきた宇宙観や神話、つまり「構造」が、どのように修正を被ったのかという点を実証的に同定することにより、構造（象徴）と歴史（指標）のエレガントな接合 (Parmentier, 1987, p. 127)、「構造歴史人類学」の目論見が達成されたことになっているのである。

　このようなサーリンズの理論では、まず、1)「言及指示」と「非言及指示」（相互行為）は異なる位相に属し、前者は後者の一要素として生起するものであること、言い換えれば、たとえ両者が対応／共起するような遂行的発話（遂行文）（より一般には「儀礼」）においても、原理的には「一対一対応しない」ことが十全には理解されていない。すなわち、「言及指示」（何かについて、何かが述べられること）を通して、特定の文化的意味範疇／文化的ステレオタイプが前提的に指標された効果として、何らかの相互行為的帰結が「今ここ」の発話参加者たちの間で（為されたこととして）創出されるという「出来事」の複層性が不可視となっている。結果として、「言及指示テクスト（denotational text）」が、そのまま「相互行為テクスト（interactional text）」と対応し、単に「出来事」という一枚岩として理解されていることが指摘できる[9]。

9　コミュニケーション出来事において「言及指示テクスト」と「相互行為テクスト」として区分け出来る位相の違いは、以下のように説明できる（cf. 小山, 2011, pp. 372-373）。
　　例えば、二人の者AとBが会話をしていると仮定する。そして、1) AがBに、「これを明日までにお願い出来ますか？」と言ったとする。そこで「言われていること」は、「今」から「明日」（未来）までの期間に関わっているが、「言われていること」を通して「為されていること」は、発話の場所（今ここ）における、AのBに対する「依頼」であろう。次ぎに、2) Aの発話を受けてBが、「今晩は、これから用事がありますので。」と言ったとする。1) と同様に、そこで「言われていること」は、今から明日（未来）までの期間に関わるが、それを通して「為されていること」は、発話の場所（今ここ）における、BのAに対する（間接的な）「拒絶」であると考えられる。さらに、3) Bが「大人は人を頼ってはならない。」と、Aに応えたとする。そこで「言われていること」は、いわば「時空を超えた」一般的定理（命題や法則のようなもの）となるが、それを通して

さらに、サーリンズの理論では、2) 通常、言語使用者の意識に上り易い言語構造的ユニット[10]である「語彙・単語」に比較的透明に対応する「文化的意

> 「為されていること」は、やはり、発話の場所（今ここ）における、BによるAに対する（一般的定理、命題、法則の権威を喚起した間接的な）「拒絶」であると言える。
> 　すなわち、i)「言われたこと」は、主に、発話の場所である「今ここ」には不在の対象、つまり、「今ここ」を取り巻く「彼岸」に関わるものである一方、ii)「為されたこと」は、主に、話し手や聞き手、その他の発話参加者たちなど、発話が行われている場所である「今ここ」に関するものとなる（cf. Brenneis & Myers, 1984, pp. 5-8)。つまり、日常的に行われる相互行為においては、「言われたこと」と「為されたこと」との間に、比較的明瞭な「相違」が観察されるのに対して、この両者の相違が限りなく「不明瞭」になる現象、言い換えれば、「言及指示テクスト」と「相互行為テクスト」が一対一対応した状態、そのような一種の「誤認」が喚起された状態、それが遂行的発話（より一般には「儀礼」）である（小山, 2009, pp. 184-203)。したがって、「儀礼」は、それ自体が「今ここ」を越えた神話を体現／再現 (re-present) するもの、つまり、「今ここ」には属さない「神話的」（超越的・超時空的）な時空間の、「今ここ」におけるレプリカとして生起する相互行為である。こうした現象をシルヴァスティンは、「超時空的較正 (nomic calibration)」と呼んでいる (Silverstein, 1993)。「超時空的較正」については、第1章4節3項（1.4.3）を参照。「儀礼」一般については、第2章を参照。

10　第1章2節3項（1.2.3）でも触れたように、意識に上り易い言語構造的ユニットとは、1) 語用実践・言語使用という「表層」レベルにおいて、まとまりをもった連続体（分断されずに・分節可能なかたち）として現れること、2) 言及指示的であること、3) 前提的に機能するユニットであること、以上三つの条件に合致する度合いが比較的高いユニットであり、その度合いが低くなるにつれ、意識に上りにくいユニットとなる。
　例えば「語彙（単語）」は、1') 表層レベルにおいて、連続的に分節可能なかたち、つまり多くの文法範疇が束となった、いわば「塊」として現れる。そして、2') 語彙意味論などによって典型的に分析されるような「具体的な」内容、つまり言及指示的な意味を担っている。その結果、「語彙」は、3') 言語とは独立に存在する「現実世界」を指し示す、それらに対応する、それらを「前提的」に指標する「モノ」や「ラベル」として理解され、言語使用者の意識が集中し易い典型的な言語要素となる。
　それに対し、例えば、完了形（have + [動詞の] 過去分詞; have ...ed) や、進行形（be + [動詞の] 現在分詞形; be ...ing) などのような「機能語」は、比較的少

味範疇／文化的ステレオタイプ」[11]の構造、つまり「神話」と呼ばれる象徴記号（semantics）のみが、サーリンズにとっての「文化の所在」となっている（cf. Silverstein, 1976）。そして、そのような「語彙・単語」（のペア）として喚起される文化的意味範疇／文化的ステレオタイプ（神話構造／象徴記号）と、「今ここ」で生起している相互行為出来事／指標記号（pragmatics）が対応するもの、後者は前者の現実態（トークン）であると、いわば一足飛びに――隠喩的に――理解されていることが指摘されよう。このことは、サーリンズが、レヴィ＝ストロース流の構造主義に「歴史」を接合しようとした時、言い換えれば、構造／象徴（文化的意味範疇／文化的ステレオタイプ）から、より語用的／指標的な次元への移行を試みた時、（例えば、言及指示的機能から非言及指示的諸機能へと進んだ発話行為論者たちが、定型化した発話である「遂行的発話・遂行文」に着眼したように）意識化され易い相互行為の定型・フォーミュラである、いわゆる「儀礼」に現れる行為性（再帰的遂行性）に、彼の意識／野性の思考が無意識的に――トーテミズム的に――収斂したことを示唆するものである。これが、「ミソ・プラクシス」としてまさに語彙化されたフィジーを含んだ「隠喩の島々」、あるいは、サーリンズの宇宙、その記号論的な内実であると説明できよう。

　　　　数の文法範疇にのみ該当する形態素・語であり、比較的多くの文法範疇に対応する形態素・語である「内容語」、つまり、語彙（単語）などと比較した場合、前者は「抽象的」に、後者は「具体的」に感じられる。すなわち、前者は意識に上りにくく、後者は意識に上り易いという性質を有することになる。

11　哲学で言う（経験的ないし意味論的）「概念」（文化的意味範疇）であり、それを（ポスト）分析哲学者のヒラリー・パトナム（Hilary Putnam）は「文化的ステレオタイプ」と呼んだ（cf. Putnam, 1975）。例えば、「水 /mizu/」という名詞は、［言及可能］・［具体物］・［無生］・［不可算］などといった文法範疇の束として、言語構造（象徴的次元）にコード化されている一方、それが指し示す文化的ステレオタイプは、例えば、茶色い水しかない環境で生まれ育った人、科学者、環境活動家など、その語を使用する人々の社会的属性や、使用されるコンテクスト（指標的次元）によって異なるものとなる（小山, 2012, pp. 59-67）。

3.1.5 パース記号論の不在

　サーリンズの議論が体現した記号論的課題は、語用（指標記号）を基点としたパース記号論（プラグマティシズム）の不在にあると言えよう。つまり、文化の所在が、語用／相互行為（指標記号）の次元ではなく、構造（文化的ステレオタイプ、神話、象徴記号）の次元に見出された結果、構造を語用へと投錨する「メタ語用」という契機、言い換えれば、神話について語る行為者たちの「意識」の位置付けが不明確となったのである。したがって、例えば、神話を「引用」することを通して為されている相互行為の過程、指標と象徴が相互に嵌入し「今ここ」で展開する相互行為出来事の「テクスト化」（指標的類像化）の過程は、十全に論じることが出来ない理論的枠組みとなっていたと理解されよう[12] (cf. Caton, 1987)。

　文化の所在を、象徴記号に据える理論的視座では、相互行為において喚起さ

12　第1章1節（1.1）で示唆した通り、この原因は、サーリンズが学んだレヴィ＝ストロース構造主義が、**1)**（プラグマティシズム・経験主義を特徴とする）パース記号論を取り入れて、言語・文法・コミュニケーション論を再構成していたハーヴァード時代のヤコブソンではなく、ハーヴァード以前（つまり、パース以前）のヤコブソンから構造主義言語学を受容したものだったこと、**2)** ヤコブソンの音韻論から、構造主義の形式主義的側面のみが見出され、指標野／相互行為出来事を基点にした、経験科学的な言語理論の枠組みが吸収され得なかったこと、**3)** ヤコブソンの構造論（とくに音韻論）が、親族や神話などの文化的領域へアナロジカルに接合されたこと、以上三点に帰因する（Caton, 1987, p. 250）。この意味で言えば、レヴィ＝ストロースは、ヤコブソン言語構造論のまさに「基点」、つまり、指標的コンテクストを透明に指し示す言語範疇である「転換子（shifters）」を基点に、言語構造が語用に投錨されていること、そして、言語構造（の意味に関わる統語形態素）が、語用的範疇に依拠して構築される「文法範疇」によって体系化されていることを解明し（Jakobson, 1957）、言語と文化がアナロジーではなく、実質的に／指標的に結合していることを示した理論的核心は取り入れられなかったと言える。例えば、渡辺（2009）は、サーリンズが展開した構造歴史人類学は、レヴィ＝ストロースの構造主義を十全に理解できなかったと論じているが（ibid., pp. 171-182）、本書は、それがレヴィ＝ストロースの構造言語学の摂取の仕方に遡るものであると捉えている。ヤコブソンについては、第1章4節（1.4）を参照。

れる「文化的ステレオタイプ」(の構造) は、歴史的変容を示しつつも、結果的には、出来事を意味化し続ける、変化の中で変わらない「不変的な特性を保持した」構造的思考となり、ハワイそしてオセアニアは、そのような構造的思考を体現し続ける神話の島々として、(サーリンズにとっては) 永遠に存在し続けることになる[13] (cf. Sahlins, 1993 [1985], p. 3)。その意味において、オセアニアで観察される全ての文化的事象はミソ・プラクシスであり、彼ら彼女らは「そのように思考する人々」という結論を検証の余地無く正当化し、それに対するいかなる反例が提示されようと、結局はサーリンズ的「構造」に吸い込まれてしまうという袋小路を召還する[14] (春日, 2002, p. 111)。サーリンズの「構造理論」は、それ自体が「トーテミズム」であり続け、そこへの歴史の接合、「構造歴史人類学」という企ては、不発／未発に終わることになったと回顧できよう。

3.2 トーマスの歴史的転回

3.2.1 サーリンズ以後

サーリンズ以後のオセアニア人類学は、ポストモダン人類学の問題系と軌を一にし、サーリンズによって提示された「文化」、つまり「構造」の妥当性や不十分さ、その (反) 西洋的イデオロギーなどを、個々に収集された事例や歴史資料に照らして相対化する議論として展開したと理解できるだろう[15] (cf. 宮

---

[13] 例えば、サーリンズは、「同じ種類の文化変容、外部からの影響で生じつつも土着のものと響き合う変化は、何千年もかけて進行し続けている。」(Sahlins, 1993 [1985], p. 3)、「カテゴリーが競合するためには、相互理解を可能にする共通の体系がなければならない。その体系が意見の対立の根拠、手段、様式、そして問題を決定するのである。社会が機能するために、ましてやその社会についての知識を構築するために、違いの中にも何らかの意味深い秩序が無いということは想像しがたい。」(ibid., p. 15) としている。

[14] 「文化の本質／非本質論」など、ポストモダン人類学の流れの中で、ニコラス・トーマスを旗手として展開してゆくオセアニア人類学における論争は、そうした帰結を反映したものであったと言える。

[15] ポストモダン人類学が呈した問いと課題については、本書の序章も参照。

崎, 1994)。

　例えば、マーサ・カプラン（Martha Kaplan）[16]は、サーリンズの「外来王」の二項対立的な神話図式は、19世紀末に英植民地政府が「移民神話」が普及するヴィティレヴ島[17]東部の首長国と共に、首長制とキリスト教を基盤としたフィジー統治に適した「伝統的秩序」として意図的に利用した植民地政策の過程で構築された図式であり、「創世神話」が支配的で、「土地の民」自身の権力が維持されるヴィティレヴ島西部には必ずしも当てはまらないと指摘した(Kaplan, 1995; 春日, 2002)。そして、20世紀初めに西部で展開した「トゥカ（Tuka）運動」[18]が、ヴィティレヴ島東部中心的秩序への抵抗運動であったことを強調し、外来王の図式に還元され得ないフィジー内部の多様性を明らかにしている。他方、カプランは、このような抵抗運動を植民地政府側が「混乱（disorder）」として処理する一方で、運動主体の側は、「外来」した植民地的状況を独自の文化的論理へと接合してゆく過程であったとしている[19](Kaplan, 1988, 1995;

16　カプランは、シカゴ大学にてサーリンズに師事し、1988年に「トゥカ運動」に関する論考で博士号を得ている。

17　第4章3節1項（4.3.1）の地図1を参照。

18　トゥカ運動は、19世紀後半、ヴィティレヴ島ラ（Ra）地方のドゥラウニヴィ（Draunivi）村落で発生した。その主導者であるナヴォサヴァカンドゥア（Navosavakadua）は、キリスト教の教えとフィジー土着の神デンゲイ（Degei）の信仰とを折衷して教義とした。その信仰の元で人々は、楽園での不死と平安な生活が約束されるとされ、信者は顔を黒く塗りつぶし、軍事教練のような行動を取ったとされる（cf. Worsley, 1968; Kaplan, 1995）。トゥカ（tuka）とは、フィジー語で「不死、不死身性」を意味する（春日, 2001, p. 8）。

19　これらの運動は、19世紀後半から20世紀初頭に掛けてメラネシア各地で広く観察され、「カーゴ・カルト（Cargo Cult）」、「千年王国運動（millenarian movements）」、「再活性化運動（revitalization movements）」、「土着主義運動（nativistic movements）」などと呼ばれてきた出来事である（cf. Linton, 1943; Wallace, 1956; 鈴木, 1982）。これらの出来事は、ピーター・ワースレイ（Peter Worsley）の『千年王国と未開社会』（Worsley, 1968 [1957]）や、ピーター・ローレンス（Peter Lawrence）の『ロード・ビロング・カーゴ』（Lawrence, 1964）、春日直樹によって詳細に論じられた「ヴィチ・カンバニ（Viti Kabani）運動」（春日, 2001）、丹羽典生によって審らかにされた「ラミ（Lami）運動」（丹羽, 2009）などを初め、「社会運動」や「歴史人類学」という視点からメラネシア／オセアニア人類学の

cf. 丹羽, 2009, pp. 39-41)。そして、外部と内部の視点が結節する「儀礼的接合点（articulation）」としてトゥカ運動を捉え、両視点の相互嵌入によって構築される過程として文化を措定した。こうしたカプランの議論は、外来王の図式へ植民地政府側の視点や歴史主義的視座を接合することによって、サーリンズの論議を批判的に発展させたものであると言えよう（cf. Kelly & Kaplan, 1990）。

　クリスティーナ・トーレン（Christina Toren）は、ロマイヴィティ（Lomaiviti）地方のガウ（Gau）島での調査に依拠し、王（首長）が「海の民」として到来する女性の「受け手」であり、その王（首長）を迎える「土地の民」が女性の「与え手」であるという、サーリンズの二分法の不十分さを指摘し、夫方集団が妻方集団に対して優位性を有するとは限らないことを主張する。そして、「フィジーの政治関係において首長制を歴史上支配的にしたのは、暴力に他ならない」（Toren, 1990, p. 237）として、外来王の図式に依拠しない、フィジーにおける「首長制」の成立に関する異なる解釈を提示しようと試みている。一方で、トーレンは、首長制を説明する際には、首長を儀礼と分配の中心として位置付けたホカート、そして、サーリンズの議論枠組みを、結果的には、そのまま受け継ぐものとなっている（春日, 2002, p. 135）。

　ニコラス・トーマス（Nicolas Thomas）も、首長が体現する暴力性に焦点を当て、首長は報酬と処罰を操作する者に過ぎないと捉える。そして、恵みを期

研究史的潮流を形成してきた。
　ワースレイが、マックス・グラックマン（Max Gluckman）に師事した英社会人類学者であることが示唆するように、カーゴ・カルトや千年王国運動という概念化は、(マルクス主義的な)「コンフリクト理論」、つまり社会集団間で生じる「葛藤」を放出する契機として儀礼的出来事を捉え、そのサイクルとして社会が維持されているとする議論である。したがって、ヴィクター・ターナー（Victor Turner）の「コミュニタス」や「社会劇」に類似する、相互行為的「反復」（詩的構造）に主眼が置かれた概念となっている（Turner, 1974; cf. Kuper, 1996）。トゥカ運動を研究したカプランが、サーリンズによる議論を明瞭に受け継ぎ、そこに植民地政府側の視点・歴史的視座を接合したことが物語るように、これらの「カーゴ・カルト研究」も、本章で論じている「構造」と「歴史」（そして「存在」）といった（オセアニア）人類学一般における問題としても展開してきたと言える。

待して、民から首長に対して贈られる賛辞は、尊敬や信頼などから生まれたものではなく、外来王の図式に見られるような、「首長」と「土地の民」の互酬的関係に依拠した首長制の理解に異を唱えている。トーマスは、「首長たちの地域的な力関係について言えば、イデオロギーは限定された重要性しか持たなかった。マタニトゥ（matanitu）[20]の支配の形を存続させるために有益だった行為とは、尊敬や信頼から生まれたものではなかった」としている（Thomas, 1986, p. 41; 春日, 2002, p. 136）。

　以上に列挙した研究は、サーリンズによる外来王図式の不十分さ、図式自体のイデオロギー性や歴史的構築性、フィジー内部の多様性など、首長制が示す多様な側面を照射した点で意義を有する研究成果である。しかし、結局はサーリンズの二項対立に収まらない「特異な」事例を探すことを通して、外来王の図式に機能主義／経験主義的な「脚注」を加え続け、サーリンズの二項対立を再強化するように機能し続けたとすら言える（cf. 杉島, 2014）。つまり、オセアニア地域の文化的自律性、サーリンズが論じる宇宙・神話が「存在するのか／しないのか」といった、それ自体として二項対立的な枠組みを前提とした、いわゆる「文化の本質／非本質論」として展開する結果に至ったと言えるだろう[21]。

3.2.2　文化の客体化と植民地期

　「文化の本質／非本質論」として展開する議論の旗手となったのがトーマス

20　マタニトゥは、フィジー語で「政府」も意味する。第4章3節2項（4.3.2）を参照。

21　このような「二項対立批判」は、今日のオセアニア人類学においては一般化／ジャンル化した議論の枠組みとなっている。そうした議論では、二項対立が批判の標的となる一方で、二項対立自体がいかなる現象であるかについての議論は回避される傾向がある（cf. 杉島, 2014）。第1章3〜4節（1.3〜1.4）で論じた通り、二項対立（排他的対立）が、連辞軸上で生起する「対照性／類似性」に関わる範疇的認識の問題であるならば、二項対立的範疇化自体のイデオロギー性を批判し、その瓦解を模索し続けることは、単に文化的意味範疇／文化的ステレオタイプのコンテクスト依存性（非離散性; non-discreteness）を指摘し続けるだけの営為に留まるのではないかと考えられる。

であり、実際に、その批判の矛先はサーリンズの「構造」に向けられた。トーマスは、構造と出来事を巡るサーリンズの文化変容の理論が、（西洋とオセアニア社会の）初期の接触過程の分析には有効なモデルであることを認めつつも、初期接触過程にのみ焦点化した理論構築により、植民地権力と島民との力関係や、その不均衡が生じた以後の分析には適していない点を指摘する[22](Thomas, 1989b, pp. 111-114; 1989c)。

例えば、フィジーの「ケレケレ（kerekere）」[23]という社会的慣習の解釈を巡った両者の論争は有名である。サーリンズは、ケレケレが互酬性と再分配という原理に依拠した親族間の経済的取引行為であり、生産の平等化に貢献し、与え手に威信をもたらすフィジーの伝統的慣習であると考える（Sahlins, 1962, pp. 203-213）。他方、トーマスは、植民地統治下における課題の一つが、資本主義経済と個人主義的起業家精神を、フィジーにいかに導入しうるかという問題であったことを指摘する。そして、ケレケレが、植民地統治者側の経済開発を巡る言説の中で、親族間の「物乞い」として定義され、それが資本主義経済に参画して蓄積した富を、再分配という形で浪費する習慣として見做されるに至った点を指摘した。それが、貨幣経済に基づく西洋的・個人主義的な生活様式との比較により、共同体的生活がフィジーの伝統であるとフィジー人側にも理解され、それを代表するものとしてケレケレが「客体化（objectification）」されたと捉えた（Thomas, 1992, pp. 222-223）。

トーマスは、植民地支配の様式との比較の中で、特定の事象が否定されたり、肯定されたりする過程に焦点を当て、植民地統治下で「伝統」を巡る様々な政治的力学によって、「文化」が操作され客体化される点を強調し、「構造」の長期持続という考え方、変化の中で変わらぬ「文化」を見出そうとするサーリンズを批判した。そして、植民地化する側とされる側の双方について、その内部の偏差に焦点を当て、両者の「もつれ合った（entangled）」混淆的関係を明らかにすることを通じ、西洋と非西洋という二項対立に依拠して、文化間の差

22　詳細については、宮崎（1994）を参照されたい。

23　"kere"は「頼む、依頼する」という意味の動詞（原形）であり、それが反復され名詞化したものが"kerekere"（「依頼、お願い」という意味）である。

異に拘り続けてきた人類学的営為の解体を目指したと言えるだろう[24](Thomas, 1991a, p. 319; cf. Obeyesekere, 1992)。

　また、ロジャー・キージング（Roger Keesing）は、1927年にソロモン諸島のマライタ島で起きたクワイオの戦士たちによる地方長官ベル虐殺事件に関する言説の「多様性」を指摘した論文の中で、社会の「底辺」に位置付けられる人々（サバルタン）の「声」を聞くためには、社会の支配層「エリート」の政治的言説の「煙幕」を突き抜けなければならないとする。そして、文化の記述は、社会内部の特定の支配者層の見解を反映する傾向があることを指摘した（Keesing, 1990, pp. 298-299; Keesing & Jolly, 1992, p. 233）。他方、このような（ポストモダン人類学に顕著に見られた）「政治的な文化の客体化」に関する議論の中で見落とされた日常へと焦点を当て、「エリートの言説」には「絡み取られずに生きる日常の人々」をエリートの反対項として措定し、彼ら彼女らが日常的に従事する「伝統の分類の仕方」などを記述するフィールドワークに取り組むことによって、ポストモダン人類学からの脱却を目指す営為が存在感を示すようになった。

　これ以後、構造主義と新歴史主義、文化本質論と非本質論という研究視座のイデオロギー的「相違」自体が、ポストモダン人類学以降の潮流の中で二項対立的に意識化され、その二項対立の超克を「フィールド」に回帰することによって図ろうとする、経験主義的／機能主義的な研究視座が、顕著になっていったと総括されうるだろう[25]。

24　同様の批判は、スリランカの人類学的研究に従事してきたガナナト・オベイェセカラ（Gananath Obeyesekere）とサーリンズとの間で為された「クック神話」に関する有名な論争（一種のオリエンタリズム批判）にも、顕著に見られたものである（Obeyesekere, 1992）。

25　キージングなどを中心に展開した従来の「カストム（kastom）論」に依拠して（cf. Keesing, 1989）、日常世界へと分析の焦点を据えた近年の研究蓄積において、そうした傾向が顕著に見られる（cf. 石森, 2001; 白川, 2001; 吉岡, 2001; 則竹, 2004; 福井, 2005）。例えば、白川（2001）は、ヴァヌアツにおけるトンゴア島民の「伝統についての語り」の調査に依拠し、トンゴア島民が、ある特定の事象に対し、「正しい伝統」（カストム）と評価を下す際、通常、その事象の「過去の姿」、その事象の「あるべき姿」として規範化されることを指摘している。その

3.3 ストラザーンと存在論

　以上のように、サーリンズとトーマスを基点として展開した構造と歴史（あるいは、構造から歴史へ）という研究営為、さらに後者を中心としたポスト・コロニアリズムの潮流が、オセアニア人類学における研究史的骨子を形成してゆく中にあって、それらとは一線を画しつつ、パプア・ニューギニアのハーゲン高地での調査に基づいた研究を遂行してきたと回顧できるのが、マリリン・ストラザーンである。彼女が提起したメラネシアの人格論、および、それを基盤にして展開した諸議論は、今日の社会文化人類学において、「存在論的転回 (ontological turn)」として認識される理論的潮流・志向性の中で、特にその重要性が指摘されるようになっている (cf. 春日, 2011a)。以下では、ストラザーンによる「存在論的」諸議論、とりわけ、その人格論について概観し、パース記号論に依拠した言語人類学の基本的な考え方と、どのように関連しているのかについて明示したい。

　　　ような規範的知識は、その土地における「称号の名称の意味」や「移住の経緯
　　に関する伝承」、「伝統的な慣習」や「儀礼の執り行い方」などに関するものを
　　含み、トンゴア島民は、そうした知識に忠実であること、「過去の姿」を忠実に
　　反映していると見做しうると判断した際に、その事象を「正しい伝統」として
　　評価しているとする。
　　　したがって、日常生活において地域住民たちは、ある特定の事象が「正しい
　　伝統」に則っているか否か、という問題に直面した場合、その事象の「過去の
　　姿」（儀礼の手続きや称号の名称の意味、移住の経緯などに関する知識）を、「あ
　　るべき姿」として解釈し、その姿を忠実に体現しているか否かを問う（メタ伝
　　統的）語りに従事している点を強調する (ibid., pp. 212-213)。そこでは、「何が
　　本当の伝統か」という問題は曖昧なままに、個々のコンテクストに応じて「過
　　去の姿」がその都度解釈され直し、コンテクストに応じた合目的的機能を果た
　　してゆく性質をもつとしている。

3.3.1 モノ、分人、出来事

ストラザーンは、『贈与とジェンダー（The Gender of the Gift）』において、メラネシアにおける「人」について、以下のように言及している。

> メラネシアの人々（persons）は、個人として理解されるのと同じほどに、分人として見做され（dividually）、固有で個別の実在として扱われるには、程遠い存在である。彼らは、彼ら自身の内部に、一般化された社会性を含みもっている。実際に、メラネシアの人々は、彼らを生み出す諸関係の、複数的で（plural）複合的な（composite）場（site）として、頻繁に構成される存在である。(Strathern, 1988, p. 13)［日本語訳引用者］

この一節から分かる通り、ストラザーンの人格論、そして、そこで提示されるメラネシアの「人（person）」は、関係論的であり、また相互行為論的な概念となっている。ストラザーンは、メラネシアにおける人は、社会的に営まれる諸行為が展開する「場（site）」、それ自体として捉えている。すなわち、メラネシアの人とは、社会的行為の場において、その人に付与されてきた／内化されてきた諸関係としての社会性が、その社会的行為を介して導き出される（elicit）ことにおいて存在するものである。例えば、島々を移動し続けてゆくクラの威信財が、贈与交換という社会的行為・関係を発動させる原因であり帰結であると同時に、メラネシアの人は、社会的諸行為の効果／帰結としての存在、つまり、モノ／身体／人工物（artefact）である。この身体は、内化された社会的諸関係それ自体を外化（externalize）する「諸関係の小宇宙（microcosm of relations）」であり、よって、さらなる関係・行為を連鎖・予期し、産み出してゆく相互行為の過程となる（Strathern, 1988, p. 131）。ストラザーンが考えるメラネシアにおける「人」というカテゴリー——分人（dividual）——は、ここに現れる。ストラザーン（Strathern, 1990b）は、以下のように説明している。

> （「分人; dividual」とは）複数の、あるいは、混成の構築物であり、アイデンティティの内的な集団性である。その理由は、一人の個人性や単一

性なる認識は、本質的な特性ではなく、集団行動の総体的な一体性に相当しうる達成（an achievement）であり、それを生成するのが、この異種混交性（heterogeneity）だからである。(Strathern, 1990b, p. 213)［日本語訳引用者］

社会的諸関係それ自体を体現する人工物として存在するメラネシアの人／身体は、自ら人格を所有し、自らの思考に起因して行為する主体、個人、ストラザーンの用語を援用すれば、「所有的個人（possessive individual）」ではなく、「分割可能な人（partible person）」、したがって「分人（dividual）」[26]と言えるような存在なのである（cf. Strathern, 1988, 1990b）。ストラザーンは、こうしたメラネシアの「人」の関係論を、「原因と効果（cause and effect）」と表現している（Strathern, 1988, pp. 268-305）。「個人」の概念から生み出される人格とは異なり、メラネシアの人格は、自らを「原因」として関係を構築する行為主体ではない。それは、行為を連鎖させてゆく関係を介して生起する「効果」、言い換えれば、参与する社会的行為を通して、諸関係の束として喚起されることにおいて存在するものである。それは幾重にも積み重なった社会的諸関係に「分解（decompose）」されると同時に、それらは、その社会的行為自体を通して、媒介して、改めて構成し直されてゆく（Strathern, 1988, pp. 107-119, p. 181）。これがメラネシアの人／モノの生成原理である。

　ストラザーンの『部分的繋がり（Partial Connections）』として結実する論議は、彼女が提示したメラネシア的「分人」の生成原理、それ自体に則って編まれた論議であると解釈できる。例えば、ストラザーンは、新生殖医療と知的財産所有という異なる事象を並置することを通して、生殖医療という領域において

26　「分人（dividual）」という概念は、メラネシア社会の「人／人格」に関する理解は、「個人（individual）」という用語では捉え難いものである点を指摘し、ストラザーンが用語化したものである（cf. Besnier, 2004）。したがって、この「分人」という概念は、西洋近代的な「個人」との対比（二項対立）によって導き出される概念ではなく、出来事によって喚起される現象／効果として存在する「人」の有り様を、便宜的に（"individual" を捩る形で）用語化したものである。

「知識の所有」[27]という視点が、親族関係を拡大させた事例を描いている。そして、西洋的な親族関係とメラネシアの分人性を対比することによって、あまり意識化されることのない西洋的な「人」というカテゴリーの特徴、その生成原理を描き出している（Strathern, 1999, 2004）。すなわち、異なる二つの事象、とりわけ、互いの関係性が容易には想起され難い（意識に上りにくい）事象を比較・対照することによって、意識されていなかった類像性／対照性、両者に通底し得る前提を、炙り出すという試みである。そのような比較・対照を通じて、意識下で作用していた前提は、意識化の対象となり、新たな現実が生成されるのである。

　事象と事象の接合、比較・対照という行為／出来事、それ自体が契機となって「現実」が生成してゆく過程は、メラネシアの身体が、「人（格）」として成立する現象と同一の原理に則っている。すなわち、現実もまた、行為の過程を通して産出される効果、その形象（モノ／人工物）であり、よって、それは更なる行為の連鎖を準備してゆくことになる。しかし、比較という行為／出来事によって連鎖してゆくモノ／人工物は、同じモノ／人工物の複製でありながら、もちろん完全に符合することは無く、常に必ず、「残余（remainders）」を伴って生起する。このように事象間の「ズレ」を（再）生産させて延々と続くプロセスが「部分的繋がり」である。

　この現象を照射しようとしたストラザーンの「部分的繋がり」という論議は、その現象を著作物として「今ここ」に体現したもの、まさに、モノ／人工物（artefact）となっている。すなわち、ストラザーンの論議は、西洋近代とメラネシアの「人」を比較するという論議を超えて、「比較」という現象、それ自体に分析の矢が向けられた論議となっていると言えるだろう。メラネシアの人、それが生起する場、そこには既に比較の契機が内在しており、したがって、人の分析は、翻って、比較という契機それ自体の分析なのである。結果、ストラザーンが部分的な繋がりとして論じる事象は、分析対象と分析自体が水平的に融合すること、互いに／再帰的に指し示し合うことを意味し、様々な出来事

---

[27]　生殖医療で問題となった知的所有に関する論議は、第2章5節（2.5）で論じた発話行為論者らが強調した「意図性（intentionality）」という問題とも重なる。

との連接を導いてゆく。

3.3.2 ナヴェン：ベイトソンのメラネシア

　以上に概略を示したストラザーンによるメラネシアの人格論の下敷き（彼女にとっての重要な「先行研究」の一つ）は、彼女と同じく、ニューギニアで調査をし、セピック（Sepik）川中流に住むイアトムル（Iatmul）族の「ナヴェン（Naven）」に関するグレゴリー・ベイトソンの分析である (Bateson, 1958[1936])。ナヴェンの分析に基づき形成された、ベイトソンによる代表的な概念が、「分裂生成（schismogenesis）」、「ダブル・バインド（double bind）」、「メタ・コミュニケーション（meta-communication）」である。

分裂生成（schismogenesis）

　ナヴェンは、女性は男性に、男性は女性に仮装し、異なる二者が一つに混じり合って抗争を演じ、女性による感情を表すエートスと、男性による芝居がかったプライドを示すエートスが交換される儀礼である。ベイトソンは、**1)** 同型の行動が互いの行動を刺激して、喧嘩に至る男同士の「対称的」な分裂生成（symmetrical schismogesis）と、**2)** 異なる行為が相互に補強し合う男女の「相補的」な分裂生成（complementary schismogesis）を区別した。そして、ナヴェンでは後者の分裂生成が起こっているとし、集団は二つに分裂しながら一つに生成する、一つに生成しながら二つに分裂する拮抗状態を生じさせ得ることを指摘した。ベイトソンは、この両分裂生成の相違を、宗教的文脈での「分裂（schism）」と「異端（heresy）」の違いを例にして説明している。前者は、分裂した集団が、元の母体集団に対して敵対的な教義をもつのに対して、後者は、分裂した集団が元の母体集団と政治的には競合しても、互いに同じ教義を保持するような場合を指すとしている (Bateson, 1958[1936], pp.175-179)。ベイトソンは、後に、バリ人たちの実践を非分裂生成的であると捉え、それを「プラトー（plateau）」という概念によって提示したが、このような分裂生成やプラトーというベイトソンの概念は、ジル・ドゥルーズ（Gilles Deleuze）によっても引用され、彼の「リゾーム（rhizome）」概念や生成と差異化に関する議論へと変容

してゆく（cf. ドゥルーズ・ガタリ, 1994）。ドゥルーズの論議とニューギニアのハーゲン高地におけるストラザーンの論議が、志向性や方向性を共有するものであることは、遍く知られている通りであり、その結節点の一つがベイトソンである[28]（cf. Jensen & Rödje, 2012）。

ダブル・バインド

　ベイトソンは、こうした対称的／相補的な分裂生成という論議に立脚して、ダブル・バインドやメタ・コミュニケーションに関する議論を展開する。ダブル・バインドとは、互いに打ち消し合う（したがって、相補的に分裂生成する）二つのメッセージを受信したために、本来は理解できるはずの「メタ・メッセージ」が覆い隠され、自己矛盾（二重拘束）に陥ってしまう精神状態を指す[29]。メタ・コミュニケーションという指摘は、ゴフマンの「フレーム」（あるいは、「フッティング」）、ガンパーズの「コンテクスト化の合図」、さらに、シルヴァスティンの「メタ語用」など、（第1章および第2章で概略を示した）言語人類学／記号論のコミュニケーション理論と類似する点が多い。

　例えば、ゴフマンによるフレームの概念は、発話参加者の相互行為への関わり方の総体（参与の枠組み）が、その相互行為の意味を同時に規定するよう作用しているとするメタ・コミュニカティヴな視点である[30]。言い換えれば、相互行為を通して生起し変容してゆく参与者の関係性それ自体として——自己（self）の儀礼的呈示（演技）を通して（"ritually organized system of social activity"）——社会的存在としての自己／個人なるもの、そして「社会なるもの」がミクロに生成・維持・変容されてゆくことを捉えた視座である（Goffman, 1959; 1967, pp. 5-46）。そして、このような相互行為の儀礼、いわば世俗的な「ポトラッチ」を通じて、特定の人やモノに付与される「価値」や「威信」（例え

---

[28]　ドゥルーズの生成と差異化に関する論議におけるベイトソンの位置付けに関しては、Jensen & Rödje（2012）で詳細に論じられている。

[29]　メタ・コミュニケーションについては、第1章4節3項（1.4.3）の再帰的較正を参照。

[30]　ゴフマンの相互行為理論については、第2章4節1項（2.4.1）を参照。

ば、フィジーの「マナ (mana)」やマオリの「ハウ (hau)」などの霊的力／メタフォース)、これがゴフマンの「フェイス (face)」(面子)の概念の基底を成すものである。したがって、この視座は、本質的にはデュルケムおよびモースのフランス比較社会学(社会学年報派)、モーリス・レーナルト (Maurice Leenhardt) らによる儀礼論、人格論、ペルソナ (persona) 論に脈するものである (cf. モース, 2009 [1924]; Mauss, 1985; レーナルト, 1990 [1947])。

　言うまでもなく、これらの論議は、ストラザーンがニューギニアでの調査研究を通じて提示してきたメラネシアの「分人性」、すなわち、贈与交換という行為において喚起される効果、モノ、人工物としての人格 (personhood)、この洞察に通底するものであり、そこにベイトソンのメラネシア研究(特に、分裂生成、およびメタ・コミュニケーションなどの洞察)が大きく影響していたことは否定し難いだろう。同時に、このメラネシア／オセアニアの人格論、言い換えれば、贈与交換などの社会的諸行為、すなわち「儀礼」を基点とした相互行為論が、ゴフマンの相互行為理論の源泉であったこと、少なくともその重要な参照軸の一つとなっていたことにも疑いの余地は無いだろう。

3.3.3　存在論的転回：儀礼、パフォーマンス、アナロジー

　ここで既に、明らかだと思われるが、ストラザーンによるメラネシア分人論、その核心は、それが儀礼コミュニケーション過程論である点だろう。メラネシアにおける「人」は、贈与交換の場で、贈与の「贈り手」と「受け手」というプラグマティックな関係として喚起され、それによって、身体に埋め込まれていた社会的諸関係が(再)構成され、それが更なる関係性を連鎖的に創出し続けてゆく。つまり、幾重にも積み重なった社会的諸関係を、詩的に形象化する「パフォーマンス」である[31] (Strathern, 1990a, p. 2)。儀礼的コミュニケーションが、

31　こうしたストラザーンの人格論／パフォーマンス理論は、ニューギニアのカルリ (Kaluli) 族における言語的社会化について論じていたバンビ・シフリン (Bambi Schieffelin) の社会言語学的分析とも、親和性を有するものである (cf. Schieffelin, 1985)。また、多層的な社会的関係として存在するモノ、儀礼的な出来事の場において、その社会的関係が喚起される身体としてのメラネシア

モノ／人工物として生成される過程で生み出す「イメージ」、メタフォリカルな指標、つまり儀礼的効果（effect）である[32]。

そして、ストラザーンは、この儀礼的コミュニケーション過程の基底に、「アナロジー」という問題系を見出す[33] (Strathern, 1990, p. 169)。形象化した出来事としてのイメージは、さらなるイメージと比較されること、いわば両イメージの狭間にアナロジーという契機が生じることによって、それぞれはイメージとして成立すると同時に、各々はアナロジーという一つの出来事を創り上げる部分として存在する——相補的に分裂生成する——ことになる。イメージは、新たなイメージを（残余を伴って）生み出してゆくし、新たなイメージは、それに先立つイメージを事後的に置き換えて（obviate）もゆく。メラネシアの分人性と生殖医療などの「アナロジー」を通して、両者に通底する前提を鮮やかに論じ上げる彼女の民族誌は、記述それ自体として、メラネシアの儀礼的コミュニケーションを体現するもの、アナロジカルな効果を「今ここ」で、読者の眼前で喚起するイメージ／モノ／人工物となっている。ストラザーンの議論が目指すところは、彼女自身が描き出そうとするメラネシアの儀礼的コミュニケーションの底部、そのコミュニケーション原理自体に則って、そこに向かって、自らの（いわば西洋近代的なる）民族誌記述を形作ることにある。その試みを通して、彼女の議論が描き出すメラネシアという出来事／人工物と、彼女の民族誌が、「今ここ」で水平的に反響し合うことにある[34]。

的「人」は、言語使用の研究によっても示唆されてきた（Shore, 1982; Ochs & Schieffelin, 1984; Lutz, 1988; Ochs, 1988; White, 1991）。

32　事実、ストラザーンは、サーリンズの「歴史の島々（Islands of History）」（1985）が著されて間もない1990年、サーリンズを主要な論敵とした論考「歴史のモノたち（Artefacts of History）」において、パフォーマンス（＝儀礼的コミュニケーション）としての人格論を展開している（cf. Sahlins, 1985; Strathern, 1990）。

33　アナロジーは、レヴィ＝ストロース構造主義人類学やトーテミズム論における中心的に扱われた問題でもある。この点については、第1章3節（1.3）を参照。

34　ストラザーンが提示する、このようなメラネシアの儀礼コミュニケーションは、サピアやヤコブソンの言語思想を、パース記号論に基づいて体系化したシルヴァスティンの一般コミュニケーション理論、とりわけ「指標的類像化（indexical iconizaition）」という記号原理と類似した考え方となっている。それどころか、

メラネシアの儀礼的コミュニケーション、そして、自らが従事する民族誌記述、この両者の基底にあるアナロジーという記号原理、そのモチーフとして「カントールの塵」が提示されていることに現れているように（Strathern, 1991）、ストラザーンの民族誌は徹底して（相似的）形式に拘っている。そして、彼女にとっての民族誌／文化記述は、そうでなければならない。なぜなら、社会文化は、アナロジーという契機を通して、そしてアナロジーという偶発事、指標的な邂逅によって、メタ指標的に構成されるからである。言い換えれば、現実は、常に必ず、特定の語りや記述の「形式」を纏った出来事、そのメタ・コミュニカティヴな効果として、読者たちの世界に現れる、喚起されるものだからである。したがって、この「形式」の所在、すなわち、象徴と指標、文化と自然が交叉するダイクティックな場、指標的／儀礼的媒介点こそが、文化の所在――存在論的基盤（origo）――となる（春日, 2010, p. 20）。

　ストラザーンが、民族誌記述の「形式性」に拘りをみせるのは、こうした理解が（少なくとも非明示的には）共有されているからではないだろうか。すなわち、それは彼女自身の（メラネシア的）美学であるよりは、審らかにしようとするメラネシアの文化的特徴、それを司っている原理に則って、文化記述を構成し得ること、記述された文化的事象が、実際に文化現象として「存在」すること、そして、文化はそのようにして喚起されることで生成され、その過程が連鎖し続けてゆくこと、以上を再帰的に実演（enact）するものとして文化現象が解されているからだろう。ストラザーンの記述は、特定の分析対象の基底にある記号原理を「言及指示的に」説明することを超えて、言及指示できる文化現象を、自らが従事している文化記述それ自体を通して、「非言及指示的に」（相互行為的に）体現する儀礼、新たなリアルを今ここで喚起しようと試みるパフォーマンスとなっている[35]。その限りにおいて、ストラザーンの文化記述

　　　パース記号論に依拠した過程論的なコミュニケーション理解が、ストラザーンの「閃き」――コミュニケーション出来事によって生み出される詩的効果、アナロジカル／メタフォリカルな帰結、創出的指標――その源泉の一つとなっているとさえ感じられる。

35　しかし、文化記述＝相互行為とはならず、「文化の記述を読む」という行為に纏わる全てのコンテクストが相互行為に関与するため、このパフォーマンスは成

は「存在論的」であり[36]、そして「内在的に再帰的」であると言えるだろう[37]（春日, 2011b）。儀礼のテクストが、常にそうであるように。

3.4 記号論的接合

　本章で論じた「構造」、「歴史」、「存在」というメラネシア／オセアニア人類学における研究視座は、各々がイデオロギー的相違を示す個々別々の議論として片付けられるべき類いのものではない。これらの研究それ自体が、コミュニケーション出来事として生起するものであるなら、これら全ては、第1〜2章までに論じた「テクスト化」という記号作用の過程として、一貫性をもって接合され得ることになる。

　まず、これら三者について略述したい。**1)** サーリンズによる構造理論は、強く前提可能となった文化的ステレオタイプ（文化的意味範疇）、すなわち「神話構造」を、語用／相互行為出来事へと飛躍的に架橋する（構造を現実として誤認する意識の限界性）を示す議論である。また、**2)** トーマスによるポスト・コロニアリズムは、文化接触という契機が、語用／相互行為出来事のレベルに

　　　就しない大きな可能性を胚胎してもいることも指摘しておこう。

[36] 論者によっては、こうした「存在論的」として称される近年の社会文化人類学に顕著な志向性を、新たな「文化相対主義」として捉える向きもある（cf. Carrithers et al, 2010）。もちろん、「存在論的」とカテゴリー化される研究の底部には文化相対主義が横たわっていることに疑念の余地は無いが、この指摘は幾分的外れであることも事実である。これらのモノグラフの特徴は、現実の生成過程それ自体に分析の矢を放つ点であり、いわゆる「文化相対主義」の文化記述とはかなり性格を異にしている。

[37] 春日（2011a）では、ブルーノ・ラトゥール（Bruno Latour）やエドゥアルド・ヴィヴェイロス・デ・カストロ（Eduardo Viveiros de Castro）、そして、ストラザーンなどの議論が、「内在的な（immanent）」「（再帰的）批判として特徴付けられることが緻密に論じられている。すなわち、近年の社会文化人類学における「存在論的転換」が、どのような意味において存在論的であるのか、それが社会文化人類学、ひいては社会文化研究一般において、どのような意義を有するのかについて明確にしている（cf. 春日, 2011c）。

おいて「対照ペア（contrastive pair）」（文化的対照性）を、その出来事の（相補的分裂生成的）帰結として生み出すという議論である。さらに、**3)** ストラザーンの分人論は、メラネシアという経験世界の基底に、「儀礼」というコミュニケーション出来事／パフォーマンスを見出す論議であり、パフォーマンスによって詩的に喚起される形象／モノ／効果として、人格を捉える議論である。

より詳細には、**1)** サーリンズの構造歴史人類学では、象徴／構造と指標／語用が二項対立としてシンプルに規定された結果、文化的ステレオタイプ（象徴／構造）を強く喚起する「語彙（単語）」のペアという、言語使用者の意識に最も上り易い言語的ユニットに、相互行為出来事（指標／語用）を隠喩的に還元するブリコラージュを実演したと理解できる。文化の所在が、文化的ステレオタイプの構造（象徴記号）ではなく、文化的ステレオタイプが発現する語用的契機、すなわち個々に固有で偶発性を有して展開し続ける「今ここ」の相互行為出来事（指標記号）に見出されない限り、サーリンズの宇宙論や、その二項対立の瓦解を目論んでサーリンズに追従した議論は、「象徴記号」の意味内容とそのコンテクスト依存性を枚挙する議論であり、「象徴記号」が参照されて「今ここ」の相互行為がテクスト化される諸相、まさに文化や歴史の所在は、抽象化された理論的枠組みの中で不在となっている。

2) トーマスのポスト・コロニアリズムは、植民地的接触がその語用的効果として、「対照性／排他的関係性」を生み出すという作用に焦点を当てている。つまり、連辞軸上で二つの範疇が共起した場合、言い換えれば、反復構造が指標的に隣接して並置され生み出された時、その両者の対照性は最大化し、両者の排他的な関係が明瞭化する。その結果、言語使用者によって意識化され易い形象、つまり「対照ペア」が、分裂生成的に生み出されるという記号作用である[38]。このような対照を成す意味範疇のペア（対照ペア）は、連辞軸上で反復的に喚起される史的過程を通して、より強度に「意識化」を被り、共同体内

38　この対照性とは、しばしば「反義語」として理解されているものである。つまり、同義性／等価性（比較可能性）が高いが、ある特定の特徴（feature）のみが異なる／反転するペアのことを指す。したがって、植民地的「他者」と「自己」、「西洋」と「非西洋／フィジー」は、共に混淆的に生起する。対照性については、第1章2節4項（1.2.4.）を参照。

部において高度に前提可能な文化的ステレオタイプ／文化的意味範疇の構造として「テクスト化」（モノ／形象化）されてゆく。すなわち、文化的ステレオタイプ／文化的意味範疇の対照ペアが、コンテクストにそれほど依存せず、前提可能性が高まった「序列」へと変容すること、これがトーマスの論じる「客体化された文化」であると記号論的には特徴付けることが出来よう[39]。そして、そのようにして客体化された意味範疇の序列が、史的過程を通じてさらに拡散することによって共同体へ「内面化」され、「自然で自明なもの」となった序列構造が、サーリンズの言う象徴構造——神話——であると説明しうる[40]。

　3）ストラザーンの分人論は、「個人」なる単体性は、コミュニケーションの過程がそれとは異なる出来事とのアナロジーを通して喚起する効果としてのみ存在するもの、一種の「誤認」であり、コミュニケーションに先立って存在する本質的な性質ではない点を指摘する議論である。したがって、この議論の焦点は、例えば、ジョン・サールが論じたような意図性をもった主体や個人ではなく、コミュニケーションという出来事の生成原理、それ自体に向けられている。人／モノ、文化／自然、すなわち森羅万象は、このコミュニケーションの過程が産出し続ける効果／帰結（effect）であり、それは「指標的類像化」と呼ばれる記号作用、すなわち「儀礼」という現象である。

　そして、**1)** サーリンズの構造と **2)** トーマスの歴史、この両者を「テクスト化」として理解できる記号過程へと接合・投錨する指標的媒介点（すなわち「存在論的な基盤」）が、**3)** ストラザーンの儀礼コミュニケーションであると理解できる。つまり、連辞軸で生起した対照性を有する語用的範疇のペア、例えば、「植民地支配者側」と「被支配者側」、「西洋」と「非西洋」などが、その対照性によって意識に上り易い形象（ダイアグラム）となり、前者が「顕在的（overt）」な権威として生起し、後者は、前者の陰画として「非顕在的

39　したがって、トーマスは、文化は「非本質的」なもの、西洋と非西洋の「もつれ合い」の過程で、政治的に捏造され、操作可能なものとして議論した。

40　小山（2011）は、「神話とは、強くイデオロギー化／テクスト化／詩的構造化され（強い結束性をもち）、そして（文化的に）強く前提可能となった、文化的意味範疇／文化的ステレオタイプの構造のことである。」としている（ibid., p. 380）。

(covert)」(潜在的)な権威として分裂生成的に胚胎される[41]。このような対照ペア／アナロジーの構図が、植民地政策などの進行を通じて前提可能性の高い序列構造へと変容し、帝国主義的な前者と土着主義的な後者、近代フィジーという相補的分裂生成の秩序、「二重体（doublet）」[42]、いわば「言文一致体」[43]を、詩的に——儀礼的に——生成／形象化してゆく過程[44]、これが植民地的過程の記号論的な内実であると総括できるだろう。

41　これは社会言語学者ウィリアム・ラボヴ（William Labov）などの研究において、"covert prestige"（非明示的な権威）と呼ばれるものである（cf. Labov, 1972）。例えば、"overt prestige"（明示的／顕在的な権威）として現れる標準語に対し、その反対項（陰画）として想像可能な言語変種、たとえば（非標準的）地域方言、労働者社会方言など、土着的な、土俗的な、民俗的な事象（「本来的なもの」）に付与される権威を意味する（小山, 2011, pp. 197-199）。こうした現象は、ベイトソンの相補的分裂生成に該当するものでもある（cf. Woolard, 1989, p. 363）。これらの点については、第3章3節2項（3.3.2）を参照。

42　これは、フーコーが、『言葉と物』や『監獄の誕生』などを通じて提示した「経験的＝超越論的二重体（doublet empirico-transcendental）」という「人」のカテゴリーに依拠している。フーコーは、『言葉と物』の中で、以下のように言及している。
　　　われわれの近代性の発端は、人々が人間の研究に客観的諸方法を適用しようと欲したときではなく、＜人間＞とよばれる経験的＝超越論的二重体doublet empirico-transcendantalがつくりだされた日に位置づけられるからである。（フーコー, 1974 [1966], p. 338）。
　　すなわち、経験的＝超越論的二重体とは社会関係や社会的慣習を規範として内面化した主体／個人のことである。フーコーは、こうした「人」が、翻って、近代の人間諸科学の考察対象となる「人間」の特徴であると捉えている。近代人は、一回の経験的、「今ここ」に位置する存在であるにも拘らず、同時に、規則的、超越的／象徴的な社会規範、「彼岸」を自らの内に内面化／内在化させた存在である。したがって、この経験的＝超越論的二重体という視点は、近代フィジー社会の生成やその史的変容を分析する際に、重要な示唆を与えてくれる概念であると考える。

43　言文一致とは、話しことば（指標）と書きことば（象徴）の両者が肉薄する現象である。前者が後者を内面化してゆく、内在化させてゆく現象として理解できるものである。

44　詩と儀礼の関係については、第1章4節（1.4）を参照。

＊＊＊

　本章では、メラネシア／オセアニア人類学の諸議論を、サーリンズ、トーマス、ストラザーンを基軸に整理し、それらを第1〜2章で概括した言語人類学および記号論的枠組みに照らして特徴付けた。そして、「構造」と「歴史」として対立的に論じられてきた研究が、「対立」を示すようなものでは決してなく、詩／儀礼を基点に現象する記号作用、つまり、テクスト化の過程が経る異なる局面に焦点を当てたものであり、両局面は記号論に依拠した論理的一貫性の基に布置可能であることを明確にした。さらに、今日、「存在論的転回」と表現される思想的潮流に位置付けられることが多いストラザーンの分人論について概観し、この議論が、テクスト化の過程の基底に「儀礼」という契機を見出すもの、つまり「指標的類像化」という記号原理を指し示そうと企図するものであることについて論じた。したがって、「構造」、「歴史」、「存在」というサーリンズ以降のメラネシア／オセアニア人類学を形成してきた三つの論議を、「儀礼」という存在論的基盤を要石に布置・接合し、植民地期から植民地期以後へという過程を、顕在的権威と非顕在的権威という対照ペア、あるいは「二重体」を、テクスト化してゆく史的変容のプロセスとして理解した。

　以上の議論を踏まえ、次章（第4章）では、フィジーにおける初期植民地政策の展開について概観し、本章で論じたテクスト化の過程が、フィジーにおいては「文書化」という語用的契機を通して進行したことについて明らかにする。そして、本章で同定した植民地化の過程が、「文書」を指標的媒介点として展開したことを明瞭にし、第5章以降に記述・分析するフィジー／ダワサム地域で起きた文書と即位儀礼を巡る一連の出来事のコンテクストを鮮明化したい。また、調査地であるダワサム地域の概要についても粗描する。

第Ⅱ部

文書と序列

第 4 章 フィジー植民地政策と文書

本章では、フィジー諸島の歴史とダワサム地域の地理的概要について素描すると同時に、フィジーにおける先住民保護を特徴とした初期植民地政策の展開と、「文書」を媒体とした土地所有集団の記録化について概観する。その上で、フィジーにおける植民地的経験が、「文書」と不可分に生成されてきたこと、「文書」が植民地期という構造と歴史の儀礼的／存在論的媒介点に位置してきたことについて示唆し、次章以降に展開する議論の枠組みを明示したい。

4.1 フィジー諸島小史

　太平洋諸島は、通常、ポリネシア（Polynesia; 語源的には "many islands"）、メラネシア（Melanesia; "black islands"）、ミクロネシア（Micronesia; "small islands"）の三つの地域に分けられる。そのうち、メラネシアは、ニューギニア、ソロモン諸島、ヴァヌアツ、ニューカレドニア、そして、フィジー諸島で構成されている[1]。フィジー諸島は、ヴィティレヴ（Viti Levu）・ヴァヌアレヴ（Vanua Levu）の二島を中心に、大小322の火山島と珊瑚島によって構成され、その内、約三分の一は無人島である（Walsh, 2006）。通常フィジーは、ポリネシアの社会的特徴として論じられる階層性を有した社会であるが、地域としてはメラネシアに区分され、その内部では多様な民族的差異を有している。2009年現在で、総人口は約八十四万人であり、その内訳は、先住民系フィジー人[2]が56.8%

1 　もちろん、これらの地域名称は、西洋人側の知的・植民地主義的な関心に基づいて造られたものである。また、三地域としての分割は、1832年にフランスの艦隊長であるジュール・デュモン・デュルヴィル（Jules Dumont d'Urville; 1790-1842）によって提唱されたものであるとされる。そのような人種的・進化主義的な区分は、18世紀の啓蒙主義思想の中に存在していたものでもある（Besnier, 2004, p. 97）。

2 　本書にて「フィジー人」と記載した場合は、この「先住民系フィジー人」を指すものとする。現在のフィジー人は、卓越した航海技術でオセアニア各地に拡散したラピタ（Lapita）式土器の使用者を基層に、後続して到着したメラネシアからの移住者が重なって形成されたと考えられている（丹羽, 2009, p. 62）。

と、移民の子孫であるインド系フィジー人[3]が37.5％を占め、フィジーにおける二大民族集団となっている。その他は、少数民族によって占められ、ヨーロッパ人、パート・ヨーロピアン（Part European）[4]、華人、ロトゥマ人、バナバ人（Banaban）、ソロモン諸島民などが含まれている。また、宗教的には、キリスト教徒（64％）、ヒンドゥー教徒（28％）、イスラム教徒（6％）などに分かれている（Fiji Islands Bureau of Statistics, 2000, 2009）。

最初にフィジーに到来したとされるヨーロッパ人は、1643年に、フィジー北東部を通過したオランダ人のアベル・タスマン（Abel Tasman）であるとされる（Derrick, 1974, p. 32）。その後、1774年に、ジェイムズ・クックがラウ（Lau）諸島の南側を、そして、1789、1792年に、ウィリアム・ブライ（William Bligh）がフィジー諸島を通過し、フィジーは西洋との接触を果たしてゆく[5]。19世紀前半には、ビーチコマー（beachcomber）[6]の到来によって西洋との接触が頻繁になり、入植者の商業活動が活発化してゆく。1800年代からは白檀（sandal wood）、1820年代からナマコを扱う入植者が増大し[7]、1860年代には、綿

3　19世紀末から英植民地政府は、フィジーにおいて「先住民保護政策」を敷いた。フィジー人は土地を提供する一方で、砂糖黍プランテーション労働に従事することを禁止され、村落で「伝統的」な生活を営むべきとされた。他方、プランテーションへの労働力を補うため、インド人がフィジーへ移入され、経済的基盤の確立と安定化が図られた。今日のインド系フィジー人の多くは、この頃にフィジーに移民したインド人の子孫である（cf. Lal, 1983）。以来、増加したインド系とフィジー系の間には対立が根強く存在し、1980年代以降、相次ぐクーデターなどの政治的混乱の主因となって来た（丹羽, 2005, p. 271）。先住民保護政策については、本章2節（4.2）を参照。
4　ヨーロッパ人とフィジー人の混血を指す。
5　これらフィジー岩礁に停泊した船は、「新たな時代の幕開けを告げる最初の微かな光であり、それは突如としてフィジーに現れた熱帯の夜明けであった」などと記述されてきた（Derrick, 1974 [1946], p. 38; cf. 春日, 2001）。
6　18世紀後半から19世紀前半にかけて、主にポリネシアにおいて、船から逃亡して現地社会で生活することを選択した西洋人のことを指す。ビーチコマーは、船の修理などを行い、首長に取り入ることによって生活を可能にしていた（cf. Wilkes, 1845, pp. 67-70, 115; Erskine, 1853, pp. 419-420）。
7　白檀伐採は、採取場所であったヴァヌアレヴ島の西海岸で行われ、マニラ及び

の好景気に後押しされて、フィジーで綿花栽培を始めようとする多くの西洋人がオーストラリアなどを経由して流入した (Young, 1970)。キリスト教の宣教師たちも、この頃からフィジーに足を踏み入れるようになった。その後、入植者の流入によって引き起こされた社会的混乱を解決するため、フィジー全土に影響力をもちうる統一的な政府の必要性が生まれ、首長層の参加した土着の政府[8]の確立が目論まれた。しかし、この政府が1871年で短命に終わり、1874年10月10日、ヴィティレヴ島東部沿岸沖のオヴァラウ (Ovalau) 島[9]のレヴカ (Levuka) において、十四名のフィジー人首長とイギリス側代表のサー・ヘルクルス・ロビンソン (Sir Hercules Robinson; 1824-1897) が「割譲証書 (Deed of the Cession)」に署名し、フィジーは正式にイギリス (英国女王) へ割譲されることになる (宮崎, 1992, p. 199; Lal, 1992, pp. 10-11)。

広東の市場に中国人向け商品として卸す目的で始まった。現地側は、見返りとして鉄・ガラス製品や、敵対する集団に対しての武力支援などを得たとされる (France, 1969, p. 25)。この白檀が伐採され尽くした1810年代半ばから、ナマコが注目され始めた。地域が限定され、伐採と荷積みの作業だけの白檀と比較し、ナマコはフィジー周辺海域において広く生息し、保存処理のために採取物をゆでて乾かすなどの作業を行う場所、燃料としての木材、組織的な労働力とそれを維持する食糧などの確保が必要となったため、交易が大規模化した。その結果、交易を組織化するための強力な首長、ひいては、政府が求められるようになっていった (春日, 2001, p. 52)。

8 この政府は、入植者と東部地域において最大規模のマタニトゥやクンブナ (kubuna) を率いていたバウ (Bau) の大首長ラトゥ・セル・ザコンバウ (Ratu Seru Cakobau; 1815-1883) が手を結び、彼を中心としてその他東部地域の有力なマタニトゥやヴァヌア (vanua) が連携することによって形成された土着の政府である。しかし、ザコンバウ政府内部で指導的役割を果たしていた首長間の合意を図ることが困難であったこと、イギリス本国の利益や安全を優先する政府を望む、フィジーに身を置く英国人の見解と対立が生じたこと、イギリス本国からも信頼するに足る政府と認知されず、安定した政権基盤を構築することが出来なかったことなどの理由により、この政府は短命に終わった (丹羽, 2009, pp. 79-80)。

9 オヴァラウ島の位置については、第6章4節2項 (6.4.2) を参照。

4.2 初期植民地政策

　このように、フィジー人首長が中心となる領土割譲を経て、フィジーは大英帝国下の一植民地となるのだが（West, 1961, p. 9）、その後、イギリスによるフィジーの間接統治政策は、他のオセアニア諸社会と比較した場合、「先住民保護」の性格がより前景化したものとなっていった（Lawson, 1991, p. 61）。これは、フィジーの実質的初代総督であるアーサー・ゴードン（Arthur Gordon; 1829-1912）（在任期間：1875-1880年）と、初期統治体制に大きな影響を及ぼしたジョン・ベイツ・サーストン（John Bates Thurston; 1836-1897）（在位期間：1888-1897年）の政治的方針を反映したものである（丹羽, 2009, p. 81）。

　当時、フィジーにおいて植民地統治を敷くにあたり、既にイギリスの植民地となっていたニュージーランド（1840年）のマオリの置かれた惨状を目の当たりにし、フィジー人の人口が急激に減少している実態に直面していたゴードンの政策[10]は、**1）** フィジー人の伝統的な首長の権威を維持すること、**2）** 植民地政府内での独自の規則のもとでフィジー人の社会構造と慣習を意識的に保たせること、**3）** 土地の売却・譲渡を禁止すること、**4）** 換金作物で支払いをする共同税（communal tax）を導入すること、**5）** フィジー人が労働者として雇用されることの制限、以上の五点に力点を置くものであった（Gilion, 1962, p. 6; 丹羽, 2009, pp. 80-81）。ゴードンの政策において、フィジーの土地は、大きく「ネイティヴ・ランド（native land）」、「クラウン・ランド（crown land）」、「フリーホールド・ランド（freehold land）」の三種類に分割され[11]、フィジー人は、国土の

10　したがって、ゴードンらが中心となって展開したフィジーの初期植民地政策は、当時、ルイス・モーガン（Lewis Morgan; 1818-1881）などによって唱えられていた「単線的発展段階説（uniliner evolutionary theory）」に強く依拠し、そうした覆し不可能な発展／進化の法則（the inexorable laws）に従うべくものとして立案された背景がある（France, 1968, pp. 21-28）。この点については、第6章4節1項（6.4.1）で、文書の形式に関わる問題として、より詳細に論じている。

11　クラウン・ランドは国有地を意味し、植民地期における土地区画事業に際して、所有者がいなくなったために政府所有とされた土地（クラウンA）と、該当す

83%を超え、売買取引が禁じられた、このネイティヴ・ランドの「所有者」[12]として規定されることになる（丹羽, 2009, p. 63; Kaplan, 2016, p. 124）。

　1888年に総督に就任したサーストンも、ゴードンと同様に、太平洋諸島民の労働交易に関する劣悪な実態を直接見聞し、オセアニア入植者の無軌道な行為を規制する政策を考案していった。彼は、フィジー人が土地を手放すことなく、自らの土地で生産したコプラ、綿、タバコ、砂糖などを税金として収めることを目的とした物納による税収を考案する。これは、現金払いの人頭税が課されたことで、現金収入の必要性に迫られたフィジー人がプランテーション労働者となるのを防ぐことを目的としたものであり（Leckie, 1990; Scarr, 1979）、フィジー人は、プランテーション労働には従事せず、出身村落で自給自足的な生活を送るよう促された。以上の政策を通して、サーストンは、フィジー人を資本主義経済に直接巻き込まないことによって、彼らがプランテーション労働者として、入植者による奪取の対象とならないように努めた（Lawson, 1991; 丹羽, 2009, p. 83）。

　他方で、当時のフィジーは、独自の植民地の経済的基盤を確立する必要に迫られていた。そのため政府は砂糖黍プランテーションへ、当時、英領植民地であったインドからの労働者を集め、インド人契約労働移民（indentured labor migrants）をフィジーに導入することで植民地内の労働力不足を解消し、植

る請求者が名乗り出なかった土地（クラウンB）がある。フリーホールド・ランドは、個人所有も許され、自由に売買できる土地であり、植民地期以前や植民地期の一時期（1905年〜1912年）に、主としてヨーロッパ人入植者に売却された土地が、これに該当する。今日では、クラウン・ランドが部分的にネイティヴ・ランドへ返還され、また、1990年代にフリーホールド・ランドの買い戻しの動きが起きたこともあり（cf. 宮崎, 2009, pp. 257-258）、現在ネイティヴ・ランドは、全体の九割を超えるとされる（丹羽, 2009, p. 64）。

12　France（1969）によれば、土地の「所有（ownership）」という概念は、フィジー語ではlewaという語に近いが、lewaは使用を統制する権利を意味し、空閑地を「財産／不動産（real property）」として保有するという意味での所有とは異なるという。フィジーにおいて、土地自体に内在的な所有価値が見出されるようになってゆくのは、19世紀に増加した宣教師や入植者が、自らの居住地や土地を、フェンスを使用し敷地として所有化し始めたことに由来するとしている（ibid., pp. 53-54）。

民地の安定した財源を確保してゆくことになる。インド人労働移民の多くは、1879年から1916年にかけて、東インドのウッタル・プラデーシュ（Uttar Pradesh）州からフィジーに移住した。総数約六万人に及んだ彼らの多くは、労働契約期間終了後もフィジーに留まることを選択した[13]。今日、フィジーに存在するインド人の大半は、この移民労働者の子孫である（cf. Lal, 1983; Siegel, 1987, pp. 129-134）。こうした植民地期における社会状況が、1）資本の投資者・経営者としてのヨーロッパ人、2）労働者としてのインド人、3）土地の所有者としてのフィジー人という、その後のフィジーを特徴付けてゆく経済的分業に依拠した三つ巴の民族間関係のコンテクストを準備していたと言えよう（丹羽, 2009, p. 64）。

植民地政府は、土地の売却・譲渡の禁止（inalienability）や共同体による土地所有（communal ownership）の確立を目指す政策を実施する上で、1875年にヨーロッパ人入植者による土地所有権の確認請求を審査するための「土地所有権調査委員会（Lands Claims Commission）」[14]、そして、1880年にフィジー人の

---

[13] この契約は、（英語の"agreement"に由来する）"girmit"と呼ばれ、フィジーに移民したインド人たちは自らを"girmittiyas"（ギルミティヤ）と呼んだ。五年間の契約終了後は、1）自費でインドに帰ること、2）土地を借りてフィジーに滞在すること、3）さらに五年間労働し、無償でインドへ帰る機会を得ること、以上三つの選択肢があった（Siegel, 1987, p. 130）。

[14] ケンブリッジ大学で教育を受けた後、オーストラリアに渡りメルボルン大学で学んだ人類学者ロリマー・ファイソン（Lorimer Fison; 1832-1907）は、メソジスト派の布教活動（Wesleyan Methodist Mission）の一環で1864年にフィジーに赴任する。ファイソンは、西洋社会と接触した当時のフィジー社会の実態が、ルイス・モーガンの『古代社会』（Morgan, 1877）で描かれる「中期未開社会（The middle period of barbarianism）」における土地所有システムに該当しうると考え、フィジー社会が共同体的土地所有を特徴とする社会から、上層（後期）未開社会（Upper Status of Barbarism）に区分される封建社会への移行期にあると捉えた。そして、土地は共同体によって祖先から代々譲り受け、譲渡不可能なものとして所有されることが、この段階に適切な土地所有であると考えられた。ファイソンは、1869年にモーガンから届いた親族名称（kinship terms）に関する質問に答えるなど、『古代社会』の出版にも貢献し、両者は文通している。
　アーサー・ゴードンは、こうしたファイソンの洞察や、当時めざましく台頭していた人類学の「科学的」知見に共鳴し、19世紀後期のフィジー社会が15世

伝統的土地所有の形態を確認するための「先住民所有地委員会（Native Lands Commission; NLC）」を設置する (Durutalo, 2000, p. 91; La Croix, 2004, p. 199; 宮崎, 2002, 2009)。NLCは、フィジー人を証人として繰り返し喚問し、地域ごとの慣習、社会組織、土地を所有する単位集団の名前や親族関係を記録した[15]。そして、それらの集団が、特定の土地を所有していることを示す証拠として、集団の始祖の土地から調査当時に住んでいた土地への移住に関する伝承を、文書として記録した (France, 1969, pp. 10-14)。現在では、それらの文書記録は、旧NLCである「先住民所有地漁場委員会（Native Lands and Fisheries Commission; NLFC）」に保管されており、ダワサム地域も、その文書によって記録されている。次節では、ダワサム地域の地理的概要と集団連合としての構成について概説する。

4.3 ダワサム地域

4.3.1 地理的概要

ダワサム（Dawasamu）地域は、フィジーにおいて最大面積を有するヴィティレヴ島の東北部にあるタイレヴ（Tailevu）地方に位置し、西部のラ（RA）地方に隣接する、総面積80km²ほどの地域（Tikina）である（地図1を参照）。当該地域には、ソーレヴ（Solevu）、ダワサム（Dawasamu）、スィスィワ（Sisiwa）、

紀のスコットランドの社会形態に類似していると考えた (Gordon, 1879, p. 180)。そして、1860年代当時フィジーで起こっていた首長による土地の売買・譲渡、首長の専制化は、フィジー社会に固有のものではなく、ヨーロッパ人との接触によって生じた弊害であり、そうした現象・混乱を抑制し、フィジーの伝統的な社会形態（bedrock）を維持することが重要であると捉え、土地の売却・譲渡の禁止（inalienability）と共同体的土地所有（communal ownership）の確立を目指してゆくことになった (France, 1968, pp. 21-28)。

15 この調査は、「ヴェイタロギ・ヴァカヴァヌア（Veitarogi Vakavanua）」と呼ばれており、NLCのフィジー語の名称（Matabose ni Veitarogi Vanua）にもなっている (Gatty, 2009, p. 250)。"vei-" は接頭辞で、その後に受動態の動詞句 "tarogi vanua"（「尋ねる; tarog-i」、「土地; vanua」）を取って名詞化したもの。

地図1. ヴィティレヴ（Viti Levu）島におけるダワサム地域の所在

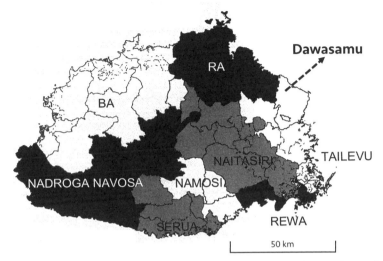

［Walsh（2006, p. 2）から作成］

地図2. ダワサム地域の拡大地図

［Lasaqa（1984, p. 21）から作成］

ワインドゥラウ（Waidrau）、ナガラカウトガ（Nagalakautoga）、ゲレ（Qele）などの河川が存在している。北部には、孤高で露出した急な岩肌が、当該地域のシンボル的存在ともなっている火山円錐丘であるトヴァ（Tova）山（646m）が聳え、南部には、コロサラウ（Korosarau）山（738m）が聳えている。当該地域の地理的特徴は、この二つの山（トヴァ山、コロサラウ山）を結んだ線を境界とする東部（海側）と西部（山側）で、概ね二つに区分されうる（地図2を参照）。東部は、緩やかに起伏している丘陵地帯から沿岸部へと広がっているのに対し、西部は、海抜150m以上で、川の浸食によって形成された深い谷が多数存在する山岳地帯となっている（Lasaqa, 1963, pp. 7-9）。

　Lasaqa（1963）によれば、1947年の地域合併が行われるまで、ダワサム地域は、ナシヌ（Nasinu）、シラナ（Silana）、ナタレイラ（Nataleira）、ドゥリティ（Driti）、デラカンド（Delakado）の五つの村落の集合を指していたようである（ibid., pp. 7-9）。

　ヴォロヴォロ（Vorovoro）村は、地理的には、ほぼダワサム地域に所在し、ダワサム地域の他の氏族集団と、密接な関わりをもっているが、地理空間としては、サワカサ（Sawakasa）地域に区分されていた（地図3を参照）。また、ルヴナヴアカ（Luvunavuaka）村も、南東部に隣接するナメナ（Namena）地域に区分されていた[16]。現在では、他の氏族集団との関係から、ダワサム地域は、ヴォロヴォロ、ルヴナヴアカ、ナタンドゥラダヴェ（Natadradave）、ナンブアラウ（Nabualau）各村落・集落を含め、当該地域には、計九つの村落・集落が存在していると理解されている（Lasaqa, 1984, pp. 19-22）。

16　ここでは、行政的な地理空間の区分自体より、そのような区分けを通して、「ダワサム地域」が語用的に範疇化されている点に重要性がある。言い換えれば、ルヴナヴアカ村やヴォロヴォロ村が、「行政」による地理的区分上、いずれの地域に属している／いた、という語りが為されること自体によって、その両村を（曖昧な）境界とした今日の「ダワサム地域」という場所が個別化されている。ヴォロヴォロ村がダワサム地域でなかったとされることが、次章（第5章）以降で考察するダワサム地域における首長位の継承と即位儀礼に関わるポリティクスの展開と密接な関わりをもっている。

地図3. タイレヴ地方におけるダワサム地域の位置

[Fraenkel & Firth（2007, p. 207）から作成]

図9. ダワサム地域における最高首長（Ratu）を中心とした氏族（yavusa）間の忠義
（allegiance）関係とその居住村落

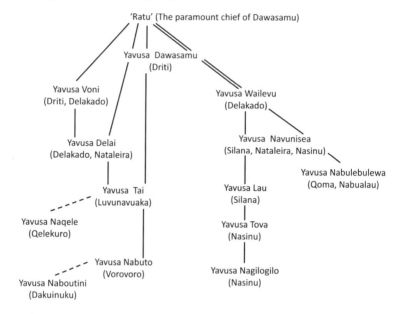

＊ナンゲレ氏族（Yavusa Naqele）と、ナンボウティニ氏族（Yavusa Naboutini）は、筆者が調査した限りでは、現在、ダワサム地域の氏族としては範疇化されていない。

[Lasaqa（1963, p. 11）から作成]

4.3.2 集団構成

図9は、1930年にNLCによって行われたダワサム地域の調査記録に基づいて、1960年代に、ダワサム地域の土地利用について調査したイシレリ・ラッサンガ（Isireli Lasaqa）が、最高首長（Ratu）を中心とするダワサム地域の氏族集団（yavusa）の関係を図式化したものである。各々の氏族名称の下には、居住村落名が記載されている（Lasaqa, 1963, p. 11）。

フィジーでは多くの場合、地域を構成する地縁的集団は、氏族（yavusa）[17]

17　氏族は、クラン（clan）に相当する集団単位であり、「系族」はリニージ（lineage）に相当する。

表4. 現在のダワサム地域の氏族とその居住村落

	氏族名	村落名
1	タイ氏族（Yavusa Tai）	ルヴナヴアカ村（Luvunavuaka）
2	ダワサム氏族（Yavusa Dawasamu）	ドゥリティ村（Driti）
3	ヴォニ氏族（Yavusa Voni）	ドゥリティ村（Driti） デラカンド村（Delakado）
4	ワイレヴ氏族（Yavusa Wailevu）	デラカンド村（Delakado）
5	デライ氏族（Yavusa Delai）	ナタレイラ村（Nataleira） デラカンド村（Delakado）
6	ナヴニセア氏族（Yavusa Navunisea）	シラナ村（Silana） ナタレイラ村（Nataleira）
7	ラウ氏族（Yavusa Lau）	シラナ村（Silana）
8	トヴァ氏族（Yavusa Tova）	ナシヌ村（Nasinu）
9	ナギロギロ氏族（Yavusa Nagilogilo）	ナシヌ村（Nasinu）
10	ナンブト氏族（Yavusa Nabuto）	ヴォロヴォロ村（Vorovoro）

＊これらの氏族のうち、ワイレヴ氏族がナヴニセア氏族に、ナギロギロ氏族がトヴァ氏族に、それぞれ纏めて一つの氏族として理解されることがある。さらに、ヴォロヴォロ村のナンブト氏族は、前項（4.3.1）で既述した行政的区分に纏わる問題によって、ダワサム地域の氏族としては数えられない場合も多い。したがって、今日のダワサム地域に存在する氏族数は、数え方によって八〜十氏族で変動している。なお、この表の序列（1〜10）は、地理的に最も南に位置する村落から北へという順で氏族を同定したことによるものである。

である（Capell & Lester, 1941, p. 316）。氏族は、通常、首長や氏族長（turaga）、漁師（gonedau / kaiwai）、戦士（bati）、僧侶（bete）、首長を即位させる「サウトゥラガ（sauturaga）」、首長のスポークスマン／後見人の「マタニヴァヌア（matanivanua）」など、それぞれ特定の儀礼的／機能的義務（itavi）や地位（itutu）を担う「系族（mataqali）」を、その下位集団として構成される。また系族は、さらにそれを構成する下位集団である「家族（tokatoka）」に細分化される。現在のフィジーの社会構造は、こうした三層構造（氏族＞系族＞家族）が父系的原理に基づいて形成されていると、理念的には言うことが可能である。これらの氏族が連合して地域、あるいは、「ヴァヌア（vanua）」という範疇が形成され、それら地域／ヴァヌアが連合して「マタニトゥ（matanitu）」という、より広範な集団連合の範疇を構成しているのが一般的となっている（Routledge, 1985, pp. 27-30）。表4は、今日のダワサム地域で一般的に理解されている、氏族とその主な居住村落を示したものである。

前節（4.2）で論じた通り、こうした「氏族」として同定される集団形態は、NLCを介して実施された土地所有の実態調査（Veitarogi Vakavanua）などの植民地政策を通してモデル化されたものであり[18]、植民地化される以前のフィジー社会では、地域全体を統括する統一的な政治組織や政体は、当然、存在しなかった。実際に、集団・階層間の流動性は極めて高く、また各集団の輪郭自体が曖昧である上、地域による差異が顕著であった。したがって、土地所有の「単位」としての集団／共同体を同定すること自体が困難な作業であり、どの集団範疇を基点として土地所有の実態を調査・規定するべきか、そうした規定がフィジー社会の「固有の」特徴に合致しうるものであるか否かという問題が、植民地政府による土地所有に関する政策の大きな課題の一つとなっていた[19]（France, 1969, p. 11; Nayacakalou, 1975, pp. 12-29）。特に、ヴィティレヴ島東部で顕著だった大規模なマタニトゥ（matanitu）やヴァヌア（vanua）の勢力が相対的に及ばなかった西部や内陸部では、階層性は比較的未発達であったことも知られている[20]（Ravuvu, 1991, p. 7; Walter, 1978, p. 6）。そして、東部において比較的顕著に観察されたマタニトゥやヴァヌアなどの階層的な社会構造に準ずる形で、「地方（Province : *Yasana*）」、「地域／地区（District : *Tikina*）」、「村落（Village : *Koro*）」という植民地体制の行政的単位も編成され、その行政機構の頂点に大首長会議（Bose vaka turaga / Great Council of Chiefs; GCC）が設置された[21]（Nayacakalou, 1975, pp. 1, 83; Ravuvu, 1988, p. 40; Scarr, 1970, p. 4; 丹羽, 2009, p. 85）。

18　したがって、次章以降で本書が行う議論は、そのようにしてモデル化された「ダワサム地域」、および、その「氏族名」、「村落名」を前提として進行する。

19　集団の単位やそれらの階層や序列は、状況依存性（コンテクスト依存性）が高く、離散的（discrete）な意味範疇としては存在していなかった。第5章では、この点について詳述している。

20　したがって、ラッサンガによるダワサム地域の最高首長を頂点とした氏族集団間の関係（図9を参照）は、植民地期にモデル化された集団範疇を前提としたものになっている。

21　このことは、階層的な区分によってフィジーがモデル化されること自体に、フィジー東部が優位な社会形態をテクスト化してゆく契機があったことを示している。

4.4 アーカイヴ記録国家

　この19世紀末から20世紀初頭のフィジーにおける初期植民地政策の中で、特定の土地を所有する、特定の集団が同定され、集団それぞれの起源や内部構成について記録した文書は、NLCやフィジー国立公文書館（National Archives of Fiji）などを含む政府機関において、閲覧が制限されて厳重に保管されるに至った。ニコラス・トーマスは、そのような「文書による記録化」という事態について、以下のように述べている。

> フィジーという国家は、飽くことなく民族誌的、地理学的、人口統計的な知識を追い求めた。そして、大量情報が綿密に整理され、記録化され、ファイルに綴じられた。バリが劇場国家なら、フィジー直轄植民地（the Crown Colony of Fiji）は、アーカイヴ記録国家（archive state）であり、細目化作業や位階性に基づく伝達という儀礼を通じて、秩序が劇的に喚起される国家である。このような文書化（documentation）と、規格化された管理（regulation）は、多くの領域において進められた。例えば、土着の社会組織や集団的土地所有は、かなりの困難と地域ごとの変異を相当に裏切る仕方で成文化された。［中略］フィジー人の健康や衛生に関する調査や尋問は、高い死亡率や体力の不足に関連していると考えられた習慣の分布を丹念に調べた。分割された労働や首長への捧げ物などといった行為と健全な状態との関係は、極めて不明瞭であったにも拘わらず、これらの調査において、親族に対する責任、および首長を頂点とする位階性が個別の実践を硬直させ、それを通して共同体的社会秩序のイメージをもたらすことになった。(Thomas, 1992, p. 221)［日本語訳引用者］

　こうした文書化（documentation / codification）の作業を通して、それらの記録は、土地と集団の過去に関する「神聖不可侵」の記録となり、それ以後、そこに記載された事項や集団間の関係が広く一般化／規範化してゆく過程を辿ることになる (cf. Kaplan, 1995, pp. 146-149; 小川, 2002, pp. 38-40)。すなわち、今日のフィ

ジー社会を規定している様々な集団範疇や行政区画を生成した植民地期という経験の基底には、NLCによる土地所有の実態調査などを一つの契機として進行した、「文書」による記録とその保管、「神話テクスト」を生成する語用的契機が存在していたと言える。トーマスは、以下のように続けている。

> 植民地政府による調査や尋問によって生み出されたフィジー社会のイメージ群は、単に神秘化（mystification）として理解されることがある一方で、多くのフィジー人たちは、習慣の再編成された概念を急速に共有するようになった。したがって、最初の客体化の過程へのフィジー人側の関与を軽視することは間違っているだろう。(Thomas, 1992, pp. 221)［日本語訳引用者］

このような、「文書の秩序」とでも呼びうるようなフィジーの植民地期の体制において、自らの集団にとっての過去や出自が記載され、フィジー社会の「神話」（カノン／正典）と化してゆく（強く客体化され、無標化してゆく）文書は、その後のフィジー人たちにとって（そして、人類学者などの「外部観察者」にとっても）[22]、その意識・関心が集中するトポスとなって来た（cf. Belshaw, 1964; France, 1969; Nayacakalou, 1975）。

> フィジーにおける客体化の過程は、おおざっぱな捏造や発明ではなく、フィジー人が明瞭に言及できる関係を、彼らが創造的に作り変える、想像的な過程として理解できるものである。私たちは、こうした協働的な客体化の過程を、全く否定的なものとして捉えることを避ける必要がある一方で、そのような対話（dialogue）の状況は、他の者たちと比較して、より良く尋問に応答することが出来た特定のフィジー人との間において

---

[22] 1980年代から1990年代に掛けて、サーリンズやトーマスらが示した構造から歴史への研究史的移行自体が、このような公文書に焦点を当てて展開してきたものである（宮崎、2002, pp. 79-80）。サーリンズとトーマスを中心としたオセアニア人類学の歴史（主義）的転回については、第3章を参照。

成立した力関係を反映した場であったことも銘記しておかなければならない。[中略] 特定の集団が植民地的権威に対してもつ近接性や、植民地政府が首長たちに与えた特定の権限が、元来は流動的で互酬的だった関係を、固定的で階層的な慣習として変容・再発明させた。客体化は神秘化や政治的操作の問題では無かったにも関わらず、極めて政治的だったことは禁じ得ない。(Thomas, 1992, pp. 221-222) [日本語訳引用者]

　こうした過程を経た結果、土地の地代や首長位の継承に関する問題が生じた場合、文書の記載内容の真偽が問われ、それに対して異議を唱え、文書の記載事項を覆そうといった思潮、自らのルーツ、本当の過去、「真実」を追求しようとする意識が醸成されてゆくことになったと考えられる（宮崎, 2002, p. 81; 小川, 2002, pp. 38-39)。その限りにおいて、フィジー人たちにとっての（そして、おそらく外部観察者たちにとっても）植民地的経験は、「文書」による記録、およびその管理、この両者と不可分な形で「テクスト化」されてきたものであったと了解されよう[23] (Thomas, 1990)。

　したがって、前章で記述した通り、サーリンズからトーマスへとして論じられてきた研究史的変遷、つまり構造主義的研究から、植民地主義の歴史主義的研究（ポスト・コロニアリズム）へと旋回してゆくオセアニア人類学において、文書・史料を丹念に読み解き、「史実」を掘り起こすことによって、人類学的フィールド調査や民族誌において記述された「文化」を歴史的に相対化する試みが顕著となったことは、フィジーが記した植民地期から植民地期以後への変遷を通してカノンとなった「文書」へと意識が収斂してゆく過程と「共起」しているはずである。しかし、そのような文書自体が、どのようにフィジーという社会文化を生み出してきたのか、そして、そうした文書を「読み」、それへと意識・関心を向ける（人類学者を含み込んだ）「今ここ」のフィジー社会自

---

[23] ダワサム地域の最高首長であるペニ・ワンガは、植民地期にNLCによって作成された、彼の出自であるダワサム氏族の移住伝承の複写コピーを、自宅の上座に置かれたスーツケースの中に大切に保管していた。これについては、第6章3節1項（6.3.1）を参照。

体には、実は考察の焦点が十分に当てられることが少なかったと言えるのではないか[24](宮崎, 2002, pp. 82-84)。言い換えれば、「文書化」という植民地的体制が、どのようにして文書へと意識を収斂せしめるような社会文化的状況を生成し、それが、どのように変容しつつあるのか、すなわち、歴史の所在である「今ここ」(指標記号)を基点とした社会文化のテクスト化の過程それ自体は、正面を切った分析の対象とされることが無かったのではないかと考えられる。

＊＊＊

　次章では、ダワサム地域での具体的な事例へと議論を進行し、ダワサム地域における首長位の系譜と継承歴、それに付随して地域内部で存在していた様々な氏族・系族間の対立が、近年顕在化した点について素描する。そして、これらの対立や集団間の排他的意識が、どのようにして植民地期の「文書」を介して醸成——テクスト化——されてきたのかについて考察する。

24　宮崎(2002)は類似した点を指摘し、古文書の記述内容のみではなく、古文書を紐解くという行為に、フィジー人も人類学者たちも共に従事しているという出来事それ自体へ、民族誌的考察の焦点を当てることが可能なのではないかとしている(ibid., pp. 82-84)。本書は、同様の問題意識を共有するものである。

第 5 章　首長位の系譜

本章では、ダワサム地域における、これまでの首長位の継承歴について素描し、首長位の系譜が、1930年にNLCが作成した土地所有集団の文書記録を「境界」として、それ「以前」と「以後」へと対照的に範疇化されている点を明らかにする。さらに、最高首長であるペニ・ワンガの即位儀礼が、NLCの文書の記載内容を巡って生じていた地域内部における氏族や系譜間の対立を理由に長く開催されず、1981年以降、首長の不在が続いてきたことについて記述し、今日のダワサム地域の政体が「文書」を基点に成立していることを明確にする。

5.1 首長位と即位儀礼

ダワサム地域において、首長を輩出する集団は、沿岸部のドゥリティ村に住んでいる「ダワサム氏族（Yavusa Dawasamu）」である。まず、前首長であったセヴァナイア・ヴェイラヴェ（Sevanaia Veilave）（1910年生まれ）が死去したのは、1960年代半ばであるとされる（**表5**を参照）。彼の死後、彼と同じダワサム氏族の「ナサンギワ系族（Mataqali Nasaqiwa）」であるが、異なる家族「ナンブレヴォロンガ家族（Tokatoka Naburevoroqa）」に属する、スリアシ・デライ（Suliasi Delai）（1915年生まれ）[1]という人物が、「暫定的」な首長として地域の意志決定（lewa）を主導する役職に就任した。

ここで「暫定的」というのは、スリアシ・デライという人物は、首長に相応しい人物が現れるまで、首長位を一時的に引き受けた／預かった者（Ratu me

---

[1] 現在、NLFC（旧NLC）が保管している『氏族登録台帳（Vola ni kawa bula）』の記載上、この両者（セヴァナイア・ヴェイラヴェ、スリアシ・デライ）は、氏族・系族としての出自は同じであるが、「家族（tokatoka）」としては、前者がナサンギワ（Nasaqiwa）、後者がナンブレヴォロンガ（Naburevoroqa）と異なる系譜に属している。つまり、スリアシ・デライは、前首長セヴァナイア・ヴェイラヴェの直系に属さず、首長位継承の直接的な候補ではなかったと考えられる。これは筆者の演繹的な憶測だが、前首長セヴァナイアが死去した当時、彼の長男であったペニ・ワンガ（Jr.）が、まだ首長になるには幼かったために、スリアシ・デライが一時的に首長位を預かったのではないかと推察される。

wawa)² に過ぎなかったからであり、即位儀礼を経ること、換言すれば、土地 (vanua)³ ないし土地の民 (itaukei ni vanua) が、その人物に対して「ヤンゴナを飲ませる儀礼 (veivagunuvi)」⁴ を開催することによって、「正式に」最高首長として即位させた人物ではなかった、土地が「力」⁵ の一切を授けた首長ではなかったためであるとされている⁶。

2 「(次期首長を) 待つための (me wawa) 首長 (Ratu)」という意味である。
3 "vanua"(ヴァヌア)は、通常は、「土地」や「氏族の連合体」を指示する名詞である。この名詞は、使用されるコンテクストによって、「土地の人々」、「土地と沿岸」、「伝統的共同体」、「首長制」、あるいは特定の場所や広範囲にわたる場所など、様々な言及指示対象をもち、風土や伝統・文化といった概念を指示する名詞でもある (cf. Kaplan, 1995, p. 27; Manoa, 2010, p. 79; Tuwere, 2001, p. 45)。「土地の人々」は、しばしば "lewe ni vanua"(ヴァヌアの肉／物質）という比喩によって明示的に示されることがある。Ravuvu (1983) では、以下のようにヴァヌアという概念が説明されている。

> The vanua, in the sense of the largest grouping of kinsmen who are structured into a number of social units which are related to one another, is the living soul or human manifestation of the physical environment which the members have since claimed to belong to them and to which they also belong... Like the interdependence of the body and the soul, the people control and decide what happens to the land. However, the people cannot live without the physical embodiment in terms of their land. The land is the physical or geographical entity of the people upon which their survival as individuals and as a group depends. It is a major source of life; it provides nourishment, shelter and protection. It is a souce of security and provides the material basis for identity and belonging. Land is thus an extension of the self. Likewise the people are an extension of the land. (ibid., p. 76)

4 即位儀礼で行われる諸儀礼の中で最も重要な儀礼とされているのが、首長にヤンゴナ (yaqona) を飲ませる儀礼 (veivagunuvi) であり、それが即位儀礼の代名詞として使用されることが多い。"veivagunuvi" は、「飲ませる」という使役動詞 va(ka)gunuv-a の受動態 va(ka)gunuv-i に、接頭辞 vei- を伴って名詞化したものである。
5 これは後述するが、通常、「マナ (mana)」や「サウ (sau)」という概念によって指示される「力」である。これらの概念については、第9章1節5項 (9.1.5) を参照。
6 デライ氏族のヴニアニ・ナイタウ、ダワサム氏族ナサンギワ系族のイソア・ワンガへのインタビューから、スリアシ・デライが、即位儀礼を経て就任した「正

表5．ダワサム地域における首長の系譜

推定在位年	首長（名前・生年）	出自（地域・集団）
19世紀中葉	ナゾウ（Nacou）	ナイタシリ地方・ヴニンダワ地域
不明	コリー（Koli）	ナイタシリ地方・ヴニンダワ地域
不明	マナサ・ラクラ（Manasa Rakula）	ナイタシリ地方・ヴニンダワ地域
不明	チョナサ・デライトゥンブナ（Jonasa Delaitubuna）	ナイタシリ地方・ヴニンダワ地域
〜1940	ペニ・ワンガ（Sr.）（Peni Waqa, Sr.）（1876年生まれ）	ラ地方（ナサンギワ系族・ナサンギワ家族）
1940〜1960	セヴァナイア・ヴェイラヴェ（Sevanaia Veilave）（1910年生まれ）	ラ地方（ペニ・ワンガの長男）（ナサンギワ系族・ナサンギワ家族）
1960〜1980	スリアシ・デライ（Suliasi Delai）（1915年生まれ）	不明（暫定的首長）（ナサンギワ系族・ナンブレヴォロンガ家族）
1981〜	ペニ・ワンガ（Jr.）（Peni Waqa, Jr.）（1937年生まれ）	ラ地方（セヴァナイアの長男）（ナサンギワ系族・ナサンギワ家族）

＊表の中央の太線は、地域長老たちの伝承に従い、ヴニンダワ系首長位の系譜と、それが途絶えた以後の系譜の境界を示している。この表は、主に、デライ氏族のヴニアニ・ナイタウ、イシレリ・ラテイ、ヴォニ氏族のレヴィ・ヴェレらによる語りと、NLFCが保管する『氏族登録台帳』を基に、筆者が再構築したものである。「生年」もダワサム氏族の『氏族登録台帳』の記載に基づくものである[7]。

　この暫定的首長スリアシ・デライが死去したのが1980年前後であるとされる。それに伴って、ダワサム地域の首長位を継承することになったのが、セヴァナ

---

[7] 式な」首長ではないことが確認出来た。

ペニ・ワンガ（Sr.）以前の首長は、『氏族登録台帳』には登記歴が無く、実在した人物かどうかを確認しうる公的な資料は無い。『一般証言』に記載された氏族の移住伝承には、それらの人物名が記載されているが、幾分散漫な記述になっていることから、ペニ・ワンガ（Sr.）以前の首長位について語られる伝承内容を、比較検証出来る資料が、地域の外部には存在しない。
　実際、「ナゾウ⇒コリー⇒マナサ・ラクラ⇒チョナサ・デライトゥンブナ」という首長の系譜は、マナサ・ラクラが「ナヤゴンダム（Nayagodamu）」とされるなど、話し手によって異論が観察され、まさに「不明瞭な領域」となっている。ここでは、この「不明瞭な領域」に属する首長が、全て「本当の」ヴニンダワ系の首長であり、それ以降は、（本当の首長の系譜ではない）「ラ地方」に出自をもつ首長として、両領域間の対照的な範疇化が観察されることに注意したい。

イア・ヴェイラヴェの長男ペニ・ワンガ（Jr.）（Peni Waqa, Jr.）であった。しかし、ダワサム地域においては、この家系、つまり、セヴァナイア・ヴェイラヴェの先代に当たるペニ・ワンガ（Sr.）（Peni Waqa, Sr.）を含めた三代は、ラ（RA）地方[8]に出自をもつ系譜であると考えられている[9]。さらに、この三代の系譜が、ダワサム地域の首長位を継承する家系となっている理由は、それ以前にダワサム地域に存在していたとされ、現在のナイタシリ（Naitasiri）地方にあるヴニンダワ（Vunidawa）地域[10]に、その起源をもつとされる首長の系譜（以下、「ヴニンダワ系」と表記）が途絶えた際に、その系譜を継承するに相応しい人物・家系（kawa）であるとして選出されたから、という理解が当該地域では広く共有されている。

　当該地域のデラカンド村に住むヴォニ（Voni）氏族の長老レヴィ・ヴェレ

8　ラ地方は、ダワサム地域が所在するタイレヴ地方の北西部に隣接する異なる地方であり、ヴィティレヴ島の「西部」として区分される。第4章3節1項（4.3.1）の**地図1**を参照。

9　この家系は、何らかの理由で、彼ら自身の土地（ラ地方）に住み続けることが困難となり、ダワサム地域に流れてきた家系であると考えられている。そして、ダワサム地域に住んでいたヴォニ（Voni）氏族によって、首長の後見／世話（veiqaravi）を担当する儀礼的義務（itavi）を与えられ、その後、その世話人としての功績が認められて有力な家系を形成し、「ダワサム氏族」の成員として登記される（volai）ことになった家系であると言われている。実際に、こうした他の土地からの「流れ者」が、異なる集団の首長の下で暮らし、後に、その共同体内部で影響力をもつようになった事例はあったようである（cf. France, 1969, pp. 15-16）。この点については、第7章3節4項（7.3.4）を参照。

10　ナイタシリ地方とヴニンダワ地域の所在は、それぞれ第4章3節1項（4.3.1）の**地図1**と**地図3**を参照。ヴニンダワ地域は、タイレヴ地方南東部のヴェラタ（Verata）地域からフィジー各地に散らばったとされるフィジー人の先祖の一派が移動した場所とされ、その一派がダワサム地域にやって来た「ヴニンダワ系」の首長の起源であるとダワサム地域では考えられている。ヴェラタ地域は、「タンガニーカ（Taqaniika / Tanganyika）」の東アフリカからやって来た最初のフィジー人が、そこからフィジー全土へ散らばったとされる地域であるという伝承は、（東部を中心に）フィジーでは良く知られたものである。ヴェラタ地域の位置は、**地図3**を参照。

(Levi Vere)¹¹ は、一代目であるペニ・ワンガ（Sr.）が、「ヴニンダワ系」の最後の首長であったとされるチョナサ・デライトゥンブナ（Jonasa Delaitubuna）から首長位を継承した理由を、以下のように述べている。

> A lumuti o Ratu Jonasa, qai tukuni ni luvena se gone sara ga. Qai kerei o Ratu Peni Waqa me mai taura tiko vakawawa na itutu ni turaga. A mani kacivi iratou na turaga ni vanua o Dawasamu, a kerei Ratu Peni Waqa, nona yaca o Ratu Peni Waqa qo, me mai taura mada na itutu vakaturaga e Dawasamu. 'Baleta ni se lailai na luvequ me levu au sa na qai solia.'
> ［首長チョナサが即位した（lumuti）後は、彼の子供は、まだ全くの子供（gone sara）だったと言われている。なので、ペニ・ワンガ（Sr.）に、（次期首長を）待つ（vakawawa）ために、その首長位（itutu ni turaga）を受け取るように依頼された。したがって、ダワサムの土地の長老たち（turaga ni vanua）が招集され、このペニ・ワンガ（Jr.）と同じ名前（nona yaca）であったペニ・ワンガ（Sr.）に、ダワサムの首長位を受け取って（taura）もらうよう頼むことになった。「私の子供はまだ小さいため、（彼／彼女が）大きくなるまで、私は（首長位を）渡します」と。］¹²

このようにレヴィによれば、ペニ・ワンガ（Sr.）もまた、即位儀礼を経て首長となった人物ではなく、ダワサム地域の各氏族の長老たちによる討議を経て、ヴニンダワ系の首長位を一時的に引き受けた者（Ratu me wawa）であったという。さらにレヴィは、それ以降のダワサム地域の首長位の系譜については、以下のように言及している。

> Na luvena yalewa, nona itini, o koya o Adi Litia. Na luvena yalewa sa qai vakawati i Nabulebulewa, lai tiko mai Nabulebulewa, sa qai nanumi me lesu

---

11　ヴォニ氏族ナンボロ系族の族長、ナザニエリ・ラギラギの弟である。
12　2010年4月24日、ナタレイラ村、ナイタウ氏宅周辺にて収録。なお、日本語訳における括弧内の語句は、筆者による補足である。

tale mai, sa mani sega ni vakasukai rawa na itutu ya. E tu ga vei Ratu Peni Waqa levu, mate, taura tale e dua na luvena o Ratu Sevanaia Veilave, oti sa digitaki sara o Ratu Peni Waqa. O Ratu Peni Waqa sara ga, sa turaga.

［彼（チョナサ・デライトゥンブナ）の子供で残った最後の（itini）娘（luvena yalewa）が、アンディ・リティア（Adi Litia）である。彼女は、ナンブレンブレワ（Nabulebulewa）氏族へ嫁ぎ、ナンブレンブレワ氏族と共に過ごしていたのだが、その（ダワサムの）首長位が途絶えることがないように（sega ni vakasukai rawa）、（ダワサムに）戻ってくることが期待された。ペニ・ワンガ・シニア（Peni Waqa levu）に置かれていた首長位は、彼の死後、その息子であるセヴァナイア・ヴェイラヴェ（Ratu Sevanaia Veilave）が受け取った。その後、ペニ・ワンガ・ジュニアが選出（digitaki）された。したがって、ペニ・ワンガ・ジュニアこそが、首長（turaga）となるべき人物だ。］

ヴニンダワ系最後の首長であったチョナサ・デライトゥンブナの子孫は、彼の一人娘であったアンディ・リティア（Adi Litia）である。しかし、彼女は、ダワサム地域とは見做されていなかったゴマ（Qoma）島[13]に住むナンブレンブレワ（Nabulebulewa）氏族の元に嫁いでいたため、ペニ・ワンガ（Sr.）の死後に首長位を継承したのは、その息子のセヴァナイア・ヴェイラヴェであったという。その後、暫定的に首長となったスリアシ・デライを経て、首長として選出されるに至った人物こそ、2010年4月15～17日に開催された即位儀礼で、実際に首長として即位することになったペニ・ワンガ（Jr.）である、と述べている。

13　ダワサム地域から約10km南東に位置する小さな島である。第4章3節1項（4.3.1）の**地図3**を参照。

5.2 歴史の記号「アンディ・リティア」
5.2.1 二つのレジーム

　以上の経緯を経て、ペニ・ワンガ（Jr.）が、今日のダワサム地域における首長位の継承権をもつ人物として位置付けられるに至ったのであるが、続けてレヴィは、このアンディ・リティアという人物との関係から、ペニ・ワンガ（Jr.）が首長として選出されるに至ったより詳細な事情について、以下のように述べている。

> Keitou sa vavia na kena magiti, keitou sa vakaraitaka vei ira na turaga ni Dawasamu, sa ra wasea na veiyavusa kece qo. 1981. Keitou cakava ike na kena magiti, ra kacivi na lewe ni vanua Dawasamu. Ai solisoli nei Adi Litia, o koya na kawa turaga. O koya sa qai lako mai, keitou sa qai lai raica ga vakavanua me lesu mai, keitou vinakata me mai dabeca ga na itikotiko vakaturaga. O Adi Litia qai kauta mai dua na kamunaga, 'Dou yalo vinaka na qase, au sa qase. Au sa vakamakubuni, sa sega ni yaga vei au me'u lai taura na itutu. Dou lai tiko ga me'u lai dusia e dua.' Keitou sa qai waraka eke, sa qai lako mai o Adi Litia qo, keitou sa rai tu sa tubera o koya e dua na kamunaga. Sa tukuna o koya vei Ratu Peni Waqa, 'Ratu Peni, qo na noqu itutu. Au sa solia vei iko kei ira kece na nomu kawa.' Na vosa ga nei Adi Litia, keitou sa rogoca na qase. 'Nomu qo vata kei na nomu kawa.' Oti ga, keitou sa rogoca ga, sa suka tale o Adi Litia i Qoma, keitou sa qai kaciva na vanua o Dawasamu. Sai koya qo na noda turaga o Ratu Peni Waqa.

　［私たちは、（ペニ・ワンガ Jr. が首長位を継承したことを記念する）祝宴（magiti）を開催し、それをダワサムの土地の長老たちに知らせ、その食事（magiti）を、この全ての氏族と分け合った（wasea）。1981年のことである。私たちは、ここで、その祝宴を行い、彼らダワサムの土地の民が招集された。それは、（ヴニンダワ系）首長位の最後の子孫であるアンディ・リティアからの継承（ai solisoli）であった。彼女は（ゴマ島

第5章 | 首長位の系譜

から）やって来た。私たちが、彼女の元を訪れ、彼女が（ダワサムに）戻り、首長の座に着くことを求めた。アンディ・リティアは、一つのカムナガ（kamunaga）[14]をもってきて、「あなた方、私の先達（qase）よ、お願いです（yalo vinaka）、私は年老いています。私は、既に孫をもつ（vakamakubui）身であり、私が首長位を継承するのは無意味です（sega ni yaga）。私は、一人の人物を選出しに（dusia）行くので、あなた方は（ダワサムで）待っていてください。」そして、私たちは、ここで待ち、アンディ・リティアはやって来た。私たちは、彼女が一つのカムナガを掲げた（tubera）のを見守った。彼女は、ペニ・ワンガに言った。「首長ペニよ、これは私の首長位（noqu itutu）です。私は、あなたと、あなたの家系（nomu kawa）に、それを渡します。」その彼女のことば（vosa）を、私たち土地の長老は聞いた。「これは、あなたとあなたの家系のものです。」その後、私たちは、アンディ・リティアは（嫁ぎ先のゴマ島へ）戻ったと聞いた。そして、私たちは、ダワサムの土地の民を招集した（kaciva na vanua）。以上が、この首長ペニ・ワンガが私たちの首長である理由である。」

以上、レヴィが述べる通り、ペニ・ワンガ（Jr.）は、ヴニンダワ系首長位の最後の子孫であるアンディ・リティアによって、その首長位を継承する人物として選出されたことが、当該地域の長老たちの間では共通の理解となっている。さらに、当該地域では、このヴニンダワ系首長位が、「本当の（dina）」首長の系譜であると理解されており、それが既に絶えた以後、つまりペニ・ワンガ（Jr.）に至る現在の首長位は、「ヴニンダワ系」を単に引き継いだもの（kena sosomi）に過ぎず、「首長の系譜は、疾うの昔に終わってしまった（Sa

---

14　フィジーにおける贈与交換儀礼で交換される威信財（yau）を指すが、通常、その中でも鯨歯である「タンブア（tabua）」を指示する名詞である。したがって、カムナガは、儀礼スピーチにおいてタンブアを指示する用語（レジスター）であると言える（Arno, 1990, p. 265）。

oti makawa sara na kawa vakaturaga)」[15]と、ダワサム地域の首長位の系譜／政体（体制・レジーム）を二分割する語りが一般的になっている。要するに、「ヴニンダワ系」と「ラ地方系」という二つの系譜／政体が「対照ペア」を成しており、前者は、過ぎ去った「本当の（dina）」系譜であり、後者は、それが「終わった（sa oti）／変わってしまった（sa veisau）」後の系譜、その限りにおいて、「本当ではない」系譜として理解される傾向が顕著となっている。

　アンディ・リティア（1903年生まれ）が死去したのは、1980年代半ばである。彼女の葬儀（somate）は、最高首長を輩出するダワサム氏族の住居であるドゥリティ（Driti）村で執り行われたという。当該地域の青年たちにも、葬儀当日のことを記憶しているものが多数存在していることからも[16]、この人物が「実在した」ことは否定し得ないのだが、一方で、この人物は、ダワサム地域の歴史に関する語りにおいて、特殊な位置付けを伴った人物として登場する点にも注意すべきだろう。上記したレヴィの発言にあった通り、アンディ・リティアは、ナンブレンブレワ氏族（ゴマ島）に嫁いだのであるが、実は彼女は、それ以前にはヴォロヴォロ（Vorovoro）村[17]のナンブト（Nabuto）氏族に嫁いでいたことが知られている。以下は、デライ氏族のイシレリ・ラテイ（Isireli Ratei）による語りである。

　　Sa oti na Ratu koya qo, baleta na bui ya, Adi Litia, ke a vola ike e dua na luvena mai Nabuto, dua vei rau o ①Ratu Sakiusa Coci se o ②Ratu Jonasa

---

15　2010年3月22日、14時。ドゥリティ村、バイニヴァル（Bainivalu）宅にて収録。首長のスポークスマン「マタニヴァヌア（matanivanua）」を務めていたアリオケ・コロドゥアンドゥア（Arioke Koroduadua）の発言である。アリオケは、暫定首長であったスリアシ・デライと同系譜（ダワサム氏族・ナサンギワ系譜・ナンブレヴォロンガ家族）に属する人物である。

16　ナタレイラ村在住のデライ氏族の族長ナイタウの長男であり、現在三十代後半のラテイ（Ratei）は、当時まだ幼かった彼が大人たちに混ざり、ドゥリティ村で行われたアンディ・リティアの葬儀で、冷え込む外気の中、夜を通して警護（yadra）にあたった様子を、筆者に語っている。

17　第4章3節1項（4.3.1）の地図2を参照。

Delai ke donu tiko, na luvena o koya. Me se lako tiko ga nona dra. O rau na kai Nabuto, kai Vorovoro, na luvena na Vunivalu mai Nabuto, o rau na luvena. Ia, o rau sa lako mai valelevu na seda ga i cake, dabe, valelevu Dawasamu. Sega ni kila o cei na turaga Dawasamu, baleta o rau turaga mai Nabuto, turaga tale ga ike. Na tinadrau loma ni valelevu sara ga. Baleta o rau volai ikea, na tinana sega ni vola vua e dua na gone, sa volai koya na yavusa Nabuto, rau volai ruarua kina, sega ni rawa ni kau mai.

[この首長位は終わった。その老婆アンディ・リティアが、もし、ナブト氏族で生まれた（彼女の）二人の息子の一人、①首長サキウサ・ゾジ（Sakiusa Coci）、あるいは、②首長チョナサ・デライ（Jonasa Delai）を、ここ（ダワサム）に登記（vola）していたなら、まっすぐ（donu）だったかもしれない。その血筋（dra）が依然として続いてゆくためには。（しかし）その二人の息子たちは、ナンブト氏族の人、ヴォロヴォロ村の人、その二人はナンブト氏族の首長（Vunivalu）の息子（として登記されているの）である。しかし、彼ら二人が、ダワサムの首長の邸宅（valelevu Dawasamu）を訪問した場合、彼らは上座（i cake）へと導かれ、そこに座る（dabe）。誰がダワサムの首長であろうと関係ない、彼ら二人はナンブト氏族の首長位に属するものであると同時に、ここ（ダワサム）でも首長位に属している。なぜなら、彼らの母親（アンディ・リティア）は、ダワサムの首長の邸宅（首長位の系譜）の、まさに中心にいるのだから。二人ともあちらに（ikea）登記されているから、彼らの母親は、（彼らを）ダワサムの子供（gone）としては登記しなかった。彼ら二人とも（rau ruarua）ナンブト氏族として登記されているから、（ダワサムの首長として）連れてくる（kau mai）ことは出来ない。][18]

第4章3節1項（4.3.1）で触れた通り、ヴォロヴォロ村は、地理的には（ほぼ）

18 　2010年7月4日、10時。ナタレイラ村、イシレリ宅の台所脇の居間にて収録。会話には、ナタレイラ村在住のデライ氏族の青年セソニ・ドゥレウ（Sesoni Dreu）が参加していた。

ダワサム地域に位置しているにも関わらず、行政区分に従えば、隣接するサワカサ（Sawakasa）地域として範疇化されている／いた村落である[19]。アンディ・リティアは、ヴォロヴォロ村へ嫁いだ後に、二人の息子をナンブト氏族の首長（族長）との間にもうけているが、彼ら二人が登記（volai）された「ナンブト（Nabuto）氏族」は、ダワサム地域の氏族であるとされていなかったため、（「父系」を辿るフィジー的慣習に則って）[20] 彼ら二人がダワサム地域の王位を継承する人物として浮上することはなかったのである[21]。この点に関して、イシレ

19　第4章3節1項（4.3.1）の地図3を参照のこと。
20　ヴァヌアレヴ島の一部では、母系相続が存在していたという報告もある（Quain, 1948, pp. 182-184）。
21　筆者が調査した限りでは、現在NLFCに保管されているダワサム地域に関する『氏族登録台帳』の「ナンブト氏族・ナゾヴ（Nacovu）系族・ナゾヴ家族」の頁（No. 621）（1930年6月30日作成）には、確かにサキウサ・ゾジ（Sakiusa Coci）（1922年生まれ／No. 27）、チョナサ・デライ（Jonasa Delai）（1928年生まれ／No. 26）という二人の男性が登記されており、この二人には同一の父親（tamana）、メサケ・ソリケナンブカ（Mesake Solikenabuka）（1897年生まれ／No. 2）という人物が記載されている。そして、彼の妻（watina）の欄には「3/548」という番号が記載されており、この番号に該当する台帳上の人物を辿ると、「ダワサム氏族・ラトゥ系族・ナンブケンブケ家族」（No. 584）の「アンディ・リティア（・マラマ）」（Adi Litia Marama）（1903年生まれ／No. 3）に辿り着いた。
　また、フィジーでは、親族関係上、ある人物の祖父に該当する人物の名前が、その人物の名前として継承される習慣がある。そのことからも、アンディ・リティアがヴォロヴォロ村で産んだ二人の息子のうち一人が「チョナサ・デライ」という名前で登記されていることは、翻って、アンディ・リティアの父親が、（「ヴニンダワ系」最後の首長であったとされる）「チョナサ・デライトゥンブナ」であったことの「事実性」を強めるものである。
　さらに、ダワサム地域の『氏族登録台帳』の「ダワサム氏族」の頁（No. 584）（1930年6月10日作成）では、このアンディ・リティアは、ダワサム氏族の「ナサンギワ系族」ではなく、「ラトゥ（Ratu）系族・ナンブケンブケ（Nabukebuke）家族」に登記されている。そして、（チョナサ・デライトゥンブナであるとされる）彼女の父親（tamana）の欄には「×」と記載され、「チョナサ・デライトゥンブナ」という人物は、台帳には、どの集団にも記載されていない。つまり、当該台帳が作成された1930年当時には、彼女の父であり、ヴニンダワ系最後の首長チョナサ・デライトゥンブナは、既に死去していたと推測

第5章 | 首長位の系譜

リは、さらに以下のように言及している。

> Sa mate Vunivalu mai Nabuto, sa lako mai Tui Nabulebulewa mai Qoma, sa mai vosaki koya tale, lai vawati tale mai vua na Tui Nabulebulewa mai Qoma. Sa mate Tui Nabulebulewa mai Qoma, o koya sa qase tiko mai tiko tale Dawasamu, sa Ratu oti tiko na tamai Peni Waqa qo, Ratu Sevanaia.
> [嫁ぎ先のナンブト（Nabuto）氏族の首長（Vunivalu）が死去（mate）し、そして、ゴマ島から、ナンブレンブレワ氏族の首長（Tui Nabulebulewa）がやって来て、彼女（アンディ・リティア）へ（結婚の）申し入れ（vosaki koya）が為され、ナンブレンブレワ氏族の首長の元へ改めて嫁ぐことになった。ゴマ島のナンブレンブレワ氏族の首長が死去した時、彼女は年老いており、その時には、このペニ・ワンガ（Jr.）の父親、セヴァナイア（・ヴェイラヴェ）が首長となっていた。]

以上の通り、アンディ・リティアのヴォロヴォロ村での夫（ナンブト氏族の首長）が死去した後、彼女は、ゴマ島に住むナンブレンブレワ氏族の首長の元へと嫁ぎ、そこで再び幾人かの子供を授かる。しかし、ナンブレンブレワ氏族はダワサム地域に属する氏族ではないため、そこでも同様の理由から、彼らアンディ・リティアの子供たちにダワサム地域の首長位が継承されることはなかった[22]。その結果、ダワサム地域では、アンディ・リティアの系譜（つまり、ヴ

できる。
　以上のことから、当該地域における、「アンディ・リティア」に纏わる首長位についての伝承は、「文書」との高い照合性を有している。

22　ヴォロヴォロ村とは異なり、ゴマ島は、ダワサム地域からは10km以上離れた場所に存在する島であることから、ダワサム地域とは明瞭な地理的隔たりが存在している。しかし、彼女が嫁いだナンブレンブレワ氏族の一派は、実は、ダワサム地域の内部に「ナンブアラウ（Nabualau）」という独自の集落を形成している（第4章3節1項の**地図2**を参照）。この一派は、以前はダワサム地域の最高首長の住まいであるドゥリティ村で、首長の「漁師（kai wai）」としての儀礼的義務を担う集団として住んでいたと言われている。その点においても、「アンディ・リティア」という人物が、ダワサム地域という「場所」の内部と外部の境

ニンダワ系）に本来は属していない系譜、すなわち、ペニ・ワンガ（Jr.）へと至ったラ地方系の系譜（ナサンギワ系族・ナサンギワ家族）が首長位を引き継いでゆくことになったのである。

＊＊＊

　複雑な点だと思われるので、改めて整理しておきたい。まず、1930年にNLCが作成した『一般証言』と『氏族登録台帳』に従う限り、ダワサム氏族は、（理念的には）二つの系族（ラトゥ系族・ナサンギワ系族）によって構成されており、『一般証言』（344頁）の記述では、「ラトゥ系族が首長位を有する集団（"E ra turaga"）」であり、「ナサンギワ系族は、そのスポークスマン／後見人の集団（"E ra matanivanua"）」としての儀礼的地位関係が明記されている[23]。『氏族登録台帳』には、アンディ・リティアは、前者の「ラトゥ系族」（No. 584）に登記されていることから、彼女の父親であり、ヴニンダワ系の最後の首長であったとされる「チョナサ・デライトゥンブナ」は、「ラトゥ系族」に属していた人物と考えるのが妥当であろう。さらに、前節（4.1）に記載したレヴィの語りにあった通り、この「チョナサ・デライトゥンブナ」が死去した頃、アンディ・リティアは幼かったため、その首長位を暫定的に預かった人物がペニ・ワンガ（Sr.）であった[24]。しかし、アンディ・リティアは、他地域・他氏族に嫁いだため、ペニ・ワンガ（Sr.）が暫定的に保持していた首長位は、引き続き彼の直系の子孫、つまり、首長のスポークスマン／後見人である「ナサンギワ系族」（ペニ・ワンガ・シニア⇒セヴァナイア・ヴェイラヴェ）への継承された。

　セヴァナイア・ヴェイラヴェが死去したのが1960年代とされるため、彼の長男である1937年生まれのペニ・ワンガ（Jr.）は、その当時、まだ二十代の青年

　　　　界、その曖昧性を体現する人物として生起していることが分かる。
23　これが、どのような形式で記載されているかについては、第6章3節2項（6.3.2）にて詳述している。
24　実際に彼は、『氏族登録台帳』（No. 581）には「ダワサム氏族」の族長（TY; Turaga ni Yavusa）であり、ダワサム地域の最高首長（TT; Turaga ni Tikina）として登記されている。この点については次節（5.3）を参照。

第5章　首長位の系譜

であったことになる。したがって、彼に替わって、同じナサンギワ系族に属するが、異なる家族（家系）に属する、スリアシ・デライが暫定的な首長となった。そして、1981年、スリアシ・デライの死去に伴い、まだ存命だったアンディ・リティア（1903年生まれ）が、ゴマ島からダワサム地域に召還されることとなった。しかし、彼女は自らの年齢を考慮し[25]、自らの「ラトゥ系族」ではなく、既に首長位を継承し続けていた「ナサンギワ系族」（のナサンギワ家族）、セヴァナイア・ヴェイラヴェの息子であるペニ・ワンガ（Jr.）へ首長位を改めて譲渡し、その首長位の正統性を「確定化（vakadeitaka）」したのである。

5.2.2 固有名詞と時空間の個別化

以上の通り、アンディ・リティアという人物は、（ナイタシリ地方のヴニンダワ地域に起源をもつとされる）「本来の（dina）」王位の家系、その最後の末裔であり、その王位を、同じダワサム氏族内部における別の系族・家族（ナサンギワ系族・ナサンギワ家族）へと譲渡した人物であることが、地域の古老たちには広く認識されている。そして、ダワサム地域の首長位／政体が、「アンディ・リティア」という記号を境界として、1) 時間的範疇において、それ「以前」とそれ「以後」に二分割されていること[26]、2) 地理空間的範疇において、

25　アンディ・リティアは、『氏族登録台帳』の記載では、「1903年生まれ」である。この記載に依拠すれば、1981年当時、彼女は七十八歳だったことになる。イシレリによれば、実際に彼女は、この王位の継承後間もなくして死去した（mate sara）という。

26　ヴニンダワ系最後の首長とされるチョナサ・デライトゥンブナは、ダワサム氏族の『一般証言』に書かれている伝承の一部に登場するが、登記名簿である『氏族登録台帳』には、彼はどの系族にも登記されていない。つまり、この人物は、これら両文書の作成時には死去していた人物であり、したがって「文書以前」に属する人物であると言える。
　　他方、その娘であるアンディ・リティアは、「アンディ・リティア・マラマ（Adi Litia Marama）」（1903年生まれ）として、「ダワサム氏族・ラトゥ系族・ナンブケンブケ家族」に登記されており、夫は、ヴォロヴォロ村の「ナンブト氏族・ナゾヴ（Nacovu）系族」の「メサケ・ソリケナンブカ（Mesake Solikenabuka）」（1897年生まれ）であると登記されている。つまり、このアン

彼女の嫁ぎ先であったヴォロヴォロ村とゴマ島が、ダワサム地域として明瞭に範疇化されない「内部」と「外部」の境界、ないし曖昧な場所となっていること、さらに、3) 社会文化的範疇（親族関係）において、彼女が嫁いだ二つの氏族（ナンブト氏族とナンブレンブレワ氏族）との間で授かった子供たちも、ダワサムの首長位を継承する人物としての「正統性」をもたなかったが、それら二つの氏族は、ダワサム地域と歴史的に密接な関係を有した氏族であること、以上の（少なくとも）三点に鑑みれば、この「アンディ・リティア」という人物（固有名詞）は、実際に存在した特定の「今ここの人物」を指示すると同時に、「歴史上の人物」としても指示され、それが「ダワサム」という社会文化史的・地理的時空間を語用的に個別化する指標となっていることが理解できる。

　こうした、「今ここの人物」と「歴史上の人物」という区別は、例えば紙幣や貨幣、切手などには、それが使用される共同体において、高度に前提可能な人物の「肖像」が頻繁に記載されるように、その人物は、ディスコースにおいて「反復」して言及指示されることを通して、強く「意識化」を被った、前提可能性が比較的高い文化的ステレオタイプ（その「名詞」の使用に付着した特定の文化的価値付け）を喚起し易い象徴記号となる。ダワサム地域の住民、少なくとも、地域の歴史に関する語りに慣れ親しんでいる氏族の長老たちにとっては、このアンディ・リティアという「固有名詞」は、「ダワサム」という特定の時空間、首長位に纏わる特定の「文化的ステレオタイプ」を強く、談話ディスコースにおいて喚起する「（指標的）象徴記号」[27]となっている (cf. Durkheim, 1965 [1915]; Tambiah, 1958; Leach, 1964)。

　さらに、「固有名詞」は、「親族名詞」などと同様に、名詞句階層 (Noun phrase referential hierarchy) [28]に照らした場合、一人称・二人称代名詞や指示詞

　　　ディ・リティアという人物が、ダワサム地域の首長位の系譜／政体を、「文書以前」と「文書以後」という範疇に分割する記号、その「境界」となっている。

27　これは、デュルケムによって論じられた、「エムブレム (emblem)」（集団表象）、あるいは、「トーテム」のことである (Durkheim, 1965 [1915])。つまり、脱コンテクスト化・任意化・規約化に基づいて集団表象・集合を創りだす象徴化作用 (symbolic signification / symbolicization) のことを指す（小山、2008, p. 143）。

28　名詞句階層は、1970年代前半に、シルヴァスティンによって発見された文法

など指標性（コンテクスト依存性）の高い名詞句と、具体名詞や抽象名詞など指標性の低い（象徴性が高い）名詞句との中間に位置付けられる名詞句範疇である。したがって、この「アンディ・リティア」という固有名詞[29]は、二分割された「ダワサム」という文化的ステレオタイプを指示すると同時に、そうして指示される過去の「本当の」首長位／政体の範疇が、単に象徴的／神話的時空間ではなくして、それが実際に現在生きられている時空間へと投錨されていること、すなわち、「今ここ」の時空間と、「今ここ」を超えた首長位の継承というマクロな社会文化的な諸実践との連鎖、過去と現在の結節点／境界、その存在論的な基礎付けを、談話ディスコースの中で「喚起」する語用的装置の一つとして機能していると考えられよう (cf. Parmentier, 1987; Keane, 1997; Agha, 2007, 2011)。

5.3 二分された贈与、王位の「証左 (na ivakadinadina)」

暫定的首長であったスリアシ・デライの死後、ペニ・ワンガ（Jr.）（以下、

---

[29] 範疇が示す指標性に基づく階層である (Silverstein, 1976b)。様々な種類の名詞句範疇が、概略、1) 一人称・二人称代名詞、2) 照応代名詞、3) 指示代名詞、4) 固有名詞、5) 親族名詞、6) 人間名詞、7) 有生名詞、8) 具体名詞、9) 抽象名詞という順序で文法的に階層化されていることを示すものである。その階層性は、ヤコブソンのコミュニケーション論や文法論、その基底を成すパース記号論における「指標性 (indexicality)」(状況・コンテクスト依存性) という概念、（ポスト）分析哲学などにも取り入れられている記号論的概念に基づいたものである。言い換えれば、名詞句階層は、言及指示行為が行われているコミュニケーション出来事のコンテクスト (指標野; deictic field) と、名詞句によって言及指示される対象との間にある関係性を、「指標性の大小」という記号作用の原理に基づいて、体系的に表すものである。(小山, 2009, pp. 14-24)。

「固有名詞」は、発話場面（コミュニケーション出来事）の外で行われた「命名」という儀礼的行為との史的連続性に基づいて、特定の対象を指示する名詞である。すなわち、「固有名詞」付近の名詞句範疇に位置付けられる名詞が特定の対象を言及指示する力は、「命名」という出来事との（マクロ的な）連続性に基づいている (cf. Kripke, 1972; Putnam, 1975)。

写真1. ペニ・ワンガ宅の上座中央の肖像（矢印で示された箇所）に飾られた「ビロ（bilo）」と名付けられた「タンブア（tabua）」

（撮影日：2010年4月17日）

"Jr." を省略し、「ペニ・ワンガ」と表記）は、ヴニンダワ系の首長位を継承する人物として、アンディ・リティアによって選出されたこと、そして、アンディ・リティアという人物が、「過去」の政体と「現在」の政体の境界、すなわち、「ダワサム」という社会文化的・地理的時空間を喚起する比較的象徴性の高い（マクロ指標的な）「固有名詞」であり、その使用がダワサム地域の王位や歴史についての語りを（メタ語用的に）統制する記号として機能している点について確認した。

5.3.1 モノ化した社会指標性

以上の経緯を経て、1981年に、首長位の継承が認められたペニ・ワンガであったが、その後、彼の即位儀礼が行われることはなかった。つまり、ペニ・ワンガは、ヴニンダワ系首長位の「証し（na ivakadinadina）」である「タンブア（tabua）」[30]をアンディ・リティアから受領／継承した人物であるにも関わらず、

30　フィジーにおける重要な儀礼では、集団間で威信財である鯨歯が贈与・交換さ

その即位儀礼は行われなかったために、「ヤンゴナを飲んでいない」、「正式な首長ではない」として、彼の首長位は曖昧化され続けて来たのである[31]。彼の即位儀礼が開催されなかった理由は様々に推測されるが、その最も有力な理由は、またしても、アンディ・リティアからの首長位継承の出来事に遡る。

　上述した通り、1981年に、ペニ・ワンガがアンディ・リティアから、ヴニンダワ系首長位を継承した「証し」として受け取ったのは、一つのタンブア（鯨歯）であった（写真1を参照）。今日、ダワサム地域では、このペニ・ワンガが受け取ったタンブア（鯨歯）は、通常、フィジーにおいてヤンゴナを飲む際に使用されるココナッツ（niu）の殻で作られた器である「ビロ（bilo）」と名付けられるに至っている。フィジーにおいて、首長が即位する際に、「土地の民（itaukei ni vanua）」によって与えられるヤンゴナを飲むことについての意味論的考察は、第3章で記述したホカートやサーリンズなどの王権論を中心に蓄積されてきた通りであるが (cf. Hocart, 1927, 1936; Milner, 1952; Sahlins, 1981, 1985; Valeri, 1985)、それは、「ビロ（器）の譲渡（soli na bilo）」と呼ばれ、「ヴェイヴァグヌヴィ（veivagunuvi）」と同様に、即位儀礼の代名詞となっている最も重要な行為／儀礼である。

　つまり、ペニ・ワンガが、「ヴニンダワ系」の王位継承の証しとして受け取ったタンブアが、当該地域において、「ビロ（bilo）」と名付けられている理由は、このタンブアが、首長が即位する際に、「土地の民」から譲渡されるヤンゴナを飲む器を指示する「メトニミー」となっているからである。言い換えれば、このタンブアは、ヴニンダワ地域に起源をもつダワサム地域の首長が、

　　れることが多い（Thomas, 1991, pp. 69-75）。

31　ヴォニ氏族のナザニエリは、「首長位を継承することと、即位儀礼を経ること（ヤンゴナを飲むこと）は、同義ではない。」と述べている。彼は、「正式に」首長として即位するためには、単に首長位を継承するだけではなく、即位儀礼が行われ、「土地の民」によって授けられる「ヤンゴナ」を飲まなければならないと主張している。そして、そのようにして即位した首長が死去すれば、次期首長は改めて同様の手続きによって即位しなければならないと述べている。その限りにおいて言えば、儀礼を経ずして、首長には（正式には）なれないと考えられていることになる。

写真2. 首長の土地（qele vakaRatu）」の位置（四角で囲んだ箇所）

＊"Leases in the tikina of Dawasamu, Native Land Trust Board, 2011"から作成。

代々継承してきたという出来事の系譜、そのような系譜的起源（マクロなコンテクスト）が投影された「器」（モノ化した社会指標性）[32]であり、その所有者／契約者を首長位の系譜という（マクロ的）「指標的連鎖（indexical chain）」の中に位置付けるメトニミー（Agha, 2007）、つまり、当該地域の最高首長という

---

[32] これは、「敬語」の生成と同一の記号現象（レジスター化）である（cf. Agha, 1994）。敬語とは、ある特定の言語要素に、「敬意」や「丁寧さ」などの社会指標性が、メタ語用的に内在化させられて生じる「レジスター」と呼ばれる現象である。（例えば、仏像（象徴）の内部に、その仏像化された人物の「遺髪」（指標）を埋め込むといった風習、詩や俳句、あるいは儀礼スピーチ（象徴）に、特定の「信条」（指標）を歌い込むなどの行為も、同様の記号現象であると解釈できよう。）

称号であることの「証左（na ivakadinadina）」[33]、「譲渡不可能な物（inalienable objects）」、あるいは、（パースの言う）「痕跡（vestiges）」となっている（Peirce, 1977, p. 35; cf. Thomas, 1991）[34]。

5.3.2 ビロ（bilo）とゲレ・ヴァカラトゥ（qele vakaRatu）

　以上のように、1981年に、アンディ・リティアはペニ・ワンガに対し、ヴニンダワ系の首長位の証左であるタンブアを継承させたのであるが、実は、その際に彼女は、ペニ・ワンガと同じダワサム氏族出身で、しかし異なる系族（ダワサム氏族ラトゥ系族）に属するレヴァニ・ヴエティ（Levani Vueti）というもう一人の人物に、「首長の（ための）土地」（ゲレ・ヴァカラトゥ; qele vakaRatu）[35]を授けたのである（写真2を参照）。つまり、アンディ・リティアは、1) 当該地域においては「ビロ（bilo）」と名付けられているタンブア（鯨歯）をペニ・ワンガへ、そして、2)「首長のための土地（qele vakaRatu）」という、ヴニンダワ系首長位の「正統な」継承を指標しうる、もう一つの「証左（na ivakadinadina）」をレヴァニ・ヴエティへ授けたのである。これによって、当該地域では、首長位の継承者を主張しうる人物・集団が、事実上、二人／二集団存在するという状況が現れたのである。

　なぜ、そのような事態が生じたのか。前節（5.2）で論じた通り、アンディ・

33　この「証左（na ivakadinadina）」という名詞は、Parmentier（1987）が論じるベラウの*olangch*に該当する、フィジー的「歴史の記号（historical signs）」であると言える（ibid., pp. 1-19）。つまり、これらの記号は、民族記号論的（ethno-semiotic）な記録／メディアであり、これらがディスコースで生起し、「歴史の中の記号」となること、すなわち、それら記号についての（メタ語用的）解釈が生起することによって社会文化的時空は生成・維持され、変容してゆく。

34　実際に、「アンディ・リティア」と同様に、この「ビロ」が、どこから、どのようにダワサム地域にやって来たものであるのか、その「所有者」、それを「最初に（matai ni gauna）」首長に渡した地域の人物は誰なのかといった点が、ダワサム地域での即位儀礼開催の正統性を巡った論争の記号論的焦点、意識化のトポスとなってゆく。詳細については、第7章を参照。

35　「首長の（vakaRatu）土地（qele）」という意味。

リティアは、NLFCが保管している『氏族登録台帳（Vola ni kawa bula）』には「ラトゥ系族」に登記されていることから、彼女の父親であり、ヴニンダワ系の最後の首長であったとされる「チョナサ・デライトゥンブナ」は、同様に「ラトゥ系族」に属した人物と考えるのが妥当である。しかし、アンディ・リティアは他地域・他氏族に嫁ぎ、首長位は、首長のスポークスマン／後見人である「ナサンギワ系族」（ペニ・ワンガ・シニア => セヴァナイア・ヴェイラヴェ）が継承した。そして、1981年、アンディ・リティアは、再びダワサム地域に召還されたのだが、自らの年齢を考慮し、既に首長位を継承していた「ナサンギワ系族」のセヴァナイア・ヴェイラヴェの息子であるペニ・ワンガへ、首長位の証左としてタンブアを譲渡した。したがって、本来、首長位を継承する、より「正統な」地位にあったであろう「ラトゥ系族」に対しては、「首長の土地」を授けることによって、両系族の均衡を保ち、継承の問題を収めようとしたのではないかと予測できる[36]。

36 　イシレリは、この事態を以下のように述べている。2010年7月4日、10時。ナタレイラ村、イシレリ宅にて収録。

　　　Na gauna sa mate kina Ratu Sevanaia Veilave tamai Peni Waqa, na vanua sa qai kauta mai na bilo. Sa qai lai laurai mai o koya mai Dawasamu, sa lako mai, sa qai tukuna, 'O iko, Levani, sa nomu na qele qo', qele nei Ratu ya, qele vaRatu. Qele ni mataqali ya na kai Nabukebuke, na mataqali Nabukebuke nona qele na, 'Nomu qo, o iko noqu yaca Peni', qori na bilo ni vanua, sa solia.

　　　［ペニ・ワンガの父親である首長セヴァナイア・ヴェイラヴェが死去した時、（ダワサムの）土地はビロをもってきた。そして、彼女（アンディ・リティア）がダワサムにやって来た、やって来て、このように言った、「レヴァニよ、この土地はあなたのものです。」それが、首長の土地、首長のための土地（qele vaRatu）だ。その土地の（所有者としての）系族（mataqali）は、ナンブケンブケの者たちである、ナンブケンブケ系族の土地だ。そして、「これは、あなたのものです。ペニよ。」それが土地のビロで、彼（ペニ・ワンガ）に譲渡されたのだ（sa solia）。］

　　　ここでイシレリは、ナンブケンブケを「系族（mataqali）」と位置付けているが、『氏族登録台帳』には「家族（tokatoka）」として記載されている。氏族内部の集団構成は、住民たちの理解と文書の間で幾分ズレがある。しかし、ここでの議論で重要なのは、ビロを受け取ったペニ・ワンガと、土地を受け取ったレヴァニ、この両者が、（ダワサム氏族内部の）異なる「系族」に属していることが、明瞭

また、ダワサム地域では、「ビロ」と名付けられたタンブア（土地の民が首長に対してヤンゴナを飲ませる際に譲渡する器のメトニミーとなっている鯨歯）が、「首長のための土地」よりも、より「正統な」首長位の象徴であると考えられるのが一般的となっている。したがって、「ビロ」を授かったペニ・ワンガの方が、「首長のための土地」を授かったレヴァニ・ヴエティよりも、「正統な」首長位の継承者であると、当該地域では理解されている。実際に、現在、NLFCが保管している、ダワサム地域の『氏族登録台帳』には、このペニ・ワンガが「地域の首長（Turaga ni Tikina; TT）」であると明記されており、レヴァニ・ヴエティとはなっていない[37]。

他方、当該地域では、首長位の象徴が分割されたこの出来事が、首長位を巡った「問題の源泉（vu ni leqa）」であると語られている。なぜなら、たとえ、ペニ・ワンガが「ビロ」の継承者、したがって「最高首長」であるとして地域住民によって理解され、NLFCが保管する『氏族登録台帳』において、彼が「地域の首長」として登記されていたとしても、彼の即位儀礼が行われていないこと、「ヤンゴナを飲んでいない」ことを理由にして、彼の首長位の正統性を曖昧化し、彼が「正式には」首長ではないとする議論を許しうるからである。そのようにして、ペニ・ワンガの首長位の正統性が曖昧にされたまま、彼が死去したとすれば、当然、1) ペニ・ワンガの直系の子孫（ダワサム氏族・ナサンギワ系族）ではなく、「首長のための土地」を継承したレヴァニ・ヴエティの系譜（ダワサム氏族・ラトゥ系族）に属する人物、あるいは、2) 単にペニ・ワンガの家系以外の系譜から、首長位の継承権を有する人物を次期首長として擁立し易くなることは、容易に想像される。すなわち、アンディ・リティアが首長位の象徴を二分した出来事が、ダワサム氏族内部で、首長位を取り巻く対立が生じるコンテクストを、（彼女の意に反して）準備したのである。これが、

に判別されていることである。

[37] これがNLFCの『氏族登録台帳』に記載されているという事実は、ペニ・ワンガが、土地の総意に依拠して首長位を継承したことを、彼の出身氏族であるダワサム氏族がNLFCに報告し、それをNLFCが承認したことを意味している。第6章4節1項（6.4.1）の**写真5**を参照。

ペニ・ワンガの即位儀礼が長らく実行されなかった、（おそらく）最大の理由であったと考えられる。

　以上のような首長位を巡るダワサム氏族内部の対立・思惑が原因となって、暫定首長スリアシ・デライの死後、ペニ・ワンガの即位儀礼が開かれることはなかった。その意味において、ペニ・ワンガがアンディ・リティアから首長位を継承したとされる1981年以来、ダワサム地域では、即位儀礼を経た――ヤンゴナを飲んだ――首長は、2010年までの二十八年間、不在であり続けた。ペニ・ワンガは、「裸の王様」であり続けたのである。そして、この長期にわたる最高首長の不在[38]（cf. Nayacakalou, 1975）、あるいは、儀礼開催の遅延が、その後、ペニ・ワンガの出身氏族であり、首長を輩出するダワサム氏族内部の小競り合いを超えて、それを取り囲むダワサム地域の他の氏族を巻き込んだ論争へと発展することになる。

5.4　儀礼を巡る集団間の思惑と「文書」

　1981年に、ペニ・ワンガが、アンディ・リティアから首長位の継承者として選出されてからおよそ三十年、彼の即位儀礼開催を望む声が、全くなかった訳ではない。ダワサム地域は、フィジーでも社会組織の階層性が植民地期以前から比較的顕著であったヴィティレヴ島東部に所在していることもあってか（cf. Kaplan, 1988; Lawson, 1997, p. 114; 丹羽, 2003, p. 67）、ペニ・ワンガの即位儀礼の開催は、過去に三度、検討されたという[39]。しかし、首長位を巡るダワサム氏族内

---

[38] 長く続く最高首長の不在、あるいは即位儀礼の不履行は、ダワサム地域に限って見られることではない。この点については、Nayacakalou（1975）を参照。また本書は、この事象を、他の地域には観察されないダワサム地域に特徴的な事例であり、筆者が幸運にも出会った特異な（例外的な）出来事として取り上げるものでもない。どのような事象であれ、それ自体が、常に必ず、個別性と法則性の両次元を体現する事象であるなら、その事象の細部に限りなく拘り、他方で、その特徴・個性を理論的に精緻に解き明かすことを目指すものである。

[39] 「なぜ首長は必要なのか」という筆者の質問に対して、デライ氏族のナイタウは、

部での多様な思惑が原因となって前節 (5.3) で論じた通り、彼の即位儀礼が開かれることはなかった。

　しかし、この三度行われた儀礼開催の画策の失敗は、首長を輩出するダワサム氏族内部の対立にのみ回収される問題ではなかった。どの氏族・系族が、どのような手続きにしたがって、どのような儀礼を実行するのかを巡って、ダワサム氏族を取り巻く他の氏族・系族が、各々の立場からの主張を行ったことにより、地域内で話が纏まることがなかったという。すなわち、各氏族・系族の「儀礼」への参加の仕方や貢献の度合いが、首長を中心とした氏族間の力関係において、自らの氏族・系族の地位を決定付ける契機であると見做されたのである。その背景には、1930年に植民地政府下のNLCによって作成された「文書」、つまり、地域における氏族集団の伝承や、各々の氏族を構成する系族集団の地位関係などが記録された『一般証言』と『氏族登録台帳』の記載内容に関わる思惑が存在していた。以上を整理すれば、1) ダワサム氏族内部の思惑・対立、2) それを取り巻く地域の氏族・系族との関係、そして、3) それら各氏族内部における（NLCが作成した「文書」の内容に関連した）思惑・対立、これら「集団範疇」の間に多様な形をとって表出する「排他的意識」が、長引く首長の不在、首長即位儀礼の開催/遅延、という問題の基底に在り続けてきたと言えよう。

　では、首長の即位儀礼開催を巡って生じた氏族・系族間の対立、NLCが作成した「文書」の内容に関連した集団間の思惑とは、いかなるものだったのか。以下は、ナタレイラ村に住むデライ（Delai）氏族の族長ヴニアニ・ナイタウの語りの要約であるが、即位儀礼の開催に関して、首長を排出するダワサム氏族以外の集団内部において、「文書」の記載に関わる対立が、どのように顕在化し、即位儀礼の遅延に関連していたのかについて述べられている。

　「首長がいないのは、子供に父親がいないようなもの。よって、それぞれの氏族の族長が各々に力を誇示することを許してしまう。」と回答している（2010年7月3日、ナタレイラ村、ナイタウ宅にて収録）。首長のいない土地は混沌へと繋がるのである（cf. Qalo, 1984）。

写真3. デライ氏族『氏族登録台帳』の表紙内側の見開き（Vola ni kawa bula, 1930）

			90. YAVUSA OF DELAI : YAVUTU, DELAI (LIVING AT DELAKADO VILLAGE)			
Navuniyasi	591	Navuniyasi	Ratu Kitioni Vakawai	Ratu K. Vakawai	Ratu K. Vakawai
Navuniyasi	592	Bete	Samu Murica	Ratu K. Vakawai	Ratu K. Vakawai
Navuniyasi	593	Waitora	Jovilisi Vavadakua	Ratu K. Vakawai	Ratu K. Vakawai
Navuniyasi	594	Nalolo	Eliki Qativi	Ratu R. Vakawai	Ratu K. Vakawai
Rara	595	Rara	Joreti Vuaka	J. Vuaka	Ratu K. Vakawai
Rara	596	Mulomulo	Emosi Lawalu	J. Vuaka	Ratu K. Vakawai
Rara	597	Nawarai	Nemani Tabuakara	J. Vuaka	Ratu K. Vakawai
Rara	597A	Tuirara	(Extinct)		
Waidua	598	Waidua	Verika Nayacaitamana	V. Nayacaitamana	Ratu K. Vakawai
Suveiniaka	599	Suveiniaka	Manoa Vakasilini	M. Vakasilini	Ratu K. Vakawai
Suveiniaka	599A	Namara	(Extinct)		

＊この表は、デライ氏族は、①筆頭系族＝ナヴニヤシ系族＝四家族、②第二位系族＝ラーラー系族＝四家族、③第三位系＝ワインドゥア系族＝一家族、④最下位系族＝スヴェナイカ系族＝二家族、以上四系族によって構成されることを示している。ここで、「ムロムロ（Mulomulo）」と記載されている家族が、本書が言及している「ナムロムロ（Namulomulo）」という集団に当たる。　　　　（撮影日：2012年1月6日）（下線は引用者による）

＊＊＊

　ナイタウによれば、1990年頃に、ペニ・ワンガの即位儀礼開催に関する議論が、ダワサム地域で行われた際、即位儀礼を開催するという通知（itukutuku）が、当時、ナイタウの兄であるペニエリ・ナヤレ（Penieli Nayare）が族長を努めていたデライ氏族の「ナワライ（Nawarai）系族」の元に届けられたのは、実際に儀礼が予定されていた日の、わずか数日前になってのことだったという。その通知は、即位儀礼を開催することについて、他のほぼ全ての氏族が賛意を表明し、儀礼開催を記念する祝宴（magiti）も既に催されたことを告げる通知だったという。

　なぜ、ナタレイラ村に住むデライ氏族が、即位儀礼の討議から全く取り残される事態が起こったのか。ここには、NLFCが保管している『氏族登録台帳』（ないし『一般証言』）の記載事項に関わる、氏族内部の対立が存在していた。ダワサム地域には、ナタレイラ村以外にも、デライ氏族の構成系族の一つである「ナヴニヤシ（Navuniyasi）系族」と「ラーラー（Rara）系族」の一部が、当該地域の内陸部にあるデラカンド村とナタンドゥラダヴェ村に、他の複数の氏族（ヴォニ氏族・ワイレヴ氏族）と共に集落を構えている。1930年にNLCによる土地所有の調査（Veitarogi Vakavanua）が行われた際、デライ氏族の「筆頭系族」であった「ナワライ系族」と、「第二位系族」にあった「ナムロムロ（Namulomulo）系族」に取って代わり、このナヴニヤシ系族が、デライ氏族の

筆頭系族として『氏族登録台帳』に記載されることになった、とナイタウは述べる。そして、ナワライ・ナムロムロ両系族が、それまではデライ氏族の第三位系族として考えられていた「ラーラー系族」を構成する家族（tokatoka）集団へと格下げされ、「ラーラー系族」の名の下にまとめて登記されるという事態が起こったという。

実際に、現在スヴァ市にあるNLFCに保管され、随時更新され続けている『氏族登録台帳』には、ナワライ・ナムロムロ両系族は、「系族」としては存在せず、ラーラー系族の下位範疇である「家族（tokatoka）」として記載されている（**写真3**を参照）。つまり、『氏族登録台帳』の記載においては、デライ氏族は、現在ナタレイラ村に住むナワライ・ナムロムロ両系族らの（イーミックな）認識とは異なり、ナヴニヤシ、ラーラー、そして、ワインドゥア（Waidua）、スヴェナイカ（Suvenaika）という四系族によって構成されるものとして登記されているのである[40]。

したがって、NLFCが保管するこの「文書」の記載上、デライ氏族の筆頭系族は「ナヴニヤシ系族」であり、この「事実」が一定程度ダワサム地域において定着した1990年代においては、ナヴニヤシ系族の意志決定が、そのままデライ氏族全体の意思を反映したものであると、（ナヴニヤシ系族を初めとして）地域内部の他の氏族には見做されがちであった。そうした理由が、ナタレイラ村のデライ氏族であるナワライ・ナムロムロ両系族に対して、即位儀礼開催についての知らせが届けられなかった主要な理由の一つであった[41]。

わずか数日前になって即位儀礼開催についての通知を受けた（デライ氏族ナ

40 　ナイタウは、こうした事態を、「私たちが代々受け継いできた、家系（vuvale）としての痛み（mosi）」と説明している。つまり、この文書に記載された「地位の逆転」は、ナイタウら（ナワライ系族という集団）にとって、まさに消し去れないテクスト／記憶として再帰し続けて来たようである（cf. Ricoeur, 1976, pp. 26-29）。しかし、「文書の記述は誤りである」という主張は、程度の差はあれ、地域内のほぼ全ての氏族・系族が抱えており、誰の主張が「真実」であるかを決しうるメタ・テクストは、当然、存在しない。

41 　こうした氏族内部での地位争いが、ナワライ系族がヴォニ氏族のナンボロ系族と共に、今回（2010年）の即位儀礼の開催を希求する急進的な力の源泉を成してゆくことになる。

ワライ系族の）ペニエリ・ナヤレやナイタウらは、第二位系族であるナムロム口系族の長老らを招集し、そのような事態にどう対応すべきか、また、通知を受けた首長即位儀礼を承認し、儀礼に参加すべきか否かについて議論したという。そこでは、デライ氏族が現在住んでいる沿岸部のナタレイラ村に移住する以前に、(19世紀中葉頃まで) 住んでいたとされる旧村落跡地 (koro makawa) がある、内陸部のナザギ (Nacagi) 山[42] (当該氏族にとっての「始祖の地 (dela ni yavu / yavutu)」) へ向かってヤンゴナを捧げ (caka na yaqona)、デライ氏族の祖先 (qase) ／祖先神 (kalou vu) が、間近に迫った即位儀礼に参加することに賛成か否か (vakaio mai se sega) を尋ねる儀礼を行ったという。ナイタウによると、ヤンゴナを捧げて暫く経った後、彼の兄ナヤレは、「皆よ聞け。我々はドゥリティ村には行かない。(Dou rogoca. Tou sega ni lako i Driti.)」と述べたという。それに対して周囲にいた者が、「しかし、他の氏族はドゥリティ村で (我々を) 待っている。(Vaka cava, o ratou sa wawa tiko mai Driti.)」と尋ねると、「関係ない。我々は参加しない。(Veitalia. Sa sega ni lako.)」と述べ、開催が予定されていた儀礼に不参加の意向を表明した。なぜなら、ナワライ系族にとって、その儀礼へ参加することは、文書の「誤った (cala)」記載を受け入れるこ

---

42 筆者は、2010年6月25日、ちょうど長期調査を終え、帰国の準備をし始めていた頃、ナイタウとその長男のラテイ、次男のケレ (Kele) と共に、デライ氏族の「始祖の地」、ナザギ山へ登った。山に登る前は、ナイタウ宅にて祖先神にヤンゴナを捧げ、無事に登山できるよう、そして、その道の扉を開いてくれるよう祈願する儀礼を行った。旧村落跡地には、縦横約7m、高さ約2mにもなる石積みの墓があり、彼らの祖先 (ラテイ) の墓であるとされている (この「ラテイ」という人物については、第6章2節を参照)。その他、幾つかの住居跡 (石積みの基礎) や、ナワライ系族の移住伝承に必ず登場し、「ナワライ (Nawarai)」という系族名の由来とされる井戸 (mata ni wai) などがあり、まさに「象徴の森 (forest of symbols)」であった。このナザギ山は、彼らナワライ系族が、その土地の「所有者 (itaukei)」として、文書に登記されている。

筆者にとっては、このナザギ山 (始祖の地) に共に登ること、そして、おそらくナイタウらにとっては、筆者をナザギ山に連れて行くこと、これが筆者の長期滞在の締め括りを飾る最大の「儀礼」となったのであるが、そのことは取りも直さず、この「ナザギ」という場所が、彼らの集団的アイデンティティの儀礼的中心 (ritual center out there) であることを物語るものでもある。

と、彼らにとっての「真実（ka dina）」に背くことを意味したからである[43]。彼らが、儀礼不参加の意向を示したことによって、当時（1990年代初頭）、実現しつつあったペニ・ワンガの即位儀礼は、結果的には、行われることはなかったという。

＊＊＊

　以上のように、ダワサム氏族内部の対立・思惑、それを取り巻く氏族・系族との関係、さらに、それら氏族内部のNLC（植民地期）の「文書」に端を発する対立・思惑、これら地域の氏族・系族の間に生起していた「排他的意識」が、ダワサム地域における最高首長の即位儀礼開催を困難にする状況を形成し続けてきたのである。つまり、当該地域の事例に関して言えば、「首長制」として理解できる政治制度的事象、この基底には、地域における集団間の序列意識、それを「テクスト化」している文書、1930年にNLC（植民地政府）によって作成された文書が、「歴史の記号」として、（未だ）そのコンテクストを形成し続けていることが理解できるだろう。このような長引く首長の不在によって、首長を輩出し、即位儀礼を執り行う首長の側近としての「儀礼的義務（itavi）」を担っていると理解されているダワサム氏族と、彼らに親族関係上、近い人物・集団に対する批判が、2008～2010年にかけて、地域内部の他の一部の氏族・系族（とりわけ、ヴォニ氏族のナンボロ（Naboro）系族）を中心に展開されることになる。以上に鑑みれば、当該地域における首長位を巡る問題の所在（vu ni leqa）は、幾つかの「歴史の記号」によって媒介されていることが理解されよう（図10を参照）。

　図10が示す通り、ダワサム地域における首長位、政体、歴史を巡るディスコースは、1)「アンディ・リティア」という「本当の」首長位の系譜の末裔（固有名詞）、2)彼女によって二分された首長位の象徴である「鯨歯と土地」、

43　フィジーでは、そのような土地の「真実」に背くこと、あるべき（伝統的）仕方に従わないことは、個人や集団の生死に関わる問題として認識される傾向が強い。

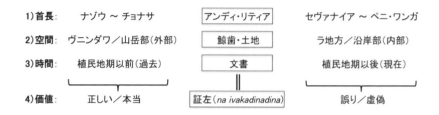

図10. ダワサムという時空間を形成する「証左」、及びそれぞれが喚起する範疇間のホモロジー

そして、3) 植民地期にNLCによって作成された「文書」(text artifact)、以上、少なくとも三つの「歴史の記号」――証左 (na ivakadinadina) ――によって媒介されており、これらの記号についてのディスコースが生起することを通して、つまり「歴史の中の記号」となることによって、4)「ダワサム」という社会文化的な価値付けを付与された時空間が語用的にテクスト化されていることが了解できよう。

すなわち、1')「アンディ・リティア」から「ペニ・ワンガ」へと譲渡されたダワサム地域の首長位、つまり、「本当の系譜」から「継承しただけの系譜」へという政体の変遷、2') ダワサム地域という時空間の「外部／過去」と「内部／現在」、3') NLC（植民地政府）によって作成された文書の「以前」と「以後」、4') これらの「証左」が喚起する範疇間には「ホモロジー」（相同関係）が存在しており、それぞれ前者に「正しい／本当」という価値付け、後者に「誤り／虚偽」という対照的な価値付けが付与されていることが理解できる[44]

---

[44] Tomlinson (2004) は、カンダヴ (Kadavu) 島でのキリスト教メソジスト派による集団で行われる祈り (masu sema) の事例の考察から、現代フィジーにおけるインド系とフィジー系の対立的関係や、フィジー系内部における政治的な正統性や主導権 (leadership) を巡る争い、キリスト教教会と土着的首長の関係性など、現代フィジーが経験する様々な歴史的苦境は、目に見えない領域 (invisible realm)、あるいは「過去」との関係を通して生み出されていることを指摘している。そして、現在は、素晴らしかった、偉大だった、そして、失われた過去・祖先 (golden age) から堕落し、過去や祖先の「呪い (curse)」に取り憑か

(cf. Tomlinson, 2004)。そして、今日のダワサム地域を生成している、こうしたディスコース空間が、NLCの「文書」によって秩序化された「現在の」氏族・系族集団間の序列の記載は、「真実」を反映していない「誤った」記述であるとする意識、すなわち、集団間の排他的意識を醸成する状況を生み出していると言えるだろう[45]。

* * *

次章では、以上のような集団間の序列に固執した排他的意識を生み出している「メタ・テクスト」、ダワサム地域での儀礼開催を巡って生じた問題の底部に存在し、ダワサムという社会文化的時空間を長らく「テクスト化」してきた、植民地期にNLCが作成した「文書」、これが具体的に、どのようにして集団を記録したものであったのかについて、詳細な分析を行う。

れた「力なき（powerless）」時空として概念化されているとしている。正統性を有しない政治的主導権、混乱し忘却された親族関係、土地所有権を巡る論争など、これら全ての事象が、過去には存在した、しかし今では失われた力、その所在としての現在を指標するものとなっているとしている（ibid., p.7）。

45　そうした排他的意識が、図10に示したディスコース空間をテクスト化する、メタ語用的規範として機能していると言い換えることが出来るだろう。

第 6 章　文書の体制

前章では、ダワサム地域における首長位の継承歴について素描した。そして、1) アンディ・リティアからペニ・ワンガへと譲渡されたダワサム地域の首長位の変遷と、NLCによって作成された文書の以前と以後、これら両範疇間に相同関係があること、2) ペニ・ワンガの即位儀礼が、文書に記載された系族間の序列を巡って生じていた地域内部における集団間の対立が足枷となって開催されず、1981年以降、首長の不在が続いてきたことについて記述し、ダワサム地域における政体が「文書」を基点に成立していることを明確にした。

以上の文脈において問題視されるに至った「文書」とは、1880年にフィジー植民地政府が、フィジー全土の土地所有を調査し、土地所有集団を登記することを目的として設置した「先住民所有地委員会（Native Lands Commission; NLC）」が、土地所有の単位集団として規定した「系族」が集合して形成する「氏族」の移住伝承や氏族内部の系族構成などを記録した『一般証言（Ai tukutuku raraba）』と、その内容に照応し、氏族・系族・家族ごとに、その構成員を随時登記する名簿として作成された『氏族登録台帳（Vola ni kawa bula）』の二冊である[1]。本章では、これら二種類の文書が、どのような記述形式を伴ってフィジー全土の氏族集団を記録化し、植民地期という史的過程の中で、どのような社会文化的機能を果たしてきたのかについて、その作成方法や記載事項、そして両文書それぞれの特徴を分析することを通して明確にする。

---

[1] これらの文書は、スヴァ市にあるNLFC（Native Lands and Fisheries Commission）のオフィスで管理されている。閲覧には一定の手続きを必要とし、誰でも無作為に見ることが出来る文書としては扱われていない。そのような「脱コンテクスト化」の維持作業によって、これらの文書の権威や不可侵性が喚起・付与され続けていると言えよう（cf. Parmentier, 1987, p.12）。

　筆者に、これらの文書の閲覧が許可された理由は、1) ダワサム地域の首長（ペニ・ワンガ）自身の署名が記載された調査承諾書、2) フィジーにおける筆者の研究の受け入れ機関である、「フィジー言語文化研究所（Institute of Fijian Language and Culture; IFLC）」からの受け入れ承諾書、3) フィジー政府が審査し、承認・発行をする「調査許可証（research permit）」を取得していたことに由来する（本書末の「添付資料1」を参照）。IFLCはNLFCと同じ、先住民系フィジー総務省（Ministry of Fijian Affairs; Tabacakacaka ni iTaukei）傘下の研究機関であり、現在、両組織は、同じ建物の同じ階に向かい合ってオフィスを構えている。

6.1 作成方法

　NLCは、各々の氏族内部で選出させた代表者を召還し、それぞれの氏族（yavusa）が、祖先神（kalou vu）と結び付けられる始祖の土地から、当時（19世紀末から20世紀初頭に）彼らが住むに至っていた土地への移住の歴史、複数の系族（mataqali）によって構成されると規定された氏族内部の系族間の地位関係、それらに付与された儀礼的役割・義務（itutu / itavi）などについて、それら代表者に陳述させた[2]（France, 1969, pp. 10-11）。こうした陳述や特定の土地所有の実態を裏付ける全ての証拠は、討議されている土地の境界を共有する他集団の代表の面前で提示され、彼らによってその真実性が確認された（ibid., p. 181）。また、NLCは、氏族の下位集団として措定された系族の代表者を招集し、各々の系族の立場について質問し、氏族の代表者が行った陳述が正しいことを宣誓させた。このように、NLCは、「氏族 > 系族 > 家族」というフィジー社会の分節モデル[3]に基づいて、土地所有単位の基点を「系族」に据え置き、各氏族から得られた伝承を『一般証言』として土地所有の証拠として記録し、20世紀半ばまでにフィジーの全ての土地を、特定の所有者（系族）に登記した[4]（宮

---

[2]　France（1969）には、調査の概要（とりわけ、その初期である1920年頃まで）が記述されており、どのようにしてこの『一般証言』が作成されたのか、そうした審議がどのように為されたのかを伺い知ることが出来る。

[3]　1880年のNLC設置以来、どの集団単位を土地所有の単位として設定するのか、何がフィジーの伝統的土地所有のシステムなのかを巡り議論が展開されたが、1912年にNLC弁務官に就任したマクスウェル（G. V. Maxwell）によって「氏族 > 系族 > 家族」という公式モデルが提示された（France, 1969, pp. 165-166）。当初、マクスウェルは、土地所有の単位集団を家族（tokatoka）に置いたが、それに基づく登記が困難であることが判明し、1920年頃までに、系族（mataqali）を土地所有の単位集団として記録することに決定した（ibid., p. 173）。この登記作業は、1960年代半ばまで続いたが、この作業によって、フィジー人の土地所有と対応した集団構成が整備され、フィジーの伝統的社会構造の「正説（orthodoxy）」として認識されるようになった（ibid., pp. 174-175）。

[4]　フィジーにおける土地の区分については、第4章2節（4.2）を参照。

崎, 2009, pp. 107-108)。

　ダワサム地域における調査は、1904年と1930年の二回にわたって行われている[5]。審議が行われた場所は、ダワサム地域から海岸線に沿って南東へ20kmほど下った場所にある「ロンドニ (Lodoni)」[6]であることが、ダワサム地域の『一般証言』に記載されている。NLCは、審議が開かれる数週間前に、事務官 (clerk) をそれぞれの地域へ派遣し、地域・村落住民に対して予め審議の手順について説明し、証言の準備を助け、その後に委員会が到着して審議を開始するという手続きで、この調査を行った。また、NLCによる、そうした「尋問」に参与することになるフィジー人たちの間には、委員会によって提示されたモデルに従って自らの集団を分類することに対する、様々な困惑が生じていた様子を、フィジー人人類学者のルシアテ・ナヤザカロウ (Rusiate Nayacakalou) は、以下のように記載している。

　　委員会が訪れるまでの数週間、ほとんど全ての村落では、委員会についての話題で持ち切りだった。私たち（氏族・系族の構成員）は、夜のしじまの中に、私たちの区分けの名前を修正することについて、助言を請うものだった。[中略] そして、私たちの祖先神 (vu) の名前を考え出すこと、それは困難な作業だった。あれは、「全くの殺人」(sheer murder) であったと、私は思っている。(Nayacakalou, 1963, pp. 71-72)[7] [日本語訳引用者]

5　1920年代までに登記方法が標準化され、NLCは、デイヴィッド・ウィルキンソン (David Wilkinson) が弁務官を務めた期間 (1880-1905) の委員会の仕事を不正確なものとした (France, 1969, p. 148; 宮崎, 2009, p. 147)。ダワサム地域住民は、第二回目 (1930年) の審議を、「二回目の土地所有調査 (Ka rua ni veitarogivanua)」と呼んでいる。

6　ロンドニ (Lodoni) の場所は、**地図3**を参照。

7　以下は、Nayacakalou (1963, pp. 71-72) に記述されている英文である。
　　For weeks before its arrival, the Commission was the topic of conversation in every village. We (i.e. the members of mataqali and yavusa) would consult into the stillness of the night to have the names of our divisions corrected.... And to think of the name of our vu (ancestor) -- that was the difficult part. I tell you it was 'sheer murder'.

このような、Nayacakalou（1963）に記述されている、NLCの調査に関する村落住民たちの回顧に従えば（ibid., pp. 71-72)、彼らがNLCの提示する社会組織のモデルに当てはまるような氏族や系族の構成を、委員会の「尋問」に先立って造り上げようとしていた事態が、（少なからず）発生していたことが看取できる。さらに、そのような彼ら自身の理解とは異なる氏族・系族の構成や祖先神の名前を、正しい証言として「宣誓」しなければならないこと、「顕在的」な権威[8]を付与された植民地政府と、その権威によって保証される「所有地」という価値への同化を志向することによって、「非顕在的」な威信の所在となった「先住民」の社会文化に背を向けること、「真実」を偽って頷くこと、これら二者間で引き裂かれる苦悩や不義理の念（おそらくは、「近代」という過程において典型的に生じうる経験）が存在した。そして、それは、植民地政策が進行／浸透すると同時に、顕在的権威としての植民地政府との「対照性」によって陰画化したことが理解できる[9]。実際に、調査の過程においては、証言を行った人物が、村落に帰って家族と共に宴を開き、委員会に虚偽報告をしたため、間もなく死ぬだろうと言い、親族に別れを告げて、数日後に（明らかな病気などを煩っていなかったにも関わらず）実際に死亡し、葬儀が行われたという出来事もあったと記録されている（France, 1969, p. 141; 宮崎, 2002, p. 103）。

---

8 "overt prestige"（明示的／顕在的な権威）および"covert prestige"（非明示的／非顕在的な権威）については、第3章4節（3.4）を参照。

9 Cato（1951）は、NLCの記録が、主として以下の五つに要約できる理由によって信頼できない記述であるとしている。**1)** 証拠として提出される事柄に関して討議するための、十分な時間がフィジー人に与えられなかったこと、**2)** フィジー人は、審議の議長を務める高官を前にして、真実を述べることに萎縮したこと、**3)** 設定された審議の条件が、本当の信念を表現する自由を制限したこと、**4)** 証言者の集団の威信を促進すること、正確には自らに属さない土地を獲得するために、虚偽の証言が為されたこと、**5)** 役人／政府が、集団が示す様々に異なる文化に、バウ系（Bauan）のパターンを投影しがちであったこと。

6.2 メタ文書化されたフィジー

　以上の通り、初期植民地政府は、フィジー各地で様々に営まれる土地所有の有り様から、その原初的モデル／プロトタイプを抽出しようと苦心した末、最終的には、「氏族＞系族＞家族」というモデルを打ち出した。さらに、その中でも「系族（mataqali）」という範疇に焦点が当てられ、それと売却・譲渡不可能な土地との所有関係が構築された結果、このモデルと系族という範疇が前景化し、その他、様々な形態を取って存在していた土地所有の実態は、系族としての共同体的土地所有の理念型へと還元された (cf. 宮崎, 2009, pp. 107-112)。例えば、ナヤザカロウは、様々な人類学者が、氏族（yavusa）、系族（mataqali）、家族（tokatoka）は、父系の親族集団であると規定されているにも拘わらず、父系には当たらない者たちが含まれていることに困惑してきたとし、研究者によって多様な「氏族」の解釈が為されてきたとしている[10]（Nayacakalou, 1979, p. 13）。その上で、ナヤザカロウは、次のように記述している。

> （こうした）頓挫の最大の要因は、NLCが、単一の父系出自集団を同定する法則を、実際にはそれが保証されない状況に置いたことにあると、私は確信している。また、その状況はフィジー人インフォーマント自身によって助けられるどころか、妨げられ、彼ら自身も混乱し、また混乱させている。現在では、二つの平行する分類が存在している。一つは、委員会の記録に基づいたもの、他方は、村落内部で人々に知られている社会政治的な関係である。(Nayacakalou, 1979, p. 14) ［日本語訳引用者］

　また、1960年代後半に、フィジーにおける経済開発がもたらす村落への影響

---

[10] 例えば、本書で氏族と定義した「ヤヴサ（yavusa）」について、Spencer（1941）は「部族（tribe）」という概念を使用しており、Gifford（1952）やHocart（1952）もそれに倣って同様の解釈を示している。Geddes（1948, 1959）は、「系族（lineage）」や「胞族（phratry）」、Roth（1953）は、「連合（federation）」という定義を用い、Sahlins（1962）は、「家系（stock）」という概念を使用している。

について調査した人類学者ヘンリ・ルッツ（Henry Rutz）は、フィジーにおける土地の保有権（land tenure）について調査した論考において、村落住民が自らが所属する系族集団であるとして答えた集団名が、『氏族登録台帳』に記載されている集団名と異なる場合、それは集団が分岐した結果である、あるいは、時間の経過に伴って変化したからである、などの理由によって説明されることが多いとしている。その結果、階層的な父系集団のモデル自体は、否定されずに残ることになるとしている (Rutz, 1978)。そして、注目すべき点として、村落住民個々人が、農作物の収穫や儀礼的交換、あるいは、政治的目的のために組織される集団など、それぞれの場合に応じて、様々な集団に所属を変化させている点を挙げている[11]。

> 村人たちは、これら様々な構造的な取り決めに際して、どのラベルを対応させるのかについて、明瞭な認識をもっていた。実際の出自に基づく父方の家系は、父と息子たち、あるいは兄弟たち、または特定の男性の兄弟の息子たちとの間の、家事に関する協力関係の基になっていたし、彼らは、これら最小のリニージ内部の性別と年齢の考え方を明瞭に述べることが出来た。これらのリニージには、名前が付けられたが、それらに、家族（tokatoka）、系族（mataqali）、氏族（yavusa）などの一般的な集団名称を割り当てる者は誰もいなかった。一般的な集団名称が用いられる場合、それらは政治的、儀式的な催しなど、系譜に拠らずに編成される取り決めの際に使用されるが、共同的土地所有に関して使用されることは決して無かった。(Rutz, 1978, p. 23)［日本語訳引用者］

そして、「系族（mataqali）」という集団範疇は、そもそも存在しない場所が多くあること、また、系族が、氏族と家族の中間に位置付けられるような明瞭な階層化によって生まれる範疇ではなく、儀礼的な出来事に際して使用される役割の分節であることを指摘している。

11　これらの点については、宮崎（2009, pp. 109-111）を参照されたい。

一年を通して、これらの集団の構成員は数回変化したが、村人たちは、その変化を「五つのマタンガリが存在したが、今年はその内 *veibatiki* が分岐したため、六つのマタンガリになった」などと称して、その変化を特筆しなかった。系族（mataqali）という用語は、儀式的交換のための村落の分節を指すものであるため、これらの分節単位は、氏族（yavusa）や家族（tokatoka）を跨いで使用され、出自的繋がりをもたない政治的な集団の連合を指す用語としても用いられていた。(Rutz, 1978, p. 23)［日本語訳引用者］

こうしたルッツの指摘と同様に、Hocart（1970 [1936]）の分析においても、「系族」は、首長に対する食物や威信財（yau）の贈呈などの贈与交換の儀礼や供宴（veiqaravi）[12] に際して、役割の分担や贈与の分配のために使われる単位であったとされる（宮崎, 2009, pp. 110-111）。

系族は、部分的には、人工的なものである。それは、一つの特別な目的のために切り取って調整される家族集団であり、その目的とは供宴（feast）である。供宴への贈与は、人数ではなく、系族毎に数えられる。よって、集団の首長の元に集まる各系族の長は、その系族の大きさに拘わらず、二十個のヤムイモと二つの魚の束を贈与することを決める。したがって、系族の大きさには一定の制限がある。もし一つの系族が大き過ぎる場合、供宴で得られる分け前は公平ではないし、ある系族が小さ過ぎても、今度は、その負担が甚大になる。このように、系族というシステムは、贈与される物を徴収し、そして、それを分配するために存在している。供宴は、系族を単位として分割され、また系族を単位として集められるのである。(Hocart, 1970 [1936], p. 104)［日本語訳引用者］

さらにホカートは、そうした供宴に際して現れる儀礼的／機能的役割は、個々

---

[12] こうした「供宴」（veiqaravi）とは、贈与交換など、会食（magiti）などを含んだ催事一般のことを指す。Hocart（1970）では、この宴を英語でfeastとしている。

の村人であったり、世帯であったり、あるいは、系族、氏族、ひいては首長国（matanitu）であったりと、強くコンテクスト依存性（context dependency）を示すものであったことを指摘する。

> 系族は供宴に際して現れる、査定の単位である。すなわち、豚やヤムイモ、魚などの貢ぎ物は、系族（mataqali）に基づいて為され、人数に基づくものではない。供宴の規模が変化するに応じて（例えば、国全体や村落の一部など）、評価の単位も変化する。私たちの地方や地域、教区などのように、その単位が常に固定されたものではない。この単位は、領土ではなく、増大したり消滅したする家族集団であり、それらは、分岐したり、他の集団と混ざったりしなければならない。(Hocart, 1952, p. 22)［日本語訳引用者］

以上のような論及を一瞥すれば、「系族（mataqali）」という用語の言及指示対象は、「氏族」と「家族」の中間に階層的に位置付けられるような集団範疇などではなく、供宴（veiqaravi）などの催事に際して現れる相互行為的な役割（cf. Ward, 1995, pp. 202-203)、ゴフマンの言う、語用レベルで生じる「フッティング（footing）」[13]の一種であると言える（Goffman, 1981; cf. Irvine, 1996）。したがって、系族という用語ないし単位は、必ずしも特定の人物や集団を指示対象として有する「離散的（discrete）」な意味範疇ではなく、コンテクストに応じて、ダイクティック（直示的）に転換する役割範疇であったことが理解できるだろう（cf. 小山, 2012, pp. 59-67）。

1880年代から1960年代という半世紀以上にわたって実施された、このような土地と集団の文書化の作業を通じて、フィジー社会は「系族」を土地所有の単位とし、その上位集団としての「氏族」、下位集団としての「家族」として、プロトタイプ化された[14]。そして、それまでは、コンテクスト依存性を強

---

13 ゴフマンについては、第2章4節1項（2.4.1）を参照。
14 「神話化」されたと言い換えることが出来る。つまり、高度に前提可能な（脱コンテクスト化／イデオロギー化された）、よって（指標的次元においては）内

く示す範疇／機能的役割であった「系族（mataqali; マタンガリ）」は、常に必ず、特定の言及指示対象をもつ、コンテクスト依存性が排除された「離散的」な集団範疇となったのである[15]。他方、フィジーの地域・村落側も、植民地政府が提示する階層的社会モデルに当てはめる形で集団を造り上げることによって、特定の「土地」に対応付けられた、まさに「イデオロギー的」範疇として、フィジーの土地所有集団——土地の民（itaukei ni vanua）——は生起することになった。

　前節（6.1）で記述した村落住民の回顧録が示唆する通り、こうした「文書化」は、NLCが調査を行った時点の集団間・集団内部での力関係を露骨に反映する文書を創出し、そこで生じたであろう「解釈のせめぎ合い」は抹消されたことは否定し難い。その上、特定の系族（あるいは、家族）が、特定の土地を使用／所有していることの「証明」が政府によって求められたのであり、委員会の到着を前に氏族集団・村落側では、様々な証言の捻出が行われたであろうことも容易に想像ができよう。そうして捻出された土地を所有する集団、それを委員会の行政官らを前にして「宣誓する」ことによって、それは「証言」という文書、いわば「神話」となったのである[16]。

面化され自明となった文化的意味範疇／文化的ステレオタイプの構造となったと言える。このような「神話」（文化的意味範疇／文化的ステレオタイプの構造、あるいは象徴構造）は、言語構造と比較した場合、それ自体として、コンテクスト依存性を示すものである。「神話」については、第3章4節（3.4）を参照。

15　2012年6月に、東京都港区麻布台にある在日フィジー大使館にて、フィジー系フィジー人大使館員と、本研究について意見を交換した際、彼らは一様に、フィジーにおいて特定の集団が、土地／地域に対して負う特定の義務（itavi vakavanua）は、常に固定されたものであり、各々の土地の過去に由来するものであると主張している。

16　この限りで言えば、ダワサム地域において、現在NLCFが保管している『一般証言』と『氏族登録台帳』の記述内容に「誤りがある」とした（前章で記述したデライ氏族などの）主張は、単なるアイデンティティ・ポリティクスであったとは解し得ない。それどころか、おそらく、このNLCが20世紀初頭（ダワサム地域では1904年と1930年）に行った土地所有集団の登記——フィジーの「神話」の編纂の作業——ここにこそ、ダワサム地域において起きた即位儀礼を巡る一連のポリティクスを含む、今日のフィジーで生起する様々な事象の源泉が

したがって、こうした「文書化」は、それ以後に出生した先住民系フィジー人たちが、植民地国家の権威に依拠して作成された「神話」に同化し、自らが特定の「系族」の成員であることを「内面化」してゆくと同時に、「文書」には土地の「真実」が反映されていない、「虚り」が記述された、という不義理の念を抱え込んでゆく「フィジー人」が、植民地期という過程でテクスト化されてゆく契機となった[17]。すなわち、土地所有集団の文書化を通して、フィジー（被植民地側の）社会を規定する「メタ・テクスト」が生成したことで、植民地支配・帝国主義側と、それによって「テクスト化」される反対項としてナショナリズム・土着主義、この対照ペアの安定的（植民地的）な構図（相補的分裂生成）――二重体――が、フィジーの近代的秩序を形成していった、言い換えれば、文書化を通して初期植民地政策が語用的に浸透していったと考えられよう。

6.3 『一般証言』あるいは象徴

『一般証言（Ai tukutuku raraba）』は、その名が示すように、その記載事項には、それが作成されて以来、全くの変更・註釈が加えられていない。他方、『氏族登録台帳（Vola ni kawa bula）』には、当然ながら、その後に出生する各氏族・系族の構成員を、随時、登記／更新するための「空欄・余白」が多く残されており、様々な註釈や補足がボールペンなどによって、書き加えられている。

あるとさえ言える。

[17] France（1969）は、1956年に行われた国勢調査において、自らが「帰属する」系族、氏族の名前を述べることが出来た先住民系フィジー人は、66%であったとしている（ibid., p. 174）。現代フィジーを知る者にとって、これは驚くべき数字であるだろう。現在、フィジー人の間では、自らの「系族」のトーテム（動物、魚、植物・樹木）の名前は、日常的な会話の中で頻繁に使用される名詞となっており、（筆者の知りうる限り）現在の先住民系フィジー人で、自らが帰属する氏族や系族の名前を述べることが出来ない者が存在することは、想像し難いことである。

その意味において、この二つの文書は、それぞれに異なる「ジャンル」に属する文書であると同時に、同じ時期に作成された「ペア」であると言えるだろう (cf. Hanks, 2000; Riles, 2006)。

『一般証言』は、氏族・系族による土地所有の正統性を、隣接する氏族・系族との関係において保証する「憲章 (charter)」として作成されていることから、全体として形式性の高い、統一的な様式に則っている。冒頭部は、NLCが提示した「氏族 (yavusa)」という集団単位を分類する定型に従った記述となっており、終結部は、土地所有についての実態に関するセンテンスの「列挙」と「宣誓文」によって締め括られている。そして、冒頭部と終結部の中間に位置付けられる中核部の記述は、そうした氏族集団が実在する「証拠」を提示する伝承部分として、比較的形式性の低い記述となっているが、それにも関わらず、一定程度統一された形式／順序に依拠して記述されている (France, 1969, p. 11)。つまり、このようなテクストの「フォーマット」に当てはめる形で、「氏族」という社会集団の単位が語用的に模られていると言える[18]。

意味論的に見た場合、まず集団としての最初の定住に関する伝承が、同一のパターンを踏んで記述されている。そして、最初の集落が形成された後、集団が大きくなり、異なる土地を求めて散らばり[19]、さらに土地から土地へ断続的に移住する軌跡が叙述されている。これらの土地は固有名詞で記載されており、

---

18 「形式 (form)」と「意味 (meaning)」が不可分であるという問題は、この点に関連する。すなわち、特定の形式を示す記述や発話に準拠して、特定の「実世界の知識」(文化的ステレオタイプ／文化的意味範疇、非言語構造的意味論) が、(メタ) 語用的効果として指標的に生成 (*en*textualize) される、あるいは、指標的類像記号 (indexical icon) として生成される、という現象である (Parmentier, 1993; cf. Hiraga, 2005)。

19 氏族の祖先が最初に住んでいたとされる家の跡地は「ヤヴ (yavu)」と呼ばれ、氏族はその土地に対して最も独占的な所有の権限を有する。ヤヴへの権限は、そこに建てられた家を占有する者に与えられる／備わっているとされ、その占有者の死によっても消滅しないと考えられている。ヤヴの多くは、占有者の死に伴ってそのままの状態にされ、建てられていた家も次第に崩れて遺跡となったまま、一定の時間が過ぎるのを待つ。それから、子孫が新たに家を建て、そこを占有する習慣があったとされる。

ほとんどが実際に確認することのできる地名である。移住の理由は、成員数の増加や氏族長の思いつき、隣接する首長国間の争いによる脅威や土地周辺における氏族間の争い、支配者から土地を享受したり、降伏した氏族に土地を与えたこと、戦いの末にある集団に保護を求めたり／与えたりしたことなどである。このような土地の占有と解放が、ほとんど全ての『一般証言』の記述の意味論的特徴となっている[20]。

6.3.1 集団の「起源化」

では、具体的に見てみよう。「1930年」に作成されたダワサム地域の『一般証言』("Ai tukutuku raraba, Tikina ko Dawasamu, Yasana ko Tailevu")には、九つの「氏族」についての伝承が収められている。それぞれの氏族につき二～四頁の紙幅が費やされ、それらが形成している村落名、その構成系族、そのさらに下位の構成家族が、氏族を代表する者による移住伝承の語りと共に記述されている[21]。ここでは、その九つの氏族の一つであり、ダワサム地域の首長を輩出する氏族として三頁（344-346頁）にわたって記載されている、1930年6月10日に行われた「ダワサム氏族（Yavusa ko Dawasamu）」の伝承・宣誓の記述を事例に（**写真4**参照）、その形式・記述内容を詳細に考察する。

まず、一頁目（344頁）の冒頭では、"TIKINA KO DAWASAMU"（ダワサ

---

20 これらの記述に拠れば、「接触以前」のフィジー人の土地所有は、集団間の絶え間ない争いと、移住／再定住の繰り返しとして特徴付けられる。NLCは、ヴィティレヴ島と周辺の島々から、600以上の「証言」を収集したが、氏族が形成された最初の土地へ所有関係を主張したのは、そのうちの二十一だけであった（Gifford, 1952, p. 370; 宮崎, 2002）。Brewster（1967 [1922]）は、以下のように述べている。

> 彼らは、（集団間で）攻撃したり、追い立てられたり、しばしば集落を燃やしたりもしたし、それらの集落はすぐに他の者たちが奪ったりもしていた。これらの伝承や伝説についての幾つかの研究を終えて私が受けた印象は、古い時代における山岳地帯でのフィジー人の生活は、大規模なかくれんぼのようなものであった。(Brewster, 1967 [1922], p. 59)

21 現在は、A4サイズの紙に複写され、新たに製本されたものである。

写真4．ダワサム氏族『一般証言』

```
                    344
     TIKINA   KO   DAWASAMU
       Yavusa   ko   Dawasamu
           Koro   ko   Driti
           ─────────────────
Ratu Peni Waqa, tukutuku:-
    A neitou Vu ko Vunikaulevu. A neitou ika na
"Busa". A neitou kau na "Dawa". A neitou manumanu
na "Kula". A neitou i vakacaucau-ni-ravu kau saga
ni kila. Ko iratou na neitou qase e kainaki e ratou
a taka mai Dawasamu, Cola East--YAVUTU. Au sega ni
kila na ka e ra a veisei mai kina. E ratou biuti
Dawasamu--YAVUTU ka ratou mai toka e na tai i matau
ni Wainibuka, domuya na koro ko Drekeniwai  Tikina
ko Nayavu; a yacana ko Dawasamu. Mai keya ki Matai-
dawasamu, a vanua lala, e na buca ko Neseni voleka ki
baravi mai Navunivesi, a tiko kina e liu ko Misi
Kidroso.
    Biu ko Mataidawasamu keitou toki sobu vakalailai
ki Matasawa, keitou tara koro e na tai i mawi ni
uciwai ko Dawasamu a yacana ko Dawasamu.
    Ni taudei e keya na neitou tiko sa mani akaoqo
na neitou i wasewase vakavanua. A keitou i cavu ga
ko "Dawasamu".
         YAVUSA KO DAWASAMU
    Mataqali                Tokatoka
    (1) Ratu            (a) Nabukebuke
                        (b) Bara
                        (c) Wainivatu
              E ra Turaga
    (2) Nasaqiwa        (a) Nasaqiwa
                        (b) Naburevoroqa
                        (c) Vunimoli
              E ra Matanivanua
    E ra buli Ratu Koroiratu na neitou qase. A
yacana buli na "Ratu".
```

（Ai tukutuku raraba, 1930, p. 344）

ム地域）と記載され、続けて"Yavusa ko Dawasamu"（ダワサム氏族）、そして、"Koro ko Driti"（ドゥリティ村）と記載されている。これらの記載は、それぞれが一行を成し、三行全てが紙幅中央にセンタリングされ、三行目の直後には、太い横線が敷かれており、以下に続く記述のメタ・ナラティヴ的なフレームを形成している。その後に、"Ratu Peni Waqa, tukutuku:-"と記述され、「ラトゥ・ペニ・ワンガ（Ratu Peni Waqa）」[22]という特定の人物（固有名詞）の

22　この人物こそが、2010年4月、ダワサム地域で開催された即位儀礼で即位したペニ・ワンガ（Jr.）の祖父、ペニ・ワンガ（Sr.）である（第5章1節の**表5**を参

記載と、その後に続くカンマ（,）を挟んで、この文書のタイトルである"Ai tukutuku raraba"の「証言」（報告、言及）という動詞（tukun-a）の名詞形である"tukutuku"が配置されている。特定の人物の名前（「固有名詞」）と、（「報告する; tukun-a」という動詞形ではなく）「証言（tukutuku）」という名詞形が並列され、「〜〜による証言（報告）」という体言止めとなり、テクストの象徴性（脱コンテクスト化の度合い）を高めている。

　その後、新たな段落として続く記述は、一貫して、この固有名詞で提示された人物（ラトゥ・ペニ・ワンガ）による語り（モノローグ）として進行し、"keitou"という「一人称代名詞除外形少数」（聞き手を含まない一人称代名詞少数形）によって氏族集団が指示されてゆく[23]。初めに、ダワサム氏族の幾つ

照）。筆者は、2010年3月4日にナタレイラ村在住の青年エモシ（Emosi）と共に、ドゥリティ村に住むペニ・ワンガ（Jr.）の邸宅を訪れた。筆者が、「ダワサム地域の首長位の歴史について教えて欲しい。」と訪ねると、彼は「それは何とも大きな質問だ。（Dua na taro levu.）」と言いながら、邸宅の寝室（上座）に仕舞ってあるスーツケースの中から、この**写真4**と同一の『一般証言』のコピーを取り出し、それをエモシに読み上げさせた。この際、筆者は、エモシの読み上げを録音していたのであるが、ペニ・ワンガは筆者に対し、「内容が理解できたら、その録音を消去しなさい（bokoca）。誰にも聞かせてはならない。」と言って録音を許可してくれた。

　また彼は、コピーの最後まで読み上げることは許さず、終結部に差し掛る手前でエモシの読み上げを制止している。彼は、ダワサム氏族にとっての「移住伝承」の部分（中核部後半まで）を筆者とエモシに開示したが、終結部に記載されている「宣誓」の記述箇所、つまり1930年当時の政府と彼の祖父、その他の集団とで為された「行為」についての記述は開示しなかったのである。

23　フィジー語のバウ語（Bauan）による記載である。バウ語は、フィジーのヴィティレヴ島南東部、タイレヴ地方のバウ（Bau）地域を中心に使用されている方言であり、現在は、多様な方言の中で最も支配的なフィジー語（標準変種）となっている。

　以下は、フィジー語（標準変種バウ語）の人称代名詞である（菊澤, 1999, p. 16; cf. Besnier, 2004, p. 105）。

	単数	双数	少数	多数
一人称除外形	(y)au	keirau	keitou	keimami
一人称包括形		kedaru	kedatou	keda
二人称	iko	kemudrau	kemudou	kemuni
三人称	koya	rau	ratou	ira

かの「トーテム」[24]である、「祖先神（Vu）」、「魚（ika）」、「樹木（kau）」、「動物（manumanu）」、「喊声（i vakacaucau-ni-ravu）」が、以下のように列挙されている。

【トーテムの生成】
① ［証言1頁目：1〜4行目］[25]

A neitou Vu ko Vunikaulevu.	私たちの神は、ヴニカウレヴである。
A neitou ika na "Busa".	私たちの魚は、「ブサ」である。
A neitou kau na "Dawa".	私たちの樹木は、「ダワ」である。
A neitou manumanu na "Kula".	私たちの動物は、「クラ」である。
A neitou i vakacaucau-ni-ravu ka'u sega ni kila.	私たちの喊声は、私は知らない。

（Ai tukutuku raraba, 1930, p. 344）

　ここで、話し手であるラトゥ・ペニ・ワンガ（Ratu Peni Waqa (Sr.)）は、"A neitou [X] na [Y]."（「Yは、私たちのXである。／私たちのXは、Yである。」）という構文を使用している[26]。つまり、Y=X／X=Yという「定義的な意味の等価関係」[27]を明示的に（メタ意味論的に）言及指示する同一の「システム・センテンス」のレプリカ[28]を繰り返し使用し、氏族集団を個別の単位として「分

24　「トーテム」については、第1章4節4項（1.4.4）を参照のこと。
25　ここでは、センテンス間の詩的構造性を明瞭化するため、センテンス毎に列挙した。
26　フィジー語の語順は、いわゆるV-O-Sである（cf. 菊澤, 2001）。
27　Silverstein (2007) は、明瞭に「分類化 (taxonomize)」された知識の体系を、「オノミー知識（onomic knowledge）」と呼んでいる（ibid., pp. 38-53）。
28　システム・センテンスとは、「抽象的な、実際には現れない理念的な体系としての文」のことであり、それが実際にディスコース上で、特定の言及指示対象をもって現れる文を「テクスト・センテンス」と呼んでいる（小山, 2012, pp. 76-79; Lyons, 1977, p. 29f）。この"A neitou [X] na [Y]."というシステム・センテンスを共有した、これらトーテムについての言及指示テクストは、社会的・経験的な概念的知識の構造、概念・意味間の関係（オノミー知識）それ自体を、ディスコース上で、（つまり、テクスト・センテンスとして）直接、明示的に言及指示するメタ意味論的センテンスである（Silverstein, 2007, pp. 38-40）。

類」するための知識を開陳している（あるいは、そうするように、NLCのテクスト形式によって促されている）²⁹。こうした顕著な反復によって、これらの知識が恒常的命題として、まさに「トーテム」として詩的に生成されるテクストを織り出し、"neitou"（一人称所有代名詞除外形少数；「私たちの」）によって指示されている「今ここ」のダワサム氏族の構成員たちが「実在」する前提可能な範疇、つまり「出自集団」として個別化されている³⁰。

　後続する四〜十三行目の叙述では、ここまで"neitou"（一人称所有代名詞除外形少数）ないし"Au"（一人称代名詞単数"o yau"の一致の標識）で指示されていた「話し手」とその所属集団は省略され、話し手であるラトゥ・ペニ・ワンガは、"Ko iratou"（三人称代名詞少数）を使用して、そのトーテムに言及することによって同定した「ダワサム氏族」の祖先について、以下のように言及してゆく。

【「伝え聞いた」始祖の土地】
② ［証言１頁目：４〜13行目］

　　②⁻¹Ko iratou ②⁻²na neitou qase ②⁻³e kainaki e ratou a taka mai Dawasamu, Colo East--②⁻⁴YAVUTU. ②⁻⁵Au sega ni kila na ka e ra a veisei mai kina. E ratou biuti Dawasamu--YAVUTU ka ratou mai toka e na tai i matau ni Wainibuka donuya na koro ko Drekeniwai Tikina ko Nayavu; a yacana ko Dawasamu. Mai keya ki ②⁻⁶Matai-dawasamu, a vanua lala, e na buca ko Naseni voleka ki baravi mai Navunivesi, a tiko kina e liu ko Misi Kidroso.

29　このようなオノミー知識の明示的な言及指示の最後が、"A neitou i vakacaucau-ni-ravu ka'u sega ni kila."（「私たちの喊声は、私は知らない。」）となっていることからも、この語りが、NLC側の集団を個別化するためのフォーマットに従って為されている談話であることが理解できる。喊声とは、「鬨の声（war cry）」である。

30　文頭の"A"は、定／不定冠詞であり、「一般性」を指標する。"neitou"は、一人称所有代名詞除外形少数である。フィジー語では、このように二つの名詞句（X、Y）を併置することによって、「Xは、Yである。」という文になる（菊澤, 1999, p. 10）。

[②-1彼ら、②-2私たちの先祖は、東部山岳地帯（Colo East）のダワサムに由来し、そこが②-4始祖の土地（YAVUTU）である、②-3と言われている。②-5私は、彼らがそこから別れて来た理由を知らない。彼らは、始祖の土地（YAVUTU）であるダワサムを立ち、ちょうどワイニンブカ川の右手の岸にある、ナヤヴ（Nayavu）地域のドゥレケニワイ（Drekeniwai）村にしばらく住んでいた。名前はダワサムである。そこから、ナヴニヴェシ（Navunivesi）の海岸に近いナセニ（Naseni）という平野の②-6マタイ・ダワサム（Matai-dawasamu）という空いた土地に移住したが、以前そこにはキンドゥロソ氏（Misi Kidroso）が住んでいた。]（Ai tukutuku raraba, 1930, p. 344）（下線は引用者による）

ここでは、②-2"na neitou qase"（私たちの先祖）が、②-1"Ko iratou"という三人称代名詞少数によって指示され、その言及指示内容は、②-3"e kainaki [X]"（「Xと言われている」）[31]という「伝聞」[32]の様態（modality）で記載されている。しかし、それが誰から伝え聞いたのかは特定されず、不特定多数の"qase"（先祖／先達）として提示されているのみである[33]（cf. Katz, 1993）。つまり、話し手は、自らは経験的には知り得ない集団的な知に属する出来事として、氏族集団の過去・起源に言及することで、言及指示されている氏族集団にとっての②-4

31　"kainak-i"は、他動詞"kainak-a"（言う／伝える）の受動形。
32　引用や伝聞は、誰かが言った（とされる）こと、誰かの語用を「再現」する語用（言語使用）であり、したがって「メタ語用」となる（cf. Jakobson, 1971 [1957]）。
33　"qase"という語は、通常は年配者を指す名詞であるが、遠い過去や神話的時空に位置付けられる人物、固有名詞によって明示的に言及指示することが出来ない／すべきではない存在、祖先／祖先神、そして、その「尊大さ」を指し示す際に用いられる。「尊大さ」については、第9章1節5項（9.1.5）を参照。Katz（1994）は、フィジーにおける呪医（healer）たちが治療の際に依拠する文化的概念に関する考察の中で、年配の呪医が祖先神（Vu）を言及指示する際に、彼らを「誰かたち（someones）」や「他の人たち（others）」として指示したり、子供たちは「あのものたち（those things）」と呼んでいるとしている。

第6章 文書の体制　　185

　"YAVUTU"（始祖の土地）[34]の所在の権威を喚起すると同時に、（経験的な時空に属する）自らの証言の証拠性（evidential(ity)）を指標している。
　その直後に、話し手は、再び"Au"（一人称代名詞単数）によって指示され、②-5"Au sega ni kila na ka ra a veisei mai kina."（「私は、そこから彼らが別れ／分かれてきた理由を知らない。」）と、先祖が彼らの土地（YAVUTU）を離れて移り住んできた理由を「知りえないこと」として提示している。それによって、氏族の「起源」を、「私」（一人称単数）には明示的には語り得ない時空、自らは属しておらず、したがって「引用」することしかできない彼岸——物自体（Ding-an-sich）——として権威付けるテクストを創っている。集団の起源は、「伝え聞くこと」しかできない、遠い聖なる時空間であること、その永遠・不変性を喚起し、それによって、太古から「この土地」に住んできた者（先住民）として、自集団の土着性を創出している。
　その後、ダワサム氏族の祖先が、始祖の土地を離れ、移住を繰り返したことに関する言及が続いている。そこでは、実際に存在する土地名が言及されることで、祖先の移住が「固有名詞」を伝って、徐々に（当時の）発話の「今ここ」（deictic center）が置かれているダワサムの土地へ向かって接近してくる線的な軌跡が、グラフィックに喚起されながら示されている。そして、最終的にその移住は②-6"Matai-dawasamu"（「マタイ・ダワサム」）という場所、すなわち、地域名の「語源」である「ダワサムへの門」[35]と名付けられた土地に移り住むに至ったことが言及されている。それをもって、彼ら（の祖先）による、「ダワサム（Dawasamu）」地域への移住が達成されたこと、語り得ない遠い「彼

34　このように、始祖の土地が、"YAVUTU"と大文字で二回繰り返して記載されていることからも、出自集団としての氏族を特定し、その「起源」の存在を明示化し、権威付けることが、この文書化の作業の重要事項の一つであったことが理解できる。

35　"mata"は、「入口」や「顔」を意味する名詞であり、"i"は"ki"の短縮であり、その後に言及される場所（ここではDawasamu）への方向性を示す前置詞である。これらが結合し、「ダワサムへの門」と訳しうる地名（固有名詞）となっている。この場所は、現在でも知られている場所であり、後述する「神話の語り」においても登場する場所である。「神話の語り」については、第7章2節2項（7.2.2）を参照。

岸」から経験的に言及指示することが可能な「今ここ」に到着したこと、したがって、氏族の起源が「起源」となったことが確認されたと言えよう。

そのような、氏族の移住に伴う、「彼岸」（始祖／祖先神）から「今ここ」（自分たち）へという語りの時空間の較正の変容は、"ratou"（三人称代名詞少数）で指示されていた氏族集団が、再び、"keitou"（一人称代名詞除外形少数）で指示されることによって標示されている。また、そこからの記述は、新たな段落で始まり、最後に、ダワサム氏族という出自集団の存在が、以下のように明示的に宣言される。

【氏族の命名】
③ ［証言1頁目：14〜16行目］

  Biu ko Mataidawasamu ③⁻¹keitou toki sobu vakalailai ki Matasawa, keitou tara koro e na tai i mawi ni uciwai ko Dawasamu a yacana ko Dawasamu. Ni taudei e keya a neitou tiko sa mani vakaoqo na neitou i wasewase vakavanua. ③⁻²A keitou i cavu ga ko 'Dawasamu'.
  ［マタイ・ダワサムを去り、③⁻¹私たちは少し下ってマタサワ（Matasawa）へ移住し、私たちはダワサム川の左岸に、ダワサムという名の村を立てた（tara）。そこで私たちの居住が基礎付けられた（taudei）頃、このような私たちの土地による分割（wasewase vakavanua）が生まれた。③⁻²私たちの名前は、『ダワサム』である。］（Ai tukutuku raraba, 1930, p. 344）
（下線は引用者による）

ここでは、氏族集団にとっての「起源（yavutu）」から、「マタイ・ダワサム（Matai-dawasamu）」というダワサム地域に範疇化されている場所、すなわち、「神話的時空」から「経験的世界」へという語りの較正の転換が、「三人称」から「一人称」（③⁻¹keitou）へという人称代名詞の変化と、「段落の変更」という明瞭な形式的変化によって標示されている。そして、最後に、③⁻²"A keitou i cavu ga ko 'Dawasamu'."（「私たちの名前は、『ダワサム』である。」）という、冒頭で氏族のトーテムを言及したメタ意味論的構文（"A neitou [X] na [Y]."）と類似した構文によって氏族の名前が宣言される。それによって、「マタイ・ダワサ

ム」という実際に存在する地名——「ダワサムへの門」——を基点に、その場所よりも「外部」に位置するか、「内部」に位置するかという時空間の範疇が生起したことが理解できるだろう[36]。

そうした較正の転換は、「伝聞または引用」(reported speech) という様態を伴った語り、すなわち、話し手自身に「主権性 (sovereignty)」を位置付けない、(それ自体としては存在するが、不明瞭で分からない ("sega ni kila"))「起源」についての語りから、話し手自身(ラトゥ・ペニ・ワンガ)に「主権性」を位置付けた語り (sovereign speech) へとという、語りの様態の変化によっても喚起されることで (Du Bois, 1986, pp. 326-332)、前者と後者、「かつて・彼岸」と「今・ここ」、神話的時空から経験的世界、この両範疇に指標的連続性が生み出されている[37]。すなわち、ダワサム氏族という土着性を有した集団が前提可能な範疇としてテクスト化されたと言えるだろう。

---

36 したがって、この「地名」自体も、この文書化に際して「造られた名前」であった可能性もある。

37 こうした語りは、今日のフィジーにおける儀礼的発話に観察される「定型」となっている。筆者が、2011年暮れから2012年1月に、調査村落であるナタレイラ村を再訪し、再び村落を去る日がやって来た際、筆者は、フィジー的仕方 (itovo vakaViti) に則って、村落での長期にわたる筆者の居候を認めてくれた氏族・系族の主だった成員を前にして、別れの辞 (vosa ni tatau) を述べる儀礼的発話を行うことになった。その際、筆者が暮らしを共にした家族の一員で一歳年上の男性ヴェレタリキ・サンガナモア (Veretariki Saqanamoa) は、筆者に対し冒頭部 ("Vakaturaga saka i na vanua, vua saka na gone turaga na Ratu, kei ira na nona qase.") と、終結部 ("Dua saka na yaqona au sa lave saka tiko e na matamudou e na yakavi nikua. Qo saka na noqu itatau. Au nuitaka ni dou na ciqoma e na yolo vinaka kei na yalo loloma. Balabalavu saka tiko na vosa ni tatau. Me sa rai donu vakaturaga ki na vanua. A sosoraki tu.") の定型的な口上を教示し、「冒頭が終わったら、おまえの自作の語りを行えば良い。日本に帰ってどうだったのかなど、好きなように物語れば良い。それが終わったら、終結部に戻ってくるように (lesu tale mai) 話せば良い。」と、謝辞作成にあたって筆者に助言した。つまり、「今ここ」から「彼岸」へ ("the departure to the spirit world")、再び「今ここ」へ ("the return to vitality as communal matters") という、儀礼的三段階構成を有している (Bloch, 1992, p. 43)。

6.3.2「氏族＞系族＞家族」のオントロジー

　以上の通り、明示的に集団の存在が宣言されることをもって、その「起源化」が完了した「ダワサム氏族」は、さらに、その具体的な内部構成（系族・家族構成）が、以下のような「ダイアグラム（diagram）」によって記載されている。

【集団のダイアグラム化】
④［証言１頁目：17〜28行目］

YAVUSA KO DAWASAMU	
Mataqali	Tokatoka
(1) Ratu	(a) Nabukebuke
	(b) Rara
	(c) Wainivatu
E ra Turaga	
(2) Nasaqiwa	(a) Nasaqiwa
	(b) Naburevoroqa
	(c) Vunimoli
E ra Matanivanua	

（Ai tukutuku raraba, 1930, p. 344)

　ここでは、YAVUSA KO DAWASAMU（ダワサム氏族）という見出しの下、「上下」・「左右」というパートノミー（partonomy）と階層（hierarchy）の二次元の交叉によって、ダイアグラム性（diagrammaticity）を喚起した明瞭な「序列化」（seriation）が行われる。「上下」の関係では、(1) ラトゥ系族（Mataqali Ratu）と (2) ナサンギワ系族（Mataqali Nasaqiwa）の二系族が分割され、氏族内部の系族構成（「１氏族＞２系族」）が標示される。さらに前者は、「首長を輩出する者たち」（E ra Turaga）、後者は、「マタニヴァヌア（首長のスポークス

第6章　文書の体制

マン／後見人）を輩出する者たち」[38]（E ra Matanivanua）という儀礼的地位が付与され、両者の階層（力関係）が明示されている。

次に、「左右」の関係では、系族内部の家族構成（「1系族＞3家族」）が、両系族それぞれに標示される。さらに、それら「3家族」が、「上下」の関係において記載され、その階層が示されている。すなわち、ダワサム氏族の内部構成は、「1氏族＞2系族＞6家族」というパートノミー（左右）とその階層（上下）の二次元の交叉によってダイアグラム化され、それぞれに序列化された集団から構成される、一個の可算的な「集団単位」として図示されている。

以上の通り、「1氏族＞2系族＞6家族」という集団範疇の序列構造（serial structure）[39]として共時的に形成される「ダワサム氏族」という単位が、当時（1930年）の状態に形成されるに至った通時的過程が、**1)** 集団の「トーテム」の提示、**2)** 集団の始祖の土地（yavutu）についての言及、**3)** 始祖の土地から現在の居住村落までの移住の過程、**4)** 特定の名前をもった氏族集団の宣言、**5)** ダイアグラムとして提示された集団の内部構成の提示、以上の時系列に沿った発展的形式によって記述されている。それによって、当該氏族が、この「文書化」という出来事以前（つまり、植民地期／割譲以前）に起源を有し、劃然とした内部構造を伴ったユニットとして、そのオントロジカルな記述を通して（メタ）語用的に生成されている。こうした記述形式は、各氏族によって幾分の異なり（語用的なヴァリエーション）を示すが、ダワサム地域の『一般証言』に関する限り、他の氏族の記述でも共有されているフォーマットとなっている。

＊＊＊

以上が、ダワサム氏族の『一般証言』の「冒頭部」（344頁）に当たる記述で

---

[38] ここで示された「系族（mataqali）」が、現在に至る土地所有の集団単位となっており、ダワサム地域における土地と集団との所有関係は、この文書で示された系族の名前に基づいて登録されている。

[39] あるいは、「順序立て（ordering）」（Silverstein, 2007）。

ある。これ以降の記述（中核部）は、上記された"Turaga"（首長位）の系譜の推移、首長位がどのように当時の首長（ラトゥ・ペニ・ワンガ）へと辿り着いたのか、ダワサム氏族が今日住んでいるドゥリティ村にどのように移り住んだのか、他氏族との関係の中で、ダワサム氏族（首長）を頂点とした連合的関係が、どのように形成されるに至ったのかなど、ダワサム地域の内部での移住や他氏族との争いに関する、（比較的定型性の低い）通時的記述が展開している[40]。

6.3.3　宣誓

　三頁に及ぶダワサム氏族の『一般証言』の終結部にあたる最終頁（346頁）には、他の全ての氏族の証言にも確認される定型的記述によって、氏族の存在が「宣誓」されるに至る。そして、デイヴィッド・ウィルキンソン（David Wilkinson）がNLCの弁務官を務めていた1904年に、ダワサム地域における三つの氏族の間でなされた調査を踏襲し、それを確定し宣誓する、以下のような記述が附されている。

---

[40]　この「首長位」の推移の記述には、ダワサム地域における即位儀礼の開催に関して問題となった「ヴニンダワ系」の首長位などに関する記述は一切見られないが、以下のように記述されている箇所がある。
　　"Dede koto na vakarewa ni Koila sa qai mate ko Ratu Manasa Rakula ka sosomitaki koya ko Ratu Jonasa Delaitubuna. A nona gauna kai Vakatawa ni Yasana kina e Tailevu ko Dr. Finucane, ka qai nona lewa nai suasua, keitou laki tara koro ki Driti. Keitou tiko mai Driti qai mate ko Ratu Jonasa Delaitubuna, kau sa qai kenai sosomi. Au sa liutaki keitou tiko ka yacova na siga e daidai, ka'u sa gunu oti vakavanua me'u 'Ratu'."
　　この記述に拠れば、Ratu Peni Waqaは、Ratu Jonasa Delaitubunaの死去に伴って首長となった人物であり、即位儀礼を経た（ヤンゴナを飲んだ）「正式な」首長（"ka'u sa gunu oti vakavanua me'u 'Ratu'"）であると記載されている。ここでも、現在、実際にダワサム地域住民が想起する首長位の過去についての理解と、『一般証言』の記述とではズレがあることが理解できる。ここで重要なことは、第5章で記述した首長位に関する認識、つまり、チョナサ・デライトゥンブナからペニ・ワンガ（Sr.）への首長位の移行に伴う、アンディ・リティアを争点とした継承問題は全く記されておらず、首長位の系譜は単線的に叙述されているに過ぎないことである。

第6章 | 文書の体制　　　　　　　　　　　　　　　　　　　　　　　*191*

⑤ ［証言3頁目：11〜21行目］

> ⑤-1Sa cakava oti ko Misi Wilikinisoni N.L.C. na neitou i yalayala levu ni veimataqali na Yavusa e tolu; Voni, Delai kei keitou ko Dawasamu. E dui macala tu na dui neitou i yalayala vakayavusa, vakamataqali talega; ⑤-2ko koya ka qai caka oqo. E macala tu na lewe ni veitokatoka yadua.
>
> ⑤-3Sa oti na noqu i tukutuku.
>
> ⑤-4Sa vakabau e na Veitarogi Vanua ka caka mai Lodoni, Sawakasa, e nai ka 10 June, 1930
>
> E.B..........
>
> 　　　　　　　　　　　　　　　　　　Turaga ni Veitarogi Vanua

──（以下、日本語訳）──

　⑤-1ウィルキンソン氏は、ヴォニ、デライ、そして、私たちダワサム、以上の三つの氏族において、私たちの系族ごとの境界を決定し終えた。私たち、それぞれの氏族ごとの境界、系族ごとの境界は、それぞれに明瞭な状態である。⑤-2それが、今回為されたことである。一つ一つの家族ごとの成員も、明瞭である。

　⑤-3私の証言は終わる。

　⑤-41930年6月10日、サワカサ地域、ロンドニにて行われた土地所有調査において承認される

E.B..........
先住民所有地委員会・弁務官

──（日本語訳、終わり）──

　　　　　　　（Ai tukutuku raraba, 1930, p. 346）（下線は引用者による）

以上の通り、ダワサム氏族の証言を締め括る終結部（第三頁）は、冒頭部から中核部の記述を特徴付けていた氏族・系族についての通時的叙述とは異なっている。この終結部は、①氏族の過去についての「伝聞」による記述から、②現在の氏族内部の集団構成についての記述、さらに、③当該氏族が輩出する「首長」の変遷についての記述から、④現在の土地所有の実態についての短い記述へと進行した、冒頭部から中核部への記述、それ自体についての再帰的な言及となっている。

　言い換えるなら、「語られた出来事（narrated event）」と「語りの出来事（speech event）」を、同一の認識存在論的空間の中で非対称的に位置付ける「時空内的な較正（reportive calibration）」ではなく、NLCとダワサム氏族の代表（ラトゥ・ペニ・ワンガ）ら地域・村落側との間で為されている相互行為自体についての叙述、つまり、「語られた出来事」と「語りの出来事」の両者が、同一の認識存在論的空間の中で類像的に一致したものとして位置付ける「再帰的な較正（reflexive calibration）」による記述となっていると理解できる。

　はじめに、⑤-1"Sa cakava oti ko Misi Wilikinisoni N.L.C. na neitou i yalayala levu ni veimataqali na Yavusa e tolu; Voni, Delai kei keitou ko Dawasamu."（「ウィルキンソン氏は、ヴォニ、デライ、そして、私たちダワサム、以上の三つの氏族において、私たちの系族ごとの境界を決定し終えた。」）という記述が、"Sa --- oti"（「---し終えた／る」）という記載で始まっていることに注意したい。つまり、デイヴィッド・ウィルキンソン[41]が、NLCの弁務官であった1904年に、既に一度ダワサム地域の三つの氏族（ダワサム、ヴォニ、デライ、各氏族）の間で行われた系族ごとの土地所有に関する調査に言及し、それが「既に行われてしまったこと（"Sa --- oti"）」という「完了性」を強調する記述となっている（cf. Arno, 1993, p. 111）。したがって、今回行われている調査、および話し手がそこまでに語ってきた内容が、前回の調査を踏襲しているものであったことを強調している。

　続いて、"E dui macala tu na dui neitou i yalayala vakayavusa, vakamataqali talega; ⑤-2ko koya ka qai caka oqo. E macala tu na lewe ni veitokatoka yadua."（「そ

41　デイヴィッド・ウィルキンソンについては、第6章1節（6.1）を参照。

れぞれの氏族ごとの境界、系族ごとの境界は、それぞれに明瞭な状態である。⑤-2 それが、今回為されたことである。一つ一つの家族ごとの成員も、明瞭である。」）という言及が為されている。"ko koya" は「三人称代名詞単数」であり、"ka" は「事物（thing）」を意味する名詞である。それが、その後の "qai caka oqo"（そして今回為される／た）という言及によって修飾され、「それは（ko koya）今回為されたこと（ka qai caka oqo）」という言及となる。すなわち、「今回為されたこと」が前回の調査を踏襲し、それを再認し、より具体的に明瞭化したことを明示している。したがって、この言及は、この記述が植民地政府の権威を伴った「証言」であること、その権威を刻印する語用的「判子（stamp）」としての遂行的記述となっている（cf. Messick, 1993, pp. 206-208）。

最後は、⑤-3 "Sa oti na noqu i tukutuku."（「私の証言は終わる。」）[42]という言及で締め括られる。つまり、再び、"Sa --- oti" という（このセグメントの冒頭と同様の）メタ語用的構文、すなわち、「為され終えたこと／今まさに為されようとしている」状態、その「確定性（definiteness）」を指示する "sa" 助動詞（現実相; realis）が使用されることにより、この言及が指示する事柄と、この言及指示行為自体の確定性が強調されている[43]。さらに、この記述は、冒頭部（一頁目）のヘッドラインの直後に言及された、「ラトゥ・ペニ・ワンガによる証言」（"Ratu Peni Waqa, tukutuku:-"）という記述を反復しており、ラトゥ・ペニ・ワンガによるダワサム氏族についての「証言」の終了を確定するようにも機能している。つまり、ここまでが「話し手」自らの語りであったことが再帰的に記述され、「話し手」がNLCと他の氏族・系族を前にして従事した行為が、「証言」であったことを「宣誓」する遂行的記述である。

---

[42] "Sa" という助動詞は、現在起きている事象の確定性を指標する「現実相（realis）」、あるいは、特定の事象がまさに完了しようとしていること、ないし完了したことを指標する「完了相」として振る舞う。したがって、「現在形あるいは不定形」と「完了形」のどちらにも使用される（Dixon, 1988, pp. 69-73）。英語に翻訳するならば、"My report finishes / is finished." となろう。

[43] フィジー語では、時制の前提可能性が高い場合、過去 "a" や未来 "na" の時制を表す助動詞は、省略される傾向がある（菊澤, 1999, p. 42）。

6.3.4　テクストの詩的終焉と権威化した知識の序列

　このように、語り手であるラトゥ・ペニ・ワンガによる、ダワサム氏族の過去から現在、そして、氏族・系族集団の分割とそれに付随する土地所有の状態、これらについての言及の「確定性」が語り手自身によって宣言され、「証言」は終了した。しかし、この「相互行為」自体は依然として完結を見ていない。それを完結するように、これまでは、当該テクストにおいては登場していなかった（明示的には言及指示されていなかった）「第三者」の「声」が入り込む。

　続く記述は、⑤-4"Sa vakabau e na Veitarogi Vanua ka caka mai Lodoni, Sawakasa, e nai ka 10 June, 1930"（「1930年6月10日、サワカサ地域、ロンドニにて行われた土地所有調査において承認される」）である。この言及は、その直後で終了したダワサム氏族に関する「証言」から、一行空けて記述が始まっており、ペニ・ワンガの証言についての言及、ペニ・ワンガの言及を「引用」する言及として位置付けられている。ここでは、改めて、進行中の出来事の「確定性」を指標する助動詞"Sa"が文頭に登場し、引用されたラトゥ・ペニ・ワンガの言及指示内容の確からしさを喚起している。また、それが"Sa vakabau e na Veitarogi Vanua"（「NLCにおいて承認される」）と言及され、直前にペニ・ワンガによって為された "Sa oti (na noqu i tukutuku.)" という言及と同様に、助動詞"sa"の後に"vakabau"（「承認される」）という原形自体に「受け身」の様態を表す動詞を伴った言及となっている。

　したがって、この発話（「承認される（sa vakabau)」）は、「私の証言は終わる（sa oti na noqu i tukutuku)」と同様に、「承認」を遂行する発話である。そこで承認される事柄は、直前まで語られてきたラトゥ・ペニ・ワンガの「証言」と、彼がそれ自体について行った「宣誓」である。つまり、この出来事自体をNLCが、改めて「承認」するという行為が、ここで遂行されていると考えられる。言い換えれば、NLCが（1904年に）明瞭化した、地域の氏族集団の過去と氏族内部の系族間の境界と土地所有の関係の「再認」がダワサム氏族側によって達成されたと同時に、そのようにして達成された行為自体を、最終的にNLCが改めて「承認」するという多層的な承認行為が遂行されている。そのような多層的に遂行される承認行為（遂行的発話）を通じて、「ダワサム氏族」とい

う明瞭に階層化された内的構造（系族・家族）を有し、区画化された特定の土地との所有関係を有した一個の前提可能な集団ユニットが、全ての氏族に共有される「フォーマット」に当てはめることによって誕生する出来事、テクスト的／文書的な（植民地化という）相互行為が成立したのである。もちろん、この記述の末尾には、（植民地政府に帰される）権威の所在（presence）、"Turaga ni na Veitarogi Vanua"（「先住民所有地委員会・弁務官」）という承認者の「署名」が文書上に明記され、それ以上の解釈が生起しないテクスト——神話——として、その「終焉性（finality）」が刻印されている。

＊＊＊

　以上のように、19世紀末から、フィジーにおける初期植民地政策としてNLCによって遂行された、先住民系フィジー人の土地所有の確定作業は、土地所有集団の単位を同定し、集団の分節を明瞭化するというメタ語用的フレームに依拠し、各々の氏族の「過去」（起源）を、引用可能な知識（データ）として文書化することによって、「過去」と「現在」の指標的連続性（存在論的因果関係）を有した個体を創出した。つまり、「頁番号」を割り振りファイリング可能な「ユニット」としての氏族集団を、このテクスト的出来事を通して語用的に生成し、実際にそれが、『一般証言』という一様な文書として創り出したことが理解できる。ユニット化された氏族が、区画化された特定の土地との対応関係を付与された「系族」によって構成され、「地域名」、「氏族名」、「村落名」のヘッドラインの下、それぞれ数頁に収まる反復可能な社会集団の（「首長」を基点とした）「序列構造（serial structure）」として製本化されることを通して、『一般証言』はフィジー人のアルケー（arche）を記録したアーカイヴ（archive）、「神話集」となった。

6.4 『氏族登録台帳』あるいは指標

　前節では、ダワサム氏族の『一般証言』が、どのようにして氏族を語用的に

生み出す記述となっているかについて詳細に分析した。そして、この文書の内容に照応し、「地域」を構成する「氏族＞系族＞家族」という階層化・個別化された集団範疇へ、その構成員を随時登記してゆく戸籍抄本として作成されたのが『氏族登録台帳（Vola ni kawa bula）』である。

6.4.1 系族と土地所有／証言と台帳の対照ペア

　タイレヴ地方・ダワサム地域の台帳である"VOLA NI KAWA BULA, YASANA KO TAILEVU, TIKINA KO DAWASAMU"の中のダワサム氏族の頁（No. 581）には、その「記録日（Date of Record）」が、「1930年6月10日（10. 06. 1930）」[44]と記載されている（**写真5**を参照）。

　したがって、この台帳は、少なくとも1930年6月10日時点からの「氏族・系族・家族」の構成員を、一人ずつ、「番号（No.）」、「名前（A Yacadra）」、「性別（T se Y）」、「地位（Tutu）」、「生年月日（A gauna ka sucu kina）」、「系譜：父親・母親・配偶者（A nodra kawa: Tamana・Tinana・Watina）」、「出生証明（Vola ni sucu）」、「死亡証明（Vola ni mate）」、「備考（Veika tale e so）」が、左から右へという順序立てで、一人につき一行ずつ、上から下へ（古いものから新しいものへ）と行列的に蓄積してゆく表／グリッド（matrix array）として記載している[45]。現在でも、新生児の両親ないしその親族は、新たに出生した成員（先住

44　1930年以前と以降の出生者が、同様の字体によって打ち込まれていることから、このダワサム地域の台帳は、最初に作成された1930年から、少なくとも一回以上、改訂／刷新されていると考えられる。1990年代頃以降の出生者は、手書きで記入されているため、それ以降は改訂／刷新されてはいないことが分かる。また、氏族によっては、作成日が多少異なっている。第5章で触れた「アンディ・リティア」の最初の嫁ぎ先であるヴォロヴォロ村のナンブト氏族は、現在、ダワサム地域の台帳に含まれている。

45　ダワサム氏族のナサンギワ（Nasaqiwa）系族の最初「第一行目」に記載されいる人物は、ラトゥ・ペニ・ワンガ（Ratu Peni Waqa）で、生年月日には「1876」と記載されている。前節（6.3）で論じた通り、この人物がダワサム氏族を代表して証言（tukutuku）を行った人物であることからも、『氏族登録台帳』が『一般証言』と対応して作成されたものであることが理解できる。

写真5. ダワサム氏族・ナサンギワ系族の『氏族登録台帳』

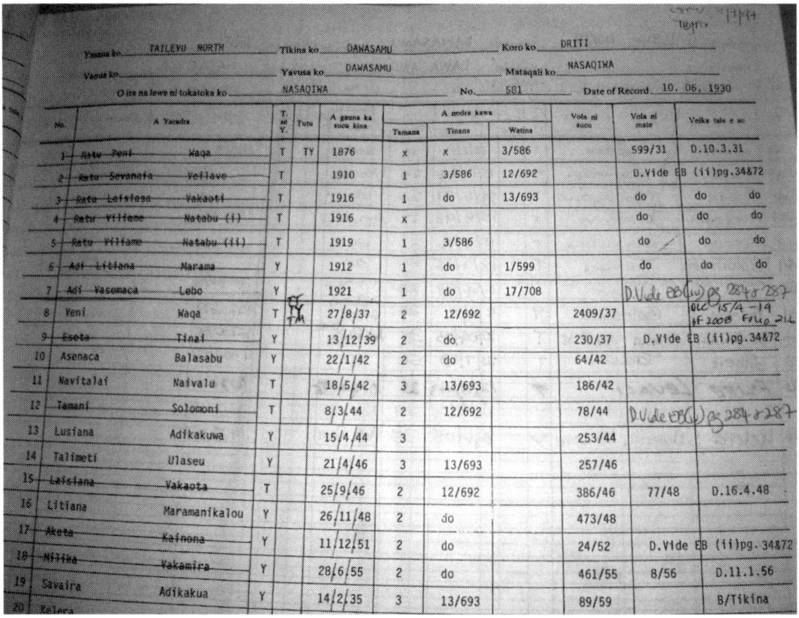

(Vola ni kawa bula, 1930, p. 581)

民系フィジー人の新生児)の出生証明書を持参し、スヴァ市にあるNLFCのオフィスに赴き、NLFCが管理している『氏族登録台帳』の記載事項にしたがって、通常は父方の「地域・村落」、「氏族・系族・家族」へと、新生児を登記することが義務付けられている[46]。

したがって、新生児の登記は、NLCの調査で同定された「氏族 > 系族 > 家族」という地域を構成する集団範疇と、土地 (native land) との所有関係 (つまり、指標的連関) を明瞭化しておくことにある。

46　シングル・マザーの場合には、その新生児の母系の親族集団に登記されることが、現在では通例となっている。海外で出生した先住民系フィジー人も対象になっているが、彼らの登録状況は不明である。また、実際にNLFCは、2005年11月25日現在で約二万人の先住民系フィジー人が、台帳に登録されていないとしている。その原因は、出生証明書が、自動的に新生児を台帳へ登録するものであるという誤認が生じているためだと考えられている。

写真6. 土地が系族ごとに区分けされているダワサム地域

＊Native Land Trust Board（NLTB; 土地信託局）が所蔵するデータである。NLTBは、フィジー人土地所有者の利便を図るべく、従来から所有してきた全ての土地を管理している[46]。
（Leases in the tikina of Dawasamu, Native Land Trust Board, 2011）

　土地所有の主体として規定された系族の構成員を、随時、台帳へ登記することによって、特定の土地を所有する権利を有するもの、「所有者（itaukei）」を継続的に記録してゆくことを目的としている。言い換えるなら、社会集団という象徴的範疇と土地との指標的連続性を、それ自体として「テクスト化」しておく、象徴を指標へと投錨する社会的／語用的地点（locus）である。
　このように『氏族登録台帳』は、新たに出生した「氏族・系族・家族」の成員を繰り返し登記する機能を担うことによって、NLFCにおいて厳重に保管

---

[47] Ward（1995）によれば、この機関の第一の目的は、先住民系フィジー人が所有する土地の、それ以外の民族集団へのリースの運営である。その際に、NLTBはリース料全体から最高25%までを取ることが出来る。通常は、系族の三人の主要な長老が22.5%を取り、当該集団のその他の成員が残りの52.5%を得る（ibid., p. 221; cf. 小川, 2002）。

され、フィジー人たちの目には触れる機会自体が少なく、(多層的な承認行為の遂行によって)「象徴性」が高められた『一般証言』、つまり、NLCと地域住民によって土地所有の単位として同定・承認された集団範疇、その序列構造が「指標的」な次元で繰り返し現れる「儀礼的基点（ritual center)」となっている。つまり、植民地政府によって提示された地域を構成する集団範疇のモデル、『一般証言』という象徴的文書に記述された秩序——神話——が、「今ここ」で経験的に現れる／再起することを可能にする指標的文書であると理解できるだろう。

したがって、出生証明書をNLFCへ持参し、政府役人によって運ばれてくる『氏族登録台帳』の中に、自らが「所属」しているその氏族・系譜集団の記載場所を、役人と共に同定し、その「表」の中へ成員一人一人の名前を登記する作業、(埋められるべき)「空欄」を埋めてゆく作業は、1930年以来、変更されることなく維持されてきた『一般証言』の記述、つまり、「土地の民（itaukei vanua)」としてのフィジー的「人（格）」を規定し続けている神話的秩序を、指標的／語用的場所において顕現させる現場であり、その先に残る「空欄」が未来においても同じように、繰り返し埋められてゆくことを「今ここ」で確認するための出来事——神話が神話であり続けてゆくことを了解するための（世俗的な）「儀礼」——として生起し続けてきたと考えられる。言い換えれば、1930年にNLCと地域住民による「宣誓と承認」という語用的関係としての「地域」を文書として生成した儀礼、この出来事との指標的連鎖[48]、を紡ぎ続けてきた、そして、紡ぎ続けているテクストが『氏族登録台帳』である。

その限りにおいて、この二種類の文書（『一般証言』と『氏族登録台帳』）は、両者の存在を前提とする「対照ペア」の関係において、「地域」という氏族集団の連合を「範疇」として存在たらしめる文書的制度を可能にしてきたと言える。新生児の名前を表の中に登記するという儀礼に参加することを通して、地域住民たちは、最高首長を中心とする「地域」を構成する特定の氏族の成員であり、その氏族を構成し、「土地」を所有する特定の系譜・家族の成員であること、「土地」との関係を通して可視化・序列化された集団範疇の秩序を内面

---

48 あるいは、「間ディスコース性（interdiscursivity)」(Silverstein, 2005)。

化してゆくことになった。「土地」と「集団範疇」との指標的連続性を担保する『氏族登録台帳』への成員の登記を反復する過程を通して、氏族・系族集団としての「地域」は高度に前提可能な知識となり、そうした意味範疇が自明化／自然化（naturalize）した近代フィジー、土地と共にある、そして土地に縛られたフィジーの人（格）――土地の民／土地の所有者（itaukei ni vanua）――が産み出されていった。

6.4.2　登記儀礼

　今日、ダワサム地域住民（とりわけ、村落に居住するフィジー人）が経験する「登記儀礼」とは、以下のようなものであろう。

＊＊＊

　鶏の鳴き声で目覚める夜明けの村落。薄暗く静かな朝に、けたたましいエンジン音を鳴らして、ラ地方ブレ（Bure）地域からバスはやって来る。新生児の届け出を行う者が男性であれば、「イスル・ヴァカタガ（isulu vakataga）」（正装用の腰巻きスカート）に、「ソテ（sote）」（ブラ・シャツ（bula shirt）とも呼ばれるカラフルな襟付きのシャツ）を身につけ、女性であれば「ヴィニヴォ（vinivo）」と呼ばれるドレスを着用し、朝露に濡れないように、抜かるんだ土で汚れないように、衣服の裾をかいつまんでバス停まで歩き、到着したバスに乗ってスヴァ市に向かう。上り下りの激しい砂利道を抜け、ゴマ島へと迂回したバスは、二つのマンモス校QVSとRKSを通過し[49]、対岸に見えてくるオヴァラウ島[50]へ向かう船の波止場ナトヴィ（Natovi）を横切って、朝日を

49　Queen Victoria School（QVS）とRatu Kadavu School（RKS）。後者は、フィジー最大規模の高等学校。フィジーの教育制度については、浅井・野村（2012）を参照。

50　オヴァラウ島には、19世紀初頭からナマコの交易を通して増加した西洋人が、現地仲介人として共同体を形成して定住した場所であるレヴカ（Levuka）がある。19世紀半ばまでに、四十〜五十人の西洋人が住んでいたが、彼らがフィジ

第6章 文書の体制

照らす目映い海岸線を走り抜けてゆく。丘の上でゴロンと寝そべった牛たち（bulumakau）、バスに遭遇し慌てふためき逃げてゆく路肩の馬たち（ose）、特定の志向性をもつ人には崇拝価値すら宿すであろう沿岸に広がる「野生の」マングローヴ林（veidogo）などには目もくれず、砂埃舞う鮨詰めのバスの中で、静かに漠然と揺られながら、一時間半ほどで北タイレヴの拠点の街コロヴォウ（Korovou）[51]に到着する。中高生を降ろし、少し身軽になったバスは、そこからさらに一時間弱、ナウソリ市へ向かってキングス・ロードを南下しレワ川を渡り、さらに一時間ほど走ったところで、「ハレの空間」スヴァ市内に到着する。その後、ナセセ（Nasese）にある、海岸を望む大首長会議堂（Valenibose）の脇に、近年新築された三階建ての建物の二階、NLFCのオフィス[52]に向かうだろう。

　受付を済ませ、数分間、自分の順番が回ってくるのを、椅子に座って待つ。その後、申請者はオフィスの中へと案内され、担当役人と、デスクを挟んで向かい合って座る。そこで、自らの「地域」、「氏族」、「系族」の名前を述べ、新生児が登記されるべき箇所を台帳の中から探し出すだろう。そこで役人が、新生児の出生証明書を読み上げながら、新生児の名前を、変わりなく続いてきた、そして変わらずに続いてゆく「空欄」の中に、順序よく書き込んでゆく様子を、共に指で指示して、共に確認するように読み上げながら、役人という「語り手」の読み上げに「息を吹き込ん」で（アニメートし）、登記するのである。登記され終えた箇所の「複写」、神話の断片が、そこで申請者に手渡されるかもしれない。申請者は、それを大切に村落へと持ち帰り、その晩、その日のことを自らの氏族・系族の成員たちに、ヤンゴナを囲んで飲みながら語り、その「複写」を共有するだろう。他の成員たちは、スヴァから届いた神話の断片を手に、自分と自分を取り巻く者たちが、その集団ごとに分類された表の中に

　　一人から経済的に独立してフィジーに住んだ初めての西洋人コミュニティであるとされる（France, 1969, p. 28）。
51　第4章3節1項（4.3.1）の**地図3**を参照。
52　建物の名称と所在地は、"Ministry of iTaukei Affairs, iTaukei Trust Fund Complex, 87 Queen Elizabeth Drive, Nasese."である。

登記されていること、テクスト化されていることを確認するのである。そして、特定の集団にとっては、この神話となった「出自」の確認作業は、記載された他集団との地位関係と、それについての自己認識との「ズレ」、偽られた真実を、集団としての耐えがたい不義理の念と共に確認するだろう[53]。

＊＊＊

このような登記の過程、自らが構成員である「氏族・系族・家族」に関する自らの理解と、政府文書の記載事項との「ズレ」の確認という儀礼を繰り返すことによって、その「ズレ」（序列の不整合）へと彼ら彼女らの意識は収斂し、それを「正しく（dodonu）矯正せねばならない」、「土地（vanua）は、真実（dina）を知っている」、「土地の民（itaukei ni vanua）こそが、土地の最初の時（matai ni gauna）を知っている」、「それが明らかになるときが必ずやって来る」などの思潮、つまり、集団間の序列意識を持続的に強化させるテクスト的契機となっていたと考えられる[54]。

---

[53] 実際、筆者は、2009年12月21日に、そうした場面に出くわした。筆者は、ナタレイラ村で「デライ氏族のナワライ系族」の男たちと共にヤンゴナを囲んで談笑していたのであるが、そこで手回されていた文書が、『氏族登録台帳』に「デライ氏族のラーラー系族」の成員が記載されている箇所のコピーであった。それが、筆者の手元に回って来た際、筆者が記載事項を確認していると、ある男性がそれを筆者の手から、それとなく回収したことを覚えている。そうした行為が為された理由は、この文書が（外部者には）公開されるべきではない集団の秘密として認識されていること（cf. Urban, 1996, p. 38）、「ナワライ系族」として自らを認識している彼らが、文書に「ラーラー系族」と記載されていることを筆者が確認することによって、筆者に「余計な誤解」を招きかねないと考えたこと、または、その理由を筆者に説明することの困難を認識したことなどが考えられる。この出来事からも、彼ら彼女らの出自、つまり、自己認識／アイデンティティが、氏族登録台帳という文書、その記述内容と、依然深い関係があることが示唆される。

[54] サール、グライスら日常言語学派が展開した言語行為論、ブラウンとレヴィンソンの「ポライトネス理論」、スペルベルとウィルソンの「関連性理論」などの語用論の基底を成すのは、これと同様の思考、つまり、言及指示内容と相互行

図11. 文書を通じた近代フィジーの生成：登記という世俗的儀礼

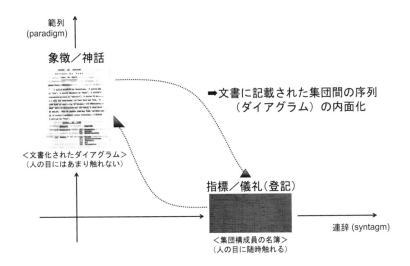

6.4.3　文書への疑念

　このように、『氏族登録台帳』への成員の登記作業には、相反する二つのメカニズムが作用していたと理解できる。まず、初期植民地政策の下に行われた政府と地域による「宣誓と承認」の関係によって創出された、「氏族 > 系族 > 家族」という集団範疇の序列と、区画された「土地（vanua）」との相関が[55]、社会内部へと浸透し、内面化・自然化されてゆく語用的契機として登記作業は機能したことである。記号論に依拠して言えば、象徴性の高い意味範疇が、「台帳」を通して指さし可能なユニットとして指標レベルで現れ、それが反復することによって、土地所有集団という意味範疇の序列を、強く前提可能な構造、すなわち、神話的秩序として——植民地政府によって権威化された文書として

　　　為の「ズレ」の説明である。この点については、第2章5節（2.5）、及び第3章2節1項（3.2.1）を参照。
55　土地の区分けについては、第6章4節1項（6.4.1）の**写真6**を参照。

――形象化する機会となったと言える[56]。図11は、このプロセスを示したものである。

他方、この出来事は、その過程を通して創出される土地所有集団（氏族・系族・家族）の構成員たち、今ここのフィジー人たちを、非顕在的な権威、威信の所在として陰画的に（分裂生成的に）形象化してゆく契機を成した。そして、自らが属している台帳に記載された集団、それが一部を成している集団における他の構成集団との序列、これらと自らの理解の間に「ズレ」があることを認識し、そのズレを公然と表明する思潮を醸成していった。すなわち、多層化した承認行為と脱コンテクスト化の作業によって、それに対する疑念や異論が顕在化しないように権威化された文書は、一方で、その権威性／カノン性ゆえに、様々な解釈や異説を引き寄せる標的ともなってきたのである。そして、そうした標的となる場所こそが、単位化されたことによって比較可能性（つまり等価性）が高められた個別の集団間の序列の「ダイアグラム」、言い換えれば、自らの所属集団と他集団との地位関係／上下関係、「あれか、これか」という直示的な比較が発現する場所に還元される傾向を示したと理解できよう。

その帰結として、文書の記述内容が「間違っている」、「偽りが記録されている」という潜在的には存在していた権威的テクストに対する疑念が、集団間の「序列」（ダイアグラム）に集中する形で顕在化し、それが自らの理解、先祖から伝え聞いてきた「伝承（talanoa）」とは異なる、「ズレている」という認識を、集団それぞれの内に胚胎してゆくことになった[57]。このような「ズレ」の中に、

56　第4章で論じた通り、こうした状況が生まれたのは、植民地政府による先住民系フィジー人に対する（発展段階説に依拠した）「保護的政策」であったと言い換えられる。他方、プランテーション契約労働民であるインド系フィジー人には、土地を所有する権利が与えられなかった。

57　こうした「ズレ」への拘りが、春日（2007）が喝破した「遅れの思考」に重なるものかもしれない。すなわち、このような「ズレへの意識」が、現状を憂う一方で、過ぎ去った過去、まだ見ぬ未来を、郷愁と希望の対象として見立て続けるメタ語用的ジャンルとしてのカーゴ・カルト／千年王国運動的思潮、つまり、ロマン主義的思考の「近代」を規定するメカニズム／現代社会の神話（cf. バルト、2005 [1957]）となっているのではないかという問いである。また文脈は異なるが、イアン・ハッキング（Ian Hacking）が、「偶然の飼い慣らし」と呼び

自らの名前が記載されていること、そして、自らの子孫が同じように記載されてゆくこと、台帳の「空欄」が次々に埋められてゆく様子を、繰り返し確認する「登記」という儀礼を通して、「いつかズレを正そう」、「本当の状態に戻そう」、「真実が知らしめられる時は必ず到来する」といった、本質的に「カーゴ・カルト／千年王国運動」的な思潮、今日、ダワサム地域において顕在化しているような思念を可能とする状況が登場するに至ったと考えられるだろう[58]。

習わした、近代というプロジェクトの基礎的要素としての「統計」は、このようなズレを限りなく最小に留めようとする運動であると言えないだろうか（ハッキング, 1999 [1990]）。

[58] ダワサム地域に限らず、近年のフィジーにおいては、広く一般化した事象となっていることは、様々な研究が示唆するところである（cf. 小川, 2002; 宮崎, 2009）。こうしたズレへの意識は、フィジー人人類学者であるナヤザカロウ自身による、以下のような言及にも現れている（丹羽, 2009, p. 20）。

> 私見によると、今日、フィジー人が直面している最大の障壁は、矛盾が存在しているということを認知できないことにあるように思われる。すなわち、フィジー人は、自らの『生活様式』を保持することと変化させることの間にある重要な選択をしなければならないのだ。フィジー人がどちらもなしえるという信仰は、長らく付与してきた途方もないナンセンスであるため、この矛盾を根絶やしにすることは非常に難しいであろう。(Nayacakalou, 1975, p. 135)（日本語訳は、丹羽2009による）

第Ⅲ部

神話と形式

第 7 章 　儀礼、神話、文書

前章では、初期植民地政府下のNLCによるフィジー社会の文書化によって集団範疇の序列が生起したこと、そして、その序列が、それ以後に出生した者たちに内面化され自然化してゆく過程において、人々の意識がその序列へ集中し易い状況が生まれたことを指摘した。また、文書に対して排他的に振る舞う態度、つまり、その序列が誤りであり、それを矯正しようとする思潮が潜在的に増強され続けてきた状況について論じた。

　本章では、そのような思潮が、今日のダワサム地域においては、首長の即位儀礼の開催を巡って顕在化したことについて考察する。そして、ダワサム地域における首長の不在、即位儀礼の「不履行」を快く思っていなかった人物、デラカンド村在住、ヴォニ（Voni）氏族のナンボロ（Naboro）系族の族長ナザニエリ・ラギラギ（Nacanieli Lagilagi）を中心とした氏族・系族集団が、土地（vanua）の秩序は長らく誤った状態であり、それを正さなければならないと考えた経緯、そしてNLCの文書の記載内容を巡る氏族・系族間の対立を反映しながら、儀礼開催の画策を遂行して行った過程について記述する。

7.1　裸のヴァヌア

7.1.1　儀礼開催の画策

　初めに、即位儀礼の開催が目前に迫った、2010年4月6日に、儀礼開催の画策の中心人物となったナザニエリ・ラギラギが族長を務めるヴォニ氏族ナンボロ系族が住んでいる、デラカンド（Delakado）村[1]において行われた地域の長老たちとの話し合いで、ナザニエリが述べた事柄を先取りし、彼が即位儀礼の「不履行」に関して展開したディスコースを概観したい。

1　デラカンド村の位置については、第4章3節1項（4.3.1）の**地図2**を参照。正確には、（ヴォニ氏族）ナンボロ系族が集落を構えている場所は、デラカンド村の中の「コロレヴ（korolevu）」と呼ばれている一角である。同一村落内部でも、集落ごとに特定の名前が付けられている。

第7章 儀礼、神話、文書　　　211

Sa keitou mani nanuma me ka kua ni luvawale na vanua me sa caka na veivagunuvi. Sa vale sui tale na vanua qo. Na ka ga vakarautaka na Kalou na ituvatuva ni vanua qo. Qo sa tiko sara ga e bati ni boto, bati ni waqa. Na leqa tiko qo, e dua na ka e tiko i loma, na tevoro e qaravi tiko qo. Ke gole tani, e na cakava dina tiko na cakacaka ni veivakamatei, vagunuva tiko na tevoro e na sauma na tevoro qo e na dua na siga. Koya na vanua sa taura rawa tiko o koya. Na tevoro sa qarava tiko, e na yacova sara me rawa na ka ya.
［そして私たちは、土地を裸（luvawale）にしておくべきではないと考えた。首長の即位儀礼（veivagunuvi）を行い、この土地を、改めて骨組みをもつ家（vale sui）にしなければならない。それは、神が準備した、この土地が辿る運命（na ituvatuva）である。時は既に、ボートの端（bati ni boto）、船の端（bati ni waqa）まで来ている。ここには問題がある、ある一つのものが（土地の）中（loma）にいる、この土地は、悪魔（tevoro）を蔓延らせている（qaravi）。もし（即位儀礼が）逸れて（gole tani）しまったら、悪魔による殺し（na cakacaka ni veivakamatei）が本当に為されるだろう、悪魔を養う（vagunuva）ことになり、そして、いつか悪魔によるお返しが起こるだろう。悪魔がこの土地を支配する（taura）ことが可能になる。悪魔が（土地を）覆って（qarava）いる。即位儀礼が実現するまで（それが続くだろう）。］[2]

ナザニエリは、ダワサム地域における長引く首長の不在を、土地が「裸」であることや「骨の無い家」であると理解し、そうした状態が土地に「悪魔（tevoro）」[3]、つまり、様々な災厄を招いている原因[4]であると述べている。そし

---

[2]　2010年4月6日、15時15分、デラカンド村（コロレヴ集落）の集会所にて収録。
[3]　「テヴォロ（tevoro）」は、英語では「デヴィル（devil）」に相当する名詞である（Dixon, 1988, p. 369）。これは、その後に言及されているキリスト教の「神（na Kalou）」と対照ペアを成す概念であり、西洋との接触以後、「悪魔崇拝」として客体化されてゆく、デンゲイ（Degei）やダクワンガ（Dakuwaqa）といった祖先神や祖霊（Kalou vu / vu）など、フィジー土着の信仰を指して使用される傾向が強い（春日, 1992, pp. 35-41）。近年では、フィジーの伝統的儀礼ダンスであ

て、即位儀礼を開催し、首長の不在に終止符を打つことが、土地の秩序を「神（na Kalou）」が定めた状態に戻すこと、悪魔の覆いから土地を開放しうる術であるとしている。

また、これまでのダワサム地域における首長位継承に関した論議は、ヴォニ氏族のナンボロ系族が主導してきたものであり、首長を即位させることは、彼ら自身が土地（ヴァヌア; vanua）に対して負った義務（itavi vakavanua）であると考えた。実際に、ヴォニ氏族のナンボロ系族は、1960～70年頃に至るまで、首長を即位させる儀礼的義務である「サウトゥラガ（sauturaga）」を担うヴォニ氏族の「筆頭系族」として、首長の住まいであるドゥリティ村で生活していたという。しかし、（第5章で記述したデライ氏族の場合と同様に）1930年のNLCによる土地所有の実態調査の際に、ヴォニ氏族の筆頭系族は、現在ナザニエリが率いているナンボロ系族ではなく、「ナマラレヴ（Namaralevu）」という異なる系族が「誤って」記載されたという（写真7を参照）。

つまり、ナンボロ系族がヴォニ氏族の筆頭系族として有していたと（少なくとも彼らナンボロ系族自身は）考えていた「サウトゥラガ」の地位は、『一般証言』と『氏族登録台帳』の記載上、ナマラレヴ系族が有していることになっていたのである。この事実をナンボロ系族が知ったのは1960年代頃のことであり、当時のナンボロ系族の族長でナザニエリの父親エムリ（Emuri）は、その事実に憤慨し、首長と共に住んでいたドゥリティ村を去り、現在のデラカンド村（コロレヴ集落）に移住したという[5]。

る「メケ（meke）」を演じること、ヤンゴナを飲み耽ること、タバコを吸うこと、教会への礼拝を怠ることなど、「フィジー的」と解される様々な行為が、「テヴォロ」の仕業として戒められ、「ファンダメンタル」な弾圧の対象となることが頻繁に起こっている。

4 子供たちの学業が期待通りに向上しないことや経済（金銭）的な困窮、仕事の失敗、沿岸の漁獲量の減少や農作物の不作、病気や不慮の死など。（フィジーに限らず）こうした災厄が、儀礼（儀礼スピーチ）を通して「浄化」されることは、よく知られている（cf. Kuipers, 1992, p. 90）。フィジー人の死や病気に関する考え方については、Spencer（1941）、de Marzan（1987）、Becker（1995）を参照されたい。

5 他の系族（ナマラレヴ系族）が「サウトゥラガ」の地位を有している以上、ナ

第7章　儀礼、神話、文書　　213

写真7.『一般証言』におけるヴォニ氏族のナマラレヴ系族とナンボロ系族の序列

```
            TIKINA    KO    DAWASAMU
              Yavusa   ko   Voni
                  Koro  ko  Driti
                  ─────────────────

    Esira Koro,  tukutuku:-

          A neitou Kalou-Vu ko Veretivoni. A neitou ika
    na "Tiu". A neitou manumanu na "Reba". A neitou i
    vakacaucau-ni-ravu na "Kabotia". A neitou Vu ko.....
    e a taka mai Nakauvadra, ka tara koro mai Voni. E
    tiko kina ka sucu e rua na luvena:- (1) Nakuladrau, a
    nona  yavu ko Namaralevu kei (2) Vueti, a nona yavu
    ko Naboro. Dede na nodrau tiko mai Voni, sa mani rua
    ga na kedrau i wasewase lelevu vakavanua. A keitou
    i cavu ga ko 'Voni'.
                  YAVUSA   KO   VONI
                  Mataqali               Tokatoka
                 (1) Namaralevu       (a) Namaralevu
                     ～～～～～～       (b) Delabua
                                      (c) Navakasigalawa

                 (2) Naboro           (a) Naboro
                     ～～～～          (b) Navakatovoniduna
                                      (c) Tamaiwalu
                                      (d) Wai
                                      (e) Yavusakalou
```

（Ai tukutuku raraba, 1930, p. 347）（波線は引用者による）

　「NLCの文書には偽りが記載されている」、「虚偽の事実を政府に伝えた不義理（lawaki）があった」という意識が、このナンボロ系族にとっては、長年の「痛み（mosi）」、まさに消し去れないテクスト／記憶（inscription）として経験されていたようである (cf. Ricoeur, 1976, pp. 26-29)。1）そして、そのような不義

―――
　　ンボロ系族が、首長と共にドゥリティ村に住んでいる必要がなくなったと、ナザニエリは筆者に説明している。それ以来、ナンボロ系族のほとんどの成員が、このデラカンド村のコロレヴ集落に住んでいる。

理によって、ナンボロ系族に取って代わって「サウトゥラガ」の地位に就き、現在もドゥリティ村に住むヴォニ氏族のナマラレヴ系族[6]、さらに、首長のスポークスマン「マタニヴァヌア（matanivanua）」の儀礼的役割を担うダワサム氏族が、2) 首長の側近的地位を自明視し、ダワサム地域の政治的力を握り続けていること、そして、3) （ペニ・ワンガの系譜以外から「次期首長」を輩出しようという潜在的な思惑にも促され）ペニ・ワンガの即位儀礼を開催することに消極的であり続けていること、以上のような地域の状態は、「誤った（cala）」状態であり、それが原因で、過去にダワサム地域に存在した「本当の」首長位の系譜、つまり「ヴニンダワ系」の首長位が（アンディ・リティアを最後に）途絶えてしまった（kawa boko / mate taucoko）原因であると、ナザニエリは主張するのである。2010年4月15日から17日に開催された首長の即位儀礼を取材したTHE FIJI TIMES（2010年4月17日発行）には、以下のようなナザニエリの発言が掲載された[7]。

[THE FIJI TIMES（2010年4月17日）からの抜粋]
The eldest in the king-maker clan of Voni, Nacanieli Lagilagi, told the Fiji Times the vanua of Dawasamu had been under a curse in the last 100 years because of a dispute over who should be in charge of the official installation of chiefs. Speaking in Fijian, Mr. Lagilagi said they knew what was going on because so many relatives of the title holder had died because of the king-maker's wrongdoing. Ratu Peni is only the second chief to be traditionally installed by the yavusa Voni who are the rightful king-makers. Mr. Lagilagi said the past four chiefly title holders were installed by another group from the same yavusa and the result was death to the title holders and his family members. He said Ratu Peni's father, Ratu Seva Veilave, had seen the worst of it in the 1970s when his brother died prematurely along with a sister-in-law

---

6　実際には、ドゥリティ村周辺の「ヴェイロロ（veilolo）」と呼ばれている一角の土地に集落を構えているが、ドゥリティ村に含まれることが一般的となっている。
7　全文は、本書末「添付資料2」に掲載した。

and his 18-year-old son.（下線は引用者による）

　以上から示唆される通り、ナザニエリが率いるヴォニ氏族ナンボロ系族を、即位儀礼の開催の画策へと突き動かした理由は、1)「ヴニンダワ系」の首長の系譜の最後の子孫であるアンディ・リティアによって、ペニ・ワンガが首長位を継承する人物として選出されてから三十年余りの歳月が過ぎたにも関わらず、彼の即位儀礼は開催されていないこと、2) 首長の即位を執り仕切る儀礼的役割は、「ナンボロ系族」を筆頭系族としたヴォニ氏族が土地（ヴァヌア）に対して負った義務（itavi）であると彼らが考えていたこと、3) 政府が保管する「文書」（『一般証言』および『氏族登録台帳』）には、「誤った」氏族・系族間の「序列」が記載されており、それによって秩序化された現在の土地（ヴァヌア）の状態は、「神」が導いた「本当の」土地（ヴァヌア）の姿を体現しておらず、「悪魔」（災厄）に覆われた状態であること、4) ナンボロ系族が、首長を即位させることを通して、政府の「文書」の誤りと土地の「真実」(本当の姿) を、地域住民たちに広く知らしめる必要があると考えたこと、以上四点に集約されるだろう[8]。

7.1.2　ペニ・ワンガの反応

　このような背景から、ナザニエリに率いられたヴォニ氏族のナンボロ系族が、

---

[8]　こうした主張は、宣教師のウォーレス・ディーン（Wallace Deane; 1878-1952）によって、以下のように報告されているものである。
　　The memory of a solemn vow, request, or curse would be exceedingly vivid in the Fijians' imagination, and, indeed, would become almost a voice to intimidate them, souding from the other world. A very real conviction sprang up in their minds that, if they did not attend to the will of the dead man, the latter would assuredly be able to make the survivors suffer for their negligence.（Deane, 1921, p. 42）
　　本書が扱うダワサム地域で起きた事象と、このような宣教師の報告が、全く同質のものであるとは言い難い。本書は、そうした植民地期の文書化を経たフィジーにおける文化的変容を明らかにしようと試みるものである。

即位儀礼の開催を画策し始めたのは、2008年頃であったという。画策を開始するにあたって、彼がまず向かった先は、ドゥリティ村に住む、ペニ・ワンガとそのスポークスマン「マタニヴァヌア（matanivanua）」[9]である（ダワサム氏族・ナサンギワ系族・ナンブレヴォロンガ家族）のアリオケ・コロンドゥアンドゥア（Arioke Koroduadua）[10]の元であった。ナザニエリは、ペニ・ワンガとアリオケを前に、以下のように訴えたという。

> Sa gole tiko mai, sa vinakati mo vagunuvi. [...] Ratu, o yau qo na kena kawa, kena dra, na itutu qori, na bilo qori, o yau na kena itaukei. E ra cuva kina na vanua qo, medra bilo, o yau qo na kena dra. Qai matai tale ga ni na gauna qo, me keitou curu mai loma, keitou sa vinakati iko mo sa mai vagunuvi.
> ［あなたに（ヤンゴナを）飲んで頂きたく、お願いをしにやって来ました。［中略］首長、私がその系譜（na kena kawa）、その血筋（kena dra）を受け継ぐ者であり、その（あなたの）首長位（na itutu qori）、そのビロ（na bilo qori）、私がその所有者（na kena itaukei）です。（最初の首長が土地にやって来た時）この土地の全ての氏族が、彼らの首長のため、彼らのビロを下向き（cuva）にした（忠誠を誓った）。私がその血筋にある。そして、今回初めて（matai tale ga ni gauna）、私たちがこのように議論の中へ入り（curu mai loma）、そして、あなたにヤンゴナを飲んでもらいたいと思っています。］

しかし、ペニ・ワンガは、以下のようにその申し出を断ったという。

9 　首長の側近／後見人である。例えば、首長が儀礼においてヤンゴナを飲んだ際は、そのマタニヴァヌアが、その次に汲まれるヤンゴナを飲むこと（rabe）が通例となっている。それによって、直接触れることが危険な首長の「マナ」（超自然的力）を和らげるという意味があるとされる。

10 　アリオケは、暫定首長であったスリアシ・デライ（Suliasi Delai）と同系譜（出自集団）に属しており、ペニ・ワンガとは異なる系譜に属しているこの点については、第5章1節（5.1）の**表5**を参照。

Sega, sa rauti au na tabua lili tiko mai noqu vale. Tabua, ko yau tukuna oti vei iko ni lai kau mai kena kawa mai Qoma. Keitou dabe, oti, sa qai tukuni va qo, 'Dou sa tiko noqu qase, au sa na vakaraitaka e dua vei ratou qo me na veisosomitaki kena kawa mai muri.' Au sa bese. Kauta ga mai o **Seva**.

［いや、私の家に吊ってある（lili tiko）タンブア（tabua）が、私には十分である（sa rauti au）。あなたに既に述べた通り、ゴマ島（Qoma）から、その（アンディ・リティアの）系譜を連れてきて、私たちは話し合いをし、（彼女は）このように言われた。「あなた方、私の先達（noqu qase）たち。私は、その系譜を末代まで（mai muri）継承（veisosomitaki）する者を公にします（vakaraitaka）。」私は断る（bese）。**セヴァ**（Seva）を連れてきなさい。］

　ペニ・ワンガは、1981年にアンディ・リティアから、首長位を継承する人物の「証左（na ivakadinadina）」として受け取ったタンブア（「ビロ」と名付けられている鯨歯）が、彼の首長位を証明するに十分なものであると考えた。さらに、アリオケも、首長位に関わる地域の政治的決定は、彼らダワサム氏族を中心とした首長とその側近らが取り決めるべき事柄であり、他の氏族・系族が「外（ituba）」から口を挟む事柄ではないとして、ナザニエリの要求を一蹴した。

　ここで、ペニ・ワンガが「<u>**セヴァ（Seva）**</u>」と呼んでいる人物こそが、1930年のNLCによる土地所有の実態調査の際、（ナンボロ系族に替わって）ヴォニ氏族の筆頭系族となり、「サウトゥラガ」の儀礼的役割を有することになったとされる、ヴォニ氏族の「ナマラレヴ系族」の族長セヴァナイア・マイラヴェ（Sevanaia Mailave）[11]である。つまり、ペニ・ワンガは、ナザニエリに対し、即位儀礼の開催に関しては、まずは「サウトゥラガ」であるセヴァナイアに話を

11　ここでナザニエリは、ペニ・ワンガに対し、セヴァナイアの「出自」が、実はダワサム地域ではなく、ラ地方の「ナコロトゥンブ（Nakorotubu）」地域であることについて言及し、セヴァナイアが「サウトゥラガ」の儀礼的役割を有していること自体が「誤っている」と言及しようとしている。セヴァナイアは「ヴォニ氏族」に属しているが、アリオケらダワサム氏族と近しい関係を有している。彼らの「出自」を巡る問題ついては、第7章3節（7.3）にて詳しく論じている。

するように促したのである。実際にナザニエリは、その後、セヴァナイアの元を訪れ意見を求めたが、彼も同様に即位儀礼の開催に賛成せず、耳を貸そうとはしなかったという。

7.1.3 反対派の主張：マタニヴァヌアとサウトゥラガ

　ペニ・ワンガ（首長）、アリオケ・コロドゥアンドゥア（マタニヴァヌア）、セヴァナイア・マイラヴェ（サウトゥラガ）、この三者が、即位儀礼に反対した理由については、第5章4節 (5.4) で示唆した通りであるが、アリオケ、そして、その弟のバイニヴァル（Bainivalu）は、筆者との会話の中で、儀礼開催に反対する理由を、以下のように言及している[12]。

1) 儀礼の開催を決定する権限は、彼ら（アリオケやバイニヴァルら）が有しており、彼らがまず議論をした後、その他の氏族が検討することが通例であること。

> Sega ni kila na kaukauwa cava tiko vei ratou, me ratou mai kauta ike me ratou lai vagunuva. Baleta ike, na koro qo tiko ga kina o ratou na tamata mai lewa na gunu. Sega ni dua tale. Keitou sa na veivosaki rawa o keitou ike, oti, sa na qai biu yani e na vanua taucoko o Dawasamu, o ratou qai mai lewa. Ke sa vakadonuya kece, qo sa qai gunu dua na Ratu. Keitou ga na tiko e na koro, vanua e tiko kina na Ratu. Qo se bera ni keitou veivosaki.
> ［彼らにどんな力（kaukauwa）があるのか知らないが、彼らはここ（ドゥリティ村）に来て、（ヤンゴナを首長に）飲ませるべきだ。なぜなら、この村（ドゥリティ村）に、飲ませること（na gunu）の決定権（lewa）をもつ人物が居るのだから。それは他の誰でもない。私たちが、ここに居る私たちが、まず話し合い（veivosaki）を行い、その後、ダワサムの土地全体へその決定を送り知らせ、それを彼らが決定する。そして、全

12　2010年3月21日、14時25分。ドゥリティ村、バイニヴァル宅にて収録。

て（の氏族）がそれを承認するなら、首長は（ヤンゴナを）飲むことになる。私たちが、この村に居る、首長が居る土地に。私たちは、まだ話し合いを行っていない。］

2）地域内の全ての氏族が、儀礼開催に賛成すべきであるが、それに賛成しているのは、ナザニエリら、ヴォニ氏族のナンボロ系族の数人の兄弟たちだけであること。

> Qo sega ni yavusa Voni qo, dua ga na veitacini, sega ni dua na yavusa qo. Qo, o ratou qo, vakadua na iwase qo, qai dua na yavusa. Io, qo dua ga vei ratou na vale qo, o ratou na kena vo ni yavusa, o ratou sega ni vinakata. [...] Kece na veiyavusa qo sega ni vinakata tiko. [...] Qo dua ga na veitacini. Sega ni dua na yavusa o Voni, sega. Dua ga na veitacini.
> ［これ（彼ら）は、ヴォニ氏族でもなく、一兄弟（veitacini）だ、一氏族（の総意）ではない。ここの彼ら、この（ヴォニ氏族の）一派（であるナマラレヴ系族）を合わせて、（ヴォニ氏族は）一氏族である。そう、この彼ら（ナマラレヴ系族）が（ヴォニ）氏族の残りの一派（kena vo）であり、彼らは（即位儀礼を）望んでいない（sega ni vinakata）。［中略］地域のほとんど全ての氏族（veiyavusa）は、それを望んでいない。［中略］これは一兄弟（の意見）だ、一つのヴォニ氏族でもない。一兄弟に過ぎない。］

3）これまで三度、即位儀礼の開催が画策されて来たが、結局、地域内部で意見が纏まらず、失敗に終わっており、それは今回も変わっていないこと。

> E tolu na gauna e sa via caka oti, qai sega ni rawa. Tolu na time sa via kitaka me buli o koya, sa sega ni tiko ni rawa. Qo kena ka va qo. Via caka tale tu o ratou ga qo, o ratou ga qo, o ratou via cakava tu, sa oti qo na ika tolu, sa kena ka va qo. Sega ni rawa ga, baleta ni sa sega ni vakadonuya kece tu na vanua. [...] I liu, sa via kitaka tiko ga ike, o ratou. O ratou me lako mai, sa mai soqo

ike, ka kece veivosaki vakadua, sa sega ni rawa. Lesu tale o ratou, lesu tale mai dua tale na yabaki, via kitaka tale, sega tale ni rawa. Lesu tale mai dua, sa sega ni rawa.

［三度（e tolu na gauna）（儀礼の開催が）画策されたが、結局、実現しなかった。三度、彼（ペニ・ワンガ）を即位させる画策が為されたが、可能とはならなかった。これが四度目（kena ka va）だ。彼らが開催を望み続けてきた、この彼らが、彼らは開催を望み続けてきて、三度の画策が終わり、これがその四回目。それもまた出来ないだろう、なぜなら土地の全ての氏族が許可していない（sega ni vakadonuya）から。［中略］以前は、彼らはここ（ドゥリティ村）でその話し合いを行っていた（kitaka tiko ga ike）。彼らは、ここに来て会議を開き、全て（の氏族）が話し合いをもったが、開催することは出来なかった。彼らは帰り、一年が経ってまた戻ってくる。また開催を試みるが、また出来ない。また一年が経って戻ってきて、そして、また出来ない。］

4）首長とマタニヴァヌアを含む、ダワサム氏族の住居はドゥリティ村であり、即位儀礼が行われるなら、その開催場所はドゥリティ村でなければならないこと。それ以外の場所で計画されることは「誤り」であること。

Qo o ratou sa qai via taura me lai buli sara mai Delakado. Ke sa caka, e caka ike baleta nona koro qo. O koya maroroi tiko ike. Nona mataqali, nona yavusa e tiko ga eke. Qo, o ratou via kauti koya, ya sa vakaukauwa.

［そして、今回彼らは、デラカンド村へ行って即位儀礼を行おうとしている。もし（儀礼が）行われるならば、ここで為されるべきだ、なぜなら、ここが（首長の）村だから。首長は、ここで守られている（maroroi tiko）。彼の系族（nona mataqali）、彼の氏族（nona yavusa）は、ここにこそ在る。今回、彼らは、彼（首長）を（デラカンド村へ）連れて行こうとしている、それは強硬的な（vakaukauwa）やり方だ。］

5）ペニ・ワンガが首長となれば、彼のために作物を植えたり、漁をするなど

第7章 | 儀礼、神話、文書　　　　　　　　　　　　　　　　　　　　　*221*

といった世話（veiqaravi）をする義務を担うのは、ダワサム氏族に他ならず、そのような義務は、日々の生活において大きな負担となること。

> O ratou mai kauti koya me lai caka. O ratou kauti koya tale mai. Ke mai tiko ike, o cei na qarava tiko? Io, o ratou sa mai biuta ga, o ratou lesu. Koya me ra vakasamataka tiko, ke rawa ni ratou mai qarava ike, vinaka.
> ［彼らは、彼（首長）を連れて行って（儀礼を）開催する。そして、彼らは、彼を連れて（ここに）戻ってくる。もし（首長が）ここに居るなら、誰が彼を守る（世話をする）のか（o cei na qarava tiko）？そう、彼らは（首長をここに）置いて、そして、帰って行くだけ。それが、彼らが考えていること。もし彼らがここで（首長を）世話すること（qarava ike）が出来るなら良い（しかし、そんなはずはない）。］

以上は、ダワサム氏族のアリオケとバイニヴァルらが、筆者に対して明示的に述べた即位儀礼反対の理由である。さらに、第5章4節（5.4）で論じた通り、アリオケやセヴァナイアらには、（アンディ・リティアによって）「首長の土地」を贈与されたレヴァニ・ヴエティの系譜、または、単にペニ・ワンガの系譜以外から、新たな首長を擁立しようとする考えがあった可能性が大いにある[13]。ペニ・ワンガが「正式に」首長とならずに死去すれば、ペニ・ワンガの直系出自に属さない人物が、首長位の継承権を主張し易くなるからである[14]。いずれ

13　実際、ドゥリティ村では、ペニ・ワンガよりも、アリオケと出自を共にする人物たちが、村落の運営において、より主導的な立場にあったようである。したがって、彼らにとっては、ペニ・ワンガを首長として即位させること、長らく放置され、大きな問題もなく推移してきた首長不在という事態を、わざわざ言挙げすること自体に重要性を見出すことが出来なかったようである。

14　例えば、ドゥリティ村出身で、ダワサム氏族に属し、南太平洋大学に在籍するイソア・ワンガ（Isoa Waqa）に、即位儀礼の開催が現実味を増し始めた2010年2月26日に、筆者はダワサム地域における首長位に関するインタビューを行った。イソアは、「あの老人（ペニ・ワンガ）と同じ村で暮らしてきた私たちは、彼が首長に相応しい人物ではないことを、最もよく知っている。それに彼は老体だ。彼が、この世を去るまで待ち、それから新たに誰を首長にするのか、全ての氏

にせよ、首長となるペニ・ワンガ本人と、その側近であるアリオケとセヴァナイアが、即位儀礼の開催に強く反対し続けたことによって、この画策は一旦暗礁に乗り上げたのである。

しかし、事態は急展開を見せる。ナザニエリ、ペニ・ワンガ、アリオケらとの間で、儀礼開催を巡る交渉が続いていた最中に、ナザニエリとペニ・ワンガの双方に近しい人物が、相次いで亡くなるという出来事が発生したのである。一人はヴォニ氏族の男性で、車を運ぶ作業をしている途中に身体の具合が悪くなり、その後間もなく死亡する。その次は、ペニ・ワンガの兄弟、さらに、ペニ・ワンガの姉妹の夫の連れ子で、当時まだ十八歳だった男性が死亡したのである。いずれも、若い男性であったという。この出来事によって、ペニ・ワンガは考えを改めるに至る。首長の不在は、土地に「悪魔」を呼ぶ原因であるとしたナザニエリの予言が的中したかのような出来事だったからかもしれない[15]。

ナザニエリは、そのような「不慮の死」の知らせが舞い込んでくる度に、一刻も早く、即位儀礼を行わなければならないと、決意を強くしたという。そして、ナザニエリは、2009年4月10日前後の「キリスト教復活祭の日（siga ni tucaketale）」、改めてペニ・ワンガの元を訪れた。そこで、共にヤンゴナを飲み始めようとした時、ペニ・ワンガは、以下のように述べた。

> Au sa vakarorogo. Kena totolo, kena vinaka. Kemudou noqu qase, au sa vakarorogo.

族と共に議論をするのが最良の選択だろう。」と述べている（2010年2月26日、南太平洋大学Laucala Bay Lower Campusにて収録）。

15　ペニ・ワンガは、儀礼の計画が進行していた2009年暮れから、ひどく体調を崩し、スヴァ市の病院に入院していたことがあった。その出来事が、儀礼の開催に関して重大な意味をもった。ペニ・ワンガの体調が崩れた理由は、反対派が彼に儀礼の参加を思い留まるように強く言い寄ったためであるとナザニエリらは考えたのである。ナザニエリらは、ペニ・ワンガが即位儀礼参加への決意を曲げてしまえば、ペニ・ワンガ自身が、悪魔の力に屈してしまうと訴えた。実際、ペニ・ワンガは決意を曲げず、彼の体調は回復するに至った。賛成派は、ペニ・ワンガの体調が回復したことは、即位儀礼の開催が、神の導きであることを示す出来事として捉えた。

［私は耳を傾けます（vakarorogo）。早ければ、早い方が良い。私は、あなた方、私の先達（qase）に、私は（あなた方に）耳を傾けます。］

ペニ・ワンガは、三人の近親者の不慮の死を目の当たりにして、首長として即位することを承諾するに至った。首長として即位することになるペニ・ワンガ本人が、一転、即位儀礼の開催に賛意を表したことによって、その後、ナザニエリらナンボロ系族による儀礼開催の画策は、大きく前進してゆくことになる。しかし、首長となるペニ・ワンガ自身が、即位儀礼の開催に賛意を表したにも関わらず、「マタニヴァヌア」のアリオケと、「サウトゥラガ」のセヴァナイアは、当然、儀礼の開催に断固反対し続けた。彼らが、ナザニエリ（ナンボロ系族）の主張を受け入れる形で即位儀礼を開催すれば、土地（ヴァヌア）における彼ら自身の集団としての「地位」、当該地域における彼らの存在（あるいは、その「出自」）自体が問われること、それらが虚偽の地位であることを間接的に認めることを意味するからである。他方、彼ら自身が主導してペニ・ワンガを即位させることもまた、彼らにとっては望ましいことではない。なぜなら、彼らは首長と共に暮らす後見人の義務を負う者たちであり、毎日の首長の世話（veiqaravi）を義務（itavi）として強いられることになる。そして、自らが主導権を握って運営されているドゥリティ村の生活において、（彼らにとっては）単に「無能な老人」であるペニ・ワンガを首長として即位させること自体に、そもそもの重要性を見出し得なかったからである。

　こうした状況下、ナザニエリらは、正式な首長の不在は、**1）**首長を輩出し、首長のスポークスマン／後見人である「マタニヴァヌア」の地位を担うアリオケらダワサム氏族と、**2）**首長の即位儀礼を遂行する「サウトゥラガ」を担うヴォニ氏族のナマラレヴ系族、主として、この二者による「義務の不履行」であると理解するに至る。そして、**1'）**ダワサム氏族が有する「マタニヴァヌア」という儀礼的役割が、過去に、ヴォニ氏族のナンボロ系族によって授けられたもの（itutu soli）であること、また、**2'）**ヴォニ氏族のナマラレヴ系族は、元来、他地域からやって来た流れ者の子孫であり、彼らが「サウトゥラガ」の地位を担っていることは、本来「誤り」であること、そして、それを担うべき氏族・系族は、ヴォニ氏族のナンボロ系族であること、以上の主張が繰り広げ

られることになる。つまり、彼らの地位を規定する政府の「文書」、この記述自体が「誤っている」ことを主張し、それがなぜ誤っていると言えるのかについて証明しようと画策してゆくことになる。

7.2 神話的邂逅

7.2.1 ナンボロ系族とナワライ系族との接触

　首長の側近たち（マタニヴァヌアやサウトゥラガ）による強い反対を受ける中、ナザニエリと、その弟のレヴィを中心に結束するヴォニ氏族のナンボロ系族は、2009年半ば頃から、地域内に存在する他の氏族・系族から儀礼開催への賛同を得ようと、いわば多数派工作に打って出てゆく。そして、この画策を大きく前進させる切っ掛けとなったのが、ヴォニ氏族のナンボロ系族と同様に、氏族内部の系族間の「序列のズレ」に纏わる問題を抱える[16]、ナタレイラ村に住むデライ氏族のナワライ系族との接触である。特に、そこでナワライ系族によって開示された、ダワサム地域の創世に関する具体的な語りであった。

　ナザニエリは、2009年10月初旬に、一度、ナタレイラ村に住むデライ氏族の族長ヴニアニ・ナイタウ宅を訪れ、「私は、あなたと話をしたいと思って準備をしている。ある重要な事柄についてあなたと話がしたいと思っている。(Au sa vakarau lako mai, me daru mai veitalanoa. Me daru na veitalanoataka e dua na ka bibi.)」と述べ、話し合いをもつ約束をし、その後10月中旬に、レヴィなど、ナンボロ系族の彼の主だった兄弟たち、その子供たち約二十名と共に、改めてナイタウ宅を訪れた。そこで、ナザニエリは、ナイタウと彼の家にいたナワライ系族の成員たちを前に、以下のように告げたという。

> Au sa oti 20 ka vakacaca na yabaki, noqu vakasaga tiko, sega ni rawa ni buli. Au sa lako mai qo, e na dua na itukutuku lako mai dela ni yavu, me'u lako mai ke vei iko, me rawa ni vukei au kina. [...] Sa oti qo, 20 se 30 na yabaki,

---

16　これについては、第5章4節（5.4）を参照。

kena vakasagai tiko me vagunuvi na turaga na Ratu, dredre tiko na kena gaunisala. Sa ra wasea oti na kena kakana, sa ra wasea oti na kena bulumakau, sa sega ni rawa tiko ni gunu. Ia, na itukutuku mai dela ni yavu. Nomudou qase tukuni sa tawa ga mai vanua ya, me keitou lako mai vei kemudou.

［私は、この二十年来、（首長の即位儀礼を）実行すべく画策（vakasaga）してきが、それが実現することはなかった。今日、私がここへ来たのは、（この即位儀礼に関して）我々の始祖の土地（デラ・ニ・ヤヴ; dela ni yavu）[17]から、私がここへ来るように啓示（itukutuku）を受けたからであり、あなたが私の助けになってくれる（vukei au）と知らされたからである。［中略］首長に（ヤンゴナを）飲ませようと画策・努力して、既に二十いや三十年が過ぎた、（しかし）その道（kena gaunisala）は困難である（dredre）。彼らは、その（儀礼開催の）ための食事（kena kakana）を分け合い、そのための牛を分け合ったにも関わらず、実現しないままである。しかし、デラ・ニ・ヤヴからの啓示があった。あの（始祖の）土地に住んでいた（tawa）、あなた方の先祖（nomudou qase）から、我々が、あなた方の所へ来るようにと。］

ナイタウは、それを了解し、彼らナンボロ系族が受けた啓示とは何であったのかを、ナザニエリに尋ねたという。ナザニエリは、彼の兄で2008年に死去したメナウシ（Menausi）という人物が、死去する直前に、何らかの存在に憑依され、彼らが開催を画策し始めていた即位儀礼について語り、それをヴォニ氏族の多くの成員が共に聞いた出来事があったことを伝えた。そして、メナウシに憑依した存在が、彼の口を通して、以下のように語ったことを打ち明けた。

O keirau na itaukei ni vanua qo. Keirau na itaukei. O yau Saqanamoa, na no-

---

17 「ヤヴトゥ（yavutu）」と同様に、始祖の土地、氏族の祖先が住んでいた住居跡を指す。その場所は、祖先たちの超自然的力が宿っていると神聖視され、現在の生活を改善したり、または災いを引き起こしたりする力があるとされる（Ravuvu, 1983, pp. 74-75）。

dratou vu na kai Delai, mai Nataleira. O yau Vuetivoni, na nomudou. Keirau biuti keirau mai na kalou, mai cake, biuti keirau ike i na vanua qo. Se bera ni dua tiko eke, keirau sa tiko oti ike. Keirau sa wasea oti na qele ike. 'Nomu na delana qo, noqu na delana qo. Tekivu ike, i waitui, nodaru qele.' Keirau qo, sa biuti keirau ga mai na kalou e neirau qele. Keirau sega ni lako tale mai vei, lako tale mai vei. Keirau na itaukei dina ni vanua qo.

［我々二人（keirau）は、この土地の本当の民（itaukei dina ni vanua qo）である。私は、サンガナモア（Saqanamoa）、デライ氏族の祖先神（vu）である。私は、ヴエティヴォニ（Vuetivoni）、あなた方の（祖先神）である。神（na Kalou）が我々二人を（ここに）授け落とした（biuti keirau）、上から（mai cake）、ここの土地に、我々二人を置いた。まだ誰も、この土地に足を踏み入れていなかった時に、我々二人は既にこの土地に住んでいた。我々は、ここの土地を分けた。「あなたの土地（qele）は、この丘（delana）であり、私のは、この丘である。ここから始まり、海（waitui）までが、私たち二人の土地である。」我々二人は、神が我々二人の土地に置いた。我々は、あの土地からやって来たり（lako mai vei）、また他の土地から辿り着いたりした（lako tale mai vei）のではない。我々二人が、この土地の本当の民である。］

さらに、メナウシに憑依した、この二人の祖霊（vu）は、ヴォニ氏族のナンボロ系族が画策していた即位儀礼の開催について、以下のように話したという。

Na veibuli, veivagunuvi, dou via caka tiko, dou saga sara vakaukauwa me rawa. Ia, na gauna e rau cakava kina, na levu na kena dredre dou na sotava. Ke sa dredre ni ratou sa bese na **kai Delai, Delakado**, dou lako vei na kai Delai, Nataleira. O ratou sa na qai dolava mai na katuba, dou na veitalanoa, o raotu na qai tukuna mai na ka dodonu. Na gauna o ratou sa na dola kina vei kemudou, o ratou sa na vaio, kemudou na bose vanua lako sara tiko.

［あなた方が、今、開催を画策している即位儀礼は、開催実現のため、力の限り努力しなさい（saga sara vakaukauwa）。しかし、それが為され

る時、あなた方は多くの困難（levu na kena dredre）に直面するだろう。もし、彼ら**デラカンド村のデライ氏族**（kai Delai, Delakado）が断り困難が生じた場合、あなた方はナタレイラ村のデライ氏族を訪ねなさい。彼らは、（即位儀礼開催への）扉を開く（dolava mai na katuba）だろう、あなた方は話し合いをもち、彼らは、正しいこと（ka dodonu）を伝えるだろう。彼らがあなた方に、その扉を開いた時、彼ら（その他の氏族）は、あなた方に賛同し（vaio）、あなた方は、そのための土地（ヴァヌア）の会議を行うだろう。］

ナザニエリは、この「啓示（itukutuku）」に従って、ナタレイラ村のデライ氏族の元を訪れたことをナイタウに告げたという。ナイタウはそれに驚きを示し、「あなた方は、最初の首長を誰が連れてきたのか知っているか。(O cei kauta mai na Ratu?)」と応えた。その質問に対しナザニエリらは、デラカンド村に住んでいるデライ氏族の一派である「**ナヴニヤシ系族（kai Delai, Delakado）**」[18]が連れてきたのではないかと回答したという。ナイタウは続けて、「私がこれから話すことを良く聞きなさい。これは、我々ナワライ系族が語り継いできた歴史である。(Rogoca vavinaka na noqu itukutuku. Qo na *history* ni loma ni vale o Nawarai.)」と制し、ダワサム地域の「最初の首長」とされる人物が、ダワサムの土地にやって来た経緯について語り始めたのである。

7.2.2 外来王「ナゾウ」

以下は、ナイタウがナザニエリらに対して行った「ナゾウ（Nacou）」[19]というダワサム地域の初代首長の到来と、彼の即位儀礼についての語りである。こ

---

[18] 第5章4節（5.4）で論じた通り、このデラカンド村（と一部ナタンドゥラダヴェ村）に住んでいるデライ氏族の一派である「ナヴニヤシ（Navuniyasi）系族」は、ナイタウらデライ氏族の「ナワライ（Nawarai）系族」と、文書に記載された氏族内部の地位を巡って対立してきた集団であり、ナザニエリ等、ヴォニ氏族のナンボロ系族が画策する即位儀礼の開催に、反対した集団である。

[19] ダワサム地域の歴代首長については、第5章1節（5.1）の**表5**を参照。

の語りは、その後、儀礼開催の画策を大きく前進させる決定的契機となった出来事であった。そのため、やや長い引用となるが、ここではその詳細を記しておく[20]。

【戦乱の世】

Na gauna qo, se na gauna dredre ga, se gauna tiko ni veivaluvaluti. E tabu ni dua na tamata me lako tale i na dua tale na vanua. O ira sega tale ni via kila dua na ka nodra qele ga ka kua tale ni dua me lako mai. Baleta ni lako ga mai so sa mai taura na qele, o ira sa oti nodra kaukauwa. O koya qo, e tabu kina ni dua na tamata me lako vakaveitalia i na dua na qele. Ke na lako vakaveitalia, e na moku.

［この頃は、まだ困難な時代（na gauna dredre）、戦乱の（veivaluvaluti）時代であった。ある氏族の者が、他の氏族の土地に入り込むことは、禁じられていた（tabu）。彼らは、自らの土地に何者かが侵入することを拒んだ。なぜなら、それによって土地（qele）が奪われ、彼らの力（kaukauwa）が無くなって（sa oti）しまうから。したがって（o koya qo）、何者かが勝手に（vakaveitalia）土地に入ることは禁じらた。もし、勝手に侵入したならば、殺される（moku）。］

【ヴォニとデライの話し合い】

Sa qai veivosaki na vanua, sa rau qai veivosaki o rau qo, o Voni vata kei Delai. Delai, Nawarai, me sa vinakati e dua na Ratu. Baleta levu na vanua,

---

20 この語りは、実際に即位儀礼が開催された後の2010年5月15日（22時15分）に、ナタレイラ村のナイタウ宅にて収録した、ナイタウによる語りである。したがって、この語りは、ナイタウがナンボロ系族のナザニエリが彼の家を訪問した時のことを回顧し、そこで彼が語った事柄を筆者に説明するというフレームにおいて為された会話の一部である。よって、実際には、様々な相互行為的要素を伴って行われた語りであるが、ここでは本書の議論の進行上、彼がナザニエリに語った内容（つまり「言及指示テクスト」）に焦点を据え、「相互行為テクスト」を統制するメタ言語用的要素は、筆者の判断によって一部編集している。

sa tiko na Ratu sa ra varorogo tiko. Baleta kena ika rua qo, sa levu tiko ga, o yau turaga, qo turaga, sega ni rawa ni dua e vakarorogo. Kece ga kila tiko na turaga, sega ni dua me vakarorogo. Ke vinakati me dua na Ratu, kece qo me vakarorogo e na nona lewa. Oti sa qai veivosaki, me sa lai kau mai na Ratu. Me kau mai dua tale na tamata mai na dua na vanua e na vanua ga makawa vaka Dawasamu.

［そこで、土地において話し合い（veivosaki）がもたれた。この二人、ヴォニ氏族とデライ氏族、デライ氏族のナワライ系族が話し合いをもった、一人の首長（Ratu）を求めて。なぜなら、多くの土地では、首長が存在し、彼らは（その人物に）耳を傾けている（vakarorogo）、そして、二つ目の理由は、ここでは私が族長で、そして、あそこではまた一人の族長がという状態では、互いに従い合うことは出来ないから。皆がそれぞれの首長を拝し、互いに耳を貸さない。もし一人の首長が求められるなら、全ての者が、その人物の決断に（e na nona lewa）従うことになる。そして、話し合いがもたれ、首長を連れてくることになった。ある土地から一人の人物を、古きダワサムの土地（e na vanua ga makawa vaka Dawasamu）に連れて来ることになった。］

【ビロを下向きにする】

E rau sa veivosaki, 'Ke sa lako mai, o iko sa na vakarorogo. Sa na vuki cuva na memu bilo ni yaqona, sa na sega ni vakayagataki. Sa na vakayagataki tiko na bilo ni yaqona nona na Ratu ke kau mai.' Ia, ni sa vinakati dua na turaga, me caka vakacava? Qo na gauna se dredre tiko kina, e na gauna qo. Se ra dui yadrava tu na itaukei ni qele na kedra qele. Na gauna o ratou sa qai bosebose kina, sa qai sega ni dua rawa ni kila o cei me lai kauta mai. Na nomu takosova na vanua kece qo, qarauni iko tiko. Nomu takosova vakaveitalia dua na vanua ya, o iko sa na mate.

［彼ら二人は話し合い、「もし（首長を）連れて来るなら、あなたは（彼に）従う。あなたはヤンゴナを飲む器（bilo）は下向きにし（vuki cuva）、

決してそれを使わない（sega ni vakayagataki）ようにする[21]。もし連れて来るなら、首長自身のヤンゴナの器（だけ）が使用される。」しかし、もし一人の首長を頂くとしても、それはどのように可能なのか（me caka vakacava）。時は戦乱の世である。それぞれの土地に、それぞれの土地の持ち主（itaukei）がそれを守り見張っている（yadrava）。よって、彼らが話し合いをもった時、一人として、誰が首長を連れてくるのか分からなかった。どの土地に行っても、あなたがそこを横切ろう（takosova）とすると、身の安全に気を付けなさい（qarauni iko）。あなたが土地を勝手に横切ると、あなたは死ぬ（mate）ことになる。」

【約束の地「マタキ・ダワサム」】

Sa qai bole o Ratei me sa lai kauta mai. 'Au sa lai kauta mai na turaga. Na nodatou turaga.' Baleta me nona ga o koya me kila ga o koya na kaukauwa vata kei na nona veiwekani vaka tiki ni qele. Baleta na veiwekani, nona sa bole o koya, 'O yau na lako ike na isema ni qele ga na veiwekani.' E na isema ni qele ga veiwekani, o koya bole, 'Au rawa ni lako. Au sa lako lai kauta mai Mataki-dawasamu, na delana daru na sota kina.' Baleta qo na vanua vaka Voni.

[そして、（デライ氏族の）ラテイ（Ratei）が、首長を連れてくる大役を買って出た（bole）。「私が、その首長を連れて来る（kauta mai）。私たちの首長を。」なぜなら、彼は、自らの力（kaukauwa）と、隣接する土地がもつ彼の親族関係（veiwekani）を信じたからである。彼は、その親族関係を信じ、それを買って出た、「私が、ここに行く、その隣り合う土地（na isema ni qele）の親族関係がある。」その隣り合う土地同士の親族関係を伝って、彼はそれに挑戦し、「私が行こう。私が首長を連れて、マタキ・ダワサム（Mataki-dawasamu）[22]に戻ってくる、その丘

21　首長を自らよりも高位の存在として忠誠を誓うこと。
22　この「マタキ・ダワサム」という土地が、NLCのダワサム氏族に関する『一般証言』の中のペニ・ワンガ（Sr.）による証言において言及されていた「マタ

(delana) で私たちは会おう。」そこ（マタキ・ダワサム）はヴォニ氏族の土地であった。］

【首長を連れて来る】

Sa qai biuta ga vanua o koya vakadua. Lako yani Navautaba. Nona yaco yani vanua ya, o ratou sa veikilai tiko baleta ni tautauvata tiko nio iko yadra ike, lakova tiko va qo na isema ni qele sota vata tiko, veivosaki tiko, o ratou sa veikilai tiko na vanua na gauna ya. O ratou sa vakarau lako na vanua ya, 'O yau lako tiko me'u lai kauta mai dua na Ratu. Au vinakata modou dolava nomudou sala, dou dolavi yau me'u lako yani nomudou vanua ya.' Sa ratou qai tukuna o ratou, 'Mai,' o ratou sa lako, nona lako ya o ratou sa lako vata tiko e so. Taba toso.

［ラテイは、その土地を一気に出発した。そして、隣接するナヴァウタンバ（Navautaba）氏族の土地へ向かった。ナヴァウタンバ氏族の土地に辿り着くと、彼らは互いに知っていた（veikilai）、なぜなら、あなたがここで（土地の）警備に当たっているとすれば、こちら側の土地の隣接場所で、（隣の土地に住む者と）会うことになる、そこで会話もし、彼らは互いに知り合うことになる。彼らは、その（ナヴァウタンバ氏族の）土地を抜けようと準備をし、「私は、一人の首長を連れて来るためにやって来ています。私は、あなた方の道（sala）を開いて（dolava）くれるように求めます。私が、あなた方の土地を通過するために、私に道を開いてくれるように求めます。」彼ら（ナヴァウタンバ氏族）は、「来なさい（mai）」と言い、彼らの内の幾人かの者が、ラテイに同伴した。合意し（taba）、先へ向かった（toso）。］

【土地から土地へ】

Lako ya, me lai yaco sara vei ratou mai Nasaibitu, qele vaka Qelema, o ratou mataqali kecekece vata ga. O ratou Navautaba o ratou lako, o ratou

---

イ・ダワサム（Matai-dawasamu）」のことであると推測できる。

lai kerekere vei ratou mai Nasaibitu. 'O yau lako tiko mai, lako tiko mai na ka qo, e vinakati sara tiko me yaco i Vunidawa. Au kerea tiko mo dolava na gaunisala vei keirau me rawa ni keirau lako.' Tukuna sara o ratou, '*Right*, mai. Lako.' O ratou sa qai lako. Lako qo, sa lako tiko na lewe levu. Sa mai lako o Navautaba, lako o Qelema, ka rua ni yavusa Qelema, sa oti o Qelema, sa ratou qai lako sara mai Qelema vei ratou na kai Rokotuibau.

［先へ向かい、ゲレマ（Qelema）氏族の土地であるナサインビトゥ（Nasaibitu）へ向かった。彼らは土地で全て繋がっていた。彼らナヴァウタンバ氏族が行き、彼らがナサインビトゥでお願い（kerekere）をした。「私が、ここにやって来たのは、（この者が）ヴニンダワへ行くことを望んでいるからです。私は、あなたに、私たち二人が先に向かうことが出来るよう、その道を開いてくれるように（dolava na gaunisala）求めます。」彼らは、「了解した、来なさい。行け。」と即答した。そして、彼らは先へ向かった。この頃までに、ラテイ一行は、大人数になっていた（na lewe levu）。ナヴァウタンバが同伴し、二つ目の氏族（ka rua ni yavusa）であるゲレマ氏族が同伴し、ゲレマ氏族の後は、彼らは、ロコトゥインバウ（Rokotuibau）氏族へと向かった。］

【ヴニンダワ到着】

Yavusa, Rokotuibau mai Nayavu, Wainibuka sara takoso ike. O ratou na qele kei Rokotuibau tiko tale i tai sa na dua. Na kena qele o koya me lai veiyalavata kei ratou mai Naitasiri. O ratou qai toso i ke, qele ya lako yani tai, muria tiko na kedratou qele, me lai yaco vata kei na kedratou qele mai Naitasiri. Mai Naitasiri, sa qai suka vaka Vunidawa. Vunidawa mai na koro, Nakorovatu. Vunidawa na yavusa, Dawasamu.

［ワイニンブカ（Wainibuka）を横切った、ナヤヴ（Nayavu）の土地に住むロコトゥインバウ氏族である。彼らロコトゥインバウ氏族の土地は、もう一つ（ワイニンブカ川の）向こう岸（tai）にも土地がある。彼らの土地は、ナイタシリ地方（Naitasiri）に属する者たちと共に（両地方に跨がって）境界付けられている（veiyalavata）。彼らはそこを横切り、対

岸に渡り、彼ら（ロコトゥインバウ氏族）の土地を伝って、ナイタシリ地方の彼らの土地（のさらに向こう）へ向かった。ナイタシリ地方において、いよいよヴニンダワ（Vunidawa）の土地へと到着する。ヴニンダワにあるその村は、ナコロヴァトゥ（Nakorovatu）村。そして、氏族の名前は、ダワサム（Dawasamu）である。］

【ナゾウを授かる】

Sa yaco ike, sa ratou vakadonuya me sa na lako mai dua nodratou gone, 'Nacou,' na yavusa o Dawasamu, mai Nakorovatu. Sa qai kau mai, nona lako tale ga mai qo, o ratou veikau mai Vunidawa, na koro Nakorovatu, yaco i na qele vaka Bau, o ratou na Rokotuibau mai Nayavu, o ratou cegu lako mai veikau mai ratou na Rokotuibau. Veikau lesu tiko mai, yaco mai vei ratou mai Qelema, lesu mai na Rokotuibau. Oti, lako mai na qele vaka Navautaba, oti ya, o ratou mai lesu na Qelema. Lako tiko mai Navautaba. Lako mai ya, me yaco i na vanua sa yalataki tiko me rau mai sota kina kei Voni. Mataki-dawasamu. Sa qele vaka Voni qo.

［ここ（ヴニンダワ）に到着し、彼らは、ナコロヴァトゥ村のダワサム氏族から、「ナゾウ（Nacou）」という一人の子供／男子（gone）を授かる許しを得た。そして、ナゾウを授かり、ラテイ一行は、やって来た道を戻った。山林（veikau）のヴニンダワのナコロヴァトゥ村から、ロコトゥインバウ氏族の土地ナヤヴに到着し、彼らロコトゥインバウ氏族は、そこで（同伴を）終えた（cegu）。山林を戻り、ゲレマに到着し、ロコトゥインバウ氏族は、彼らの土地へと帰ってゆく。そして、ナヴァウタンバ氏族の土地に辿り着いたところで、ゲレマ氏族は彼らの土地へと帰ってゆく。そして、ナヴァウタンバ氏族と共に帰路をゆく。そして、さらに進み、彼ら、ラテイがヴォニ氏族に会う（sota）ことを約束した場所（na vanua sa yalataki）、マタキ・ダワサム（Mataki-dawasamu）に向かって進んだ。このヴォニ氏族の土地（に向かって）。］

【タマ・トゥレセ (Tama-turese)】

Sa voleka mai vanua qo, vanua qo sa mai kaci kina na qase qo, 'Da sa lesu!' me sa lesu na ilakolako ni yadra. Sa ratou suka mai Navautaba. O koya me sa lako, na vanua qo, sa qai rogoca kina na qase qo, 'O yau nanuma, au kila ni'u mai vakamatei ike.' Na gauna sa kaci kina o koya 'Da sa lesu,' na matai ni turaga qo e kau tiko mai, qai nanuma o koya me laukana. Ka sa qai, o koya qai rogoca, sa qai lutu, lutu sa qai tara na yavana na qase qori, sa qai tukuna vua 'Me'u bula,' nanuma o koya de mai vakamatei. Sa qai tukuna o Ratei, 'O iko sega ni mai vakamatei. O yau kau tiko mo lai turaga e na vanua o Dawasamu.' Oti ya, sa qai toso mai, rau sa qai tiko e vanua ya, e rau sa qai mai veisolisoli e vanua ya, soli yau ga o Ratei vei Voni.

［ラテイは（ナゾウと共に）マタキ・ダワサムへあと僅かな所に到着し、そこで彼は、「我々は帰った！ (Da sa lesu!)」という声を上げ、同伴の一行（na ilakolako ni yadra）の解散を告げた。そして、ナヴァウタンバ氏族は、帰って行った（suka mai）。ここで、この叫びを聞いたナゾウは、「私は思う、私はここで殺されるのだろう。(O yau nanuma, au kila ni'u mai vakamatei ike.)」と考えた。「我々は帰った。」という叫びを聞いた時、この連れて来られた最初の首長は、自分は（その場で殺され）食べられて（laukana）しまうのだと考えた。彼は、その叫びを聞き、そして、（自らが立っていた地面に）跪いた（lutu）[23]。跪いた後、その先達（ラテイ）の足にしがみつき、彼に、「殺さないで欲しい。(Me'u bula.)」と言った。彼は、殺される（vakamatei）と思ったのだ。ラテイは、「あなたは殺されたりはしない。私はあなたを、このダワサムの土地の首長（turaga）になってもらうために連れてきたのだから。」と告げた。その後、さらに歩を進め、彼ら二人は、その土地（マタキ・ダワサム）に着き、その

---

[23] このナゾウが跪いたとされる場所は、現在、ダワサム地域において「タマ・トゥレセ (Tama-turese)」と呼ばれるに至っている。「聞き (tama)」、そして、「崩れ落ちる (turese)」という意味。そして、この場所は、実際にマタキ・ダワサムの脇に存在し、ヴォニ氏族のナンボロ系族が「所有者」として登記されている「デライ・ヴォニ山（Delai-Voni）」に存在している。

土地で、彼ら二人（デライ氏族とヴォニ氏族）の間で、（首長の）渡し合い（veisolisoli）が為された。私、ラテイが、ヴォニ氏族へと。」

【ソヴァ・ベヌ（Sova-benu）】

O koya sa lesu tale, e na kena tiki ni qele. Sa lai tiko e na kena tiki ni qele, sa lai tiko kina, sa qai vakasamataka o koya, 'Oh, o yau vaka, au sova benu.' Oti, sa qai nanuma o koya, 'Me lesu tale mada mai me mai raica mada na turaga au kauta mai. E sega ni macala nona kau na turaga qo. Lai vakacava nona tiko, tiko vinaka se...' Lesu tale mai o koya. Lesu tale mai o koya vei rau Voni. Tukuna sara o Voni, 'Sa noqu na turaga.' Tukuna sara, 'Sega, sega ni nomu. Qori e dua na nodatou turaga, ni vanua qo Dawasamu. Me ra vakarorogo kece kina na veiyavusa, sa ra vakadonuya me sa cegu na nodra qaravi na nodra veiyavusa, me sa cegu nodra turaga.'

［そして彼（ラテイ）は、自らの土地（ナザギ山）へと帰った。彼の土地に戻り、暫く経った後、ナゾウに対して思いを馳せ、「私が取った行動は、まるでいらないものを捨てるような行為（Sova benu）[24]ではなかったか。」このように感じたラテイは、「私が連れてきた首長を見に戻ってみよう。この首長が連れられてきて、どうしているのかよく分からない。戻って、どうしているか、健康でいるのかどうか…」彼は戻った。彼は、二人（ナゾウとヴォニ氏族）が居るヴォニ氏族の元を訪れた。そして、ヴォニ氏族は、「ナゾウはヴォニ氏族の首長である。」と主張した。ラテイは、「違います、彼は、あなた方のものではない。その彼は、このグワリムの土地の私たちの首長（na nodatou turaga）になるべくしてやってきた。彼ら全ての氏族が従い、そして、彼らそれぞれの氏族、それぞれの首長を拝することを終えることを、彼らが了承するために。」

---

[24]　「ナゾウを土地に連れてきたは良いが、彼をヴォニ氏族に預けたまま、自分は自らの土地に帰って来てしまっただけで、何もしていない」という事態を、「ゴミを捨てる」ような行為と比喩的に描写した表現。sovaは「捨てる」という意味の動詞、benuは「ごみ」という意味の名詞。

と告げた。]

【ナゾウの即位】

'*OK*, sa donu.' E rau sa qai bulibuli ka sa qai tukuna o Ratei, 'Au nanumi ratou na noqu matavuvale.' Sa qai lai kacivi ratou tale mai Wailevu, vanua o ratou tiko kina me ratou lako mai. Sa qai lako mai o ratou sa qai mai tiko bulibuli ka sa qai lako na kenai tukutuku i na veiyavusa, me yaco sara i Tova, kece. Yavusa me tiko e na walu. Walu na yavusa koya wili tiko qo dodonu me tiko na Voni, Delai, Wailevu, Navunisea, Tova, Lau, Gilogilo, o Tai, sa walu. Oti, sa qai mai buli na vanua. Sa qai mai yaco na veibuli vua na matai ni Ratu. [(ヴォニ氏族は)「了解した。」と述べた。そして、彼ら二人は、しばらくの間共に居たが、ラテイは、「私は、私の家系／家族（matavuvale）のことを思う。」と述べた（自らの土地に戻った）。その後、ワイレヴ（Wailevu）氏族[25]が、彼らの土地からヴォニ氏族の元に呼ばれた。そして、ワイレヴ氏族は、ヴォニ氏族を訪れ、そこで共に過ごし、それから、その（即位儀礼の）知らせが、トヴァ（Tova）氏族に至るまで、全ての氏族に伝えられた。八つ全ての氏族に（yavusa me tiko e na walu）。この八つの氏族は、ヴォニ、デライ、ワイレヴ、ナヴニセア、トヴァ、ラウ、ナギロギロ、タイである。その後、土地が創られた（buli na vanua）。そして、最初の首長の即位儀礼（veibuli）が行われた。]

以上の通り、デライ氏族ナワライ系族のナイタウが行った語りは、**1)** ダワサム地域の「最初の首長」（matai ni Ratu）とされるナゾウ（Nacou）は、デライ氏族のナワライ系族の先祖であるラテイ（Ratei）という人物[26]が、ダワサム地域があるタイレヴ地方南西に隣接するナイタシリ地方のヴニンダワ（Vunidawa）地域から連れてきたこと、**2)** ラテイは、当時彼らが住んでいた

25　ワイレヴ（Wailevu）氏族は、ナザギ山の北西部に住んでいたとされ、現在もその土地は、ワイレヴ氏族が所有者として登記されている。

26　この「ラテイ」という人物は、ナイタウの直系の四代先の先祖とされている。

地図4. 初代首長「ナゾウ」が辿ったとされる道筋

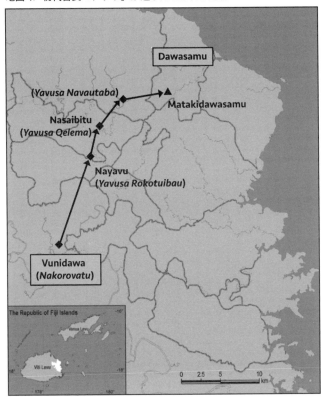

［Fraenkel & Firth（2007, p. 207）から作成］

ノザギ（Nacagi）と呼ばれる山の隣山であるデライ・ヴォニ（Delai-Voni）に村落を構えていたヴォニ氏族に、ナゾウをダワサム地域の初代首長として即位させるために渡したこと、3）ヴォニ氏族が、その最初の即位儀礼を開催する知らせを、ダワサム地域に住んでいた各氏族へ、土地の隣接順に届け、全ての氏族がそれに賛成して、ダワサムという「土地（ヴァヌア）」が創られたこと、以上について言及したのである。**地図4**は、初代首長ナゾウが辿ったとされる、ヴニンダワからダワサムまでの道筋である。

7.2.3 「彼ら先達」としてのダウサム：言及指示的次元の整合性

ナイタウによる、この地域創世に関する語りは、ナザニエリらが理解していたダウサム地域の過去と言及指示的整合性を示した。以下の会話は、筆者が二度目にデラカンド村を訪れた 2010 年 3 月 2 日、予定されていた首長の即位儀礼の開催地となったデラカンド村に、儀礼を執り行うための家（ブレ; bure）を建てる作業が、ヴォニ氏族とデライ氏族の男性を中心に行われた際、ナザニエリ（Naca）、デライ氏族ナムロムロ系族のチョエリ（Joeli）[27]、そして筆者（Asai）の三者で為された、ダウサム地域の過去と首長についての会話である。

> Asai: Na cava e vuna kai Delai sa kauta mai na Ratu mai Naitasiri?
> ［なぜ、デライ氏族がその首長をナイタシリ地方から連れてきたのですか？］
> Naca: Rogoca. A kawa mai Verata o Rokomoutu, ko ra mai tekivu kina o Verata kei na veivanua kece Bau. Ya lako mai Taqaniika. Qai gole mai ke se lala e Viti. Qai gole mai ke, sa kuvu tiko na buka o keitou. Sa qai mai cegu ike. Io, qo na isaumi nomu taro. Cegu ike, dede vakalailai, "Kemudou na qase au sa vakatoka na vanua qo, qase." Sa tawa rawa tu.
> ［聞きなさい。ヴェラタ地域（Verata）に由来する系譜上の人物ロコモウトゥ（Rokomoutu）、彼らヴェラタ地域、そしてバウ地域（Bau）全てが、彼から始まった。それは、タンガニーカ（Taqaniika）[28]からやって来た。彼らはここにやって来た、まだフィジーは空っぽだった。そして、ここにもやって来た、私たちは薪を燃やしていた（kuvu tiko na buka）。そう、これがおまえの質問の答え（na isamumi）になる。(彼らは) ここで休憩し、暫くの時が過ぎ、(彼らは)「あなた方、私の先達よ、私はこの土地を、先達（qase）、と呼ぶ。」ここには、既に人が居たからである（sa tawa

---

27　ナタレイラ村に住む、デライ氏族ナムロムロ系族の六十代半ばの男性である。
28　タンガニーカについては、第5章1節（5.1）を参照。

rawa tu)。]

Asai: Na vanua qo?
[この土地を？]

Naca: Io. Keitou, keitou qo. Io, qo keitou. "Kemudou na qase, au sa kerekere, au soko tiko mai baravi, au raica tiko mai na ucuna ni coka vakayawa mai Verata. Au sa kerekere au sa na raica mada kevaka sa cala me sa na noqu itikotiko." "Oi, sa donu, sa donu." Gole ga mai, sa raica ni lala sa nona itikotiko. Sa nona itikotiko, na kai Verata se o Ratu cava, me tekivu mai e na gauna ya me yacova qo, sa vakatokai Dawasamu "O ratou na qase." Io, "O ratou na qase."
[そうだ。私たち、この私たちである。「あなた方先達よ（kemudou na qase）、私はお願いがある、私は海岸に沿って船を漕いできた、私は遠くヴェラタから、魚を捕るための岬を見てやって来た。私がここに来たことがあるべきことではないかどうか、お尋ねしたい。」、「おう、了解、了解した。」彼は、やって来て、空いていた土地を、自分の土地として住んだ。彼の土地として、ヴェラタの者たち、あるいは、首長とでも呼ぶべき者たちが。（この土地は）その時に始まっており、この現在まで至っている。「彼ら先達（o ratou na qase）」としてのダワサム。そう、（この土地は）「彼ら先達」である。]

Asai: Io.
[はい。]

Naca: Ya sa lai yaco i Bau na kawa na vanua sa kawa kina o Verata. O ratou na qase me yacova qo. Dau tarogi, "O cei?" "O ratou na qase mai Dawasamu." Tukutuku ya na kawa mai Verata o Rokomoutu vakadewataka tiko vei keitou taucoko. O ratou na qase mai Dawasamu. Nodratou vu na kawa mai Verata, mani dua na veisei lailai, sa qai muria na vanua Gunu, bati vaka Verata, o ira dau liga ni wau ni vanua.
[そのことは、ヴェラタの者たちによって系譜付けられていった土地、バウ地域にまで届いた。今日まで知られる「彼ら先達」。（彼ら

は）「それは誰だ？」、「彼らダワサムの先達だ。(o ratou na qase mai Dawasamu.)」と尋ね合う。その（私たちについての）知らせを、ヴェラタの系譜のロコモウトゥ（Rokomoutu）が、私たち全てを代表して運んだ（vadewataka）のだ。ダワサムにいる「彼ら先達」。彼らヴェラタの神たちは、そして小さな諍い（veisei lailai）を起こし、（その別れた一部が）グヌの土地（vanua Gunu）を辿った。それは、ヴェラタの戦士（bati vaka Verata）だ。彼らは、棍棒を持つ者たちのこと。］

Asai: Io.

［はい。］

Naca: Muria qori, sa qai taura cake na wai na Rewa, me lai yaco sara i Vunidawa. Ni tiko mai Vunidawa mai Nakorovatu, sega soti ni tiko vinaka, sa qai va qo nona vosa, "O yau sa via gole vei ratou na qase i Dawasamu." Sa qai rogo mai na kena itukutuku vakadewataki tiko mai vei ratou na yavusa mai rogo sara ike ni sa via gole mai. Lako o ratou qo, lako o ratou qo se gauna ni valu. Lako o ratou qo lai muria va qo, Nalidi, na veitaratara ni qele e sema ni veiwekani vakavanua, muria lai yaco sara i Nasautoka, qai gole i Vunidawa, me lai kau mai. Kau mai, sa qai mai soli. O ratou kauta mai qo, qo. Sa donu?

［そのように辿って、それから（彼らは）レワ川（na wai na Rewa）上流を辿り、そのままヴニンダワ（Vunidawa）へと到着する。そして、ヴニンダワのナコロヴァトゥ（Nakorovatu）に住んでいた時、住み心地が良くなかった（sega soti ni tiko vinaka）、それから彼はこのように言った、「私は、彼ら先達（ratou na qase）のダワサムへ行きたい。」そして、その知らせは、彼らの氏族によって、はるばるここ（ダワサム）まで伝え運ばれた、彼が（ここへ）来たい（gole mai）と思っていることを。そして、この彼ら（デライ氏族）が行った、彼らが行った、それはまだ戦の時代（gauna ni valu）だった。彼ら（デライ氏族）は、このように辿った、ナリンディ（Nalidi）、隣接する土地同士の姻戚関係を伝って土地の境界

を渡った。ナサウトカ（Nasautoka）へと辿り着き、そしてヴニンダワへと到着した、（彼を）連れてくるために。（彼を）連れてきて、そして（ビロを）与えた。この彼ら（デライ氏族）がここへ連れてきた、この彼らが。分かったか？］

Asai: Io

　　［はい。］

Naca: Oti, sa qai dede vakalailai, "Mequ bilo qo, o sa na gunu." Dawasamu se bera ni dua na vanua se dui turaga.

　　［その後、しばらく経って、「これが私のビロ（mequ bilo）です、あなたはそれを飲むのです。」ダワサムは、まだ一つの土地ではなく、それぞれに首長がいた頃のこと。］

Asai: Se bera ni dua na vanua Dawasamu?

　　［まだ、ダワサムという土地が一つの土地じゃなかった？］

Naca: Io. Sa qai tukuni qo me kau na kena itukutuku vakavanua, me lai yaco sara i Nagilogilo mai Tova, "Io, sa noda turaga." Sa qai okati na vanua qo, me dua na vanua. Ko na veisolisoli ga.

　　［そうだ。そして、その土地の知らせ（itukutuku vakavanua）が、トヴァ山のナギロギロ氏族まで届けられた、そして、「了解だ、私たちの首長（noda turaga）だ。」と。そして、この土地は一つの土地となって数えられることになった。これが、神からの首長の授かり（veisolisoli）である。］

Asai: Dua na drau na yabaki sa oti se...

　　［100年ほど前のこと…］

Naca: Io, io, dua na drau vakacaca na yabaki. Au sa sega ni kila na kena caca vica. Na vu ni na lako mai ni turaga qo ni vinakata me lako mai vei "ratou na qase," na kawa lai vakadewataki toka ya vei ratou na qase, o ratou na qase. Na vu ni veiwekani tiko kina vakavoleka o Verata kei ke. Baleta na mai cegu ike, vakadewataki tiko na kawa e Verata, kena cavuti "O cei?" "O ratou na qase." Baleta ni sa lako mai o Rokomoutu, nona vu mai Verata, sa tawa tiko na vanua qo. Ira na lako mai Taqaniika, e? "Vanua qase."

[そう、そうだ。100年と幾ばくか。(100年と) どのくらいか、私は分からない。この首長がやって来た理由は、彼は、「彼ら先達 (ratou na qase)」のところに来たかったからであり、それが「彼ら先達」へと支流した (ヴェラタの) 系譜である、「彼ら先達」。それがヴェラタとここ (ダワサム) が、近しい (vakavoleka) 姻戚関係にある理由である。なぜなら、(彼らは) ここで休憩を取ったから、ヴェラタの系譜の一支流である。彼らは、このように言う、「誰だ？」、「彼ら先達」。なぜなら、ヴェラタの神ロコモウトゥがやって来た時、この土地には既に人が住んでいたから。彼らタンガニーカ (Taqaniika) からやって来た者たちが、ここに来たときに。「先達の土地」。]

Asai: Sa tawa tiko ike na gauna ya.

[その時、既に人がいた (sa tawa)。]

Joeli: E bulia ga mai na kalou ike, keitou ike. Kece na veiyavusa qo, qai lako mai, keitou sa tiko ike.

[神が我々をここに創造した (bulia)、我々をここに。そして、他の氏族たち (veiyavusa) はやって来た、我々は既にここにいた (sa tiko)。]

以上の会話から示唆される通り、ナザニエリは、1) ダワサムという土地には、ヴェラタ (Verata) 地域からフィジー全土に散らばったフィジー人の祖先たちがやって来た時には、既に人が住んでいたこと、2) それ以来、ダワサムの土地を訪れたヴェラタの者たちは、ダワサムの土地の民を、「彼ら先達 (o ratou na qase)」と呼び、今日に至るまでそうであること[29]、3) そして、ダワサムを訪れたヴェラタ地域の者たちが、その後「ヴニンダワ地域」へ住み移り、そこからダワサムの土地に改めて到来したこと、以上のように、地域の過去 (ない

---

29 実際にそうであるかは確認できていないが、ダワサム地域の複数の長老から、同様の見解が示されている。

第7章 | 儀礼、神話、文書

表6. デンゲイ（Degei）の妻と子孫たち

Figure 11. Wives and Descendants of Degei.
Source: Jovesa Bavou, "History of the Beginning," c. 1918.

1. Adi Labanacagi (Nai Lawa, Nakauvadra)
   Various Kauvadra, Rakiraki vu (ancestor gods)
   ancestor god   descendants' ritual-kin group
   Nasema   Rakiraki (Tuinamo)   book lists descendants
   Kanaiwai   Rakiraki (Cakova)
   Leka   Rakiraki (Wailevu?)
   Rasuaki   Natoka, Navolau
   Tui Boga   Navitilevu   "
   Nawaqabolabola   Nacilau (near Togavere)   "
   Kuruloa   Vatuqoro
   Bogileka   Vatu?
   Bokadroti   Naqilaqila (at Vunitogaloa)   "
   Coci   Narawa

2. Sinukula (Nakasekula, Nakauvadra)
   Verata, Ba and Vanua Levu vu (ancestor gods)
   Rokomoutu   Verata   see figure 12
   Raikadruka   Ba and Bulu
   Uaniwaimaca   Vusuvusu
   Rokowai   Naicobocobo
   Igaigavanua   Bua
   Uneunevanua   Macuata

3. Nasau (Vugala, Nakauvadra)
   Ketewai   Loqa (Nasi stronghold)   "
   Waqabalabala   Nadi
   Nawakanimali   Nadroga
   Tunovoli   Nadroga
   Toka   Natuatuacoko   "

［Kaplan（1995, pp. 153-154）から引用（cf. Bavou, 1918)］（下線は引用者による）

し、最初の首長の到来の経路）を理解していたのである。

ヴェラタ（Verata）地域がフィジー人の祖先の土地であることは、フィジーでは（とりわけヴィティレヴ島東部を中心に）広く知られている。Kaplan（1995）は、1918年に記録されたラ地方の『一般証言（Tukutuku Raraba）』を考察し、ラ地方のドゥラウニイヴィ（Drauniivi）村に住むヴァトゥカロコ（Vatukaloko）氏族の証言を行ったチョヴェサ・バヴォウ（Jovesa Bavou）という人物が編んだ書物を紹介している。当該書物では、フィジーの祖先神デンゲイ（Degei）とその多くの妻たち、そして、その子孫たちによって住まわれた土地について言及されている。そこでは、デンゲイの妻の一人シヌクラ（Sinukula）の間に出来た子供のロコモウトゥ（Rokomoutu）がヴェラタの地に

表7. ロコモウトゥ（Rokomoutu）の子孫たちと彼の息子のヴエティ（Vueti）

Figure 12. Descendants of Rokomoutu and His Son Vueti.
Source: Jovesa Bavou, "History of the Beginning," c. 1918.

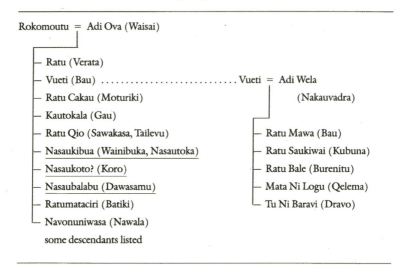

［Kaplan（1995, pp. 153-154）から引用（cf. Bavou, 1918）］（下線は引用者による）

移り住み、その子孫が他の土地に散らばったことについても言及されている。その伝承をまとめたものが、**表6**である（Bavou, 1918; cf. Kaplan, 1995, pp. 153-154）。

Bavou（1918）の記述に基づけば、ロコモウトゥはヴェラタ地域に住み着いた祖先神であることが、既に1918年当時に知られていたことが分かる。また、**表7**に示されている通り、この記述では、ロコモウトゥの子孫の一人であり、ダワサム（Dawasamu）に住み移ったとされる祖先神の名前は「ナサウンバランブ（Nasaubalabu）」となっている。さらに、ワイニンブカ（Wainibuka）、およびコロ（Koro）の地に散らばったとされ、ナサウンバランブの兄または姉に該当する二人の祖先神の名前は、それぞれ「ナサウキンブア（Nasaukibua）」、および「ナサウコト（Nasaukoto）」とされている。つまり、「ナサウ（Nasau）」という語が、これら三人の祖先神の名前に共通した一部となっている。

ダワサム地域において、ナイタウによる神話の語りに登場する当該地域の最初の首長の名は「ナゾウ（Nacou）」である。したがって、このBavou（1918）

地図5. ヴェラタからヴニンダワ、そしてダワサムへの道筋

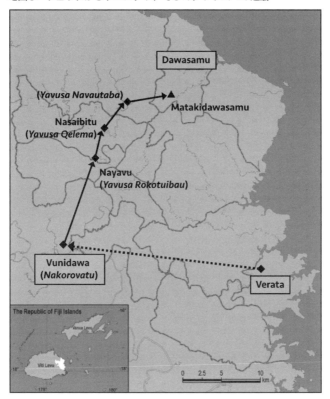

［Fraenkel & Firth（2007, p. 207）から作成］

に記載されている祖先神「ナサウンバランブ」とは整合しないのだが、この「ナサウンバランブ」が、語りの中で「ナサウ」と簡略化された可能性も大いにある。そして、「ナサウ」から「ナゾウ」へと発音の変化を伴って伝えられたと推測することもできる。Bavou（1918）に記載されている「ナサウンバランブ」と「ナゾウ」が同一の祖先神であるかどうかについては、詳細に調査を行うことが出来なかったため、憶測の域を出ないものである。しかし、本書の議論において重要であることは、ヴェラタに住んでいた祖先神の名は「ロコモウトゥ」であり、彼の集団に属する者の一部が、その後、ダワサム地域に移住したというダワサム地域の古老に共有される神話の筋書きが、Bavou（1918）の記

述と（少なくとも部分的には）符合することである。その限りにおいて、ナイタウやナザニエリによって為された神話の語りが、地域内部の政治的争いを制することを目的としただけの根拠薄弱な語りではなく、当該地域周辺には一定程度、共有された神話的図式であると考えられるだろう。

　したがって、ダワサム地域の最初の首長を「ヴニンダワ」から「ダワサム」に連れてきたとするナイタウによる語りは、ナザニエリが理解していた土地の過去（最初の首長の到来の経路）と、強い一貫性を有した言及指示テクストを生成したと考えられる。つまり、ダワサムを訪れた後、ヴェラタ地域に戻り、その後、ヴニンダワ地域へと移住したフィジー人の祖先ロコモウトゥの集団の一部が、ヴニンダワ地域から再びダワサムの土地へ、どのようにしてやって来たのかについてを明瞭に述べたナイタウの語りは、[**ヴェラタ ⇒ ヴニンダワ**]：[**ヴニンダワ ⇒ ダワサム**] という、当該地域において広く共有されている首長／外来王の到来に関する互いの「対照ペア」を補う語りであったことにより、一貫性と（コ・テクスト[30]的）結束性を有した言及指示的テクストが、（彼らのやり取りにおいて）生成されたと言えるだろう。**地図5**は、ヴェラタからヴニンダワ、そしてダワサムへの道筋を示したものである。

7.2.4 相互行為的次元の整合性と結束性

　次に、相互行為的次元において、この語りが紡いだテクスト（相互行為テクスト; interactional text）は、どのようなものであったのだろうか。ダワサム地域の長老たちの間では、最初の首長は、デライ氏族が連れて来た後、(現在の)首長の後見／側近たちであるダワサム氏族と共にドゥリティ村に住むようになった、という図式は共有されていたようである。しかし、フィジーでは、氏族・系族の歴史に関わる知識は、通常、秘密として氏族・系族（vuvale）内の特定の立場を有する人物（長老など）によって保持される傾向が強いことは、これまで指摘されてきた通りであり[31]（cf. 小川, 2002）、デライ氏族の歴史に関す

30　コ・テクスト（co-text）については、第1章4節3項（1.4.3）を参照。
31　小川（2002）は、「集団の内部に受け継がれてきた、祖先たちに関わる口頭伝承

る詳細な語りを、他の氏族・系族が耳にすることは多くなかったことが予想される。また、デライ氏族の内部でも、どの系族によって、誰と共に、どのようにして最初の首長がダワサムの土地にやって来たのかなどを巡り、複数の伝承が存在している。つまり、実際には、「最初の首長」の到来に関する詳細は、地域住民にとっては前提可能性が比較的低い知識であったと考えられる。

したがって、ナイタウによって「秘密の開示」というフレームを伴って為されたダワサム地域の「最初の首長」と「最初の即位儀礼」に関する語り、そして、実際に知られている多くの「地名」、「村落名」、「氏族名」などの固有名詞——歴史の記号——を伴い、(1930年のNLCの「文書」と類似した)それら「歴史の記号」を辿ってゆく、ダイアグラム性(diagrammaticity)を強く喚起する土地の過去についての図的な叙述は、その限りにおいて、「具体性」と「確からしさ」を指標する歴史の語り、まさに「神話的語り」として生起したと考えられるだろう。

20世紀初頭にニューカレドニアへ、フランス人宣教師として滞在し、メラネシア研究の古典『ド・カモ (Do Kamo)』[32]の著者であるモーリス・レーナルトは、カナク (Kanak) 人の特徴を以下のように紹介している。

> メラネシア人が物語を語るのを聞けば、彼らの自己の位置取りが不確かであることがよく分かる。面白いことに、彼らは場所の地誌的な名前を忘れたからという口実で物語を語るのを断ることがよくある。［中略］彼らは、言葉をとおして、物語が展開するまさにその場所に身を移さなければならないのである。(レーナルト, 1990 [1947], pp. 146-147)

こうしたレーナルトの指摘は、彼らが出来事の生起する空間を通じて、自らの存在・場所を確定したり、出来事の主人公である人物と合流することで、「人」

を守ること」が、「それがたとえ公的な書類等に記録された伝承とは異なっているとしても、自らが正しいと信じる系譜を独自に保てる」としている (ibid., p. 38)。

[32] Do Kamoとは、「本当の人間」という意味である。

としての「リアリティ」(真実性) を獲得していることを示唆している。

実際に、ナイタウは、ナザニエリらに対して、ヴニンダワからやって来た、ダワサム地域の初代首長ナゾウが地面に跪いたとされる「タマ・トゥレセ (Tama-turese)」と呼ばれる土地、そして、デライ氏族が、ナゾウをヴォニ氏族へと譲渡した「マタキ・ダワサム (Mataki-dawasamu)」という土地が、現在もなお、ヴォニ氏族の始祖の土地 (yavutu / dela ni yavu) がある、デライ・ヴォニ山の脇に存在していることを、この日のやり取りの中で確認している[33]。さらに、第5章4節 (5.4) で記述した通り、ナイタウの出自集団であるデライ氏族のナワライ系族は、ナザニエリら (ヴォニ氏族のナンボロ系族) と同様に、1930年のNLCの「文書」に記載されている氏族内部の系族の序列が「誤っている」という意識を抱いていた集団であった[34]。したがって、ナザニエリらが、デライ氏族の一派であり、「文書」の記載上、デライ氏族の筆頭系族となっている「ナヴニヤシ系族」に背を向けて、ナイタウら「ナワライ系族」をデライ氏族の代表として訪問したこと、そして、その訪問が「上／神からの啓示」に

---

33 「タマ・トゥレセ (Tama-turese)」と「マタキ・ダワサム (Mataki-dawasamu)」と呼ばれている場所を含め、ナイタウの語りに登場する全ての氏族名、地名、村落名 (ヴニンダワ地域のナコロヴァトゥなど) は、実在しており、ダワサム地域住民にも良く知られているものである。

34 実際に、筆者は、デライ氏族のナワライ系族に属する長老 (ナイタウやイシレリなど) が、筆者に対して、「文書」の誤りに纏わる否定的心情を吐露する場面に、何度も出くわした。そして、筆者は、デライ氏族が、1. [ナワライ (Nawarai)] → 2. [ナムロムロ (Namulomulo)] → 3. [ラーラー (Rara)] → 4. [ワインドゥア (Waidua)] → 5. [スヴェナイカ (Suvenaika)] の順で序列化された五系族から構成される氏族であること、そして、「文書」においてデライ氏族の筆頭系族となっているデラカンド村の [ナヴニヤシ (Navuniyasi) 系族] は、フィジーの割譲以前に捕虜としてデライ氏族の傘下に入った集団であることを、再三にわたって教え込まれたのである。

こうした出来事は、文書のに刻まれた序列のズレが、集団にとって強い意識化の対象として経験されていることを物語っている。しかし、言うまでもなく、そのような自集団についての認識自体が、「文書」によって秩序化されたコンテクストを前提として生起するものでもある。つまり、「文書」自体を基点 (歴史の記号) として喚起される、文書以前と以後という社会文化的時空間の範疇と共に生起している点に、再び注意を促しておく。

第7章 | 儀礼、神話、文書　　　249

従って実現したという事実は、ナイタウら（デライ氏族ナワライ系族）にとっては、長年経験してきた集団としての「痛み（mosi）」、文書に刻印された系族間の序列のズレを「儀礼」を通して正し、「真実」を知らしめることができる、それを実現するように「上／神」が自分たちを促している、そのような認識を強くする出来事として経験されたと言える[35]。

　他方、ナザニエリら（ナンボロ系族）にとっても同様に、ナイタウの語りは、彼ら自身がダワサム地域の「首長位」（ビロ; bilo）の「所有者（itaukei）」であること、彼らが首長を即位させる儀礼的義務を担う「本当の」サウトゥラガであることを「証拠付ける」（vakadinadinataka）語りとなったと言える。要約すれば、1981年にアンディ・リティアをゴマ島から召還し、ヴニンダワ系首長位のペニ・ワンガ（Jr.）への継承を達成させた自分たちが、アンディ・リティア「以前」（つまり「文書以前」）に、自分たちが最初の首長を受け取ったという「事実」を可視化するもの、事実化してくれる語りだったのである。この語りによって、曖昧な領域であった「文書以前」という詩的構造の空所が埋められ、「文書以後」の土地の秩序、文書の記載が「誤っていること」を証明できる「証左（na ivakadinadina）」――神話テクスト――として、この出来事は生起したのである。

　したがって、このヴォニ・デライ両氏族の神話の中の（言及指示的）「出会い」は、その神話自体を「今ここ」で再現する（相互行為的）「出会い」であり、彼ら両氏族は、言及指示的次元においても、相互行為的次元においても、互いの構造的空所を補い合う「詩的ペア」として「ズレ」を示さず「正しく」結束／整合した、まさに（上／祖先神の啓示に導かれた）「神話的邂逅」を果たしたのである。このような「詩的結束」を通して、「今ここの神話」へと変容（transform）したヴォニ・デライ両氏族は、この出来事を磁場として、地域における強い「真実性（マナ）」を、その他の集団に対して放つことを可能にしていった

35　もちろん、そのような序列のズレへの「意識」が、ナイタウによって為された「神話的語り」のコンテクストとして参照されていたと理解するならば、ナイタウの語りは、ナザニエリらの儀礼開催の画策に対して整合性をもつように、（意識的に／無意識的に）「操作」された語りであったと言えるかもしれない。

のである[36]。

7.2.5 古き正しき「道」

実際に、ナザニエリ、その弟レヴィらは、これまでは曖昧にのみ了解されていた土地の過去に関するナイタウの語りに驚嘆し、以下のように述べたという。

> Oi, sa dina. Sa qai o koya sara ga qo na itukutuku keitou varaica tiko. Sai koya sara ga qo **na itukutuku me vadinadina** tiko. Keitou sa qai kila ni sa qai koya sara ga na ka e tukuni tiko.
> ［なんと、本当か（sa dina）。それが、まさに我々が探し求めていた伝承（itukutuku）だ。それこそが、まさに**証拠付ける（vakadinadina）伝承**だ。我々は、啓示が言わんとしていたこと（na ka e tukuni tiko）が、これにあったことを確信した（kila）。］

そして、ナザニエリらは、ナイタウらデライ氏族ナワライ系族に対して、次のように即位儀礼の開催への協力を求めた。

> Sa via vagunuvi tiko na gone turaga na Ratu. Wale sara tiko ga qo, se bera ni yacova na veimama ni yabaki me yabaki 2010, sa na me sa na buli.
> ［（我々は）首長（na gone turaga na Ratu）[37]に（ヤンゴナを）飲ませたい（即位儀礼を行いたい）と思っている。今すぐに（wale sara tiko ga qo）、2010年の半ばになる前に、即位儀礼を行いたい（me sa na buli）と思っている。］

36　土地の創世者の子孫、土地の本当の民（itaukei dina ni vanua）として、地域における自集団の地位を権威化することを可能にしたのである。

37　"na gone turaga na Ratu" は、「最高首長（paramount chief）」という意味の名詞。"na gone turaga" は、指大辞（augmentative）である。「首長」という称号は、地域によっては "Tui" が使われるなど、ヴァリエーションを示す。

第7章　儀礼、神話、文書

ナイタウは、ナザニエリら（ヴォニ氏族ナンボロ系族）が画策する、そうした即位儀礼の開催に対し、強く賛意を示すと共に、それに反対しているダワサム氏族ら、首長の世話人・側近たち、ないし、彼らに従う他の近親者・集団については、以下のように言及した。

> *OK*, sa *set*. Qo sega ni ***process ka vou***. Ka makawa. Ka makawa sara mai liu, na nodaru **sala makawa sara** mai liu, qo sa na muria tale. Ke ra bese o ira qo, sa na caka ga. Na qai macala ga, na gauna sa oti kina, o cei sa tiko, o cei sa yali.
> ［了解した。これは、**新しい仕方**（*process* **ka vou**）ではない。古き仕方（ka makawa）だ。遙か昔から続く（mai liu）古きやり方、古来の私たち二人の（nodaru）**全く古き道**（**sala makawa sara**）であり、それを改めて辿る（muria tale）のだ。もし、彼らが拒否／反対（bese）するなら（そうさせておいて）、即位儀礼は行えば良い（sa na caka ga）。そして、自ずと明らかに（macala）なるだろう、それが終わった時に、誰が居て（o cei sa tiko）、誰が居ないのか（o cei sa yali）、が。］

以上のように、「上／神の啓示（itukutuku mai cake）」を通して生起した相互行為テクスト、ヴォニ氏族（ナンボロ系族）とデライ氏族（ナワライ系族）の神話的邂逅は、「文書」（あるいは、「アンディ・リティア」）を基点として生起する、ダワサム地域にとっての［過去：現在］、［外部：内部］、［神話／真実：誤り／虚偽］といったアナロジカルに増幅した時空間を、強固なフィギュールとして生成する儀礼的契機となった。その意味において、ナイタウが言及する「古き道（sala makawa）」という隠喩が指し示すのは、これらの対照を成す両範疇を架橋する「道」であり、そのような範疇構造の今ここにおける「レプリカ」（現実態）として生起する相互行為テクストである[38]。

この出来事を契機に、彼らは、**1）** ダワサム地域に元来住んでいたのは彼ら

---

[38] そうした「道」は、儀礼によって体現されるのである。「道」を体現する儀礼の分析については、第10章1節3項（10.1.3）を参照。

両氏族であり、したがって、彼らは「土地の本当の民（itaukei dina ni vanua）」であること、**2)** 最初の首長を連れてきて、最初の即位儀礼を行ったのも、彼ら「土地の本当の民」であったことを確信し、自らを、文書／アンディ・リティア「以前」に遡る、土地の過去を体現する（あるいは、過去を知っている）人物・集団として呈示してゆくことになった。そして、その陰画的帰結として、**1')** 儀礼開催に反対する首長の側近たちは、元来はダワサム地域にいた「土地の民」ではなく、「ラ地方」からやって来た「よそ者」であり、首長の側近たちが地域内の政治的力を握る現在の状況は、土地の「誤った姿」であること、**2')**「土地の民」が即位儀礼を開催し、ペニ・ワンガを即位させることが、土地を「本来の姿」に再生させることであり、そのような神話が導く秩序の実現／再現を拒む者は、土地に災厄を呼ぶ「悪魔」に等しい者、排除されるべき人物・集団であること、以上のような理解が生起することになったのである[39]。

7.3 土地の民とよそ者

7.3.1 長老会議

　ヴォニ氏族とデライ氏族の「詩的結束」を皮切りに、ダワサム地域に存在する他の氏族（シラナ村に住むナヴニセア・ラウ両氏族など）が、即位儀礼の開催に賛同し始め、儀礼実現へのコンテクストが明瞭化していった。そして、2009年11月から2010年4月に掛けて、ヴォニ氏族、デライ氏族、そして、ナシヌ（Nasinu）村に住むトヴァ（Tova）氏族の長老らが運営の中心となり、即位儀礼の具体的な開催計画を立てる会議（bose vakavanua）が、開催に反対するアリオケやセヴァナイア、そして、彼らに近しい長老・氏族の成員を排除した形で計四回行われた。2009年11月、12月、2010年1月、4月にそれぞれ一回

39　前述した発話においてナイタウが最後に言及した、「自ずと明らかになるだろう、それが終わった時に、誰が居て、誰が居ないのか、が。」という発話の真意はここにある。つまり、誰が土地の本当の民で、誰がそうではないのかが、儀礼を開催すれば自ずと明らかになる、とナイタウは述べたのである。

ずつ、山岳部（delana）の麓に位置し、ヴォニ氏族のナンボロ系族、ワイレヴ氏族、デライ氏族（のナヴニヤシ系族）が住むデラカンド村において開催された。

　これらの会議を通して、即位儀礼は、前節 (7.2) で記述したナイタウによる神話的語り（ダワサム地域における「最初の即位儀礼」）を「モデル」として計画が立てられていった。そして、ヴォニ氏族・デライ氏族らを中心に形成された儀礼開催賛成派[40]は、「土地の本当の民（itaukei dina ni vanua）」であり、それに反対する首長の側近を中心とした人物・集団は、「よそ者（tamata vulagi）」あるいは「ラ地方の人（kai Ra）」であること、前者が「古き（makawa）」、「正しき（dodonu）」土地（ヴァヌア）の姿を体現し、後者が「新しき／今の（vou）」、「誤った（cala）」土地の姿を体現する者であるという構図を明瞭化してゆくことになる。

　第三回目（2010年1月13日）の会議では、即位儀礼を「デラカンド村」で行うことが議決された。この決定は、当該地域の住民たちにとっては重要な意味をもっていた。なぜなら、ダワサム地域では、首長の即位儀礼は、首長の住まいである沿岸部のドゥリティ（Driti）村で行われるのが通例だと考えられていたからである[41]。そして、その儀礼を執り仕切るのは、首長の「マタニヴァヌア」であるダワサム氏族のアリオケ、首長の「サウトゥラガ」であるヴォニ氏族の「ナマラレヴ系族」のセヴァナイアであると解されてきたからである[42]。系族ごとに割り当てられた儀礼的役割は、1930年に作成された『一般証言』（ないし『氏族登録台帳』）に、その系族の序列として記載されており、前章3節2項 (6.3.2) で論じた通り、そうした集団の序列は、文書の記載内容の中でも、最も詩的構造が顕著で意識化され易いダイアグラムである。したがって、文書の記載に従えば、首長に対する儀礼的役割（サウトゥラガ／ヴォニ氏族の筆頭

---

[40] 筆者の記録では、この時点で、ヴォニ、デライ、ワイレヴ、ナヴニセア、ラウ、トヴァ、タイ、ナンブトの計八つの氏族が、即位儀礼開催に賛同していた。しかし、当然、各々の氏族内部では依然として賛否が分かれている状態でもあった。

[41] 実際に、ペニ・ワンガの先代である、セヴァナイア・マイラヴェの即位儀礼は、首長の側近らによって、ドゥリティ村で開催されたとされている。

[42] 彼らは、首長の「姻族」にあたると考えられる（cf. Helms, 1998）。

系族）をもたない、ナザニエリらヴォニ氏族の「ナンボロ系族」や、その他の氏族・系族の主導による即位儀礼の開催、そして、あろうことか、その開催地を（ドゥリティ村ではなく）デラカンド村に移すことは、文書の記載事項に対して全く整合しないことは、誰もが容易に指摘できることだからである。

　文書の記載事項に従わないことは、その限りにおいて、「真実」に背くこと、「神」の導きに反する「誤った」行為を意味し、土地に災厄を招く原因になりうる[43]（cf. Kuiperz, 1990, pp. 81-107）。しかし、ペニ・ワンガが居住しているドゥリティ村には、即位儀礼に首尾一貫して異議を唱え続けているアリオケと彼の系族・家族が集落を構えており、彼の同意が得られない限り、ドゥリティ村で儀礼を開催することは、事実上不可能であった。そうした状況下、儀礼開催賛成派は、ナザニエリらが住むデラカンド村で開催することを議決したのである。この議決を正統化できた理由は、彼らが「土地の（本当の）民」であり、よって、それに反対する者たちは、そうではない「よそ者」であるという理解を可

---

[43]　ダワサム氏族の成員であり、南太平洋大学の研究員であるイソア・ワンガは、「文書」に反した行為を行えば、それを行った人物どころか、その人物の所属集団全体が「消滅する」("One whole clan will go.")、と述べている。

　　また、ダワサム地域では、悪魔崇拝・呪術を行う者たちの組織（soqosoqo）が存在すると真しやかに噂されており、その中核的メンバーとされていた人物は、2004年までナタレイラ村に住んでいた。そのうちの一人は、ナイタウの兄であるナヤレの妻、ヴァシティ（Vasiti）という女性であった。ヴァシティは、2003年に死去する直前、自らが呪術の組織に属していることを、ナイタウを含む家族数名の前で告白し、それまでに行った呪術行為を説明したという。彼女は、呪術によって、まず自らの夫であるナヤレを死に追いやったこと、次に、ナタレイラ村では学業に優れた青年として知られていた人物を殺害したこと、さらに、ナイタウやその他の人物を呪術によって手に掛けようとしたが、上手くいかなかったことなどを告白し、その組織に属する他の人物を実名で暴露したという。ヴァシティは、その後、死に至ったが、死去した翌日に土葬されるという、極めて粗末な葬儀が執り行われたという。

　　そして、ヴァシティが実名で暴露した呪術組織の主導者は、村から追放され、一家もろとも山中へ逃げたという。実際に、その一家は、現在でもナザギ山の中腹で暮らしており、彼らが住んでいたナタレイラ村の家は、筆者の調査中（2009.7～2010.7）は空き家となっていた。筆者が再び当該村落を訪れた2011年暮れには、既に取り壊されていた。

能にし得たからである。

7.3.2 知らない・出来ない「よそ者」

では、「土地の民（itaukei ni vanua）」と「よそ者（tamata vulagi）」（あるいは「ラ地方の人（kai Ra）」）という範疇が、どのように、前者を「正統」、後者を「非正統」としてテクスト化しうるのだろうか。本項では、なぜ即位儀礼がドゥリティ村ではなく、（文書に対して忠実ではないと彼らが考える）ナザニエリらが住むデラカンド村で開催することが可能になったのかについて質問する筆者に対し、ナイタウが「所有者（itaukei）」という範疇を使用して答えている以下の場面を考察したい[44]。

> Naitau: Baleta o Voni na i matai ni yavusa me ciqoma i liu na Ratu.
> ［なぜなら、ヴォニ氏族が、以前に、首長を受け取った最初の氏族だから。］
>
> Asai: Qo na nodratou itavi se...
> ［それは、彼らの義務（itavi）なのですか、それとも…］
>
> Naitau: Nodratou itavi.
> ［彼らの義務だ。］
>
> Asai: Itavi?
> ［義務？］
>
> Naitau: Io. Baleta kau mai, au sa kauta mai e dua na koli, au mai solia vei iko, o iko qai sega ni vakania, na bale vei iko. Ke sa kauta mai o yau, solia vei Voni, o Voni qai sega ni cakava na nona itavi me vagunuva, qai bale vua, e? Sa qai taura?
> ［そう。なぜなら、連れてきて、私が一匹の犬（koli）を連れてきて、おまえに上げた（solia）とする、それから、おまえが犬に餌を上げなかったら（sega ni vakania）、それによって犬は死ぬ

44　2010年7月3日、14時。ナタレイラ村、ナイタウ宅にて収録。

(bale）だろう。もし、私が連れてきて、ヴォニ氏族へ渡し、ヴォニ氏族が（彼を）即位させる（me vagunuva）義務を果たさなかったら、そのために、（彼は）死ぬだろう、ということだ？分かったか？］

Asai: *OK. Sa taura.*

［はい。了解しました。］

Naitau: *Hahaha! Sa qai donu?*

［ははははは！腑に落ちたか？］

Asai: *Sa qai donu!*

［腑に落ちました！］

Naitau: *O yau sa kauta mai, au solia ike. Ni sa tiko o koya me cakava sara na kena itavi, vagunuvi, me cakava na veiyavusa qo na kena vosaki, me ra kila vagunuvi. Ia, ni sa kauta mai ke, o yau na noqu koli, kauta mai na koli qo, "Asai, noqu koli qo."*

［私が連れてきて、ここに預けたとする。彼は、即位儀礼という彼の義務を行うためにいるのであり、そして、全ての氏族を交えた話し合いが、即位儀礼が為されることを彼らに知らせるために行われることになる。でも、ここに連れてきて、私が私の犬をここ連れてきて、「アサイ、これが私の犬です。」と。］

Asai: *O yau sega ni qarava...*

［私は、その世話をしない…］

Naitau: *Io, o iko sa qai ciqoma, "Oh, marautaka na noqu koli qo." Au qai kauta ga, lai vesuka tiko e na kena vanua me dau tiko kina, sega ni vakania, na koli qo na tagi, tagi na koli, via kana, e? Sa na rarawa.*

［そう、おまえは、その犬を受け取り、「おぉ、私は犬を（授かったことを）嬉しく思う（marautaka）」。私は犬を連れてきて、いつもいるところに繋げておき（vesuka）、しかし、おまえは（その犬に）餌を上げないとする。そしたら、この犬は泣くだろう（tagi）、食べたいと言って泣く（tagi）だろう。犬は悲しい思いをする（rarawa）。］

Asai: Qo, o yau sa qai biu.
　［私が、犬を放っておくということ。］
Naitau: Sa qai, o biuta. Biuta na koli. Au sa qai lako tale, "Ei, na koli qo, ka qo, sega ni kila nona kau mai." O yau sa qai lako tale, kauta mai na koli, me'u sa qai mai vakania vinaka.
　［そして、おまえは、放っておく。犬を放って（どこかへ）行ってしまう。私は、またそこへ行き、「何だ、この犬は、この飼い主は、どうやってこの犬がここに来たか分かっていないようだ（sega ni kila nona kau mai）。」私は再びそこに行って、犬を連れて戻る、そしてしっかりと食べさせてやる（vakania vinaka）。］

　この会話の中でナイタウは、ヴォニ氏族、デライ氏族らが、首長と土地の「所有者（itaukei）」であり、それが「事実」である以上、彼らが考える仕方以外に儀礼を執り行う方法は存在しないこと、したがって、彼らが儀礼を開催することが、土地に対する「義務（itavi）」であることを、犬と飼い主という喩を用いて言及している。つまり、儀礼の開催は、そもそも彼ら「土地の民」にしか実行し得ないことであり、そうであるなら、儀礼は必ず実現され、反対者たちは必ず排除されることが、既に定めらた宿世であることを訴えることによって、彼らがドゥリティ村ではなくデラカンド村で儀礼を実行することが正統な行為であると説明しているのである。
　「土地の民」を権威化するこうした語りは、1）その反対項として、土地との「所有関係」（歴史的・指標的連続性）をもたない人物・集団、つまり「よそ者」という範疇を陰画的に胚胎する。そして、2）首長の側近である儀礼の反対者たちを「よそ者」として範疇化することによって、これまで彼らが儀礼を開催しなかった理由を、彼らが単に開催しなかったのではなく、「そもそも儀礼を開催することが出来なかった」という事実として認識し、彼らがそのような能力・知識を「もたない」、真実を「知らない」集団であるとして表象する傾向を有する。以下は、ナイタウが、即位儀礼に反対する者たちは、土地との関係性をもたない「よそ者」であるから、初めから首長を即位させることが「出来ない」集団、儀礼を行う能力・知識をもたない集団であることを、筆者

に説明している場面である[45]。

> Naitau: Kevaka o ratou muria na sala o ratou cakava tiko qo, <u>sega ni rawa ni buli na vanua</u>. Baleta o ratou sega ni **kai na vanua**, o ratou sega ni kila na cava me ratou tukuna. <u>Sega ni rawa ni ratou tukuna dua na ka</u>, baleta o ratou **tamata vulagi**, e?
> ［もし彼ら（ヴォニ氏族）が、こちらの道（ダワサム氏族）を辿って（儀礼の開催を）画策したなら、土地を創ること（即位儀礼を行うこと）は<u>不可能である</u>。なぜなら、彼らは**土地の者**ではないから。彼らは、（儀礼で）何を言えば良いのかも<u>知らない</u>。彼らは、<u>何一つことばを発することが出来ない</u>、なぜなら、彼らは**よそ者**だから、ね？］
>
> Asai: Kena ibalebale, sega ni rawa ni, sega ni kila na cava o ratou,
> ［ということは、出来ない、彼らは何を（すべきか）知らない、ということ、］
>
> Naitau: Io. <u>Sega ni rawa</u> tale ga o ratou vagunuvi Ratu, baleta o ratou **tamata vulagi**.
> ［そう。そして、首長にヤンゴナを飲ませること（即位させること）も<u>出来ない</u>、なぜなら、彼らは**よそ者**だから。］
>
> Asai: Sega ni rawa ni caka na soqo va qo. Sega ni kila.
> ［このような（va qo）儀礼（soqo）を開くことも出来ない。知らない、ということ。］
>
> Naitau: Raica qo, sa oti qo vica vata na yabaki. <u>E sega ni tiko na *power*</u>. Baleta ni **itaukei ni vanua** sa via caka e dua na ka, caka ga, sega ni rawa ni dua daro. O yau noqu na ka qo, kila na ka qo, dou me cakava tamata qo <u>kila</u>. Au <u>kila</u>, o iko **tamata vulagi** ike. Sa raica?
> ［これを考えてみなさい、（即位儀礼が為されるべき時から）かれ

45　この会話の中で、「白抜き文字」と「黒太字」で表記されている語句は、互いに対照ペアを成す概念である。

これ何十年にもなる。(彼らには、それを行う)力 (*power*) がない。なぜなら、土地の民／土地の所有者は、何かを行いたい時には、それを単に行うのであり、一人たりとて、それを覆せない (daro)。私は、これは自分の (すべき) こと、これを知っている、そして、おまえたちはそれを実行する、この人物はそうしたことを知っているのだ。(例えば) おまえが、ここではよそ者であることを、私が知っているように。分かるか？」

Asai: Io.
　[はい。]

Naitau: O iko taro, vataro tiko mo kila na ka ni vanua qo. Sa raica? Baleta o ira qo, kilai ira vinaka, "O iko lako mai Nabukadra," "O iko lako mai na, mai Nalawa."
　[おまえは質問をする、よく質問をしているのは、この土地の知らない様々なことについて知るため。それと同じだな？ なぜなら、彼らは、「おまえはナンブカンドゥラ (Nabukadra) から来た」、「おまえはナラワ (Nalawa) から来た」、(そうした) 彼らのことをよく知っているのだ。]

Asai: Un.
　[うん。]

Naitau: O iko **tamata vulagi** ike, na cava mo mai via cakava, sega ni rawa ni mai cakava. Itaukei ni vanua qo me cakava. "O iko, tamai Ruveni, o iko lako mai Ra qo. O iko, Seva, lako mai Nabukadra. O iko **tamata vulagi** ike, sega ni rawa ni vatulewa ike. Na itutu vata kei qele soli vei kemudrau, mo dou qarava na Ratu." Koya qo, sega ni rawa ni caka kina na veibuli, sa oti mai vicasagavulu na yabaki, sega ni rawa tiko.
　[おまえがここではよそ者であることは、おまえが何かを行いたいとしても、それを行うことが出来ないわけだ。この土地の民／所有者が、それを行うためにいる。「あなた、ルヴェニの父親、あなたはラ地方から来た。あなた、セヴァは、ナンブカンドゥラ

から来た。あなたは、ここでは**よそ者**であり、ここでは何も取り決めることは出来ない。あなた方二人の地位と土地は、あなた方が首長の世話をする／首長を後見するために、与えられたものだ。」これが、彼らが、即位儀礼を実行できない理由だ、もう何十年もの時が過ぎたが、ずっと出来ないままである。]

　この会話の中でナイタウは、「よそ者（tamata vulagi）」という（地位）名詞の言及指示的意味について説明している。ここでは彼が、ダワサム氏族が即位儀礼を開催しなかった理由を、「彼らがよそ者であるから、そもそも儀礼を開催し得ない」（sega ni rawa）と主張し、さらに「開催したところで、何を言えば良いか、何をするべきかを知らない」（sega ni kila）と言及している点に注意したい。つまり、儀礼の開催が、特定の知識と結び付いている（指標的連続性／所有関係がある）こと、その特定の知識を「知っていなければならない」と語られ、それが（特殊な）「力」[46]であると説明されているのである。すなわち、ナイタウは、即位儀礼の開催を、「する／しない」という基準ではなく、「知っている／知らない（kila / sega ni kila）」、あるいは、「出来る／出来ない（rawa / sega ni rawa）」という基準、つまり備わった知識や能力の問題として捉えていることが理解できるだろう[47]。

　特定の「知識」をもち、それを参照する行為は、それ自体として、何かについて「知っている」という自らの特権的な状態を、相互行為において指し示すことに他ならない[48]（cf. Lindstrom, 1990）。つまり、特定の（専門的な）「知識」について語る／語り得るという行為は、それを「語り得ないもの」との間に、対

46　ここでナイタウは、聞き手が筆者であることを考慮して「パワー（*power*）」という英語からの借用語を使用してその「力」に言及しているが、これはおそらく「マナ（mana）」を言及指示するものであろう。

47　あるいは、そのような説明へと移行させているのである。

48　ヴァヌアツのカーゴ・カルトについて論じたラモント・リンドストローム（Lamont Lindstrom）は、知識と真実の結び付きを「知識は外部に存在している。それは個人によって創造されるのではなく、曝かれるものである。[中略] 創造性よりも啓示が期待される。」と言及している（Lindstrom, 1990, pp. 43-44）。

照的な社会的価値、差異を創出する行為、自らが何者であるのかという（ディスコース上で喚起される相対的な意味での）「出自」（アイデンティティ）を指標する行為であるばかりでなく、その知識に高い社会文化的価値・権威が付与されていればいるほど、それを「知っている」人物自身についての「高い」社会的価値・権威を二次的に指標すること、そのような「二次的指標性（second-order indexicality）」[49] を喚起する行為となる (cf. Silverstein, 2003, 2004; Agha, 2004; 小山, 2011)。

　したがって、この（フィジー的）文脈において、「知っている」という状態が喚起する「二次的指標性」は、地域に存在する集団間の（排他的）序列関係を指標する点において重要性がある。なぜなら、「知っている」という様態が、「代々」継承されてきた（特殊な）知識（vuku）であること、その意味において、土地の「過去」との歴史的連続性を、その語用的効果として指標する様態であるからである[50] (cf. 春日, 2007, pp. 152-153)。つまり、ここでナイタウが「知っている／知らない」という基準に照らして、「デライ氏族」と「ダワサム氏族」、そして「土地の民」と「よそ者」を対照的に区別していることは、自ら（の集団）を、土地の過去と結び付けること、「変われば変わるほど、変わることのない」、そして「変わるべきではない」歴史的系譜の上に位置付けられる集団であると指標しうる点において重要性が見出されよう。

　その帰結として、そのような知識・能力は、特定の人物・氏族・系族「のみ」が獲得し得るものであるという範疇的認識を立ち上げることを可能にする。このような文脈では、この「既に知っている（sa kila）」という様態は、「今こ

49　例えば、敬語、および標準語の使用は、**1)** 一次的社会指標性（first-order indexicality）としては、話し手と聞き手、その他の発話参加者や言及指示対象と間の社会的距離（親疎）、力関係（上下関係）、場（コンテクスト）のフォーマリティーなどを示す一方で、**2)** 二次的社会指標性（second-order indexicality）として、話し手自身の社会的階層、階級、アイデンティティを示すものとなる。これは、ゴフマンが、（一次的社会指標のレベルで起こる）「表敬（deference）」と区別して指定した「品行（demeanor）」に概ね相当する (Goffman, 1956)。

50　こうした知識は、単に習得されるものではなく、系譜や出自を通じて生得的に発現すると考えられていることを意味する (cf. 春日, 2007, p. 152)。

こ」に存在する（移ろいゆく存在である）自分自身を、過去から未来へと永続してゆく「不動」の状態[51]、ダワサム地域における優位性をもつ「系譜」の上に位置付け[52]、それが「運命付けられた（ordained）」宿世であることを指標する。したがって、そうした知識を開陳することは、自らの出自や地位、その出自や地位の「正統性」を語用的効果として生み出す機能、そのような「二次的指標性」を喚起する行為となっていると考えられる。

7.3.3 認識論・行為論・存在論

「即位儀礼の開催」という行為は、特定の氏族・系族集団によって実現されることで、それらの集団が、他集団に対して、首長を中心とした地域内の集団間の政治的（相互行為的）関係において、より優位な地位・序列を獲得するための合目的的手段である一方で、儀礼を実行する／実行出来るという「行為」それ自体が、自らが「正統であること（donu / dodonu）」、「本当であること（dina）」、そうした様態を体現する人物・集団であることの存在論的な証左（na ivakadinadina）となっている。言い換えれば、儀礼の「実行可能性」と、それを実行する集団が有する「歴史的正統性」が、切り離し不可能なものとして存在している限り、儀礼の「不履行」という状態は、その「儀礼的義務」が課せられた人物・集団の「不履行」としてではなく、それらの集団による（正しい）認識の欠如として生起する。その結果、その集団の存在自体が疑問に附され、「そもそも実行することが出来ない人々」という存在論的な「誤り」へと結び付けられるのである[53]。したがって、ここでは、「行為論＝認識論＝存在論」

---

[51] 第10章1節3項（10.1.3）、"sega ni yaco rawa kina dua na veisau." というナイタウの儀礼スピーチを参照。

[52] 例えば、第9章2節1項（9.2.1）、アンディ・リティアとの関係を共有する人物として自らを位置付けたナザニエリの語りや、第7章2節2項（7.2.2）、ナゾウとの関係を有する人物として自らを位置付けたナイタウの語りなどを参照。

[53] 「正しい」認識（epistemic class-ification）をもたない者たち、「誤った」認識をもつ者たちは、彼らの地位／階級（socioeconomic class）を「存在」として体現し得ない者たち、したがって、「正しく」振る舞えない、「行為」によって（二次

第7章 | 儀礼、神話、文書　　263

が、それぞれ等価で結ばれており、儀礼の実行可能性は、歴史的正統性と因果的関係 (causation)、つまり指標的連続性を有する「所有者 (itaukei)」という理解が導かれる。

　そして、本書の序章で引用した、ナイタウが儀礼の開催後になって初めて筆者に行った「開示」、つまり「今まで、おまえは信じないだろうから隠していたことを、おまえに打ち明けたい。」という導入を伴った「祖霊の憑依／啓示」についての語りは、この文脈において解釈可能性を増すだろう。

　　　これは啓示 (itukutuku) である。おまえに真っ直ぐ (vakadodonu) 伝え
　　　よう。おまえには隠していたことがある。おまえは、信じられないと言
　　　うだろう。[中略] おまえは、祖先神 (Kalou vu) が話す、とは何のこと
　　　か知っているか？ [中略] こうしたことを、私は、おまえには話したい
　　　と思うことは無かった。なぜなら、おまえはそれを信じないだろうから。
　　　これは上 (cake) から降りてきた啓示である、上に在るかつての村 (koro
　　　makawa) から、私たちが、その道 (sala) に沿って進むために。[54]

　上記したナイタウの言及に先だって、筆者はナイタウに対して、再三にわたり、儀礼が行われたことの理由を尋ねていた。そこで筆者が、ナイタウに期待している説明は、いわば合目的的な説明である。つまり、筆者は、儀礼の開催によって、1)（アンディ・リティアからの首長位の継承に遡る）特定の土地の所有権が、特定の集団から別の集団へと移行する、2) それに付随して、地代に関わる金銭的特権が、特定の集団から別の集団へと移行する、3) 政府が「首長制」の維持を政策として促している、以上のような功利主義的説明を希求していたのである。しかし、ナイタウの説明は、そのような筆者の「意図」と幾分の食い違い／ズレを示している。例えば、筆者が、（筆者によって想定されて

　　　的に）「正統性」を喚起し得ない集団、そのような「ハビトゥス」を有している
　　　集団として存在することになり、その結果、彼らは批判の標的／排除の対象と
　　　なるのである。

[54]　フィジー語の書き起こしは、本書の序章の冒頭を参照。

いる）儀礼開催の「本当の」理由をナイタウから引き出そうとして、首長のスポークスマン（matanivanua）であるアリオケと、首長を即位させる地位・役割（sauturaga）を担うセヴァナイアが、なぜ儀礼を実行しなかったのかについて問い掛けるのに対し、彼は「出来ないから。(Sega ni rawa.)」と返答し、なぜ「出来ないのか」についての説明を続けていた。

しかし、そのような説明は、筆者にとっては、何ともアナクロニズムに満ち、まさに象徴論的、宇宙論的、イデオロギー的な回答、いわば「サーリンズ的」な説明であって、それが（機能主義的、合理的、「政治経済的」な説明を希求する）筆者に対して、一種の物足りなさ、腑に落ちなさを惹起したことを覚えている。そして、（そのようなポストモダンで、ポスト・コロニアルな志向性をもつ）筆者は、真実は「イデオロギー」によって——サーリンズによって（！）——隠されているのではないか、そうであるならば、それを曝かなければならない、そのような合目的的理性に促されて、（サール的「適切な語用の前提条件」、グライス的「格率」を満たしうる）簡明で「論理的な」言明を求めて、再三再四ナイタウに質問を行ったのである。しかし、筆者が彼から得た回答は、最終的には、「出来ないから（Sega ni rawa）」というもの、そして、「首長の本当の所有者が、預け先から、再び首長を自分の手元に戻すため」といった内容の説明であった。

実際に、この儀礼の実行によって、上記した意味での「特権」が集団間で移動したといった（機能主義的）事態は全く生じていない。さらに、第5章3節 (5.3) で論じた通り、NLFC が保管するダワサム地域の『氏族登録台帳』にも、ペニ・ワンガはダワサム地域の「首長」（TT; Turaga ni Tikina）であることが既に記載されている限り、ヴォニ氏族・デライ氏族らが、彼を改めて首長として即位させること、儀礼を開く必要自体、そもそも存在しなかったとも解釈できる。つまり、「儀礼の実行」という「行為」それ自体が、実行する集団が体現する「歴史的正統性」と「指標的関係がある」と理解されていること、言い換えれば、「行為」が、「存在」と「認識」を結び付ける自己言及的な「媒体 (medium)」となっていない限り、ダワサム地域で展開した即位儀礼の画策に纏わる一連の出来事は、解釈可能な事象となり得ないのである。儀礼を行うことが出来た集団が、土地の過去との歴史的正統性を有している人物・集団とし

第7章 │ 儀礼、神話、文書　　*265*

て解釈されるのである。したがって、それは、「行うべき人物・集団」が行うものであり、行われることによって、「行うべき人物・集団」となり得るという、「遂行論的循環」をそれ自体として体現しているのである（cf. Strathern, 1988）。

　すなわち、筆者にとっては「宇宙論的」な説明に過ぎた、「出来ないから」という回答は、ナイタウにとっては、指標的因果関係をもった説明であったと考えられる。そのような筆者とナイタウとの間で生成された相互行為的ズレの帰結が、彼にとっての「本当の理由」、指標的因果関係を示す最も「適切な」出来事、つまり、筆者には長らく「隠されていた事実」、「祖霊の憑依／上からの啓示」の開示であったと言えよう[55]。ここでは、「行為」それ自体に、土地・集団にとっての「正統性」の審級が存在していることが理解できるのであり、そのことは、サーリンズ的宇宙論の「栓」、あるいは「消点」、象徴的言説／宇宙論的構図の基底に「行為による正義」という審級が存在していることを示すものであり、それは、究極的には「語り得ないもの」、「ただ行うことしかできないもの」（行為そのもの）として存在しているのである[56]。

7.3.4 出自の暴露

　即位儀礼は、一連の長老会議を通して、ナザニエリ、ナイタウらによって解釈された土地の神話、「最初の即位儀礼」を鋳型として具体化されてゆく。以下は、2010年3月4日に、ナザニエリが筆者との会話の中で述べた内容である。

> 最初の首長は、デライ氏族が連れてきた。そして、ヴォニ氏族の元に渡り、最初の即位儀礼が行われた。今回の即位儀礼も、デライ氏族が首長をドゥリティ村から、デラカンド村へ連れて来る。ヴォニ氏族が、デラ

---

[55] すなわち、「儀礼」に関わる事象を、「首長制度」という政治学的、功利主義的現象として回収しようとする筆者と、儀礼の実行・行為に、社会文化的審級の所在を見出すナイタウとの志向性の齟齬が、相互行為的にテクスト化されている。

[56] この点は、ストラザーンの分人論と重なる。ストラザーンの議論については、第3章3節（3.3）を参照。

写真8. デラカンド村に建てられ始めた儀礼の行われるブレ

(撮影日: 2010年3月3日)

カンド村において、首長を即位させる。その後に、首長は、再びデライ氏族と共にドゥリティ村に戻る。[57]

儀礼賛成派は、「土地の本当の民」によって、土地を「本来の姿へ」という結束の元に、(反対派を排除したまま)「最初の即位儀礼」を映し出すものとして、儀礼の準備を整えていった。2010年2月下旬からは、ペニ・ワンガにヤンゴナを飲ませる儀礼 (veivagunuvi)、「ビロ」を渡す儀礼 (soli na bilo) を行い、儀礼開催中にペニ・ワンガが身を置くための家 (ブレ; bure) が建てられ、儀礼の詳細な行程、人物・集団ごとに担う儀礼当日の役割などが、これらの会議において決められていった。

---

57 2010年3月4日、デラカンド村にて収録。

第7章 | 儀礼、神話、文書　　　267

　このように、土地の「過去」、「最初の即位儀礼」を体現する場として儀礼は秩序立てられた。その限りにおいて、儀礼開催地の変更は、文書に記述された「真実」に背くものではなく、土地の「誤った姿」を「あるべき姿」に正すことであると賛成派は理解し得たのである。したがって、それとは対照的に、儀礼に反対する者たちこそが「真実」に反し、土地に対する儀礼的義務を全うし得ない者たちであること、つまり、「土地の民」としての義務を果たさない、排除されるべき「よそ者」であるという構図を鮮明化させたのである[58]。実際に、ナザニエリらは、反対し続けるアリオケとセヴァナイアが、ダワサム地域の者ではなく、その北部に隣接する「ラ地方」出身の人（kai Ra）であるとする「出自の暴露」[59]を展開してゆくことになる。筆者との会話の中で、ナザニエリ

---

[58]　自らの仕事や義務を全うしようと努力しない者たち、例えば、毎晩ヤンゴナに飲み耽けり、農作業や家事を怠け、集団としての共同作業（solesolevaki / cakacakavata）に従事しようとしない者、教会での礼拝に参加しない者などは、「悪魔に取り憑かれている」、「悪魔と繋がっている」、「悪魔そのものだ」と揶揄されることが日常的に見られる。

[59]　ナザニエリは、反対するアリオケに対して、以下のように彼の出自を暴露する語りを行ったことを、筆者に明かしている（2010年3月4日、デラカンド村にて収録）。

　　一つお願い（kerekere）がある。ここ（ダワサムの土地）にいる限り、あなたの地位、あなたの土地は、首長の世話をするために与えられたものである。それが、あなたが土地に対して負った義務である。よって、あなたに言う、どうかあなたの（議論）をもち出さないで頂きたい。私はあなたに言う、あなたはナラワ（Nalawa）からやって来た。あなたは、ナラワの首長（tui Nalawa）、サキウサ・ニュンダム（Sakiusa Niudamu）の息子である。それが、サキウサ・ニュンダムという名前が、今でもこの土地、デラカンド村やダワサム（ドゥリティ村）に多く存在している理由である。

　　ナラワの首長が年老いたとき、彼は息子の内の一人に、彼の地位を継承させようと考えた、彼は弱っていたから。彼は、青年たちに、ある一本の木の樹皮を剥ぎ取り（loqa）、ツルツル（suasua）にするよう命じた。そして彼は、息子たちに言った。「息子たちよ。私は、おまえたちの内の一人に私の継承者となってもらいたい。私は年寄り（qase）。この木を上まで登ることが出来た者に、マナ（mana）とサウ（sau）が宿り、私を継承する。おまえは年上だ。まずは、おまえが登ってみなさい。」あなたは三回登ってみたが、滑り落ちてしまった。あなたの父は言った、「待ちなさい、次の者、

は、以下のように述べている。

O ratou vulagi ike, kai Ra. O ratou mai maroroi ga ike, me ra mai tiko vata na Ratu, soli vata na nodra qele, o koya na matanivanua. O koya me kau

登ってみなさい。」二番目が登ったが、同じだった。三番目が登った。四人の息子がいた。登っては落ち (kaba, sisi)、登っては落ち、「次の者、登ってみなさい。」彼（四番目）は、下から、天辺の木が枝分かれしているところ (kena basoga) まで登った。
　あなた方の父は（彼に）言った、「降りてきなさい、下に降りてきなさい。」下まで辿り着き、「息子たちよ、この弟をみんなで守りなさい。彼が首長として私を継承する。」あなたは、それを拒否した (bese)。あなた方は、ナラワの首長のために、豚にえさを与える仕事をすることとなり、名声は傷ついた (rogo ca)。そして、あなたは（ダワサムに）やって来た。それが、あなたがここにいる理由だ。(これ以上) あなたの（議論）をもち出さないで頂きたい。」

Dua noqu kerekere. Ke sa mai tiko ike, soli nomui tutu, soli vata nomu qele, mo qaravia na turaga dabe tiko mai ya. Vu ni soli vei iko na qele, soli vata na itavi. Au na qai tukuna vei iko, kerei iko kua ni vakau nomu. Raica, au sa na tukuna vei iko, na lako mai Nalawa. O iko na luvei tui Nalawa, Ratu Sakiusa Niudamu, na tui Nalawa. Koya na yaca kau tu mai, koya sa mai levu qo na Sakiusa Niudamu, Delakado ike, tu qo i Dawasamu.

Sa qase o tui Nalawa, sa qai lomana me dua na luvena, me sosomitaki koya, me turaga sa malumalumu. Dua na vunikau, sa qai tukuna vei ira na cauravou me loqa me suasua. Sa qai tukuna vei ratou na luvena, 'Raica, dou sa tiko na luvequ, au sa na vinakata me dua vei kemudou me sosomitaki au. O yau sa qase. Koya ga tiko vua na mana, na sau, e kaba rawa ike me yaco i cake dou na qaravi koya, sosomitaki yau. O iko kaba i liu. O iko qase, kaba i liu.' Kaba vakatolu, sisi, tukuna tamamu, 'Wawa, kaba o tarava.' Kaba kena karua, ka ga yaco vei koya, yaco tale ga vua. Kaba kena katolu, va na luvena tagane. Kaba, sisi, kaba, sisi, 'Kaba o iko.' Kaba o koya gone tekivu ga i ra, cabe sara ga na kena basoga sara i cake.

Tukuna tamamudou, 'Siro mai, sobu mai ra.' Yaco mai ra, 'Raica, dou sa tiko na luvequ, dou sa na qaravi tacimudou, ia sa na sosomitaki au me turaga ni vanua.' O iko qai bese. Qai laurai mai ni sara rogo ca ni ra vakana vuaka tiko vei tui Nalawa, nodra cakacaka e na veisiga na vakana vuaka, ra qai gole mai. Gole mai o sa bau mai o iko, mai tiko qo, kua ni vakau nomu.''

tukutuku, me kauta mai na itukutuku vei keitou. Keitou qo neitou koro makawa mai cake. [...] Gauna qo, se bera ni buli na Ratu, na buli oti qo, ia o ratou na kau na Ratu qo, na qai vakatikori ikea. O koya sa besetaka na itutu e soli vua, soli vata na qele e na vagalala. Au tukuna oti vei ratou. Baleta e mai soli na qele baleta na itutu vakaturaga, sa na sega, 'very sorry'.

［彼ら（反対派）は、ここでは、よそ者（vulagi）、ラ地方の者（kai Ra）だ。彼らは、ここ（ダワサム地域）に受け入れられた。首長と共に過ごすために、土地も与えられた、それがマタニヴァヌア（matanivanua）だ。彼は、私たちに知らせを届けるための（首長の）伝令（me kau tukutuku）であった。私たちの古き村（koro makawa）は、上にある（mai cake）。［中略］それは、まだ首長が即位させられていない時だった。しかし、（首長が）即位させられた後、彼らは、あそこ（ikea）へと首長を連れて行き、そこ（ドゥリティ村）に（首長を）住まわせた。彼（マタニヴァヌア）は、自由に使える土地と共に与えられた、彼の地位／役割（itutu）を拒んでいる。私は、彼らに伝えた。それは、授けられた高貴な（首長のための）地位と土地であり、もし、それを果たす気がないのなら、「ごめんなさい」（この土地から去りなさい）。］

France（1969）によれば、実際にフィジーでは、特定の集落が確立された時、その構成集団には、その共同体に対する特定の儀礼的役割が割り当てられ、これらの役務を集団として果たすことによって、共同体からの保護を受けることが出来たり、共同体がもつ土地の特定の場所を所有する権利が認められたりしたことが記されている。そのうちの幾つかは、聖職者（bete）、戦士（bati）、漁師（kaiwai / gonedau）、大工（mataisau）、首長のスポークスマン（matanivanua）などの役割を担ったとされている。しかし、戦士が戦いに赴くことを拒否したり、漁師が共同体に分配するための魚を提供することを怠ったり、貢ぎ物を納めることの不履行などの理由により、土地から追放され、異なる土地へ保護を求めて「流れ者（wandering dispossessed group）」となることがあったとする（ibid., p. 15）。

そうした流れ者の集団は、異なる土地の首長へ特殊な貢ぎ物を献上すること

によって、その土地の保護下に入ることが可能であったという。これらの貢ぎ物は、一つないし幾つかのタンブアであり、それがその土地を所有する氏族の首長に受け入れられると、彼ら流れ者は、その新たな首長の保護下で定住することが許され、土地が与えられ、毎年の収穫物を首長に対して納めるなどの義務を負うことがあったという。また、そのようにして受け入れられた流れ者の集団は、受け入れられた共同体において強い影響力を得るに至り、当該共同体の正式な成員としての地位を獲得することも頻繁に観察された事象であったという。その中には、受け入れられた共同体の「指導者（chief）」としての地位が与えられる人物もいたようである[60] (ibid., p. 16)。

とりわけ、植民地期以前のフィジーで観察されていたとされる、以上のような事象に鑑みれば、ナザニエリらが述べるように、ダワサム地域の首長を取り巻く側近たち[61]が、「ラ地方」に出自をもち、首長の世話（veiqaravi）をする者としての役割を付与された「よそ者」であるとする主張自体を否定することはできない。しかし、ここでは、彼らが、「ラ地方」に出自をもつかどうか自体ではなく、そのような排他的範疇の図式を生成することを通して、語りの真実性が喚起される点、さらに、こうした語り自体が、「土地／地域」という「結束性」を有した集団連合自体を、前景化するように作用する語りの創出的指標性に注意したい。以下では、その点を、NLCの「文書」との関連において精査する。

---

[60] 一方で、流れ者の集団の中には、新たな共同体には十分に受け入れられるに至らず、それらの子孫は「よそ者（vulagi）」として扱われ続け、彼らに与えられた土地に対して、限られた権限しかもたない者も存在していたという。新たな共同体に十分に受け入れられるか／受け入れられないかは、彼ら「よそ者」が従事する労働にも無関係ではなく、例えば、彼らがココナッツを広大な土地を利用して植え、その実がなる頃になって、その土地に対して彼らが有する権限が制限されており、彼らを受け入れた共同体から強制的な取り立てが課される対象となっていることを知らされる、などの出来事があったようである（Feance, 1969, p. 16）。

[61] 第5章で論じた通り、ペニ・ワンガの出自も同様に、「ラ地方」に源を発すると理解されている。

7.4 「土地」というオリゴ

7.4.1 ハイポタクシス(hypotaxis)とパラタクシス(parataxis)

　ここまで本章で記述した、ナイタウやナザニエリらによるダワサム地域の過去に関する語りに顕著に観察されるのは、ダワサムという土地・地域には、初めから民が住んでおり、その民たち自身が、特殊な価値が付与された人物を、土地の外部から「連れてきた」(馴化した) という語りのモデル、いわばサーリンズの外来王的な語り口である。土地に元来住んでいた民たちが隣接する諸氏族との協議の末に、外来した最高首長を頂点に据えた集団連合を形成することに賛成し、ダワサムという土地・地域(ヴァヌア) が生成されたという形式である。

　他方、第6章で論じた通り、1930年に作成されたダワサム地域の『一般証言』の記述では、明瞭な境界を有した土地・地域は、前提可能な範疇としては参照されていない。氏族集団は、地理的隣接性を有していた他の様々な集団と、何らかの社会的関係、連帯性を有して形付けられていたことに疑念の余地はない。しかし、『一般証言』の記述の特徴は、氏族の起源／始祖の土地から現在の居住地までの移住の過程で、集団として形成された歴史的経緯を、単線的・発展的に辿る記述形式であり、「ダワサム地域」という明瞭な境界を有した場所は、その帰結として現れるものとなっている。繰り返される土地から土地への定住と移住、集団内部や集団間の連帯や分裂、その過程で徐々に、そして自然に、現在の状態へと至る「氏族」という固体が姿を現し、それら個別の氏族が、隣接する他の氏族と連帯的関係ないし最高首長 (paramount chief) を頂点に据えた従属的関係を構築し、連合として収束してゆくという記述形式が顕著となっていた。

　宮崎 (2009) は、これと同様の点を、元来、スヴァに住んでいた人々の居住村であり、現在のラミ (Lami) 地区にある、スヴァヴォウ (Suvavou) 村を調査対象として、以下のように指摘している。

　　原住民所有地委員会 (NLC) が記録した語りは、三つの部分、すなわ

ちヤヴサ（氏族）が、集まってひとつの全体としてのスヴァ首長国を構成することになった過程を強調したものである。[中略] 言い換えれば、1921年の原住民所有地委員会の記録は、歴史的に寄せ集まった異なる部分から成る歴史的な存在としての全体と、その部分の間で配分されている儀礼的役割によって定義された全体というふたつの全体概念を提示するものであった。しかしながら、原住民所有地委員会の記録においては、後者の考え方は、前者の語りによって包摂されてしまっている。(宮崎, 2009, p. 125) (括弧内の補足は引用者による)

さらに、こうした『一般証言』の記述とは対照的な移住伝承として、1994年にスヴァヴォウ村に住む、コロマカワ系族 (Mataqali Koromakawa; MK) が記した伝承を紹介し、以下のように言及する。

公式（公文書）の語りでは、焦点は現在にあり、異なる部分がどのように集合し、現在の全体を構成するに至ったかが語られている。言い換えれば、現在から過去へと移住伝承をなぞっていくと、異なるヤヴサ（氏族）がかつて住んでいた異なる場所にたどり着くのである。これとは対照的に、MKの長の語りには、もともとの全体が移住の行程の異なる場所で分割されたことが語られている。[中略] 原住民所有地委員会の記録した移住伝承が原住民所有地委員会の調査の時点で歴史的に構成された全体としてのスヴァの人々の構成を公認したものだとすれば、MKの長による語りは、元々の全体が分裂し、スヴァの人々が起源した過程に着目したものである。(宮崎, 2009, pp. 152-153) (括弧内の補足は引用者による)

宮崎はこの問題を、「欧米の知識は、部分を整合性のある全体へと統合する操作に基づいているのに対し、メラネシアの知識では、部分は所与の全体を分割する操作の結果であり、その操作は、分割という操作自体を鮮明にすること[62]

---

[62] 言い換えれば、分割という行為自体が重要なのであり、そのような行為の実行自体が、結果として、それが前提とする全体性の存在の証左となるということ。

を目的としている。」というストラザーンの指摘を援用している (ibid., p. 106; cf. Strathern, 1991, 1992, 1997)。そして、両者の相違を、「部分」と「全体」の関係を巡る「知識の方向性」[63]の異なりとして検討している。そして、スヴァヴォウの人々は、メラネシアの知識の方向性を通して、欧米の知識の方向性に挑戦することによって、真実の不確定性を生み出し続けてゆく相互行為的な戦略に従事しているのであり、それが、(宮崎がエルンスト・ブロッホを引用して唱える)「希望」を彼ら彼女ら自身の中に創出してゆく方法 (method of hope) に繋がっていると捉えている (宮崎, 2009, p. 153)。

本書は、以上の指摘に理解を示しつつ、その上で、こうした「部分」と「全体」を巡る方向性の差異は、広範な記号論的体制の史的変遷として生起する現象であると捉えたい。フィジーの初期植民地政策下における、NLCによる土地所有に関する調査 (Veitarogi Vakavanua) は、19世紀以来の「単線的進化理論 (unilinear evolutionary theories)」に依拠したものであった[64] (France, 1969, pp. 123-128)。つまり、フィジー社会が、発展段階の階層 (stage) において、さらなる上位の「階層」に円滑に、漸進的に移行するための条件として、特定の集団と特定の土地の「所有関係」を明示化する作業を位置付けた[65]。なぜなら、19世紀のフィジー社会に想定された発展段階のステージにおいては、土地の共同体

---

63 これは、本書の記号論的な理解に沿って解釈すれば、どこにオリゴ (行為主体性; agency) が据えられて生成されるテクストであるのかという問いとして別言できよう。

64 進化理論 (発展段階説) へ理解を示していた初代総督ゴードンは、自身の出身地であるスコットランドにおける15世紀の氏族構成の有り様をフィジーへと投影し、首長会議による助言が「15世紀初頭のスコットランド議会の法令の幾つか」と類似していること、そして「それらの助言によって望まれる (フィジーの) 社会の様態は、約300〜400年前のスコットランド高地のそれに類似していることを留意しておくべきだろう。」と述べている (Gordon, 1879, p. 180)。そして、そうした社会の様態は「未開から抜け出た社会の主要素が、自然に結晶する形態」としている (ibid., p. 197)。ゴードンによる植民地政策一般については、第4章2節 (4.2) を参照。

65 初期植民地政策における進化論的イデオロギーに関しては、第4章2節 (4.2) を参照。

的所有が、土地利用の原型であると考えられたためである。社会集団と「土地」（地理的空間）の結合／所有関係の確立を目指した『一般証言』の単線的・通時的記述形式は、こうした後期ヴィクトリア朝的な色彩、発展段階説的イデオロギーに彩られていたと考えられる[66]。すなわち、ダワサム地域の『一般証言』に記載されている「地域」の各氏族の連合性は、首長を輩出する氏族を含む単位化された個々の集団が、それぞれに「起源」をもち、各々の発展過程において「自然発生的」に束として纏まりを成すに至ったという記述、そのように「地域（vanua）」が「従属モデル」、機能文法で言う「ハイポタクシス（hypotaxis）」[67]の形式をまとって記述されることで生成されている[68] (cf. Halliday & Matthiessen, 2004)。

こうした叙述形式では、首長がどのように「地域」に到来したのか、それを「地域」の氏族が、どのように即位させたのかといった、地域に「行為主体性（agency）」（あるいは「主権性（sovereignty）」）を見出す、ナイタウやナザニエ

---

[66] つまり、コンテクスト依存性を顕著に示す氏族内部の分節、集団と土地との結び付き（所有関係）は、氏族が移住を繰り返す中で明瞭化した、そして、さらなる連帯的関係が他氏族との間で生じ、その頂点に最高首長とその氏族が存在する、一個の集団連合としての土地／地域（vanua）が形成された、以上のような、自然発生的な発展段階の過程としてフィジー社会を実在化する植民地政府側のイデオロギーが、記述のフォーマットとなっている。

[67] "TAXIS"とは、機能文法で、"degree of interdependency"（相互依存の度合い）を意味し、節（clause）と節（要素間）の結合関係を示す用語として使用され、とりわけ、二種類の"TAXIS"が同定されている。"Hypotaxis"は、要素間の非等価（unequal status）関係を指し、要素間における支配−従属関係（dominant-dependent）が顕著な結合関係を表す（Halliday & Matthiessen, 2004, p. 374）。"Parataxis"は、そのような要素間の支配−従属関係が顕著では無い関係、つまり要素間の等価関係（equal status）が顕著な結合関係を表す。もちろん、この両"TAXIS"は、実際には混ざり合って出現し、論理／意味的一貫性と形式的結束性を有するテクストを生成する。したがって、どちらか一方に要素間の結合関係の性質が還元されるものではない（ibid., pp. 373-375）。

[68] フィジーの初期植民地政策に見られる「先住民保護」的性格は、フィジー人の人口減少（「絶滅する人種; dying race」）を危惧した政府の思考を反映したものでもあった。

りらの語りに特徴的な「並列モデル」、つまり「パラタクシス（parataxis）」[69]の形式をまとった叙述は、明瞭ではない[70]。『一般証言』において、そのような意味での「地域性」が喚起される箇所は、NLCと氏族側の間で為される終結部の「宣誓」の記述、締め括りの遂行的記述においてであり、そのようにして、個々に等価性を有する氏族集団を、まさに「束ねる」という文書編纂作業、その相互行為出来事それ自体として、「地域（vanua）」は生成されたはずである。『一般証言』の記述は、土地と集団をメタ語用的に範疇化するものであり、土地と集団の「自然発生的」関係（指標的関係）、すなわち、所有関係を同定・記述しようとする政府、したがって「外部の視点」が明瞭に観察されるのであり、そのような外部の権威が喚起されることによって、「地域」は範疇化され得たのである[71]。

69　本項の「ハイポタスシス；hypotaxis」に関する註を参照。

70　「並列モデル」によって特徴付けられる集団に関する認識枠組みが、当時のフィジーにおいて存在しなかった訳ではないが、2010年にダワサム地域で挙行された、地域の首長の即位儀礼（veibuli）という、「地域」を挙げた儀礼、その儀礼をテクスト化する外来王的な神話語りの形式は、「地域」という（想像の）共同体が離散的な範疇として前提化されて明瞭化する形式であるだろう。実際に、フィジーでは古くから、「外来王」の図式とは別に、内外の勢力配置に鑑み、首長を土地の外からも内部からも即位させる歴史を残してきたという（春日, 2001, pp. 168-169）。

71　実際、1960年代にダワサム地域の土地利用について研究し、ニュージーランドのオークランド大学に所属した地理学者、イシレリ・ラサンガ（Isireli Lasaqa）の修士論文では、ダワサム地域が隣接するブレ（Bure）地域と共に研究対象となっている（cf. Lasaqa, 1963）。おそらく、ラサンガにとって、ダワサム地域の土地利用を研究する際に、他の隣接地域を切り離して「ダワサム地域」という場所を措定することが、依然として困難であった、ダワサム地域が明瞭なテクストとなっていなかった可能性がある。実際、France (1969) が述べるように、60年代には、自らの所属系族の名前を述べることが出来たフィジー系フィジー人は66％であったことを考慮すれば、「地域の首長の即位儀礼」といった明瞭な行為のジャンルは、比較的近年に生起したものである可能性がある。

7.4.2 リアルの所在

「土地の民」と「よそ者」という範疇は、特定の「地域」という時空間に付随して喚起される範疇である。そして、土地と所有関係を有する「土地の民」の行為主体性が前景化された語りは、「地域」の境界が明瞭化するに伴い、その内部の集団構成／序列へと、(政府を含んだ) フィジー人たちの意識が集中してゆく過程を背景にして現れた語りの形態であると解釈できるのではないか。したがって、「ハイポタクシス (従属モデル)」と「パラタクシス (並列モデル)」という叙述形式の相違は、欧米とフィジーの知識の方向性の「相違」であるというよりは、文書化を通じて生み出された「地域」や「土地」という範疇が、それらを範疇化した植民地政府の視点、それ自体をフィジー社会が内面化してゆくというテクスト化の進行と変遷として理解される必要があると思われる。

すなわち、両者の視点が二重化した・近似化した土地 (ヴァヌア) にオリゴを据えたディスコース形式、それが、「地域」や「土地」それ自体が前景化された「パラタクシス」としての語りの形式であると言える。記号論的に整理すれば、自らは、「地域」という連合を形成する一集団の構成員であるというメタ語用的解釈が、(『氏族登録台帳』への登記儀礼というテクスト的出来事を通じて) 各々の成員に内面化されたことによって、文書の承認者である「植民地政府」、神話を保管する近代国民国家が有する超越性を、今ここの経験的な「土地／地域」という範疇自体が体現してゆくという (史的) 弁証法的過程が生起していると考えられる[72]。このように理解すれば、ストラザーンが指摘する「部

---

[72] もちろん、植民地期以前からフィジー人の土地に対する執着は強いものであった。既に白人の入植が本格化する以前から、「フィジーには所有者のいない土地は一インチたりともない。全ての区画に名前があり、境界が定められていることが知られている。」(Pritchard, 1968 [1866], p. 242) という記録が残されているし、1874 年に植民地化された後には、「フィジー人は土地を貪欲に欲し、少しでも押し入って数インチの土地を盗み取ろうとしている。」(Brewster, 1967 [1922], p. 228) といった報告がある。土地が集団的力の源泉であり顕れとする向きは、文書化以前から存在したものであると考えられ、本書は、その点を否定するもの

第7章 儀礼、神話、文書　　277

分」と「全体」の関係を巡る問題、メラネシア的知識の方向性に関する議論は、社会文化的「今ここ」を基点（オリゴ）に生起するディスコース生成の問題として、より十全に理解されうるのではないかと、本書では考える。

　ナザニエリやナイタウの神話の語りが示すように、今日のダワサム地域で一般化している類いの外来王的な叙述形式、「首長」と「土地の民」を並置／二分し、後者に行為主体性を付与するようなディスコースは、地域・土地という「範疇」を文書として創出した植民地政府の視点、そのような外部性・文書（書記）性が、文書化された今ここの「土地の民」自体に付与されてゆく過程、土地の民という範疇が本質化／ジャンル化してゆく過程の中で前景化した「ディスコース・ジャンル」であると言えるのではないだろうか。そして、そうしたディスコースにおいては、そこで言及されている土地の過去や外部、その言及指示内容（言われたことのテクスト）自体には、社会文化を規定する権威の所在は見出されておらず、むしろ、そのような「過去」を語ることが出来る地域住民、「今ここ」の経験的な住民たち——「先住民」たちの声——自体に、社会文化的権威／リアルは投錨されている。その限りにおいて、「今ここ」と「彼岸」（外部）が限りなく等価となった場所、「土地／地域／土地の民」という範疇にオリゴを置く地域住民たちの視点は、それ自体としては「植民地化した視点」、顕在的／植民地的権威が内在化した経験的主体、すなわち、経験と超越の「二重体」（いわば「言文一致体」）となっていると言えよう[73]。

　　　では当然ない。しかし、文書化以後のフィジーにおいては、植民地国家的権威が土着へと内在化してゆくという過程が存在している限り、その過程で形象化／テクスト化された土地（ヴァヌア; vanua）や土地所有集団（土地の民; itaukei ni vanua）は、それ以前の土地や集団の有り様とは、性質を異にするものであるだろう。本書はその点を指摘しようとするものである。

[73]　すなわち、国民国家的／超越的な規範を内面化した経験的人間、特定の土地を所有する「土地の民」という植民地的／文書的な範疇・序列・秩序を自然化した近代フィジー人、彼ら彼女らが身を置く「今ここ」の土地・地域——ヴァヌア——ここに社会文化的な審級（オリゴ）が据え置かれている。この点については、第11章3節（11.3）を参照。

第 8 章 1930年との指標的類像性

前章では、2009年後半から、ヴォニ氏族、デライ氏族、トヴァ氏族の長老ら主導した長老会議によって、その具体的な計画が立てられたダワサム地域の首長の即位儀礼が、デラカンド村において開催されることが決定し、反対派が「よそ者」として排除されていった過程について考察した。

　一連の長老会議を経て、儀礼開催予定日の約一週間前となった2010年4月6日に、旧NLCであるNLFC[1]（先住民所有地漁場委員会）と、IFLC[2]（フィジー言語文化研究所）がその傘下として所属している「先住民系フィジー総務省（Ministry of Fijian Affairs）」をはじめとする政府各省庁の下位組織に位置付けられ、地方ごとの行政を管轄している「地方事務所」（Provincial Office / Provincial Administration）の、タイレヴ地方のトップ（知事）である「タイレヴ地方行政担当官（Roko Tui; ロコ・トゥイ）」、さらに、その下位組織に位置付けられるタイレヴ地方北部（北タイレヴ）の行政を管轄する「管区事務所（Division Office）」の「行政担当補佐官（Roko Tui veivuke）」のヴェレシ・サクニトガ（Veresi Sakunitoga）[3]を交え、間近に迫った即位儀礼の開催の是非を審議する会議が、ドゥリティ村とデラカンド村の中間に位置する、ダワサム小学校（Dawasamu Primary School）[4]校舎の一室を借りて開催された。審議の趣旨は、1) 計画が進行している即位儀礼の開催に関して、地域内で大きく意見が割れていること、2) 儀礼開催地が、「通例」とされている首長の住まいであるドゥリティ村ではなく、デラカンド村として計画されていること、主に以上二点を再検討し、儀礼開催の是非を判断するというものである。

1　　正式な英名は、"Native Lands and Fisheries Commission"。
2　　正式な英名は、"Institute of Fijian Language and Culture"。
3　　補佐官（Roko veivuke）のヴェレシ・サクニトガは、デラカンド村で計四回行われた長老会議全てに同席していた。その一連の会議での決定事項は、タイレヴ地方行政担当官（Roko Tui）に報告されていたという。そして、担当官と補佐官は、即位儀礼開催によって、賛成派と反対派の対立がダワサム地域の分裂に繋がらないように、計画されている儀礼や即位する人物が、「伝統」に則った正しいものであることを、儀礼開催の前に、地域全体で再確認する必要があると考えていたという。
4　　第4章3節1項（4.3.1）の地図4、および第10章の地図6を参照。

審議には、儀礼開催反対の急先鋒であった「マタニヴァヌア」のアリオケ・コロドゥアンドゥア、「サウトゥラガ」のセヴァナイア・マイラヴェ等、儀礼開催の賛成派と反対派を含む、ほぼ全ての氏族、その主な長老たちや中年層の男性たちが会し、地方行政担当官（Roko Tui）が司会を務め、意見がある者は挙手をして述べるか、担当官に指名された者が述べる形式で進められた。そして、ここで議論の主導権を一貫して握ったのは、他でもない、ヴォニ氏族（ナンボロ系族）のナザニエリであった。

　本章では、儀礼開催に向けて、極めて重要な契機となった当審議が、**1)**「政府・賛成派・反対派」という三幅対フレーム、すなわち、1930年にロドニ（Lodoni）において、「NLC・氏族／系族の代表者・その他の氏族／系族の代表者たち」という三者間（「話し手・聞き手・その聴衆」という三つの相互行為的役割）で行われた「審議」と、類似した相互行為的枠組みを有していること[5]、**2)** ナザニエリを中心とした賛成派が、どのようにして「土地の民／土地の所有者」として自集団を位置付け、また、NLCの「文書」の記載において、ヴォニ氏族の筆頭系族であり、「サウトゥラガ」の地位を奪った（と彼らが考える）セヴァナイアを含む反対派を、「よそ者／ラ地方の人」として排除し、「反・伝統的」な仕方で儀礼を画策する自らの「正統性」と文書の「偽製性」を証明する相互行為テクストを完遂させようとしたのか、以上について考察する。

8.1　賛成派の主張

8.1.1　三幅対フレーム

　タイレヴ地方行政担当官（Roko Tui）は、以下のように審議を開催する[6]。

---

[5] 担当官は、現在NLFCが保管している「本（ivola）」、すなわち、『氏族登録台帳』と『一般証言』、そして、その「所有者」であるNLFCに、儀礼開催の最終的な審級を帰して、儀礼開催を承認してゆく。

[6] 審議が始まったのは、ちょうど18時半を過ぎた頃であった。

Roko Tui:

Vinaka, vei kemudou na turaga, au via vakamatatataka ga vei kemuni na lewe ni yavusa Voni, na dabe nikua e sega ni baleta na i tutu. Kevaka qai dua na ka baleta na itutu, ia moni qai kacivia tale dua na bose me dabe na vanua [...]
[ありがとうございます。皆様、私はあなた方ヴォニ氏族の成員に、今日の会議が地位に関するものではないことを確認したい。もし、地位に関する何かが話し合われた場合、もう一つの会議を土地において開いて下さい。[中略]]

Na dabe na siga nikua, gadrevi ga mai e na veiliutaki baleta na veisureti sa lako tu vua na iliuliu ni matanitu, Turaga Prime Minister. Ia, o ratou kila matata tiko mai na valenivolavola ni Prime Minister na ka yaco tiko ike [...] Au sa rogoca tiko vei kemudou na tiko mai Delakado, dou na sega ni via lai dabe i Driti, kemudou mai Driti, dou sega beka ni via lako i Delakado. Au sa kerea tale ga kina vei Roko Veivuke e na macawa sa oti, siga Lotulevu, me yalo vinaka sara me lai tarai qasenivuli liu ke rawa ni tou lai veivosaki e koronivuli. Na macala ni veivosaki kece qo, sa na vakasukai tale tiko ki na matanitu me ratou kila tiko ni sega ni taucoko tiko na veimaliwai e na loma ni yavusa Voni. O koya kau talai tiko mai kina me'u mai dabe e na siga nikua.
[今日の会議は、リーダーシップに関するものであり、政府の指導者である首相にも招待が来ています。しかし、彼ら首相のオフィスはまた、ここで起きていることを良く知っています。[中略] 私は、あなた方デラカンド村の者たちは、ドゥリティ村で話し合いを行いたがらず、あなた方ドゥリティ村の者たちは、デラカンド村には行きたくないと考えている、と聞いています。なので私は、先週の木曜日、担当補佐官に対し、(ダワサム小学校の) 校長に小学校で私たちが話し合いを行うことが可能かどうかについて聞いて欲しいとお願いしました。この会議で為された説明は全て、政府に戻されます、なぜなら彼らは、ヴォニ氏族の内部で調和が取れていないことを知っているからです。これが、今日私が話し合うために訪れた理由です。]

E na qai dua na kena i tukutuku matata me'u cicivaka cake i Suva e na siga ni mataka. Na ka e na vinakati me matata tiko vei kemudou, na kemudou itukutuku vakavanua. Dua na taro. Kerea tiko ga me'da na veivosaki tiko vakasavasava, vadodonu, vosa yadudua na mai, au na sega ni via rogoca na veiba, na gauna ga au na rogoca kina na veiba, au na kerea me'u sa na tatau tale me'u lako.

［その知らせを、私は明日、スヴァ市へもって行きます。あなた方の土地の伝承が、あなた方にとって明瞭になることが求められます。お願いがあります。偽りなく、真っ直ぐに、一人ずつ話をしましょう、私は争いごとを望みません、争いになった場合は、私は退出します。］

以上のように、まず担当官は、審議の目的が、ヴォニ氏族内部の系族間の「地位関係」について討議することではなく、土地のリーダーシップ（veiliutaki）について討議することであると強調している。そして、この即位儀礼への招待がフィジー（暫定）政府首相にも届いていることを示唆している。それにも関わらず、ヴォニ氏族内部で、そして、地域の氏族間で意見の一致を見ていないこと、儀礼の開催地を巡って賛否両論が展開していることに鑑み、土地の伝承（itukutuku vakavanua）について吟味することに会議の目的があるとしている。そして、議論の口火を切ったのは、ナザニエリ（Naca）であった。

　　　Naca: Au vakamacala o yau, turaga na Roko.
　　　　　［私が説明します、担当官。］
　　　Roko: Vinaka.
　　　　　［了解しました。］
　　　Naca: Na yacaqu o Nacanieli Lagilagi.
　　　　　［私は、ナザニエリ・ラギラギです。］
　　　Roko: Nacanieli Lagilagi. E vei?
　　　　　［ナザニエリ・ラギラギ。どこから？］
　　　Naca: Yavusa o Voni.
　　　　　［ヴォニ氏族です。］

Roko: Yavusa Voni e vei? Delakado se?
　　［どこのヴォニ氏族ですか？デラカンドですか、それとも？］
Naca: Delakado.
　　［デラカンドです。］
Roko: Vinaka. Na taro ya, a sa dua na veivakadetaki vakavanua e na vuku ni tutu. Vosa mai cake, baleta ira kece qo varogoci iko.
　　［了解です。質問は、首長位についての確認です。大きな声で述べて欲しい、ここにいる全てが、あなたを聞いています。］

担当官は、ナザニエリの「名前」、「氏族」、「居住村落」を尋ねることで、彼が「ヴォニ氏族」の、どの「系族」に属するのかを確認している。さらに、彼が話す事柄を、その場にいる全ての者が聞いていることを明示化し、その言及指示内容が「審議」されるもの、「ナザニエリによる証言」というメタ・フレームを構築している。こうしたやり取りは、第6章で論じたNLCの『一般証言』（1930年）の、氏族の伝承の冒頭部（ヘッドラインから特定の証言者の表示まで）の記述と類似したメタ・フレームとなっている[7]。

これから語られる内容が、ヴォニ氏族（ナンボロ系族）による、ダワサムの首長位に関する証言であること、そして、これまで為されてきた地域での長老会議の経緯についての確認であることが明示化された後、ナザニエリは語り始める。

Nacanieli:

Ka matai ni kena vinakati me vagunuvi na turaga qo. Sa kila oti na vanua, **keitou** na yavusa qo, Voni, **keitou** lai raica sara mai Qoma na kena kawa, sa mai digia e matai **keitou**, baleta e **neitou** na bilo, me digitaki e dua me veisosomitaki me sa **nona** na itutu vakaturaga, sa qai vakadonui kacivi na vanua. Sa qai vakaraitaki vei **ira** dua na tabua na kena magiti, na gone qo sa na digitaki sara vakadonuya taucoko ra ciqoma na kena magiti kena tabua

---

7　『一般証言』の冒頭部については、第6章3節1項（6.3.1）を参照。

veiyavusa taucoko e na vanua Dawasamu. [...]
［この首長（ペニ・ワンガ）が即位することが希求された最初の時のこと。土地はそれを既に知っています、**私たち**ヴォニ氏族がゴマ島へその系譜を訪ね、**私たち**の眼前で（首長を）選出したこと、なぜならビロは**私たちのもの**だからです。首長位を**彼のもの**として継承させるための者を選出するために、そして土地を招集することが承認されました。そして、**彼らに**一つのタンブアとその饗宴の食物（magiti）が披露され、この子（gone）が選ばれ、ダワサムの土地の全ての氏族がその祝宴の食事とタンブアを受け取り、承認されました。［後略］］

ナザニエリは、「この人物」（na turaga qo）としてペニ・ワンガを指示し、彼がどのようにして「即位すべき人物」として選出されるに至ったのかを、「土地はそれを既に知っている（Sa kila oti na vanua）」と言及している。そして、反対する「ナマラレヴ系族」を含めたヴォニ氏族を「私たち」（keitou; 一人称代名詞除外形少数）として指示し、彼らヴォニ氏族が、ゴマ島へ首長位の系譜を訪ね、その首長位が「彼（ペニ・ワンガ）のもの」（nona; 三人称所有代名詞単数）として継承され、それが「彼ら」（ira; 三人称代名詞多数形）「ダワサムの土地の全ての氏族（veiyavusa taucoko e na vanua Dawasamu）」へ知らされ承認された、という首長位の「起源」について叙述する。

　ここでは、"keitou"、"nona"、"ira"という三つの人称代名詞によって指示される、ヴォニ氏族（keitou; 少数）、首長（nona / o koya; 一人）、その他の氏族（ira; 多数）という三者の並列的／排他的関係として談話は展開され、それが「地域」を構成する相互行為的フレームとして前提化されている。そして、「地域」の外部であるゴマ島からダワサムへ、首長位の継承が行われたこと、それを地域は「既に知っている」ことを、ナザニエリは担当官に証言している[8]。つまり、「聞き手」は一貫して担当官であり、「話し手」と「その聴衆」の相互行為的役

8　首長と土地の氏族たちが、「自然発生的に」形成された連合体としては言及されていない。首長と土地の氏族の関係は、対立的／排他的な関係であることが前提となっている。

割を、この「地域側」が交互に担うというフレーム、言い換えれば、「地域」を前提として、そこから首長位の起源化を図る語りを政府に証言するという、「地域性」が前景化したフレームが喚起されていることが理解できよう。ナザニエリは、さらに語りを続ける。

Nacanieli:

Sa oti qori, sa mani daro tu na ka qo. Sa qai tovolea o yau, na noqu igu me'u vakadaberi keitou tale o ratou na kila na neitou. Sa rua na yabaki na noqu vakasaga me keitou dabe tale me caka na veivagunuvi. Keitou dabe, keitou veivosaki, veivosaki, oti vinaka rua na yabaki, voleka ni veigauna au talevi ratou tiko o ratou dre tiko ga me kua.

［その後、このこと（即位儀礼）は実現されるに至りませんでした。そして、私は、私の努力（igu）を通して、そのことを知っている彼らと私たちが改めて話し合いをもつよう試みてきました。二年間、私たちが即位儀礼を開催するための話し合いをもつよう画策してきました。私たちは座り、話し合い、また話し合い、丸二年が過ぎ、ほとんどいつも、私は彼らを訪ねましたが、彼らは開催しないよう、引っ張り（dre）合っていました。］

Sa keitou mani nanuma me ka kua ni luvawale na vanua me sa caka na veivagunuvi. Baleta na bilo tiko ya na noqu. O yau qo na kena itaukei na kena kawa. Dina ni mai tiko e so na ka vakaivola e na sala ni sega soti ni vinaka na vuli, sa mai caka sa oti qo e via dua na drau na yabaki kena cici tiko mai sa vinakati me sa na veisautaki ni sa vuna tiko na leqa kei na mate e na itutu vakaturaga. Na turaga sa mai soli vua na itutu sa kawa boko ni keitou biu tu a sa mai caka tiko na veivagunuvi. A ya e so na tiki ni vanua au via vakamacala kina turaga Roko.

［そして私たちは、土地を裸にせず、即位儀礼を開催するべきだと考えました。なぜなら、あのビロは私のものだからです。私は、その所有者であり、その系譜です。道に関して文書に記載された幾つかのことがあ

第8章 | 1930年との指標的類像性　　287

りします、(子供たちの)学業などは全く良くなりません、その状態が100年以上経ちました。それは首長位が絶えたことや問題の源であり、それが変えられることが望まれます。首長に、その地位が与えられ、それが絶えました、私たちは置き去りにされて、即位儀礼が為されて来たからです。以上が、私が説明したい土地に関する幾つかのことです、担当官どの。]

　ナザニエリは、首長位に関する「土地による決定」が為され、全ての氏族が「私たちヴォニ氏族」を支持し、ペニ・ワンガの即位儀礼の開催を待っていたが、それが何度も中止（daro）になり、結果、今日まで儀礼は開催されずに至ったことについて説明をする。その後、ナザニエリらヴォニ氏族（のナンボロ系族）が、ここ丸二年ほど話し合いを重ねてきたが、結局、「彼ら（o ratou）」は、儀礼は行わないと反対し始めたと説明している。ここで、ナザニエリは、反対するナマラレヴ系族を包含して指示していた「私たちヴォニ氏族」を、一転、「彼ら」（o ratou; 三人称代名詞少数）と排他的に範疇化し言及してゆく。
　そして、儀礼開催をヴォニ氏族が画策する理由を、「なぜなら、そのビロは私のものだから。私こそが、その所有者であり、その系譜であるから。」と、首長位の証左である「ビロ」（鯨歯）が、ヴォニ氏族に属するものであると言及している。さらに、この100余年（e via dua na drau na yabaki）、「文書／本に書かれていること（na ka vakaivola）」との関係で、土地に様々な災厄（leqa）が発生する原因となり、首長位の系譜が途絶えたこと（na mate e na itutu vakaturaga）、そして、それを変えるべき時が来た（me sa na veisautaki）、と言及している。ここで言及されている「文書／本」とは、『一般証言』ないし『氏族登録台帳』のことであり、ナザニエリは「文書／本」の記載の誤りを、排他的に範疇化したナマラレヴ系族（あるいは、儀礼反対派）との関係において指摘しようとしている。そして、ナザニエリは以下のように続ける。

　　Nacanieli:
　　Au sa kerekere tiko ga e na turaga Roko me ratou yalo vinaka na neitou vuvale, me kua na veivosaki vaka oni sa tukuna oti, me tou na veilaveiti

cake se laveti cake e dua me buli, na ka ga me caka me ratou gole mai. Tu na galala, dola tu na katuba, me keitou sa mai vakayacora vata, ni qai taroga na cava na lomadratou, kena levu saka.

［私は、担当官どのに、彼ら私たちの家族が、あなたがおっしゃったような争いをせず、私たちが共に協力すること、そして一人の首長を即位させて担ぐこと（laveti cake e dua me buli)、為されるべきことに対し、彼らが協力するようにお願いしています（kerekere)。そのための余地はまだあり、扉（katuba）はまだ開かれています、私たちが共に達成することを。そして彼らの心の内（na lomadratou）は何なのかを聞きたいと思っています。以上です。］

ナザニエリは、儀礼の開催に反対する「彼ら」、「私たちの家族（na neitou vuvale)」、つまり、元々は、共にゴマ島からアンディ・リティアを連れてきたナマラレヴ系族に対して、担当官を介して間接的に（よって排他性を喚起して）問いかけを行っている。つまり、ナマラレヴ系族ら反対派に対し、「共に協力（上昇）する（veilaveiti)」こと、「共に一人の首長を即位させ担ぐこと（laveti cake e dua me buli)」に協力を求める旨を、担当官に依頼する形で懇願（kerekere）している。そして、反対派が、ナザニエリら賛成派と共にあり、協力し結束して儀礼を開催するための「扉（katuba)」は、依然として開かれている（dola tu）ことを訴える。もし、それが不可能であるなら、反対派の真意は何なのかを明らかにすることを担当官に申し出て、彼は発言を終えている。ここまでの言及では、賛成派と反対派が「直接的」に互いを指標し合うことは回避され、議論は（聞き手である）担当官を介した三幅対フレームが維持されることで、「間接的」（安定的）なトーン（調子）を保ったまま進行している。

8.1.2 土地の結束性

聞き手である担当官は、ナザニエリの発言を受けて、以下のように回答する。

Roko: Vinaka vakalevu. **Vinaka sa rogo tiko ya na itukutuku**, na ka ga e

vinakati me na mai raici qo ni a vamuri tiko na ivalavala vakavanua ni se bera ni qai mai vakayacori na veivagunuvi se na veivakadeitaki. Kena ibalebale sa vakaraitaki tiko ya ni sa vakaraitaki na vanua, na vanua ya na yavusa e walu. Dua tale via vosa e na tikina oya? Baleta na ivola tiko qo, sa tu kina ni sa veivakadeitaki tiko na vanua, yavusa e walu.
［ありがとうございます。その**伝承**が聞けて**良いこと**だと思います。即位儀礼が開催される、もしくは、その決定が下される（veivakadeitaki）前段階において、ここで確認されたいことは、土地の慣習（ivalavala vakavanua）に従っている（vamuri）ことです。つまり、それが土地に対して提示され、土地は八つの氏族からなっています（na vanua ya na yavusa e walu）。他に意見がある人はいますか？　なぜなら、手持ちのメモには、八つの氏族（yavusa e walu）として土地が確認されているからです。］

Meli: Tokona.
　　　［賛成です。］

Roko: Ni sa rogoca tiko ya ni sa tokona tiko mai o qase mai Delakado, dua tale via vosa e na tikina oya? Se via vakamacala e na itukutuku ya?
　　　［デラカンド村の長老に対し賛成（tokona）を唱える声が聞こえますが、他に、それに関して意見がある人はいますか？　あるいは、その伝承（itukutuku）について説明（vakamacala）したい人はいますか？］

担当官は、ナザニエリの「伝承（itukutuku）」を聞き、それを「良い（vinaka）」と評価している。つまり、彼の発言が、即位儀礼の開催が決定される（veivakadeitaki）前に、それが「土地の伝統」（na ivalavala vakavanua）に従った儀礼かどうかを考えるための「良い」材料を提供した限りにおいて「好意的」に言及している。そして、担当官は、即位儀礼開催の決定が、ダワサムの八つ氏族（yavusa e walu）に対して明確に共有されている（vakaraitaki）ものであるかどうかを、確認しようとしている。

したがって、この審議では、ダワサムという地域が八つの氏族（yavusa e walu）によって連合する集団であることが、常に前提的に参照されながら進行しているのだが、この審議には、首長となるペニ・ワンガ自身は参加していないことに注意したい。つまり、首長自身の主張は、審議の趣旨としては二次的なものであること、言い換えれば、地域の全ての氏族による「意見の一致」、これ自体に議論の一次的な重点が置かれているのである[9]。つまり、この「審議」は、土地の過去についての「証言」、その「言及指示テクスト」へは焦点が向けられておらず、土地・地域自体の「結束性」をメタ語用的に生成すること、そのような「相互行為テクスト」を生成することに焦点が置かれているのである[10]。担当官による議論の誘導は、そうした合目的的志向性を示すものになっている。つまり、いずれかの氏族、誰かの意見を「正しい」過去を反映するものとして「採用」する、または、どのようにして土地の「過去」が構築されて、現在の首長を中心とする「地域」が生成したのかという点は、（少なくとも担当官にとっては）二次的な関心事となっており、その歴史がどのようであろうと、土地・地域の一体性が確認されるならば、この審議の目的は果たされたことになる[11]。意見に相違がある場合や、集団間の「序列」に異論がある場合は、それは「土地／地域」（ヴァヌア）が、改めて異なる議論の場を設置し解決することでしかない。

9　1930年に植民地施政下のNLCによって開催されたダワサム氏族に関する『一般証言』の陳述は、ダワサム氏族の指導者であり、地域の（暫定的）最高首長であったペニ・ワンガ（Sr.）自らが行ったものであったことを想起されたい。第6章3節（6.3）を参照。

10　ある意味では、この審議は、ヤコブソンのコミュニケーションの六機能のうち、「詩的機能」がドミナントとなった審議、つまり「メッセージのメッセージ化」に焦点化した相互行為であると言える。

11　これに対して、1930年の植民地期におけるNLCと地域側との間で行われた「審議」では、土地所有の実態を証拠付ける伝承の「真偽」を、各集団の代表者を証人として査定するという性格を有しており、伝承の「言及指示内容」が極めて重要な要素の一つとなっていた。

8.2 反対派の反論

　前述したナザニエリによる賛成派の主張は、**1)** ペニ・ワンガが、然るべき手続きに則って首長位を継承したことは「事実」であり、そのことをダワサム地域の全ての氏族が承認したこと、**2)** それを証明する「ビロ」（鯨歯）がペニ・ワンガに譲渡され、それを記念する祝宴（magiti）も開催されたこと、**3)** その決定は覆しようがないことを、反対派自身が十分に理解しており、具体的な理由もなく、儀礼開催に異を唱え続けている状況自体が不可解であること、以上三点に集約されるものであった。

　これに対し担当官は、（自らの立場を明示的には示してはいなかったが）これら賛成派の主張に注意深く耳を傾けると共に、「良い」という「評価」に関わる言及をしたことによって、賛成派の主張と、担当官の言及は、互いに一貫性と結束性を有した相互行為テクストを生成しながら展開した。

8.2.1　親族名詞・呼称

　審議は、徐々に緊迫してゆく。議論の焦点が、反対派へと向かって来るにつれて、これまでは「オーディエンス」として沈黙していた反対派は、初めて「話し手」として口を開くことになる。最初に発言をしたのは、ヴォニ氏族のナマラレヴ系族で、「サウトゥラガ」であるセヴァナイアである。

   Sevanaia: Au saka. Au via vakamacala.
    ［私、私が説明したいと思います。］
   Roko: Vinaka. Na yacamu saka tale, tuka?
    ［了解です。あなたのお名前、もう一度お願いします？］
   Sevanaia: O yau o Sevanaia Mailave. Yavusa Voni, Driti.
    ［私は、セヴァナイア・マイラヴェです。ヴォニ氏族、ドゥリティ村です。］
   Roko: Io.

［分かりました。］

Sevanaia: Au via vakaraitaka vakadodonu na veivosaki koya ratou vakaraitaka tiko qo. Baleta na veivosaki koya keitou lai dabe vata kina qo i Delakado, o keitou a sega ni tiko kina. ①Au sa vakaraitaka oti vakavinaka vei **nodratou iliuliu qori**, ni na sega ni caka na veibuli. Baleta sa caka oti na veivosaki ni veibuli, sa tarova o Ratu me kua na veibuli. Ia, au qai tiko tale e dua na siga, lako yani o koya, tukuna vei au, me keitou lai dabe tale me keitou veivosaki. Au tukuna, "Mo wawa, me'u lai raici Matanivanua." Keirau sa lai veivosaki kei Matanivanua, sa vakaraitaka mai vei au o Matanivanua, ni sa lako yani o koya, sa kauta yani dua na yaqona, me sa lai bulubulu, vei rau kei Ratu.

［私は、彼らが述べている話し合いを真っ直ぐに言及します。なぜなら、そのデラカンド村で共に行ったという話し合いには、私たちは、そこにいませんでした。①私は、**そこの彼らの族長**に、即位儀礼は開催しないことを十全に伝えました。なぜなら、即位儀礼の話し合いは為され終え、首長は儀礼を開催しないように頼んだからです。しかし、ある日彼（ナザニエリ）はやって来て、私に対し、私たちが再び話し合いをもつべきだと言いました。私は「待って欲しい、私がマタニヴァヌアを訪ねてくる。」と伝えました。私とマタニヴァヌアは話し合い、マタニヴァヌアは私に説明しました、彼（ナザニエリ）は一束のヤンゴナをもって行き、彼と首長に浄化儀礼を行った、と。］

Roko: O cei?

［誰がですか？］

Sevanaia: ②**O nodratou iliuliu qori mai Delakado**. Sa lai bulubulu me sa cegu na veibuli. Ia, au lesu tale mai, au mai vakaraitaka vua, lako yani o koya e noqu vale. Io, au sa vakaraitaka vua, au sa yaco sara i na vale vei koya na ③ivola, kauti au sara kina ④o Apimeleki Tora. Au lai raica na itukutuku, au sa mai vakaraitaka tale ga vua. ⑤"Sa rauta me gunu tu mada ga o koya na bilo, me yacova ni yali, tou qai veibuli. Baleta ni'u sa raica na itutu qo e cala tu."

［②<u>デラカンド村のそこの彼らの族長</u>です。即位儀礼はしないことで浄化儀礼を行ったのです。しかし、私は戻ってきて、彼に見せました。彼は私の家に来ました。そう、私は彼に見せました、私は家に到着し、④<u>アピレメキ・トラ</u>が私に示してくれた③<u>文書</u>を、彼に見せました。私は、その伝承を見て、彼に見せました。⑤<u>「ビロ（ヤンゴナ）を飲むことは、この状態で十分である。(その人物が) 去るまで。その後、我々は即位儀礼を行う。なぜなら、私が見る限り、首長位は誤った状態にあるから。」</u>］

Roko: Io, ⑥sa rauta. Na dua tale na veitalanoa ya.

　　　［はい、⑥<u>もう十分です。それは、また別の話です。</u>］

Sevanaia: Io, o koya sara ga qo, o koya vu ni noqu tu vakatikitiki mai na veitalanoa qo. Kena levu.

　　　［そう、彼こそが、彼が、私が話し合いから外された問題の源です。以上です。］

セヴァナイアは、賛成派が行ってきた長老会議が、ヴォニ氏族のナンボロ系族が住んでいるデラカンド村において一方的に開催されたものであり、反対派の面々は、会議には出席していなかったことを強調する。続けて、彼は、ナザニエリを①<u>"nodratou liuliu qori"</u>（「<u>そこの彼らの族長</u>」）と幾分、侮蔑的な呼び方で指示し、以前にナザニエリは、ペニ・ワンガ自身が儀礼を行うべきではないとの意向を示したことによって、儀礼は開催しないことで合意したとする。そして、ペニ・ワンガと「マタニヴァヌア」のアリオケを交えて改めて協議し、そこでナザニエリは、即位儀礼の画策を行った自らの「過ち」を償うための浄化儀礼を行った（lai bulubulu）ことについて言及している。

　担当官は、浄化儀礼を行った人物が誰であるのかを、セヴァナイアに確認している。それに対し、セヴァナイアは即座に回答し、再度、② <u>"nodratou liuliu qori mai Delakado"</u>（「<u>デラカンド村のそこの彼らの族長</u>」）という呼び方で、ナザニエリであることを指示している。これが「侮蔑性」を喚起する呼び方であ

る理由は、以下の点による。

　まず、1）ナザニエリは、実はセヴァナイアの「叔父（momo）」に当たる人物であり、フィジー的文脈に鑑みれば、「私の叔父である〜〜（na noqu momo...）」という「敬称」としての「親族名詞」を冠してナザニエリを指示すること、2）彼が率いる「系族名」に言及して「彼らナンボロ系族の族長」（na nodratou liuliu / itaukei ni Naboro）と指示すること、あるいは、3）ナンボロ系族が住んでいる場所、（デラカンド村の一角である）「コロレヴ（korolevu）」に言及して、「彼らコロレヴの族長」（na nodratou liuliu / itaukei ni Korolevu）と指示することが期待される。すなわち、1'）話者と言及指示対象との親族関係を指示する「親族名詞」、2'）言及指示された人物が率いている集団の一員として指示する「地位名詞」、3'）言及指示された人物が居住している村落などの場所の一員として指示する「空間名詞」・「地名」の使用など、名詞句階層[12]において「象徴性」の比較的高い名詞を伴った、少なくとも三通りの呼称が、セヴァナイアがナザニエリを指示する際に想定される[13] (cf. Duranti, 1994, p. 58)。しかし、ここでセヴァナイアは、「そこにいる／そこの（qori）」という指示詞、すなわち、指標性（メタ語用的透明性）の高いダイクシスを使用して、直接的にナザニエリを指示することによって、通常、彼に期待されるナザニエリへの「敬意」の指標を怠っている。

　ナザニエリは、七十代前半の男性であり、一つの氏族・系族の族長（iliuliu）、ヴォニ氏族においては最も力を有する大長老である。一方、セヴァナイアは、首長の側近（サウトゥラガ）ではあるが、依然として四十代半ばの男性である[14]。大長老であり、自らの「叔父」に当たる人物に対して、侮蔑的な「呼称」

12　名詞句階層については、第5章2節（5.2）を参照。
13　ここでは、「彼らの族長である、彼（o koya na nodratou liuliu）」という呼び方も可能であったと考えられるが、セヴァナイアは、担当官が座っている周辺に存在する「モノ」として、ナザニエリを強く指標した（語用的に指差さした）と言える。
14　後に、セヴァナイアは、他の箇所において、いみじくも自ら「叔父（momo）」という親族名詞を使用し、ナザニエリが自分の叔父であることを、担当官の前で明示化している。その談話については、次節2項（8.3.2）を参照。

を使用して指示することが挑戦的行為であることは（とりわけ、フィジーの文脈に照らした場合）否定し難い。すなわち、彼がナザニエリを指示する際に使用した「そこの彼らの族長（na nodratou liuliu qori）」という「指示詞」と「地位名詞」によって構成された名詞句は、否定的な社会指標性を喚起したと同時に、それを使用したセヴァナイア自身に対する否定的な価値付けを二次的指標レベルで喚起したと考えられる。（セヴァナイアが使用した呼称とは対照的に、ナザニエリが、セヴァナイア一派、つまり、ヴォニ氏族のナマラレヴ系族を指示する際に用いたのは、「私たちの家族（na neitou vuvale）」という、「近称（proximal）」の使用によって、内集団／「親」の関係として位置付ける呼称であった。）

8.2.2 偽文書の引用

　セヴァナイアは、ナザニエリへの追及の手を強めようとする。ナザニエリが即位儀礼を開催しないことで浄化儀礼を行った後に、セヴァナイアは、彼が儀礼の開催に賛同しない理由を、ある③「文書／本（ivola）」の記載事項（itukutuku）に基づくものであることを、ナザニエリに説明した、と述懐している。そして、その文書／本は、④「アピメレキ・トラ（Apimeleki Tora）」[15]という人物が、彼に見せたものであるとし、そこに記載されていた内容は、⑤「ビロ（ヤンゴナ）を飲むことは、この状態で十分である。（ペニ・ワンガが）去るまで。その後、我々は即位儀礼を行う。なぜなら、私が見る限り、首長位は誤った状態にあるから。」というものであったと述べている。
　しかし、担当官は、セヴァナイアによるこの発言を聞くや否や、それを一蹴した。担当官は、セヴァナイアの陳述が途中であるにも関わらず、それを制するように⑥「十分だ。（Sa rauta.）」と述べている。すなわち、この発話の前段階で、セヴァナイアがナザニエリに対して用いた呼称によって、担当官にとってのセヴァナイアに対する「価値付け」が、相対的に／潜在的に低下してゆく中にあって、セヴァナイアは、その価値付けを一層低下させる言及を行ったので

15　この人物が誰であるかは確認できないが、NLFCの役人であった可能性がある。

ある。それが、ある文書／本の「引用」である。

　実は、この審議の終結部で、担当官が自らの個人的な体験を引用して、「文書」について言及する場面がある。この担当官は以前に、ある男性が、特定の人物がナンディ国際空港の土地の一部の所有者であることが明記された文書を彼の元に持参したが、その文書には「印鑑（sitaba）」など（文書の正統性を指標する「歴史の記号」）が全く記載されていなかったこと、また、それが元の文書の一部の「複写」であったため、その文書を破り捨て、「原物（original）」を探すよう促した出来事について回顧している。つまり、この担当官は、個人的経験から、その「出自」が不明瞭な様々な文書が、今日のフィジーでは大量に存在し、捏造されている事実を熟知しており、そのような文書に依拠して自らを権威付け、過去を捏造しようとする行為を否定的に捉える人物、「政府役人」である[16]。担当官にとって、ここで、「文書／本」として引用されるべきテクストは、一つしか無い。それは、NLFCによって管理されている『一般証言』、あるいは『氏族登録台帳』である[17]。したがって、それ以外の文書を引用し、即位儀礼へ反対する正統性の証左にしようとする試みは、とりわけ、「タイレヴ地方行政担当官」という地方行政のトップ[18]に位置付けられる権威／役人である彼にとっては、そのような行為に従事した人物に対する価値付けを著しく損ねる行為、否定的な社会指標性を喚起する行為のジャンルに該当した可能性が高かったと考えられる。

　さらに、セヴァナイアが報告した、その文書の記述内容が、⑥「ビロ（ヤンゴナ）を飲む（即位儀礼を行う）ことは、現在の状態で十分である。（その人物が）去るまで。（その人物が去った後）我々は、初めて即位儀礼を行う。な

16　なぜなら、これらの「役人」は、押印された文書記録を所有する人物・組織であることによって、その存在が権威化されうる（文書的）存在であるからである。つまり、「原物」（オリジナル／この物）の所在地（ritual center）との指標的関係性によって、「役人」という人物・組織の権威はメタ語用的に生成・維持されるのである。

17　あるいは、政府によって捺印された公文書。

18　タイレヴ地方は、ヴィティレヴ島の東部に位置し、フィジーにおいて最大面積を有する地方である。

ぜなら、私が見る限り、その首長位は誤った状態にあると考えるから。」というものであった。ここで「去るべき人物」として言及された者は「ペニ・ワンガ」である。したがって、「ペニ・ワンガが死去するまで儀礼を行うべきではない」という趣旨の記述は、それ自体として真実性を欠くものであり、彼が引用した文書の「偽製性」を喚起する内容であった。なぜなら、匿名の人物による、特定の地域の首長位の継承についての現状と未来に関する「個人的見解」が、政府が保管する正統な見解として公文書化されたことは無い上、そもそも、そのような（「首長位の継承は誤った状態にある」という）「見解」を下すことが可能な個人や権威自体が存在し得ず、文書の記載内容を知っている者にとって、その記述は一貫性に乏しい内容だからである。

　その意味において、セヴァナイアは、二つの「へま」を犯したと言える。まず、**1)** 引用すべき「文書」自体を誤ってしまったこと、言い換えれば、引用した文書が「政府」の文書であること、そして、どのようにそれに接触したのかという出来事自体を、審議の場において「適切に」再現することができなかったこと[19]、そして、**2)** 引用した文書の言及や指示内容が、「一貫性」を著しく欠いた内容であり、したがって、文書自体の「偽製性」を強く指標するものとなったことである。以上の「へま」によって、セヴァナイアは、文書の「引用」が発揮しうる権威を創出することに失敗（misfire）し、文書を専門的に扱う役人を前に、自らの権威を著しく失墜させた、自分自身の「偽製性」を二次的指標レベルで喚起したのである[20]。その結果、その「専門家」は、彼の言及を一

19　ここでセヴァナイアが引用しようとした「文書／本」は、NLFCが保管する文書であった可能性はある。なぜなら、土地の過去や首長位の継承歴に関する討議の場面において、「本」という普通名詞が指示する意味範疇のプロトタイプは、NLFCの公文書であるからである。したがって、彼は、この「アピレメキ・トラ」という人物がNLFCの役人であり、この人物を介して、その「本」に行き着いたことを説明しようとしたと推測することは可能である。問題は、**1)** 彼が見たとする文書の記述内容が、公文書の記載を知る者にとっては一貫性を欠くものであること、**2)** それがいかなる文書であり、どのようにそれに辿り着いたのかという「出来事」を、一貫性を有して「引用／再現」することが出来なかったこと、以上二点にある。

20　二次的指標性については、第7章3節2項（7.3.2）を参照。

蹴するに至った、「もう十分だ。(Sa rauta.)」と。

8.2.3　フレーム修復儀礼

　以上の通り、反対派の中心人物であるセヴァナイアは、彼自身に対する「価値付け」を、著しく低下させたと言えるのだが、担当官は、儀礼の計画を立てる長老会議が、首長の居住村落ではなく、ヴォニ氏族のナンボロ系族が住むデラカンド村で行われ、そこを開催地として儀礼の計画が立てられた事実を批判する反対派の主張にも、一定の正統性を認めざるを得なかった。実際、この点が、反対派が儀礼の開催に反対する、「正統な」根拠として提示できる唯一のものであったと言える。

　そのような発話媒介点を「切り札」として熟知していた首長の「マタニヴァヌア」、ペニ・ワンガと同じダワサム氏族の成員であり、地域においては、首長のスポークスマンとして、高位の儀礼的地位を有するアリオケが、その点に関して見解を述べた。

　　　Arioke: Arioke Koroduadua, Matanivanua.
　　　　　［アリオケ・コロドゥアンドゥア、マタニヴァヌアです。］
　　　Roko: Io, Matanivanua.
　　　　　［了解です、マタニヴァヌア。］
　　　Arioke: Au sa ①vakadinadinataka sara na ka sa tukuna ②**na iliuliu**, ③**na itaukei tiko saka mai Nakorolevu**. Na veivosaki sa dabe oti. ④Ia, dabe ga mai na koro baleta ya saka kena vanua. Dodonu me dabe kina. Ka kece saka ga me dabe [...] sa oti. Kena levu.
　　　　　［私は、②**氏族長**（iliuliu）、③**コロレヴの所有者**（itaukei）が、言及したことは、①全く認める次第です。話し合い（veivosaki）は、既に行われた。④しかし、（話し合いを行うのであれば）その村（ドゥリティ村）で話し合いをしたらいかがでしょうか。なぜなら、そこが、そのための土地であるからです。話し合いは、そこで為されるべきはずです（dodonu me dabe kina）。話し合うべき

　　　　全てのことが（kece saka ga me dabe）、［不明箇所］[21]（然るべき場所
　　　　で行われることなく）終わってしまった。以上です。］

　アリオケは、セヴァナイアとは（幾分）対照的に、自らの見解を手短に述べ、高いフォーマリティーを示す相互行為において、その使用が期待される特定の語彙、レジスターを駆使して主張を展開している。まず、アリオケは、彼にとって最大の政敵となっているナザニエリを指示する際に、②「氏族長（na iliuliu）」と指示すると同時に、③「コロレヴの所有者（na itaukei (tiko saka) mai Nakorolevu）」と言及し、そこでは、"saka"（sir）という語彙[22]、つまり、聞き手と言及指示対象に対する「敬意」を指標する呼格を使用して指示している。指示詞を使用してナザニエリを指し示した若きセヴァナイアとは対照的に、年長のアリオケは、相互行為の場に座すナザニエリを、特定の集団の族長、そして、特定の土地／居住地の所有者（itaukei）として、象徴性の高い名詞（地位／空間名詞）を用いて指示している。

　ナザニエリと同様に、アリオケは、（2010年当時）七十歳の長老であり、ダワサム地域を創ってきた人物、地域の重鎮である。この人物による、象徴性の比較的高い名詞句、「丁寧さ」（社会指標性）を指標する語彙・言い回し、レジスターを使用した「政敵」への言及は、儀礼性[23]の高い出来事で期待される語用・振る舞い、その適切性・前提性を満たすと共に、アリオケ自身がまさにそのような人物であること、「礼節」をわきまえた[24]、「フィジー的伝統」を体現す

21　　この［不明箇所］は、聞き取ることが出来なかった談話部分であることを断っておく。

22　　"saka"は、英語の"Sir / Madam"に概ね対応しうる呼格である（Milner, 1990, p. 109）。

23　　儀礼性とフォーマリティーは一対一対応するものではないが、通常、明示的な儀礼では、フォーマリティーが高くなる傾向がある。

24　　「人を敬う」（vakarokoroko）という行為が、「愛情・思いやり」（loloma）という（キリスト教的）概念と共に、先住民系フィジー人による自己認識（アイデンティティ）の根幹を形成している。"loloma"（ロロマ）は、キリスト教が宣教師の時代以来フィジー人に説き続けてきた考え方である。例えば、以下のことばに、ロロマにアイデンティティを見出すフィジー人がよく表現されている。「フ

る人物としての二次的指標性を喚起している。さらに彼は、ナザニエリの発言を、①「全く認める（vakadinadinataka sara）」と言及し、自らは、儀礼の開催自体に異議申し立てをしているのではないことを強調する。

　相互行為的前提性を満たしつつ、さらに、即位儀礼の開催自体を否定しないことによって、他の氏族と同一のフッティング[25]を確立した後、一転、彼は、④「しかし（Ia）」と言い放つ。指摘せざるを得ない事項、「伝統」に背く点が、やはり存在していること、その一点へ「的確に」指標の矢を放つ、反対派にとっての「切り札」を切った。長老会議が、全てデラカンド村で行われ、反対派は排除されていたこと、そのような会議は、当然、首長の住居であり、（アリオケ自身の住居でもある）ドゥリティ村において開催されるべきであると主張したのである。よって、アリオケは、即位儀礼の画策は、しかるべき手続きを経ていない「反・伝統的」な画策であること、仮に儀礼が行われるならば、ドゥリティ村が開催地となることは、地域で共有された伝統であることを指摘した。その意味において、賛成派が行った一連の長老会議は、そもそも土地の「真実」を反映していなかったこと、ドゥリティ村でやり直されるべきこと、あるいは、計画された即位儀礼は中止されることこそが、土地の真実に忠実な行為であること、以上の主張を手短に展開したのである。

　へまを犯した「若き」セヴァナイアに続いて、ディスコース上に登場した「長老」である反対派の主導者アリオケ、この「対照ペア」が示した対照的な語用は、前者の振る舞いによって破壊された一貫性と結束性を有して展開していた相互行為のフレームを、後者が「修復する」という語用的作業（repair work）として生起した[26]（cf. Silverstein, 2011, p. 170）。反対派という一群の集団に

ィジー人の貨幣はロロマ」であり、「インド人やアメリカ人は金を崇拝している」（Kaplan, 1988, pp. 239-240; 春日, 2001, p. 379）。ここでは、経済的資本としての貨幣が、ロロマの反対項として表象され、したがって、「悪魔」（tevoro）の存在と類推化される傾向、マイケル・タウシッグ（Michael Taussig）がボリビアやコロンビアに関して論じたような現象が顕著に観察される（Taussig, 1980）。

[25]　フッティングについては、第2章4節1項（2.4.1）を参照。

[26]　相互行為において発生した「へま（blooper）」が取り繕われる場面は、相互行為が前提としている特定のフレームが破壊された時、安定した相互行為を改めて

おける「発声体（animator）」であり「作者（author）」である、若きセヴァナイアのへまを、「責任主体（principal）」である長老アリオケが取り繕うという典型的なフレームの修復である。すなわち、セヴァナイア自身による自己修正ではなく、「他者修正」(cf. Goffman, 1967) となったのである。他者修正は、通常、社会的力関係において、より上位にある者が、より下位にある者に対して典型的に行われる儀礼的行為であり[27]、アリオケは、その儀礼を成功裏に実行することによって、自らの権威を示すことを可能にした。

　以上のように、セヴァナイアとアリオケという「対照ペア」による一連のやり取りが、結果、フレーム修復の定型的／儀礼的手続きとして「成功する」ことによって、前者の「へま」を帳消しにしたと同時に、両者を中心に形成されている反対派の主張の「正統性」を、一転、強く印象付けるというメタフォリカルな効果を発揮することにも「成功した」のである。

8.3　最終審議前半と相互行為的転換

8.3.1　ロコ・トゥイの質問

　反対派の主張を受け、「政府・賛成派・反対派」という三幅対フレームにおいて、一貫して「聞き手」としての相互行為的役割を担ってきた担当官（Roko Tui）は、ナザニエリら賛成派に対して、「話し手」として初めて主導的／動能的に質問するというターンを取っている[28]。そして、この担当官が取った主導的／能動的ターンが、賛成派が相互行為的優位性を高めてゆく、つまり、優位な「相互行為的テクスト」を生成してゆく「転換点」となったことが、議論が

　　　進行させようとする際に行われるフレーム修復作業は、無意識的な前提となっている相互行為の枠組みが意識的に、そして明示的に引用される「儀礼」の場となりうる（cf. Silverstein, 2011, p. 170）。
27　権力関係上、下位の者が、上位の者の行為を修正することは、通常、控えられる傾向がある。
28　担当官が、このような主導的／動能的ターンを取ったことからも、直前に為されたアリオケによるフレーム修復行為が成功していたことが理解されよう。

進行するにつれて明らかになる。

 Roko: ①Dua mada na taro, turaga Naita. E sa bau dua na veivagunuvi e sa vakayacori mai Delakado?
  ［①トゥラガ・ナイタ、一つ質問があります。デラカンド村において開催された即位儀礼は、（これまで）一度としてあったのでしょうか？］
 Naca: Au na kauta vakabalavu sara na italanoa.
  ［私は、この話については、長く（vakabalavu）説明することになります。］
 Roko: Io, donu. Talanoa.
  ［了解しました。話してください（talanoa）。］
 Naca: Na turaga ni vanua qo sa kau sara mai Vunidawa. ②O ratou kauta mai na turaga ni Delai, qai mai solia vei yau baleta o yau na turaga ni vanua qo. Mai solia vei yau me'u qai lewa, turaga se kua. Soli vei yau, sa qai tauri, "Mequ bilo qo, o sa na gunu." Sega ni cokovata na vanua qo se ra dui tutu na vanua Dawasamu. "O sa na gunu." Sa qai tukuni lesu vei ratou na turaga ni Delai, "Sa soli na bilo qo, mo sa na gunu qo." "Dou qai vakauta na kena itukutuku." Sa qai kau sara i Wailevu, Navunisea mai baravi, Lau valelawa, Tova, Nagilogilo, kau i Tai, kau i Nabulebulewa, sa duavata kece me sa neimami turaga. Sa cuva na mena bilo, nona iqa e tiko ya.
  ［この土地の首長（turaga）は、はるばるヴニンダワ地域から連れられて来ました（kau mai）。②彼らデライ氏族の氏族長（na turaga ni Delai）が彼を連れてきた、そして、彼らは、その首長を私に授けた（solia vei yau）、なぜなら私が、この土地のトゥラガ（力ある氏族長）であるから。彼を首長にする権限（lewa）と共に、私に授けた。私に授けられ、私は（その人物を）受け取り、「これが私のビロ（bilo）です。あなたは、それを飲む（gunu）のです。」と告げた。ダワサムの土地は、それぞれの氏族長が、それぞれに存

第8章 │ 1930年との指標的類像性　　　　　　　　　　　　　　*303*

在し（dui tutu）、この土地は、一つの土地（cokovata na vanua）ではなかったから。「あなたは、飲むのです。」そして、それは、彼らデライ氏族の氏族長の元へと伝えられた（tukuni Iesu）、「このビロを授けます、あなたはこれを飲むのです。」、「あなたがたは、その知らせを届けなさい。」そして、その知らせは、ワイレヴ氏族、沿岸のナヴニセア氏族、網の家（valelawa）のラウ氏族、トヴァ氏族、ナギロギロ氏族、さらに、タイ氏族、そして、ナンブレンブレワ氏族へと伝えられ、全ての氏族が、彼を首長とすることに賛成した（duavata kece）。そして、彼らのビロを下向きにした（cuva mena bilo）、彼（首長）の（土地を）制する力（iqua）が、そのようにして備わったのです（e tiko ya）。」

　まず担当官は、①「トゥラガ・ナイタ[29]、一つ質問があります。」と述べ、ダワサム地域で生じていた内紛の争点、つまり、ドゥリティ村ではなく、デラカンド村で即位儀礼を行うことの根拠について、反対派の立場から質問を投げかけたのである[30]。この質問を切っ掛けにして、ナザニエリは、最初の首長がダワサムの土地へと到来した過去についての説明、すなわち、祖霊からの「啓示」に促されて実現した、彼らヴォニ氏族（ナンボロ系族）とデライ氏族（ナワライ系族）との話し合いで聞いた、ダワサム地域の「神話」を引用したのである[31]。

　彼は、その場所に座しているデライ氏族の面々を、「彼ら（o ratou）」と指示し、その彼らの氏族長が、最初の首長をヴニンダワ地域から連れてきたことを説明する。そして、②「彼ら」デライ氏族が、「私」ヴォニ氏族にその首長

29　この担当官は、ヴィティレヴ島西部のナンドゥロガ（Nadroga）地方出身の人物であり、ダワサム地域の住民とは、互いに「ナイタ（Naita）」と呼び合うことが、フィジー的習慣となっている。フィジーでは、互いの出身地によって、（その人物との個人的な繋がりの有無に関わらず）互いの呼称と、社会的・相互行為的関係性が大きく変容する。
30　三幅対としての安定的な相互行為フレームが、不安定化したと言える。
31　当然、この場には、神話の語り手、デライ氏族のナイタウも出席している。

を授けたことを強調している。もちろん、ここでナザニエリが語っている事柄（narrated event）は、彼自身が直接体験した出来事では決してない。しかし、ナザニエリは、「最初の首長」を授かった自らの氏族の先祖を、「私たちの族長（neitou liuliu）」といった地位名詞や、その人物の名前（固有名詞）を使用して言及はせず、「私」（o yau；一人称代名詞単数）によって言及指示している[32]（cf. 春日, 2009, pp. 149-150）。したがって、ナザニエリは、その後に語る内容が、自らが直接体験していない「神話的過去」についての語りであることを指標すること、そのような「コンテクスト化の合図（contextualization cue）」（Gumperz, 1982）を、聞き手に対して（明示的には）送ることなく、その場にいるデライ氏族と彼自身が実際に体験した出来事、つまり、出来事の「直接引用（direct quotation）」によって語っている。

当然、こうした語りのフレームは、レーナルトの人格論やストラザーンが論じた「分人（dividual）」、あるいは、「分割可能な人（partible person）」の議論に関わる問題である。レーナルトは、カナク人は「自分が他の者と取り結ぶ関係を通してしか自分自身を認識しない」と捉え、メラネシアでは、「人（person）」は関係を構築する主体ではなく、関係に起因するいわば「空白」（位置付け／スロット）でしかないことを論じている。Strathern（1988）は、贈与という問題を例に取り、それを「原因と効果（cause and effect）」という概念を使用して議論している。贈与は人をモノに付着させ、モノを人格化させる点で、人とモノの両領域に属する。人の関わる行為とモノ自体が属している因果法則とを厳密に区分するのが「近代西洋的」思考だとすれば、前者の「理由−効果」と、後者の「原因−結果」を同時に示す意味で"cause and effect"という表現を使用する。贈与は、関係自体を「理由」＝「原因」とする行為であり、関係による「効果」＝「結果」として行為者、すなわち「分割可能な人（partible person）」を生起させる[33]（Strathern, 1988）。メラネシアでは、関係の結節点として「人」が生起し、

32 　春日（2009）は、同様の点について以下のように述べている。「物語は因果関係によって経験を組織立てるというよりも、因果関係を超える経験自体を顕わにすることで真価を発揮している印象を与える。」（ibid., pp. 149-150）。
33 　ストラザーンによる「原因と効果」という概念については、第3章3節1項

贈与の授受を通して関係を構築し直し、再生し続ける。関係の中へ自らを位置付けることを成功裏に行うことによって、「人」は存在できる。それは翻って、自身を「理由」として行為することが、「悪魔」（災厄）を呼ぶ引き金を引くタブー（tabu）、「真実」に背く行為として理解されるのである（春日, 2009）。

すなわち、ナザニエリが行った神話の「直接引用」、フィジーにおいては頻繁に観察される、そうした定型化した語用は、フィジー人が経験し得るはずのない過去を、自らが体験した「過去」として「信じている」、「神話を事実と誤認している」といった事態を（一足飛びに）指標する訳では当然ない[34]。ここ

(3.3.1) を参照。

[34] そのような誤謬は、例えば、河合（2002）においても観察される。河合は以下のように述べている。

> リーダーシップに相当するフィジー語はリュウタキ（*liutaki*）ないしリュウリュウタキ（*liuliutaki*）であるが、リュウは「前」を、タキは「運ぶ」ことを意味する。たとえば、料理した食物を器に入れて隣近所や親戚にもっていくのはタキタキ（*takitaki*）と呼ばれる。要するに、フィジーの伝統的なリーダーシップの概念には、容器に入れた食物を率先して運ぶのと共通したイメージがあったと考えられる。(ibid., p. 137)

河合は、その他、様々な単語の意味を比較検討することを通して、フィジーの首長やリーダーシップについての議論を展開し、「籠（容器）を運ぶ人」という隠喩／リーダー像を実体化しようと試みている。しかし、ここで言及されている"liutaki"は、「先んじる、率いる」などを意味する自動詞"liu"の、他動詞形"liut-aka"の受動形、"liut-aki"である。したがって、この場合の「タキ（taki）」は、「運ぶ」などを意味する自動詞「タキ（taki）」ではなく、接尾辞（形態素）"-aka"が、"liu"と接合し活用して現れた"liut-aki"である。それにも関わらず、河合（2002）は、「リュウタキ（liutaki）」を"liu"と"taki"という二つの異なる単語の複合語であると、（言語使用者の意識に上り易い言語要素である）「拍（mora）」に依拠して分節し、フィジー的リーダーシップに関する議論の出発点に据えるという誤謬を犯している。さらに、その「単語」（liutaki）が、フィジアンの文化的認識様式を反映している、その「単語」にフィジー的「宇宙観」が埋め込まれていると考え、例えば、どのような文化的実践にそうしたフィジー的「宇宙観」が反映されているかなど、「単語」と「現実世界」をイデオロギッシュ（ideologisch）に対応付けること、サーリンズ的な意味範疇還元論に終始している。単語（語彙部）や「拍（モーラ）」に人間の言語意識が向かい易くなる理由については、第1章2節（1.2）、サーリンズについては、第3章1節（3.1）を参照。

でナザニエリが従事したことは、語られる出来事（narrated event）が、土地で語り継がれてきた「神話」であるというフレームを喚起せず、自らが体験していない過去の出来事、神話の時空／異界へと移行することである。言い換えれば、**1**) オリゴを神話的過去（「語られた世界」）へと転移し、集団的歴史（過去）と「今ここ」の話者たちとの一体化を図る語り、フィジー的／メラネシア的「人」として自らを生成するメタ・フレームを生起させたこと、**2**) フィジーにおいては、とりわけ、土地における歴史的な「知識の源泉」として理解される氏族の長老によって為されることが一般的となっている、そうした語用に難なく従事することが可能な「人」、神話的語りを適切に実践する「能力」を二次的に指標したこと、以上によって、自らが今ここで神話的「人格」（personhood）を獲得し、その語り自体の「真実性」を喚起したこと――神話化したこと――これらの点に、この行政担当官を交えた相互行為における、ナザニエリの語りの重要性が存在している。

8.3.2 出自の暴露

「知識の源泉」である長老としての「能力」を、適切な語用を通して示したナザニエリは、さらに主張を展開する。そして彼は、「知識をもたない」、「過去を知らない」セヴァナイアに対して、最も辛辣で詩的な「報復」を実践することになる[35]。

第3章で論じた通り、こうした議論は、構造と歴史、文化の本質と非本質といった、オセアニア人類学におけるサーリンズとトーマス間の論争に嵌り込んでゆき、そのような両者の溝を、「溝」たらしめ続けるメタ語用的解釈を形成すること、そして、そのような論争を越え出でる可能性を、「フィールドワーク」自体に見出す類の思潮に辿り着くような、決して生産的とは言い難い議論に邁進する傾向を有するだろう。

35　後にナイタウは、この出来事のことを、「彼らのメイン・ボーイ（main boy）は、そのように、そのココナッツの葉っぱ、その唐辛子（すなわち、懲罰）を食らった。(O ratou na nodratou main boy qai lai sotava na kena sasa, kena rokete.)」と、筆者に述べている（2010年6月15日、22時15分。ナタレイラ村、ナイタウ宅にて収録）。

第8章｜1930年との指標的類像性

Naca: Mai vosa tiko na vugoqu, vosa tiko e na kena mai caka na neitou sa veibuli mai delana, keitou qai veitalatala vakayavusa. E caka dua na ka ca vei keitou. Au na sega ni cekara sara vakamatailalai. Kevaka oni tukuni ya saka qo, au na ceka ga.
［しゃべっている私の甥っ子（vugoqu）、私たちはデラナ（delana）での即位儀礼の後、私たちは、氏族内部で互いに離別（veitalatala）することとなった。（彼らは）私たちに対し、ある悪事（dua na ka ca）を働いた。私は、ここで全てを暴露する（cekara）ような度量の小さい行い（vakamatailalai）をするつもりはない。仮に話せとおっしゃるなら、私は話します。］

Seva: Ceka mai.
［話すがいい。］

Naca: Oti, sa ratou toki mai, mai tawa na yasa ni koro, mai Delakado. E lai dabe sara yasana na Ratu. ①Turaga qo, gole mai Nakorotubu. Mai volai ike, ②me kau itukutuku.
［その（デラナでの即位儀礼の）後、彼ら（ヴォニ氏族のナマラレヴ系族）は、デラカンド村から移住し、その村（ドゥリティ村）の脇（yasa ni koro）を埋めた（tawa）。首長の脇に座った（dabe）。①この方（甥のセヴァナイア）は、ナコロトゥンブ（Nakorotubu）からやって来た。そして、②土地の伝令（kau itukutuku）として、ここ（ダワサムの土地）に登記（volai）された。］

Seva: ③Sega ni o koya qori na italanoa, Momo.
［③それは、土地の伝承（italanoa）ではないではないか、叔父（Momo）よ。］

ナザニエリは、最初の即位儀礼は「デラナ（delana）」で行われたこと、つまり、ヴォニ氏族の居住村落であるデラカンド村、そして、ダワサム地域の多くの氏族が沿岸部に移住する以前に身を置いていた、内陸部（山岳／丘陵地帯）において開催されたことを確認する。そして、セヴァナイア（の先祖）は、現在の「ラ地方」にある①ナコロトゥンブ地域（Nakorotubu）からダワサムにやって

来て、そこでヴォニ氏族に受け入れられ、ヴォニ氏族の構成集団として「登記（volai）」されたこと、そして、②土地の伝令（kau itukutuku）としての役割が与えられたと説明したのである。第7章で論じた通り、「土地（ヴァヌア）」との所有関係が、存在を社会文化的にテクスト化する主要なメタ・ディスコースを形成している現代の（文書以後の／ポストモダンの）フィジーにおいて、土地（ヴァヌア）との連続性を絶たれた人物・集団、「よそ者」として出自が暴露されることは、最もスキャンダラスな報いである。

　セヴァナイアは即座に、③「それは土地の伝承ではない、叔父よ。」と、語気を強め、それ以上の「暴露」を制止しようとした。この時、審議は騒然となり、賛成派と反対派の間で一触即発となるが、ナザニエリは、叫び合う男性たちをものともせず、淡々と「モノローグ」を継続してゆく。そして、セヴァナイア（の先祖）によって、ナザニエリ（の先祖）に働かれた「一つの悪事（dua na ka ca）」、おそらく、ナザニエリが、最も言及したかったであろう集団としての長年の「痛み（mosi）」、つまり、セヴァナイアのナマラレヴ系族が、ナザニエリ等ナンボロ系族に取って代わり、ヴォニ氏族の筆頭系族、首長の「サウトゥラガ」の地位に就いた出来事、1930年にNLCによって作成された「文書」の誤りについて言及したのである[36]。ナザニエリは、文書の記載上、ヴォニ氏族の「筆頭系族の長」であり、ダワサム地域においては「サウトゥラガ」の儀礼的地位を担う、自身の甥のセヴァナイアを、「よそ者（tamata vulagi / kai Ra）」の地位へと、（政府と地域の主だった長老たちが会した審議の場において）突き落としたのである。

　ナザニエリは、不義理を働く「よそ者」となったセヴァナイアが、首長位周辺に君臨し続けている現在のダワサム地域の状態（文書の秩序）が「誤っている」ことを主張するモノローグを後続させ、自らの主張の一貫性と結束性を補強する。それによって、セヴァナイアへの「詩的な報い」を強固にテクスト化すると共に、「文書」の偽製性、「誤り」を陰画的に指標してゆく。

36　文書の誤りに対する意識が、この審議を生起させている最も主要なコンテクストである。

Naca: Keitou sa mani veitalatala, sa ratou lai bubuluitaka me ①sa liu o Vugoqu. Keitou sega ni kila tiko. E tu qo na loma-tarotaro vei kemuni. Oti qori, na turaga kau mai Vunidawa sa ratou veibuli tiko ②mai ra. Sa biu tu keitou. Veibuli ③i ra. Ia, na ka vakaloloma e caka vei keitou, keitou veitalatala kina veiyavusa. Lai buli ④i ra, sa qai raici tiko ni ⑤sa kawa boko tiko mai na kawa qo. Baleta ⑥na cala ni ka e caka.

［そして、私たちは、集団として別れることになり（veitalatala）、ここにいる私の甥（o Vugoqu）は（系族としての）地位が（私たちより）①先に（liu）なったことを隠した（bulubuluitaka）。私たちは、それを知らなかった。ここにいる、あなたに対して質問をしたがっている者（na loma-tarotaro）です。その後、彼らは、ヴニンダワに由来する首長を、②下で（ra）（ドゥリティ村で）即位させる（buli）ようになった。私たちは、置き去りにされた（sa biu）。③下で即位儀礼が行われるようになった（veibuli i ra）。私たちに対して為された不義理（na ka vakaloloma）に対し、私たちは彼らに族として別れを告げた。④下で（彼らが）即位儀礼を行うようになって、このヴニンダワ系首長の系譜は⑤途絶えてしまった。その行為の⑥誤りによって。］

ナザニエリは、不義理を働き筆頭系族となったナマラレヴ系族は、その後、②「下（ra）」、つまり、「ドゥリティ村」で首長の即位儀礼を行ってゆくことになったと述べる。この「下（ra）」によって指示される「ドゥリティ村」は、既出の「山岳／丘陵地帯」（デラナ; delana）[37]という言及指示、それによって指示される「デラカンド村」と、「対照ペア」として現れていることに注意したい[38]。

37　山岳地帯には旧村落跡地が多数存在しており、それらの場所は、ダワサム地域の幾つかの氏族たちの始祖の土地（yavutu / dela ni yavu）として知られ、神聖な場所として価値付けされている。

38　この審議が行われているダワサム小学校が、「山岳部」と「沿岸部」の中間に位置し、そこを基点としてドゥリティ村は「下方（ra）」に位置していること、つまり、相対的に地理空間を範疇化していることにも注意したい。第10章の

すなわち、ダワサム地域という地理的空間を前提とし、その内部における「上方」としての「山岳／丘陵地帯」と、「下方」としての「沿岸部」という対照的範疇が生起していることが理解できる。

さらに、ナザニエリは、ナマラレヴ系族がナンボロ系族よりも①「先（liu）」に、そして、ナンボロ系族の地位が、ナマラレヴ系族よりも「後（muri）」になったとする、文書上の系族間の「序列の逆転」について言及している。そして、それが理由で両系族は離別（veitalatala）し、ナマラレヴ系族が「サウトゥラガ」として（沿岸部／下方の）ドゥリティ村に留まり、ナンボロ系族は（山岳地帯／上方の）デラカンド村[39]へと戻ったと述べている。その後、即位儀礼は、山岳地帯（delana）／デラカンド村ではなく、③下方（ra）／ドゥリティ村で開催されるようになり、暫くしてヴニンダワから到来した「本当の」首長の系譜が⑤「途絶えてしまった（kawa boko）」と述べ、その原因が、④下（ra）（ドゥリティ村）で儀礼が開催される行為の⑥「誤り（na cala）」にあったと説明したのである。

＊＊＊

以上の陳述を通して、ナザニエリは、**1)**「上方（delana）／山岳地帯」をデラカンド村、**2)**「下方／沿岸部（ra）」をドゥリティ村として範疇化し、**1')** ダワサム地域に元来住んでいた「ナンボロ系族」と、**2')** ナコロトゥンブ地域（ラ地方）から後にやって来た「ナマラレヴ系族」、以上の両範疇を類推的に対応付ける。そして、**1'')** 前者は、ダワサム地域を基点として、「南西」に位置する、さらなる「山岳地帯」であるナイタシリ地方ヴニンダワ地域から到来した、最初の首長の即位儀礼が為された場所であること、**2'')** 後者は、ダワサム地域を基点として、「北西」に位置する「沿岸部（ra）」であるラ（Ra）地方ナコロトゥンブ地域からやって来た「流れ者」の集団であり、「ヴニンダワ系」の首長の系譜が「途絶えた（kawa boko）」場所であるとした。その理由を、ドゥリ

地図6を参照。

39　正確には、デラカンド村の一角の、「コロレヴ（Korolevu）」という集落のこと。

第8章 | 1930年との指標的類像性　　311

ティ村で、セヴァナイア（ナマラレヴ系族）らが即位儀礼を行うことが、「誤った（cala）」行為であったからであると明示したのである。その後、担当官は以下のように応答する。

> Roko: Vinaka. Vinaka, sa na via vatoka mada ga ya na italanoa. Ia, sa tiko na duidui. Na veibuli vaka sa vakaraitaki tiko, sa na toso beka ga.
> ［了解しました。伝承がそのようになっていることは分かりました。しかし、それぞれに（主張の）違いもあります。（主張に違いがありますが、）計画されている即位儀礼は、このまま行う（sa na toso）ということで、宜しいでしょうか。］

当該審議において、担当官が「発言者」として初めて取った主導的／動能的ターンを切っ掛けに、ナザニエリは、「対照ペア」の使用によって、明瞭な詩的構図を喚起した言及指示テクストを生成した[40]。そして、「優位な」文化的価値を内在化した集団・場所の「所有者」として自らを位置付ける一方で、文書の中でヴォニ氏族の筆頭系族／サウトゥラガの地位を「奪った」人物、「後（muri）」から「先（liu）」へと「不義理」を通して成り上がったセヴァナイアを、「サウトゥラガ」から、「伝令」へ、「よそ者（kai Ra）」へ、「下（ra）」へと、その地位の序列の最下位へと突き落とした（そして、「真実」に背く「悪魔」として排除しようと試みた）のである。

　それによって、儀礼の開催場所が首長の居住村であるドゥリティ村ではなく、デラカンド村で開催することが、一転、土地の「誤った（cala）」秩序を、「正しく（donu）」戻すことであり、文書の序列に準拠しない仕方で儀礼を画策する自らの「正統性」と文書の「偽製性」を、その詩的効果として創出する「相

40　このような［delana (cake)：ra］という対照ペアは、サーリンズによって論じられた［landward：seaward］という二項対立に、概ね該当しうるものである（Sahlins, 1976; Kaplan, 1990a, 1990b; cf. Firth, 1936, 1970）。既述したナザニエリおよびナイタウの語りから示唆される通り、ダワサム地域の（最初の）首長は、現在の当該地域の所在地を基点とした場合、相対的に、より「内陸側」に位置付けられるナイタシリ地方ヴニンダワ地域から到来したとされている。

互行為テクスト」を完遂させようとしたのである[41]。

---

[41] それが成功裏に為されたことは、その後、セヴァナイアとアリオケを含め、儀礼開催の反対派は、誰一人として声を発する者がいなかったこと、沈黙し続けた（あるいは、沈黙し続けるしかなかった）ことによっても示唆されている。

第 9 章　知識とダイクシス

前章では、「政府・賛成派・反対派」の三者間で行われた、儀礼開催に向けた審議の前半において、ナザニエリを中心とした開催賛成派が、「土地の民」として自らを位置付け、文書の中でヴォニ氏族の筆頭系族としての地位を奪った反対派を、「よそ者」として排除した点、そして、文書に記載された序列にそぐわない仕方で儀礼の開催を画策することの正統性、および文書の「偽製性」を喚起する相互行為テクストを完遂させようとした点について分析した。本章では、そうした相互行為テクストが「テクスト」として生起する際に、「語彙のペア（lexical pair）」（＝対照ペア）によって指示される文化的意味範疇[1]が、ダイクシス（deixis）のペアと対応してディスコース上に現れる点について考察する。その考察に基づいて、審議の後半でのナザニエリの語りが、どのようにして儀礼開催の正統性を獲得して行ったのかについて分析する。

9.1　ダイクシスと語彙ペア

9.1.1　ダイクシス

　ダイクシス（直示表現）については、第1章4節 (1.4) においてヤコブソンの転換子に関する議論を概観して説明した。これらは、例えば、「私」、「あなた」などの人称代名詞や、「ここ」、「そこ」、「あれ」、「これ」などの指示詞、「今日」、「昨日」、「明日」などの時間表現など、コミュニケーション出来事において必ず前提とされるコンテクストを透明に指し示す語・表現である。したがって、これらの語・表現が指し示す内容（言及指示対象; referent）は、そのコミュニケーション出来事が起こっている特定のコンテクストを共有していない者にとっては、同定することが困難となる。しかし、例えば、「ウミガメ」、「カワウソ」などの有生名詞によって指示されるもの、「テーブル」、「病院」などの具体名詞によって指示されるもの、「真」、「美」、「仁」などといった抽象名詞によって指示される文化的概念などは、コミュニケーションが行われている特定の

---

[1]　進行中の相互行為出来事の社会文化的意味を決定、テクスト化するように作用する、メタ語用的知識／価値の構図。

コンテクストを共有していない場合でも、その言及指示対象を同定することが比較的容易である。つまり、これらの語・表現（指標記号）は、コミュニケーション出来事が起こっている特定のコンテクストを、透明に指し示すような類いの語・表現ではなく、コミュニケーションが起こっている「今ここ」との直接的な関連性が比較的低いコンテクストを指示するもの（象徴記号）となる。

したがって、このダイクシスという言語要素は、「言及指示内容」（話されていること）、あるいは「テクスト」を、コミュニケーションが行われている「今ここ」に投錨する役割を果たし、最もコンテクスト依存性の高い言語要素となる。そのことは、コミュニケーションが、常に特定のコンテクストに根ざして生起していることを意味すると同時に、ダイクシスに焦点を当てた言及指示内容（話されていること）の分析が、言及指示内容を通して「為されていること」、すなわち社会文化的コンテクストとの関係を考察する上での始点であるべきことを含意している。

以下では、このダイクシスの使用に焦点を当て、それと連動して使用される語彙のペアを考察する。そして、ダイクシスを介して、発話出来事に文化的知識の構図が投錨されることによって、審議の後半に行われたヴォニ氏族のナザニエリの語りが、担当官による儀礼開催の「承認」を獲得するに至った過程について明らかにする。

9.1.2　cake (delana) ／ ra

前章3節（8.3）で記述したナザニエリの語りに頻繁に登場し、自らに優位な相互行為テクストを創出する基点となった「下方 (ra)」という語彙、つまり、発話出来事のオリゴから見て、地理空間的により「低い」空間を指示するダイクシスは、発話出来事のオリゴから見て、地理空間的により「高い」空間を指示するダイクシスである、「上方 (cake)」と対照ペアとなって、地理空間を直示的に較正（deictically calibrate）する。

このダイクシスのペアは、フィジーにおいて前提可能な文化的価値付けを喚起する語彙のペアであり、家屋内部の空間の範疇化や贈与交換儀礼などで顕れる空間の秩序立てによっても明瞭に示されている。例えば、贈与交換儀礼で

は、通常、ヤンゴナが入っている「タノア（tanoa）」と呼ばれる盥(たらい)を基点として、それより「上座」には、その儀礼において、より高い文化的価値が付与された氏族の長老や客人などの人物が座し、それより「下座」には、上座に座す人物に対し、ヤンゴナを酌して配り続けることで「傅(かしず)く（veiqaravi）」[2] (宮崎, 2009)、氏族の若い男性たちが座る場所として秩序立てられる。こうして儀礼的に分節化される「上座」は、通常、"cake"によって指標される空間であり、「下座」は"ra"として指標され、「上座」へと相対的に近づくにつれて、「タブー（tabu）」[3]がより強く働く空間となる。こうした儀礼の場では、「上座」へと不作法に侵入する子供たちに対して、「下座に行け。(Lako i ra.)」[4]などと諫めることによって、そのタブーや不作法を戒めると共に、彼らが「上座（cake）」に居るには適切ではない、文化的価値がより劣位な者であることを指標したり、時には「侮蔑」したりすることが日常的に観察される[5] (cf. Ravuvu, 1983, p. 18)。

9.1.3 liu／muri

次に、発話出来事のオリゴから見て、「前方」の時空間を指示する「先（に）((i) liu)」というダイクシスは、発話出来事のオリゴから見て、「後方」の時空間を指示する「後（に）((i) muri)」というダイクシスとペアとなって、地理的空間を直示的に較正する語彙ペアである[6]。そして、前述した [cake：ra] と同様に、[liu：muri] のダイクシスのペアも、それに結び付いて喚起される特定の文化的意味範疇を、ディスコースへ投錨するものとして機能する。

2　宮崎（2009）は、"veiqaravi"と呼ばれる供宴やもてなしのことを、「傅く」という訳語を当てて言及している（ibid., p. 177）。

3　"taboo"は、この"tabu"というメラネシア的概念の借用語であるとされている。

4　「下座に行きなさい。(Lako i ra.)」という語用は、"(k)i"という動作の方向性を示す前置詞を伴った前置詞句、つまり、"i cake"や"i ra"として登場する。

5　こうした行為も、第8章2節3項（8.2.3）で論じた「他者修正」であり、力関係上、上位の者が下位の者を戒める際の定型化した行為である。

6　"i cake"と"i ra"と同様に、"liu"と"muri"は、"(k)i"という動作の方向性を示す前置詞を伴った前置詞句、つまり、"i liu"や"i muri"として登場する。

第9章　知識とダイクシス　　317

　まず "liu" という形態素は、「先に行く」という意味を担う自動詞 "liu"、「率い
る」という意味を担う他動詞 "liut-aka"、そして、その名詞形であり、「リーダ
ーシップ」などの意味を有する "vei-liut-aki"、さらには、「リーダー／主導者」
を意味する地位名詞 "liu-liu" など、組織・集団を「率いる」、「先んじる」とい
う意味を担う語彙を形成する。他方、"muri" は、「後から行く／後方にいる」、
「付き従う／辿る」などの意味を担う動詞を形成する。この［liu：muri］とい
うペアは、例えば、集団の指導者（liuliu）には高い文化的価値が付与されるよ
うに、前者は高い価値／社会指標性を指標する傾向があり、後者は、相対的に
低い価値／社会指標性が付与されることが多い。言い換えれば、前者に「支配」、
後者に「従属」という意味的対照性を、ディスコースで喚起する語彙ペアとな
っている[7]。

　したがって、前章で詳述したナザニエリの語りでは、このようなダイクシ
スの「ペア」が使用され、それらの語彙が特定の社会指標性／文化的価値の構
図を喚起することによって、ダワサム地域という時空間が［丘陵部・上方・先
（最初）］と［沿岸部・下方・後］という社会文化的価値を内在化した時空間と
して二項対立的に分節化されていた。そして、そのようなダイクシスの使用に
よって「今ここ」に投錨された価値の範列と、儀礼の開催場所である［**デラカ
ンド村：ドゥリティ村**］、儀礼開催の［**賛成派：反対派**］、首長を［**即位させた
集団：絶やした集団**］（ナンボロ系族：ナマラレヴ系族）、［**最初の首長の起源：
後から来たよそ者の出身地**］（ヴニンダワ地域：ナコロトゥンブ地域）など、「儀
礼の開催」に関して生起する（集団、出自、場所、時間など）様々な意味範疇
が、類推的に(アナロジカル)、そして一貫性をもって対応付けられることで、結束性の高い言
及指示的テクストを生成していた。

9.1.4　donu／cala

　次に、「誤っている」状態を言及指示する "cala" という形容詞は、「正しい、

7　このような社会指標性の構図は、「年上の（qase）」と「年下の（gone）」という、
　人物の年齢／時間の経過に関する語彙ペアとホモロジーを成している。

真っ直ぐな」状態を言及指示する形容詞"donu, dodonu"とペアを成す。この語彙のペアが前提とする（認知的）スキーマは、二つの物体がズレを示さず重なり合っている／平行な状態にあるか、両者がズレた／的を外した状態にあるか、という範疇的認識である。

　例えば、二者間での意思疎通が円滑に達成されない状態を指して、"E rau sa vei-*calat*-i tu."（「彼ら二人は、互いに、ちぐはぐしている。」）[8]などの表現が使用される。そうしたスキーマは、「土地」と「伝統」という二つの関係を言及指示する場合にも使用される語彙のペアとなっている。例えば、「正しい、真っ直ぐな（donu, dodonu）」状態は、土地が体現している特定の状態が、その土地の「伝統」と「重なり合った状態」、つまり、「伝統」として規範化された文化的意味範疇の構図と、「整合性がある」という範疇的認識が生起した状態を指示する語彙である。それとは対照的に、「土地」の状態と「伝統」の両者に「整合性がない」、「ズレている」、「乖離がある」という範疇的認識が生起した場合、それは「誤った（cala）」状態であると指示されるのである[9]。

　通常、この「正しい、真っ直ぐな」状態は、「本当／真実」という状態を言及指示する"dina"という語彙、そして、それと等価な言及指示的意味、メラネシア・ポリネシアに「特有の」文化的価値を指示する抽象名詞"mana"（「マナ」）と等価性をもつ範疇となっている。両者の等価関係は、これまで数々の人類学者によって論じられ、先住民系フィジー人にとっても、おそらく最も知られた定型的な儀礼的発話（ritual one-liner）、「マナ、それは本当／真実である。

8　ここで"vei-"は、相互連関／依存関係を標す接頭辞であり、"calat-i"は、"cala"の他動詞形"calat-a"の受動態"calati"である。したがって、"veicalati"という表現は、厳密には、「互いに、ずらされている／的が外れている」という意味をもつ。

9　その他、[donu : cala] の対照ペアが典型的に喚起されるのは、ヤンゴナと水（wai）の割合について言及指示する際である。ヤンゴナと水が、「ちょうど良い」分量で混ぜ合わせられた状態のヤンゴナは"wai donu"、両者の割合が「良くない」、とりわけ、水の割合が多く、味が薄まったヤンゴナは"wai cala"と呼ばれる。

永遠なり、永遠なり。(Mana, e dina. A muduo, a muduo.)」[10]によって体現され(cf. Arno, 1993; Capell, 1941; Kelly & Kaplan, 2001, p. 65; Ravuvu, 1987)、この定型的発話の再起／継起によって、それらの語彙がもつメタ語用的「力（force）」は付与され続けている(cf. Duranti, 1994, p. 129; Valeri, 1985, pp. 99-101)。第3章で記述した通り、例えばホカートは、「マナ」は、「首長や王のもつ」超自然的な「力」であり、「一般に神と精霊のもつ特性」を言及指示するものであるとする。そして、「それ故、王＝神という等式が成立し、王は奇跡を行うことができる」存在たり得ると規定している(Hocart, 1986 [1927], pp. 45-46)。そして、フィジーにおける首長の即位儀礼（veibuli）は、首長となる人物が、「土地の民」から渡される「カヴァ（kava）」を飲むことによって、その人物の「古い自我」が「死」を遂げると同時に、その人物の体内に、神あるいは死者の霊（不死性）としての「マナ」が招かれ、その人物は「神」として「再生」する、「首長」になると説明している(ibid., pp. 89-97)。

9.2 魔法のフォーミュラ

9.2.1 マナ、それは真実である

　首長の即位儀礼のみならず、フィジーにおける贈与交換儀礼が行われる際、贈与の受け手は、贈り手による贈与の申し出を記す儀礼的発話が為された後に、その贈与の受け取りが完了したことを宣言／記念する互酬的な儀礼的発話に従事する。そして、その結語として放たれる定型句が、「マナ、それは本当／真実である。永遠なり、永遠なり。(Mana, e dina. A muduo, a muduo.)」であ

10　Kelly & Kaplan（2001）は"mana e dina"を"mana is the truth"と翻訳している(ibid., p. 65)。Kaplan（1995）では"mana is ture"と翻訳されている(ibid., p. 208)。また、"mudu(o)"は「終わる」、「短く切る」という言及指示的意味をもつ(Gatty, 2009, p. 173)。ここでは、この発話が、儀礼における財の授受の終了を指標し、よって、財の授受自体の「終焉性／永遠性」を喚起する発話であると捉えた。在日フィジー大使館のヴェニナ・マタイトガ（Venina Mataitoga）氏は、"muduo"を"everlasting"と英訳している。

る。以下は、筆者自身が、2011年12月に、調査村であるナタレイラ村に住む、デライ氏族の長老から贈呈されたヤンゴナを受け取った際に行った儀礼的発話である[11]。

Tara tiko na yaqona	ヤンゴナは、受け入れられています
Cabe vakaturaga tiko mai	神聖なる仕方で登っています
nona qase na Ratu	その先達は
Cabe tiko	登っています
na noqu vanua i Japani	私の土地、日本は
Dou bula vinaka tiko	あなた方は、活力に溢れています
Au bula vinaka tiko	私は、活力に溢れています
Donu tiko na yaqona e na yakavi nikua	この夜、そのヤンゴナは**正しく**あります
Mana e dina	**マナ、それは本当／真実である**
A muduo, a muduo	**永遠なり、永遠なり**
A muduo, a muduo, ei	**永遠なり、永遠なり**、エイ
Yaqona saka e levu	ヤンゴナ、それは豊富でございます

通常は、贈与（ここでは、ヤンゴナ; yaqona）の受け手は、その贈与が「正しい」状態にあること（donu tiko）、それが「正しい」、「あるべき仕方」で成功裏に為されたことを記念する定型的発話（例えば、"Donu tiko na yaqona e na yakavi nikua."「この夜、ヤンゴナは、正しくあります。」）を行う。そして最後に、さらなる定型文（"Mana e dina. A muduo, a muudo. A muduo, a muduo."「マナ、それは本当／真実である。永遠なり、永遠なり。永遠なり、永遠なり。」）を、その場に居る者たちと共にユニゾンし、反復される "muduo"（「永遠なり」）という発話の後に、毎回一度ずつ、発話が生み出すリズムに合わせ、「拍手」よりも重い「ボン、ボン」という音を、両手の平を少し丸めた形で打つ[12]

---

11   2011年12月16日、22時。ナタレイラ村、パテ（Pate）宅脇に設置された飲み会場にて収録。

12   この手打ちは「ゾンボ（cobo）」と呼ばれている。したがって、ゾンボは、通

(cf. Arno, 1985, pp. 130-132; 2005, pp. 47-51)。つまり、贈与の受け手も、受け手（発話者）によって為される儀礼的発話を、その場で聞いている者たちも、この形象化した発話を共に「アニメート」するのである。

　こうした儀礼的・定型的発話行為のペアに示されているように、"donu"、そして、"mana"、"dina"、"muduo"といった概念は、互いに連動して構成されている。特定の行為や出来事、あるいは、土地が体現する状態が、「正しい、真っ直ぐな」状態／仕方にあること、「伝統」に対して等価な状態にあること、そうした状態が「マナ」が顕現した状態であり、それは同時に、「真実」が現れた状態、つまり、「永遠性」（muduo）を体現した状態である。

　この "Mana e dina" という発話は、「超時空的な法則・真理」を指示する「ノミック（nomic）相」[13]による言及指示である。"Mana"が主語であり、"e"は、主語が「三人称単数」であることを示す一致の標識である。"dina"は、「本当の／真実の」状態を言及指示する形容詞／状態動詞である（cf. Dixon, 1971）。したがって、この文全体は、「マナは本当／真実である。」という非完了／非過去の時制によって指示されており、発話が生起している「今ここ」の時間性／時系列的な前提を無効にするノミック相を伴った発話となっている。つまり、この一文は、「マナ」が顕現した状態、「今ここ」と象徴的・脱時間的・神話的な時空が、「正しく」重なり合った状態、両者が等価（＝）の関係である（という範疇的認識が生起した）状態、すなわち、「真理」を顕現させる遂行的発話であると解釈できる。そして、「真実」が顕現した状態を、"A muduo, muduo. A muduo, muduo."（「永遠なり、永遠なり。永遠なり、永遠なり。」）という発話、"muduo"の復唱を、さらに復唱するパラレリズムに、儀礼参加者全員が従事することによって、そこで顕現した「マノ」の真実性を真実たらしめる、永遠化／終焉化／テクスト化する「印鑑（sitaba）」――魔法のフォーミュラ（magical formula）――となっている（cf. Jakobson, 1987 [1961]）。

　　　常の「拍手」とは、全く異なる社会指標性を喚起する記号となっている（Arno, 2005）。
13　永久不変の真理、文化的な象徴、脱時間的な文化的な神話の論理を表す非完了（非過去）の文法範疇（相; aspect）を指す（小山, 2011, p. 385）。

したがって、マナ・真実が顕現している状態を言及指示する"donu (dodonu)"（「正しい、真っ直ぐな」）という形容詞／状態動詞、それと対句を成す、「正しくない、真っ直ぐではない」状態／文化的価値を指標する"cala"（「誤った」）という形容詞／状態動詞、この語彙ペアが、集団的歴史の「正統性」に関わる談話に登場した場合、それらは、強い社会指標性を談話的効果として喚起する語彙となりうる。例えば、第8章3節2項（8.3.2）で考察したナザニエリの語りで為された、"Lai buli i **ra**, sa qai raici tiko ni sa **kawa boko** tiko mai na kawa qo. Baleta na **cala** ni ka e caka."（「<u>下で</u>（彼らが）即位儀礼を行うようになって、（ヴニンダワ系首長の）系譜は<u>途絶えて</u>しまった。なぜなら、それは、土地にとって<u>誤った</u>ことだったから。」）と述べたように、彼は、首長の系譜が「途絶える」（kawa boko）という災厄の発生を、行為の「誤り」（na cala ni ka）へと帰し、それ以降の言及指示内容を、先行する言及指示内容の（理由を示す）「従属節」として提示し、両者の（論理的／指標的）「必然性」（因果関係）を明示的に指示している[14]。

すなわち、"cala"という状態が、土地と伝統という両者の状態を指して使用された場合、「正しい」伝統的秩序を体現しないその状態は、翻って、マナを顕現し得ない「誤り」の状態、「正しい」土地の状態に対して、ズレを示した状態を指示する。そのような状態は、「今ここ」の土地の状態、そこで為される相互行為出来事と、マナを体現する象徴的な時空との指標的連続性が弱まり、両者が不明瞭な繋がりを示す状態、つまり、「道（sala）」が曖昧な状態であり、それは象徴的な秩序の再現によって復元する必要がある、「道」を明瞭化する

14　こうした「指標的因果関係」を創出する記号現象が、アザンデの妖術に関するエヴァンズ＝プリチャードの解釈などによって語られてきたものである。
　　　アザンデ人は、我々に受け入れやすい言葉で因果関係の理論を系統的に述べることは出来ないとしても、出来事を説明的なやり方で述べる。妖術の証拠となるのは、人間との関わりにおける出来事の特異な状況や、特定の人物に与えた危害であることを彼らは知っている。妖術は、事象がなぜ人間に危害を加えるかを説明するのであって、どのようにしてそれが起きるかを説明するのではない。（エヴァンズ＝プリチャード, 2001, pp. 84-85）

必要があると解釈されるのである[15]。

9.2.2 二者間の「類像性」

このような、"donu"、そして、それ自体として"dina"である状態、"mana"が顕現した状態、土地の「過去」についてのメタ語用的解釈と「今ここ」が、正しく、ズレを示さずに重なり合った／会った状態、両者の「邂逅」。こうした、二者間の整合性（つまり、指標的類像関係）を、「真実性」の証左とする範疇的認識は、例えば、ナイタウが筆者に対して行った、デライ氏族の族長の系譜と、ダワサム地域の首長位の系譜を「基数的な読み」に依拠して比較した出来事にも表れている（cf. 岩谷, 2011, pp. 261-262）。以下は、その時の模様である[16]。

Naitau: ①Nacou,
　　　［①ナゾウ、］

Asai: Un.
　　　［うん。］

Naitau: na ②Koli, ③Jonasa, ④Adi Litia,
　　　［②コリー、③チョナサ、④アンディ・リティア、］

Asai: Un.
　　　［うん。］

Naitau: Oti ya, sa qai taura ga na matai ni watina, vakawati o koya i Vorovoro,
　　　sucu kina, e ratou le tolu, ⑤Sakiusa, taura ga Sakiusa. Luve i Sakiusa,

---

15　名和（2011）は、ネパール西部とインドのウッタラーカンド州にまたがるヒマラヤ地域を主たる故地とする「ラン」の人々が行う葬送儀礼を考察し、遺骨が部屋の外にもち出される寸前に近親者たちが行う、「イーモ」と呼ばれる所作が、「死者が祖先となり、その個別性を失いはじめるまさにその刹那、遺骨が戸外にもち出される直前に、この所作によって、この世と祖先の地との断絶を超えた、親族集団の成員全ての永遠の一体性が、再び想起されるのである。」としている（ibid., pp. 366-367）。

16　2010年4月19日、夕方。ナタレイラ村のナイタウ氏宅にて収録。

sa qai lai o ⑥Savenaca. Luve i Savenaca, ⑦Asaeri.
　　［その後、彼女の最初の夫を辿って、彼女はヴォロヴォロ村へ嫁ぎ、そこで計三人の子供を産む、⑤サキウサ、サキウサを辿りなさい、彼は置いておく。サキウサの子供（息子）が、⑥サヴェナザ。サヴェナザの息子が、⑦アサエリ。］

Asai: Luve i Sakiusa?
　　［サキウサの息子？］

Naitau: Luve i Sakiusa, Sakiusa o ratou le... io, luve i Sakiusa, Savenaca.
　　［サキウサの息子、サキウサ、彼らは合計…そう、サキウサの息子が、サヴェナザ。］

Asai: Savenaca?
　　［サヴェナザ？］

Naitau: Savenaca, luve i Savenaca, Iliaseri. Iliaseri. Sa **vitu**, e?
　　［サヴェナザ、そして、サヴェナザの子供（息子）が、イリアセリ。イリアセリ。**七人**だろう？］

Asai: Io.
　　［はい。］

Naitau: Kena ibalebale, sa seven. Taba tamata qo e vitu, e?
　　［ということは、七人。この世代は、七世代だろう？］

Asai: Io, io.
　　［はい、はい。］

Naitau: Sega ni Naco, Nacou, "U". Wilika, sa vica?
　　［「ナゾー」ではなく、「ナゾウ」だ、「ウ」。数えてみなさい、幾つになる？］

Asai: Dua, rua, tolu, va, lima, ono, vitu.
　　［一、二、三、四、五、六、七。］

Naitau: Vitu. *Right*. Io, qai wilika mai na kawa lai koya veikau mai. O cei a veikau mai? ❶Ratei.
　　［七。良し。それでは、山から来た彼に始まるその系譜を数えてみなさい。誰が山から来た者だった？ ❶ラテイだ。］

Asai: Ratei.
　　　［ラテイ。］
Naitau: O ❷Nemani,
　　　［❷ネマニ、］
Asai: Nemani, ❸Akini, ❹Ratei, ❺"Nei levu", ❻Ravu, ❼Milikiti.
　　　［ネマニ、❸アキニ、❹ラテイ、❺「ネイ・レヴ」、❻ラヴ、❼ミリキティ。］
Naitau: Vica?
　　　［幾つだ？］
Asai: **Vitu**.
　　　［**七人**。］
Naitau: Kena ibalebale, sa sota ya.
　　　［ということは、それは合った（会った）。］
Asai: Sota.
　　　［合った（会った）。］
Naitau: Kena ibalebale, sa donu na tukutuku ya.
　　　［ということは、その伝承は正しい。］

　ここでナイタウは、ダワサム地域の最初の首長である①ナゾウ（Nacou）から、彼の「第一子の系譜」（kawa ni ulumatua）を辿り、②コリー（Koli）、③チョナサ（Jonasa）と、首長名を読み上げる。その後、チョナサの一人娘である④アンディ・リティア（Adi Litia）、彼女の最初の嫁ぎ先であるヴォロヴォロ村（Vorovoro）で産んだ、三人の子供の第一子⑤サキウサ（Sakiusa）、そして、⑥サヴェナザ（Savenaca）、⑦アサエリ（Asaeri）へと[17]、今日へと至るダワサ

17　ナイタウが、最後にイリアセリ（Iliaseri）という人物を、サヴェナザの息子として述べているが、これは「アサエリ」の言い間違えである。第4章で詳述した通り、筆者が、ダワサム地域の『氏族登録台帳』を確認した限りでは、実際に、サキウサ、サヴェナザ、アサエリという人物が系譜を成していることは確認できた。サキウサの父親は、メサケ・ソリケナンブカ（Mesake Solikenabuka）（1897年生まれ）と記載されており、この人物の妻は、「アンディ・リティア・

ム地域の首長位の系譜／世代数を辿る。ナイタウは、その合計を数えるように筆者に指示し、筆者は、それが「七人」(Vitu) であると確認している。

その上で、ナイタウは、(ナゾウを連れてきたとされる) ダワサム氏族の先祖❶ラテイ (Ratei) から、現在に至るデライ氏族 (のナワライ系族) の第一子の系譜の世代数を筆者に数えさせている。ラテイの息子の❷ネマニ (Nemani)、その息子であり、ナイタウの祖父である❸アキニ (Akini) へと辿る[18]。さらに、ナイタウの父である❹ラテイ (Ratei)、ナイタウの姉❺「ネイ・レヴ」(Nei Levu)[19]、その長男❻ラヴ (Ravu)、その長女❼ミリキティ (Milikiti) へと辿る。

マラマ (Adi Litia Marama)」(1903年生まれ) として、その番号が記入されている。したがって、このナイタウの語りは、『氏族登録台帳』の記載と合致している。しかし、「文書以前」の系譜を、彼は、ナゾウ、コリー、チョナサの三人を挙げていることから、(当然ながら) 一定の曖昧さも確認できる。

[18] この人物の正式名は、アキニ・コロイヴァル (Akini Koroivalu) であり、ナタレイラ村にある彼の墓石には「11th May, 1882 〜 17th April, 1973」と記載されている。アキニは、ナイタウの祖父であり、「ダウニヴズ (daunivucu)」と呼ばれる、予言 (parovisai) と解釈されている「詩 (meke / vucu)」の作詞家であった彼の弟オリシ・トゥラガ (Orisi Turaga) の兄である。アキニは、弟のオリシと共に「ダウニヴズ」であったとして地域住民たちに語り継がれる、当該地域においては良く知られた人物であり、村人たちが詩を歌う練習をする際の監督官「オヴィサ・ニ・メケ (Ovisa ni meke)」の役割を担っていた。ovisaは、英語のofficerの借用語で、通常は警察官を指す。ダウニヴズやメケについては、Quain (1942)、Finnegan (1977)、Bauman (2004) を参照。ちなみに、メケの作詞家であったナタレイラ村のデライ氏族の先祖オリシらは、コプラの生産のため、しばらくラウ諸島のムニア (Munia) に住んでいた頃、夕食とするウミガメを捕まえるため、一人の見張り役の者が槍をもって岸辺にいた時、海の向こうから光り (rarama) を携えて一匹のウミガメが岸辺までやって来たとされている。そして、それを捕獲し皆で食した際、彼らは啓示を聞き、メケを作詞する力、すなわち、未来を物語る／予言する力 (parovisaitaka na gauna sa bera mai) を授かったという伝承が残っている。当該家族が、メケの作詞家 (ダウニヴズ) の子孫としてダワサム地域で広く知られている点については、序章5節2項 (0.5.2) を参照。

[19] ここでナイタウが、「ネイ・レヴ (Nei levu)」と呼んでいる人物の名前は「ナイナ (Naina)」である。"Nei levu" は、「大きい叔母」という親族名詞／呼称である。当該系族の親族関係において、筆者を「自己 (Ego)」、すなわち「投影されたオリゴ」とした場合、筆者はナイタウと「親子関係」を有する系譜に位置付け

その世代の合計数を筆者に質問し、筆者が「七つ」と回答すると、ナイタウは、"Kena ibalebale, sa sota ya."（「ということは、それは合った／会った。」）とし、続けて、"Kena ibalebale, sa donu na tukutuku ya."（「ということは、その伝承は正しい。」）と述べている。

　ナイタウは、最初の首長から、その系譜の現在までの世代数と、最初の首長を連れてきた人物から、その系譜の現在までの世代数の両者が「合って／会っている（sa sota）」状態を、彼の先祖ラテイが、最初の首長ナゾウを連れてきたという伝承（tukutuku）が「合っている／正しい（donu）」ことの証左としている。このように、ナイタウは、最初の首長「ナゾウ（Nacou）」をヴニンダワ地域から連れてきた自らの先祖「ラテイ（Ratei）」から、現在に至る自らの系譜の世代数（taba tamata）と、地域の首長位の世代数を比較して、"sota"「会う／合う」という言及指示的意味をもつ動詞を使用して、両者の類像関係、いわば「（神話的）邂逅」を指示することによって、伝承の正統性を喚起しているのである[20]。

　　　られるため、彼の姉であるナイナは、**1)** 筆者にとっての「叔母（nei）」に相当し、さらに **2)** 複数の叔母の中で、ナイナが氏族長の系譜の女性であり、且つ年長であるため、**1)** 相対的敬意、**2)** 絶対的敬意の両次元から、「大きい（levu）」という「指大辞（augmentative）」を伴った（尊大さ／敬意を指標する）呼称によって指示されるべき人物となる。またナイナは、村落ごとに形成される女性による組織、「婦人会（soqosoqo ni marama）」の主導的地位（liuliu）を担う人物でもある。

20　二者間のズレを示さない「整合性」、（メタ語用的）類像性の（偶発的な）生起として生成される「マナ（mana）」という「本当の（dina）」状態が、ナザニエリ（ヴォニ氏族）とナイタウ（デライ氏族）が儀礼開催に関する話し合いをもった際に顕現したのではないだろうか（第7章2節4項を参照）。ナザニエリら（ヴォニ氏族ナンボロ系族）は、系族の成員であった男性が世を去る少し前、「ヴエティヴォニ（Vuetivoni）」というヴォニ氏族の祖先神が彼に憑依し、儀礼開催の画策が難航した場合、「ナタレイラに住むデライ氏族の元を訪れなさい」と忠告したこと、すなわち、「上」からの啓示（tukutuku mai "cake"）に従って訪ねたナイタウから、地域の「最初の首長」の到来に関する語りを聞くに至った出来事は、ヴォニ・デライ両氏族にとって、両者が氏族として有していた集団の過去についての「証言（tukutuku）」が「正しく（donu）」一致した状態である。それは、文書以前と以後の整合性／一貫性を有した土地の過去に関する言説を

行政担当官を交えた最終審議の後半部において、ナザニエリは、様々なダイクシスのペアを駆使した一貫性と結束性を有した詩的テクストを生成し、今ここの類像記号、神話、マナを喚起することによって、そうした詩的テクストの生成に失敗したセヴァナイアらとの非対称性、あるいは「対照性」を生み出してゆく。そして、この言説の「生産者」、つまり賛成派による儀礼画策に対する担当官の「承認」を導き出し、そこで為されている相互行為を制してゆく。

9.3　最終審議後半と構造的転換

　最終審議における、タイレヴ地方行政担当官（Roko Tui）を前にしたナザニエリの語りにおいて、ダワサム地域の外部と内部、過去と現在、「文書」の以前と以後、この両範疇を架橋する固有名詞であり、その時空間自体を生成する「歴史の記号」、アンディ・リティア[21]が登場する。そして、彼は、アンディ・リティアからペニ・ワンガへの王位継承が、自らの手で行われたことを示してゆく。以下では、最終審議の後半部において、ナザニエリがアンディ・リティア以前から以後へと言及指示対象を転換する語りを通して最終審議を制し、NLCの文書的体制からポストコロニアルな体制へという構造的転換を、それ自体として体現する語りに従事した過程を考察する。

9.3.1　mai／yani（アンディ・リティアの到来）

　以下に記載した最終審議後半のナザニエリによる語りにおいて、ダワサム地域の「外部」から到来したヴニンダワ系の首長位の系譜が、「よそ者」による

　　完成させ、その言及指示内容自体が「今ここ」で再起するという相互行為テクスト、互いにとっての（言及指示的／相互行為的）詩的構造の空所を埋めた出来事であった。つまり、神話と今ここの指標的類像関係が生起した状態、したがって、"donu" であり、マナが顕現した偶発的／神話的邂逅であったと理解できる。

21　アンディ・リティアという人物については、第5章2節（5.2）を参照。

「誤り」によって途絶えた経緯、言い換えれば、「外部」から「内部」へ、「超時空」から「時空内」へ、NLCによって作成された文書の「以前」から「以後」へ、そして、発話が起きている「今ここ」へと、「語られる出来事」が移行してゆく過程が、"mai" と "yani" というダイクシスのペアによって、よく示されている。

Nacanieli:

Sa qai oti, sa qai rau gole o tuakana qo, vata kei na qase vei au, me rau lai ①**kauta mai** na kena kawa tiko mai Qoma, me mai tarogi na cava na lomana. "①**Nei**, sa lala na idabedabe mai na koro, sa kerei mo sa lai vakatawa." Sa qai tukuna mai ②**na bui qo**, "Au sa kerekere kemudou noqu qase. Dou lai wawa e Driti, siga Lotulevu macawa qo, qai ②**gole yani**. Me'u na lai dusia e dua na kena kawa o ratou na tiko mai na koro me veisosomitaki ke dusi Matanivanua, sai koya qori." Keitou sa lai dabe kece tiko vata kei ratou qo, na neitou, o ratou *complain* tiko qo. Sa qai gole mai ③**o Adi Litia**, sa qai kauta na ka qo, kauta tale vei tubu i Manasa, o Ratu qo. "Sa nomu qo, o sa na sosomitaki ira na kawa qo, au sa cegu o yau." Matai keitou na tabua lili tiko e na vale vei Ratu.

［その後、彼（セヴァナイア）の祖父（tuakana）と、私の兄の二人は、ゴマ島にいたその（ヴニンダワ系首長の）系譜を①召喚するため（kauta mai）、彼女の考えを聞くために、（ゴマ島を）訪れた。「①**叔母（Nei）**よ、村では、あなたの座位（idabedabe）の準備が出来ている。どうか、そこに座って（vakatawa）頂けないか。」②**この老婆（na bui qo）**は言った、「あなた方、私の先達（noqu qase）たち、私はお願いをする。あなた方は、ドゥリティ村で待っていてください。今週の木曜日に私は②**そちらへ向かいます（gole yani）**。私は、村にいる彼ら一つの家系（kawa）を、（首長位を）継承する者として選定（dusia）したいと思います。以上。」その後、私たちは全て、この「ごねている者たち」（o ratou *complain* tiko qo）も含め全て、彼女の到来を待った。そして、③**アンディ・リティア**は、やって来た。そして、これ（タンブア）を持ってきて、それをマ

ナッサの祖父（tubui Manasa）である、この首長（ペニ・ワンガ）へ渡した。「これは、あなたのものです。あなたが首長位を継承するのです。私は退きます（cegu）。」その私たちのタンブアこそ、首長の邸宅に掲げられている（lili tiko）ものである。］

ここでナザニエリは、ヴニンダワ系の首長位が途絶えた後、セヴァナイアの祖父（tukana qo）と、ナザニエリの兄の一人（qase vei au）が、ゴマ島へ嫁いでいたアンディ・リティアを訪ね、ダワサム地域に召還した（kauta mai）ことについて言及している。この語りは、最初の首長（ナゾウ）をデライ氏族が「連れてきた」（kauta mai）という語りと同様に、ヴニンダワ系首長位を、ゴマ島という地域の「外部」から「内部」へと「連れて・くる」（kauta mai）という、指標性と共に他動性（transitivity）の強い動詞 (cf. Hopper & Thompson, 1980)、その動作主の「行為主体性（agency）」を比較的強く喚起する言及指示テクストとなっており、ダワサム地域内部や「土地の民」にオリゴを据えて生成される時空間の構成を前提としている。こうしたテクストは、a) 首長位に対する自集団の「従属性」、首長位を頂点とした氏族間の「階層性」が前景化した記述形式（ハイポタクシス; hypotaxis）ではなく、b) 首長と土地の民、その他集団間の「排他性／並列性」が前景化した叙述形式（パラタクシス; parataxis）に則っている。つまり、a') 特定の場所に、複数の集団が、各々に異なる歴史の途上において、互いに従属し合い、集団連合としての地域が形成したという「発展的」なフォーマットではなく、b') それら集団間の「排他的／並列的」構造が、よりドミナントとなったフォーマットである。

そのような［首長：土地の民］、地域の［外部：内部］といった排他的／並列的構造を、ディスコースにおいて生成する基点となる発話が、①**「連れてくる（kauta mai）」**という発話である。"mai" は、発話出来事のオリゴを基点として、オリゴへ向かってくる動作の方向性を指示するダイクシスであり、オリゴから離れてゆく動作の方向性を指示するダイクシス "yani" をペアとして有する。そして、この "mai" によって示される（ミクロ的）ディスコースにおけるオリゴの所在は、ナザニエリによって語られる出来事が、ダワサム地域の時空的外部から時空的内部へと向かってくる談話構造の転換点であり、さらに首長

位を頂点とした氏族間の「階層性」ではなく、首長と土地の民の「排他性／並列性」がドミナントとなった時空、つまり、「土地／地域」という範疇が前景化した（植民地期以後の）「現代フィジーへ」のコスモジカルな転換、（マクロ的）ディスコースの変遷と一致している[22]。

まず、上記の語りにおいては、ヴォニ氏族は、ゴマ島で彼らの❶『**叔母（Nei）**』、❷『**老婆（na bui）**』に対し、ダワサム地域の首長位に着くよう要請したが、その叔母／老婆は、自らの年齢に鑑みて、その首長位を自分の代わりに継承する者を選出するために、ダワサム地域に②「**向かう（gole yani）**」ことを約束したと言及されている。つまり、老婆による言及の「引用」では、前出の"mai"によって示されたダワサム地域に置かれたオリゴは、ダワサム地域の外部、老婆の視点へと転移され、オリゴから「離れてゆく」動作の方向を指標する"yani"というダイクシスを伴って、ダワサム地域へ「向かう」（gole yani）人物として示されることで、彼女を「連れてくる」（kauta mai）ヴォニ氏族と、そこへ「向かう」（gole yani）老婆が、対照性をもって登場している。そして、「この老婆」（na bui qo）は、地域の外部から内部、超時空から時空内へ、象徴から指標へ、「従属モデル」から「排他的モデル」の時空へ、その構造的転換と共に、ダワサムの土地へと「ついにやってくる」（"Sa qai gole mai"）のである。

この移行と共に、この人物は、「老婆」という名も明かされない象徴的な「人間名詞」から、❸『**アンディ・リティア（Adi Litia）**』という「固有名詞」へ、つまり、ダワサム地域住民にとっての歴史記号、そのコスモジカルな「境界」の指標、指標的且つ象徴的な名詞句範疇へと変容している。彼女は、タンブア（鯨歯）をもってきて、それをペニ・ワンガへ渡し、そのタンブアが、現

22　今日のフィジーにおける首長の存在は、それ自体として超越的／超自然的力と考えられる傾向は低い。首長のもつ力は、地域が結束性を示す意味において存在しうる。ダワサム地域の事例に見られる通り、当該地域の最高首長となったペニ・ワンガは、実際は地域の政治的決定を自らの判断に基づいて下すことは許されておらず、各氏族の長老たち（turaga ni vanua）が話し合いを経て議決することになっている。首長と各氏族、そして各氏族間の対等な力関係を維持する装置として、首長位は社会的機能を果たしていると言える。

在、ペニ・ワンガの邸宅に吊ってあるものだとする。つまり、アンディ・リティアからペニ・ワンガへの首長位／タンブア（ビロ）の譲渡が、ダワサム地域の［外部・過去］と［内部・現在］というコスモロジカルな時空間の範疇を架橋する継承であり、そして指標的連続性を標す形象となっている。

Nacanieli:

[...] Oti, sa qai sagai tiko me caka na veibuli, sa ratou mai dredre toka yani. O ratou me cakava na neitou, o ratou tukuna me ratou buli vata kece na veiyavusa qo. O ratou na sa muri i liu qo, me caka rawa ga na veibuli me rawa ni savasava. Me rawa ni vakaturagataki na vanua, ka mani sega, sa lai vo ga e vica na siga lai davo tu vakasakasaka.

［［中略］その後、即位儀礼の開催が画策されたが、何だか彼らはごね始めました（dredre toka yani）。彼ら私たちの（一派）が行うはずであり、彼らは、この全ての氏族と共に儀礼を行うべきだと言った。この彼ら、以前は（i liu）「後」（muri）に位置付けられていた者たち、即位儀礼が為され、何も問題が無い状態（savasava）となるために。土地が、首長を頂く（vakaturagataki na vanua）ことが可能となるために、（しかし）それは実現されず、即位儀礼の計画は、わずか数日前になって、不適切に（vakasakasaka）中止となり続けたのです（davo tu）。］

ナザニエリは、改めて、セヴァナイア一派を「彼ら」（ratou）と指示し、彼らがナザニエリ等ナンボロ系族よりも、以前は（i liu）、地位が「後」（muri）であったこと（そして、現在は「先」（liu）になっていること）を、"muri"（後）というダイクシスを用いて明示的に述べ、「彼ら」によってペニ・ワンガの即位儀礼が行われず終いとなったことを強調している。

Nacanieli:

[...] **Au** vakasagai rau wavoki toka, **au** vakasagai rau toka, mai oti vinaka e rua na yabaki, sa qai veisau. **Au** saga tiko me kua ni dua na lewe ni vanua qo e gole tani. Ira na turaga ni veiyavusa na itukutuku ga e vakauti mai qo me ra mai cuva na medra bilo baleta qo, "Io, sa noda turaga." Ia, sa biu tiko keitou, ratou na veibuli na neitou, ia sa kua soti mada o ya.

[[中略]] **私は**、彼ら二人に働きかけてきた、**私は**、彼ら二人に働きかけ続けてきました。丸二年が過ぎる頃、ようやく状況が変わりました（veisau）。**私は**、この土地の者が誰一人として、即位儀礼の開催に背を向け（gole tani）ないように努力してきました（saga tiko）。なぜなら、（最初の首長を即位させた時）即位の知らせが全ての氏族に運ばれ、そして、彼らはそれぞれのビロを下向きにした（cuva na medra bilo）、（彼ら）「了解した、彼は私たちの首長だ（sa noda turaga）。」と、彼への忠誠を誓ったから。しかし、私たちは、置き去りにされ（biu tiko）、彼ら私たちの一派が、即位儀礼を行うようになった。しかし、そのようなことは、あってはならないのです（sa kua soti mada o ya）。]

ナザニエリの証言は締め括りを迎える。これまで彼の談話においては、「私たち（keitou）」（一人称代名詞除外形少数）によって指示されてきたヴォニ氏族のナンボロ系族、そして、「私（au / o yau）」（一人称代名詞単数形）によって指示された自らの氏族の先祖は、ここでは、「ナザニエリ自身」（発話者自身）を指す「私（au / o yau）」へと明瞭に変容している。そして、彼自身が、ここ二年来、「彼ら（ratou）」セヴァナイアとアリオケラの反対派、そして、ペニ・ワンガに対し、儀礼開催の協議をもつよう「しつこくせがんできた（vakasaga）」結果、丸二年が過ぎ、「ようやく変わった（sa qai veisau）」こと、すなわち、ペニ・ワンガ自身が即位する決断をしたことについて述べている。そして、彼自身が、「この土地の民が一人として逸れないように」（me kua ni dua na lewe ni vanua qo e gole tani）「尽力してきた」（saga tiko）ことを告げ、その理由が、「彼ら全ての氏族長」（ira na turaga ni veiyavusa）が、最初の首長とその系譜を継承したペニ・ワンガを、「私たちの首長」（noda turaga）として拝することを受け入れたからであると強調している。

Nacanieli:

Kerea, turaga na Roko, mo kerei ratou vakabibi ga na neitou me kua ni keitou veicekai vakamalua tiko se o cei e tiko e na vanua qo. **Au** sa tukuna ga vakadodonu, na turaga Roko, na yavusa o yau mai ulunivanua i waitui, mai vaqeletaki o Ratu, o yau qo na kena itaukei. Na bilo tiko ❶<u>**ya**</u>, o yau ❷<u>**qo**</u> na kena itaukei. Kena levu.

［お願いです（kerea）、担当官どの（turaga na Roko）、誰がこの土地の民なのかなどの、暴露のし合いをしないために、あなたから彼らに心より（vakabibi）訴えて欲しい。担当官、**私**は、正面から（vakadodonu）、（あなたに）伝えます。山（ulunivanua）から海岸（waitui）に至るまで、私の氏族が、最初の首長に土地を与えた（vaqeletaki o Ratu）のであり、私がその所有者です。首長が首長の証として所有する❶**あの**ビロ、❷**この**私が、その所有者（kena itaukei）なのです。以上。］

ナザニエリの語りは、"kerea"（依頼する）という発話動詞を文頭で使用し、"turaga na Roko"（担当官どの）と聞き手を呼びかける「希求法」となっている。つまり、「述語句・節範疇」のうち、最もコンテクスト依存性の高い「ムード（法）」、発話出来事それ自体において何が為されているかに関わる範疇を使用することによって、ナザニエリ自身から担当官の明示的な「懇願」として相互行為テクストを生成している。それは、「彼ら私たち（の一派）」（ratou na neitou）、つまり、セヴァナイア一派（それと共に儀礼に反対するアリオケら）に、互いの暴露の仕合い（veicekai vakamalua）をやめ、誰がダワサムの土地の民であるのか（o cei e tiko e na vanua qo）、土地の民としての義務を全うする者は誰であるのかを重く問うこと（kerei ratou vakabibi）を、担当官（そして、反対派自身）に訴えるのである[23]。

結語は、「**私**は、正面から（真っ直ぐに）伝えます（**Au** sa tukuna ga vakadodonu）」という発話に始まる。つまり、ナザニエリ自身（Au）が、「真っ直ぐ、偽りなく（vakadodonu）」担当官に述べること（tukuna）、したがっ

23　依頼内容は、「丁寧さ」を指標した、非明示的な命令／依頼としての言及指示的意味を担う接続詞"me"に、二人称代名詞単数形の一致の標識である"o"が結合した、"mo"（me+o）以下に提示されている。

て、その言及が「宣誓」であることが明示化されている。そして、宣誓は為された。「山から海岸に至るまで（mai ulunivanua i waitui）」、「私とその氏族が（na yavusa o yau）」、「首長が土地を有した状態にした／首長に土地を与えた（vaqeletaki o Ratu）」のであり、「この私（o yau qo）」が、「その所有者（na kena itaukei）」である、と。ペニ・ワンガが、アンディ・リティアから授かった「ビロ」、"ya"[24]を用いて指示される❶「あのビロ（na bilo tiko ya）」、その「所有者（na kena itaukei）」が、❷「この私（o yau qo）」であることを宣誓し、当該審議において担当官が初めて取った「主導的ターン」を契機に展開されたモノローグ、過去／外部／文書に「起源」を発し、コスモロジカルな転換を遂げた「土地の民」による証言と宣誓は、結ばれた。

9.3.2 政府の「印鑑」

　以上に展開された、ナザニエリの証言と宣誓を受けた担当官は、ナザニエリによる主張を受け入れたと同時に、それぞれの氏族・系族に、主張の違いがあることも（tiko na duidui）認めた。しかし、主張の違い自体を認め合い[25]、地域が結束することを求め、即位儀礼の開催を促すに至った。そして、ナザニエリの語りにおいて登場し、儀礼開催の主導的役割を果たしたデライ氏族へと、その賛意を取り付ける。

> Roko: I Delakado, dua vei ratou na yavusa Delai, tiko qo? Mai Delakado?
> 　　［デラカンド村の、誰かデライ氏族の者は、ここにいますか？ デラカンド村の？］
> Meli: Kece qo.
> 　　［これら全てです。］

24　"ya"はコンテクストに位置付けられるものを、オリゴとの遠近関係において言及指示する指示代名詞である。

25　その後、担当官は主張の違いを認め合うことを、"Agree to disagree."と英語で述べている。

Naca: Tiko kece qo, kei ratou na yavusa Delai mai baravi.
　　　［全てがここにいます、沿岸に住むデライ氏族と共に。］
Roko: Sa mai.
　　　［誰か。］
Meli: Io, tiko qo. O ratou ga tiko qo. O ratou na kai Delakado ga tiko qo.
　　　［はい、ここにいます。ここにいる彼らです。彼らデライ氏族がこ
　　　こにいます。］
Roko: Oi, sa donu tiko ya, na kena vakayacori mai Delakado?
　　　［デラカンド村で開催することは、了解していますか？］
Naca: Sa donu tiko, turaga Roko.
　　　［了解しています、担当官どの。］
Roko: Yavusa Delai, dou lave liga mada na yavusa Delai.
　　　［デライ氏族、手を上げてくれないでしょうか、デライ氏族。］
Naitau: Sa donu.
　　　［了解している。］
Roko: Sa donu tiko, e? Baleta na itukutuku e tauri mai, e kau sobu yani, ni o
　　　ratou na tiko mai Delakado, o ratou sega ni duavata. Au kerea ke rawa
　　　ni vakadodonutaki mada.
　　　［了解していますね？　なぜなら、受け取った知らせに拠れば、（儀
　　　礼をデラカンド村に）もってゆくのですが、デラカンド村にもデ
　　　ライ氏族がおり、彼らは意を共にしていないということであるから。
　　　私は、（それが）解決されうることを、お願いしたいと思います。］

　以上の担当官の発言は、彼が、デライ氏族の一派がデラカンド村に住んでおり、彼らが即位儀礼に反対していること、ヴォニ氏族と同様に、デライ氏族の内部でも、その系族間の序列を巡った諍いがあることを知っていたことを示唆している。つまり、彼は、今回の儀礼開催に賛成しているデライ氏族は、「ナタレイラ村」のデライ氏族であり、儀礼開催地である「デラカンド村」に住んでいる一派（デライ氏族ナヴニヤシ系族）は、儀礼に反対していることを良く知っていた。したがって、ナタレイラ村のデライ氏族（ナワライ系族）の族長ナイ

タウが、「了解している。(Sa donu.)」と回答した後、担当官は、デラカンド村に住んでいるデライ氏族の一派（ナヴニヤシ系族）が賛成していないこと（sega ni duavata）を、デライ氏族が解決すること（vakadodonutaki）を依頼しているのである。

以上のやり取りを聞いて、ナザニエリは、改めて（デラカンド村での）儀礼の開催の妥当性と不可避性を、以下のように強調する。

> Naca: Turaga Roko, me'u vosa mada e dua na ka lailai. A dodonu me a lai tara i Driti. O yau qai noqu lewa e na dabe ni vanua, baleta ni ratou gole tani tiko na neitou mai Driti. Caka mada ga ike, qai lai vakatikori i ra, ya na vanua e veidre tiko vakataki ira.
>
> ［担当官どの、一つ小さいことですが、話をさせてください。（それは）ドゥリティ村で開催が許されるべきでした。私は、土地の（長老）会議において（デラカンド村で開催するということを）私の決断（noqu lewa）を下しました、なぜなら、ドゥリティ村の我々の一派が、（脇へ）逸れて行く（gole tani）からです。ここ（デラカンド村）で開催し、そして、「下」へと（首長を）住まわす（vakatikori）、なぜなら、そこは彼ら自身で（vakataki ira）揉め合っている（veidre tiko）場所ですから。］
>
> Roko: Un, au sa kila vinaka. Au sa kila tiko na vu ni kena caka ike.
>
> ［うん、私はよく理解しています。私は、ここで開催される理由を分かっています。］
>
> Naca: Ya na vu ni kena caka i cake ya.
>
> ［それが、あの上で（i cake ya）、開催される理由です。］
>
> Roko: Io, sa donu tiko ya? E na sega ni dua na kena leqa e na caka mai Delakado?
>
> ［はい、了解していますか？ デラカンド村で開催することに、問題は無いですね？］
>
> Naca: Sa sega.
>
> ［ありません。］

Roko: Sega, e? Ni dau caka na cakacaka va qo, qai veiletitaki na itutu, sa rawa ni lako ga na ka e dodonu me caka. Sega ni vinakati kina na veiba, me dua sara e lai mavoa kina.

［無いですね？ あなた方は、このように、この作業／仕事（cakacaka）を行い、そして、地位について互いに議論をもつのです。行われるべきこと（na ka e dodonu me caka）は、進む／為される準備が整っています（sa rawa ni lako）。諍い（veiba）があるべきではない、誰かが怪我をしたりするような。］

担当官は、以上の主張を良く理解している旨を伝え、デラカンド村で開催することに問題は無いことを、参加者全員に確認した。その他、意見／異論を唱えようとする者が居ないことを確認し、担当官は、「この作業／仕事を、まず実行し、それから、それぞれの集団の地位について話し合いをもつのです。行われるべきこと（即位儀礼）は、進む準備が整っています。」と述べ、儀礼の開催を促したのである。担当官は、最後に以下のように述べる。

Roko Tui:

Kevaka e dua ga e via bolea, vola ga mai, vola mai. E na qai kacivi na Veitarogi Vanua me na qai mai dabe. Mata veivaqaqai ni Veitarogi Vanua. Ko na itukutuku kece dou tukuna tiko qo, sa na qai vude mai kina. Sega ni tukuni mo dou mai veidusi ike. Na ivola ga na qai dusi.

［仮に（決定に対して）異議を唱えたい人がいる場合、書き記してください（vola mai）。その上で、所有地委員会（na Veitarogi Vanua）を招集し、話し合いをもつことができます。所有地委員会の役人／調査員（mata veivaqaqai）。ここで、あなた方が話したこと全てが、そこで改めて問われることになるでしょう。首長となるべき人物を、あなた方が指さすことを求められることはありません。その本（na ivola）が、それを指さす（dusi）ことになります。］

担当官は、ここで初めて、"Veitarogi Vanua"（旧NLC／現NLFC）について言

及し、当該審議で議論された内容に対する反論・異論や、即位すべき首長が他の人物であると考える者が存在する場合、それを「文書にすること（vola mai）」を要請している。そして、その書面が提起した異議に対する回答をするのは、1930年にNLCが作成した『一般証言』ないし『氏族登録台帳』——その本（na ivola）——であるとしている。

　担当官は、それ以後の議論を「書記」によってのみ認めること、「文」の次元へと象徴性を高めることで、それ以上の異議申し立ては重大な挑戦であり、高い危険性を有した行為となることを示唆した。そして、提出された「文書」が、NLFCによる査定の対象となることを強調すること、つまり、"Veitarogi Vanua"（NLFC）という「固有名詞」と、それが所有する"na ivola"（本）という「具体名詞」を使用し、フィジー人にとっての真実の所在、権威を引用することで、この審議において決定した即位儀礼を進めること、それに「印鑑」（sitaba）を押した、相互行為の「文書化」を完結／終焉させたのである (cf. Kulick, 1992, pp. 136-139)。

9.4　神話の不在／不在の存在

9.4.1. 土地（ヴァヌア）という「文書」

　以上のようにして、「政府・賛成派・反対派」の三者間で行われた儀礼開催に向けた最終審議は、儀礼を実行することを決定したと同時に、決定の「審級」は、1930年に作成され、現在 NLFC が管理する「本」へと帰されることになったのである。しかし、この結論は、矛盾を孕んでいる。なぜなら、担当官は、彼自身が述べたように、この審議の目的が、「本」に記載された序列に準拠しない地位をもつ集団によって計画された即位儀礼開催の正統性を検討することであったことを十分に理解しており、議論を通じてナザニエリが主張した開催地変更の正統性は、全てその点を巡ったものだったからである[26]。

26　実際、（筆者を含め）この会議に居合わせた、ほとんどの者は、担当官・政府によって、賛成派の計画した儀礼開催の正統性が認められたと解釈をしていた。

おそらく、担当官は、当該審議を通じてナザニエリの語りを軸にして構築された「言及指示的テクスト」と「相互行為的テクスト」の一貫性と結束性、すなわち「詩的テクスト性」の生成によって、覆しがたい「真実らしさ」を、(沈黙し続ける反対派との対照性において) 見出したと考えられる。したがって、担当官は、それが「本」の序列にそぐわない氏族・系族集団による画策であろうと、賛成派の語りを通して生成した「言及指示的テクスト」と「相互行為的テクスト」の一貫性と結束性を重視し、儀礼開催を承認したのである。その限りにおいて、担当官は、「本」の記載が間違っていること、「本」自体が絶対ではないことを暗黙裏に認めたと言える。つまり、担当官による"Veitarogi Vanua"（NLFC）と"na ivola"（本／文書）への言及は、名目的（相互行為的）に為された側面があり、実際には、そこに帰された（言及指示的）「審級」は、不在であると理解することができる。言い換えれば、そのような審理を決するメタ・テクストの所在は、NLFC政府が保管する「文書」の記述内容にではなく、土地の民の「語り」が織り出す「行為のテクスト」に付与される事態が生起していると考えられるのである。

＊＊＊

以上のような事態を物語る出来事がある。実は、即位儀礼の終了後、2010年5月、儀礼に反対をしたダワサム氏族の幾人かの男たちは、行われた儀礼に異議を唱えるために、スヴァ市にあるNLFCを訪れたようである[27]。彼らの異議申し立ては、即位をした人物（ペニ・ワンガ）が誤っているというものではなく[28]、儀礼開催の計画過程が、然るべき氏族・系族による計画ではなく、「文書」

---

27 筆者は、この事実をIFLC職員のケアシ・ヴァタニタワケ（Keasi Vatanitawake）から確認した。
28 なぜなら、ダワサム地域においては、ペニ・ワンガが首長であることは事実化しており、NLFCが管理をしている『氏族登録台帳』にも、彼の「地位（itutu）」が、ダワサム地域の最高首長であることを示す"TT"（Turaga ni Tikina）という記載が書き込まれているからである。第6章4節1項（6.4.1）の**写真5**を参照。

に忠実ではなかった、という主張である。以下は、申し立てを行ったダワサム氏族の成員であるイソア・ワンガ（Isoa Waqa）と筆者の間で為された会話である[29]。

> Asai: Na cava sa na volai e na ivola mai Veitarogi Vanua? Sega ni dua na ka? Sa caka na veivagunuvi, sa oti?
> ［NLFCの本に、何が記載されるのですか？ 何も記載されない？ 即位儀礼が為され、終了したこと？］
>
> Isoa: We are not disputing who should be the Ratu. No, we are not disputing that. <u>We are disputing the process. Or, the people who took part are supposed to take part? By the book, e? By the book.</u> That's all we are asking them, just to clarify to us, those people who gave the cup and everything are right or the people not taking part should have been involved. If some people say that we are saying he should not be the Ratu, no, we are not saying that.
> ［私たちは、誰が首長であるべきかを問題視しているのではない。私たちは、決してそれを問題視してはいない。<u>私たちは、その過程を問題視している。もしくは、それに関わった人たちが、それに関</u>

---

[29] 2010年5月23日、スヴァ市にあるイソア宅にて収録。この日、筆者は、ダワサム地域で環境運動を推進する南太平洋大学（University of the South Pacific; USP）の応用科学研究所（Institute of Applied Science; IAS）の研究員であるイソアへ、地域において行われている沿岸資源保護活動（Fiji Locally-Managed Marine Area; FLMMA）についてのインタビューを行うために、スヴァ市にある彼の自宅を訪れた。ここで取り上げた会話は、筆者が「避けるべき」であると考えていた「その話題」、つまりデラカンド村において開催され終えたばかりのダワサム地域の即位儀礼の話題へと、（筆者の意に反して）進行することになった／避けては通れなかった時の会話の一部である。イソアは、即位儀礼に反対したダワサム氏族のアリオケの系譜に属する人物であり、USPの大学院に進学した「ローカル・エリート」である。ここで、彼と筆者との間で為された会話からも、彼が反対派の「ブレーン」の一人であったことは疑念の余地なく示唆される。FLMMAについては、浅井・野村（2011）を参照。

わるべき人たちなのかどうかを問題視している。本に拠ればということ？ 本に拠れば。それが、私たちが彼らに尋ねていること、（首長に）器（ビロ）を渡し、全てを執り行った人たちが正しいのか、もしくは、それに関わらなかった人たちが、関わるべきだったのか。もし、私たちが、彼（ペニ・ワンガ）が首長（Ratu）になるべきではないと主張していると、考えている人がいるなら、それは違う、私たちは、そのことを言っているのではない。］

Asai: Qo, Peni Waqa qo sa tamata dodonu me gunu se...
　［この、ペニ・ワンガは、（ヤンゴナを）飲むべき人物ですか、それとも…］

Isoa: Sa, by the book, he is there.
　［本に拠れば、彼はそう記載されている。］

Asai: By the book.
　［本に拠れば。］

Isoa: He is there. But, by the blood, it's not. Hahahahaha.
　［彼はそこに記載されている。でも、血に拠れば[30]、それは違う。はははははは。］

---

[30] ここでイソアが言及している「血」（血筋）とは、アンディ・リティアで途絶えたヴニンダワ系の首長位の系譜である。すなわち、イソアは、ペニ・ワンガが『氏族登録台帳』の記載上のみ地域の最高首長であり、「本当は」（血筋では）違うと述べることで、彼の首長位が名目上のものに過ぎないと、皮肉を述べているのである。こうした、ペニ・ワンガに対する皮肉的言及（それに続く「嘲笑／失笑」）が、ダワサム氏族内部における、ペニ・ワンガの家系とその他の家系間の力関係を指標していると言える。イソアは、アリオケと同じ系譜に属している。

　しかし、こうした「首長」に対する皮肉的言及は、ダワサム氏族内部に限らず、広く地域において観察される語り口でもある。そのような二面性、つまり、フィジー的伝統を体現する存在であり、嘲笑の対象でもあるというディスコースが（cf. Rorty, 1989)、今日の（フィジーの）首長／首長制をテクスト化するディスコースとなっている。したがって、そこで問題視される「本／文書」、これ自体もまた同じディスコースにおいて語られる。「本の記述は、嘘っぱち」で、「真実は、土地こそが知っている」と。

Asai: Blood sa oti?
　　　［血は終わった？］
Isoa: Bl....... Oti!
　　　［血[31]……（疾うの昔に）終わったよ！］
Asai: O ratou na Veitarogi Vanua sa tukuna cava?
　　　［彼ら、NLFCは、何と言っていますか？］
Isoa: Ah? We'll just see the book.
　　　［え？（彼らは）私たちは、ただ本を見るだけ、と。］
Asai: The book says,
　　　［本が述べるのは、］
Isoa: The book says he is the Ratu.
　　　［本は、彼が首長だと、記載している。］
Asai: He is the Ratu. Ia, na tamata sa solia na bilo vei koya,
　　　［彼は、首長。でも、彼にビロを渡した人物は、］
Isoa: Io?
　　　［はい？］
Asai: sa donu se cala?
　　　［正しい、誤っている？］
Isoa: ...cala.
　　　［…誤っている。］

ここでイソアは、即位儀礼の計画が立てられた際に、それに関与すべきではない人物・集団が関与したこと、あるいは、関与すべき人物・集団が関与してい

31　春日（2007）は、血（筋）・マナ・土地の関係について以下のように言及している。フィジー人にとって土地への執着とは、土地が本来喚起する固定的で永続的な実在性に発するというよりも、むしろ不動の財を使って可動的な力のゲームを演じることに依拠しているように思われる。執着の起源を辿って行き着くのは、一族あるいは一族の誇りとする首長のマナの証明であり、そのマナを決定付けるのは不動の土地ではなく身体を流れる血（dra）なのである。(ibid., p. 152)

なかったことについて、NLFCに問い合わせたことを、筆者に内明かしている。しかし、それに対してNLFCは、「私たちは、ただ本を見るだけ。」と返答したと述べている。さらに、イソアは、NLFCが、彼の異議申し立てを、それ以上取り扱おうとしないことについて、以下のように言及する。

> Isoa: ... And, the way they are answering my call, they are trying to avoid to get into it, e?
> ［…そして、彼らが私の電話に対して答える仕方は、彼らはこれに首を突っ込むことを避けようとしているのだよ、分かる？］
>
> Asai: Veitarogi Vanua?［NLFC？］
> ［NLFC？］
>
> Isoa: Getting into the situation in Dawasamu, e?
> ［ダワサム地域の状況に首を突っ込むこと、分かる？］
>
> Asai: O cei?
> ［誰がですか？］
>
> Isoa: Veitarogi Vanua. He's saying, by the book, he is the one, e? We are saying, no, we are not looking at it, we are looking at the process. You know? If you allow this, other places will take it on.
> ［NLFCだ。彼はこう言っている、本に拠れば、彼（ペニ・ワンガ）は、首長であると、ね？でも、私たちはこう言っている、そうではない、私たちは本を見ているのではない、私たちは、その過程を見ているのだ、と。分かる？もしあなた方が、今回のことを許すなら、他の場所でも、同じことをしようとするものが現れるでしょう、と。］
>
> Asai: And, what do they say?
> ［そして、彼らは何と言っていますか？］
>
> Isoa: They haven't answered...
> ［彼らは、まだ答えていない…］

この言及に見られる通り、NLFCは、イソアらダワサム氏族による、「儀礼開催までの過程」に関する異議申し立てを、それ自体としては了解しつつ、しかし、

開催された即位儀礼自体が、無効とされるべき儀礼であるとは見做さなかった。すなわち、NLFCは、即位した人物が、『氏族登録台帳』に記載されている系譜上、「間違っている」と判断されない限り、その即位儀礼がいかなる仕方で計画されたのか、どの氏族・系族が計画したのかなどの「過程」(バックステージ ; backstage) (cf. Goffman, 1959) に関わる問題は、いわば「管轄外」と判断したと言える。つまり、たとえ儀礼の計画過程に賛否があったとしても、然るべき人物の即位儀礼は「行われるべきこと (na ka e dodonu me caka)」[32]であり、それに反論する根拠は存在しないのである。

9.4.2 心の中の本

NLFCが、イソアらによる訴えに対し、『一般証言』と『氏族登録台帳』の記述内容に従って、その是非を問うなどの手続きを経なかったことの、より根本的な理由は、その最終的決定は、土地／地域 (ヴァヌア) が決定するものであり、NLFCは「土地／地域による決定 (lewa ni vanua)」を覆すようなことは行わないということにある[33]。現在、NLFCに勤務する役人ケレビ・ズルキ (Kelevi Curuki) は、筆者とのEメールのやり取りの中で、以下のように述べている[34]。

> Installation of a chief is the responsibility of the VANUA. I can be the eldest as far as the VKB is concerned, but the VKB does not state my link to the customary title. Na sosoko ni dra e sega ni tukuna na VKB, e kila ga na VANUA, au lako mai vei, au mai tu vakacava tu eke, au kawa ni veiliutaki se au kawa ga ni tamata vakarorogo, veitalia ga au volai tiko e na Mataqali Turaga, the VKB is silent on it. Ia e da veikilai vinaka sara tu ga e na Vanua.

32　第9章2節2項 (9.2.2) の担当官 (Roko Tui) の言及を参照。

33　たとえ即位する人物が、その系譜上、正統性を有する人物であると解釈することが困難であったとしても、そして、計画を立てた氏族・系族集団が、「サウトゥラガ」や「マタニヴァヌア」の地位を有する者ではなかったとしても、土地が賛成した人物、土地が開催に賛成した儀礼を覆さないのである。

34　このメールのやり取りは、2012年7月27日に為された。

［首長の即位は、「土地」（VANUA）の責任である。私は、『氏族登録台帳』（VKB）に記載されている限り、（氏族・系族の）年長者となることは出来るが、『氏族登録台帳』は、私と慣習的地位の関係については言及しない。血の濃さについて、『氏族登録台帳』は言及しない、それは「土地」こそが知っていること、私がどこから来たか、私はここでこれこれのように住んでいる、私は首長の系譜に属している、もしくは、私はそれに付き従う者であるなど、私が系族の族長であると記載されていても、関係ない（veitalia ga）、それについて『氏族登録台帳』は何も言及しない。しかし、それらのことは、私たち土地が互いにしっかりと知っていることだ。］

Please be informed that the ivola ni veiliutaki for iTaukei are in our hearts, keimami sucu kaya mai, keimami na mate vata talega. Se keimami Turaga, se Sauturaga, se Matanivanua se cava tale, keimami turaga e na veivanua kece qo and we are proud of it. It might not be recorded in black and white but it's in our hearts and no one can erase that.

［フィジー人（iTaukei）にとっての首長位の本は、私たちの心の中にあることを、理解して欲しい、私たちは共に生まれ、私たちはまた共に死に逝く。また、私たちが首長であれ、サウトゥラガであれ、マタニヴァヌアであれ、その他何であれ、私たち全員がこの土地において首長であり、私たちはそれを誇りに思っている。それらは、明瞭には記録されていないかもしれないが、それは私たちの心の中にあり、誰もそれを消すことはできない。］

Holders of customary title might not be recorded but elders can tell all those who once held the position.

［慣習的地位を保持する者が誰であるのかは、記録されていないかもしれないが、長老たちは、かつて誰がそれらの地位を保持したのか、全て述べることができる。］

E sega tale ga ni dua na itutu nei dua, na itutu e nona na VANUA. There is never been a time that we register 'Tutu nei Jone', we only register 'Turaga ni Mataqali ………,' or 'Turaga ni Yavusa ………….,' its only because the title belongs to the Vanua.
［誰か一人のための地位というのはあり得ず、地位は「土地（VANUA）」のものである。私たちは、「チョネの地位」などとして登録したことは一度足りとて無い、私たちは、「系族の長は、～である」、あるいは、「氏族の長は、～である」などとしてのみ登録する。なぜなら、地位／役は、土地に属するもの、それに尽きるからである。］

 以上のように、ケレピは、『氏族登録台帳』についての筆者の質問に返答してゆく中で、首長の即位儀礼（Installation of a chief）について論及している。NLFCが管理している『氏族登録台帳』には、それぞれの氏族・系族において、（程度の差はあるが）どの人物が「指導者（liuliu）」としての地位（itutu）を有しているのかが記載されている。しかし、それらの記載は、「地位」の記載のみであり、それがどのようにして特定の人物に継承され続けてきたのかなどに関する詳細な公的記録は、実際には存在しない[35]。
 したがって、今日のNLFCは、「土地」が決定した即位儀礼の議決を尊重し、その決定を『氏族登録台帳』に書き入れる、即位した人物の「地位」の空欄を埋める、登記する、という役割が顕著であり、NLCによって作成された二種類の「文書」に依拠して、地域ごとの首長の即位儀礼、その是非を決議／指揮するという（ある意味では、土地の住民たちに想起されているような）権威的

35　第6章3～4節の**写真4**および**写真5**を参照。フィジーでは、『氏族登録台帳』を含むNLFCが保管している「文書」には、その継承歴が一定程度記載されているものであると、暗黙裏に理解している者が多い。当然、この『氏族登録台帳』の記載に従って、その父系集団の系譜を辿り、20世紀初頭、『一般証言』の作成時に地域住民によって「宣誓」された伝承内容を前提とした、現在までの首長位の系譜を遡ることは可能であるが、その詳細な継承歴、それに伴う（本書がそのうちの幾つかを記述したような）伝承などは、記録としてはほぼ全く存在しない。

役割は、実際、担い得ないし、担わない[36]。政府が行うことは、「文書」(『一般証言』と『氏族登録台帳』)に従うこと、この一点のみに集約されている。各地域における首長位の系譜に関する詳細は、「土地が知っていること」、「フィジー人の心の中に存在し消えないもの」として認識され、政府は、その「土地」による意志決定を受け入れるものとしてのみ存在していることになる。ケレピの発言は、そうしたNLFC(政府)が取るフッティングを示すものであり、それは、政府やその「文書」ではなく、フィジー人(iTaukei)／土地の民／土地(ヴァヌア; vanua)自体に、社会文化的オリゴが据えられていること、その両視点が「近似的」な状態、両者が互いの存在を再帰的に指標し合う、引用し合うことにおいて存在たり得る事態を示唆するのである。

9.4.3 引用の連鎖と非決定性

ダワサム地域において2009年後半から進行していた、即位儀礼の計画を立てる長老会議(bose ni vanua)には、タイレヴ地方事務所の出先機関であり、北タイレヴ地域の行政を管轄する「地域事務所(Division Office)」の行政担当補佐官(Roko veivuke)のヴェレシ・サクニトガ(Veresi Sakunitoga)が出席し、会議の内容は、補佐官から地方行政担当官(Roko Tui)へ定期的に伝達されていた[37]。

36　首長の即位儀礼に際し、どの人物が首長として即位するべきかについての見解が地域において割れた場合、NLFCは、これら「本」の記載に基づいて、どの人物が「正統な」人物であるかを確認すること(veilewa)になっている。

37　したがって、補佐官は、一連の会議の争点は、「誰が」、「どのように」即位儀礼を開催するのかという点にあったことを十分に理解していたのであり、1) ナザニエリ率いるヴォニ氏族(のナンボロ系族)は、地域の儀礼を主導する「地位」(「サウトゥラガ; sauturaga」)として位置付けられていないこと、2) 1930年にNLCが作成した「本」において、氏族の筆頭系族として記載されていないこと、3) その限りにおいて、彼らの画策は、「本」に反したものであり、その結果、地域を二分する対立が生じていたこと、以上の状況を熟知していたことになる。結果的には、その対立は解消されず、タイレヴ地方行政担当官(Roko Tui)を交えた最終審議が行われ、そこで、ナザニエリらによって計画された儀礼の開

ダワサム地域の視点から、一連の経過を捉えた場合、毎回の長老会議で具体化されていった即位儀礼が、最終的に「政府」によって、その「正統性」が確認された、計画から開催へと至る一個の「テクスト」が完成したのである。つまり、賛成派は、自らの主張の正統性を、政府によって承認されたと捉えることができた。一方、政府側は、政府の権威を担保している NLC の「文書」の記述（伝承）内容と、ダワサム地域の特定の氏族・系族集団が進めた儀礼の計画、この両者の整合性や言及指示的等価性を、厳密に精査することに依拠して、儀礼開催を承認したのでは全くない。それどころか、政府は、両者は明らかに整合しないことを十分に理解していた。なぜなら、第 6 章 3 節 2 項（6.3.2）で論じた通り、集団間の序列構造は、「本」の記載の中でも最もダイアグラム性（diagrammaticity）が高く、おそらく最も意識に登り易い部分[38]であり、儀礼の計画を進めた集団の地位が、「本」に記載されている序列と「整合しない」ことは、容易に同定できることだからである。しかし、政府は、「本」に対して「ズレ」を示した儀礼の開催を、ナザニエリらの語りを通して、一貫性と結束性を明瞭に示して生成した「相互行為テクスト」に依拠して「承認」したのである。

　したがって、「地域側」は、自らの決定を政府の承認に依拠して正統化し、一方で、「政府側」は、その承認を地域による決定に依拠して遂行するパラドキシカルな関係、両者の相互引用による、相互の再帰的テクスト化が生起している。おそらく、そのような再帰的な「引用」の連鎖は、両者の限りない「等価」へ向かって連鎖し続け、そして、その等価が完了することは決してない。なぜなら、この体制の内部では、そのような連鎖を止揚する超越的文書（transcendent text）、両者を統制しうるメタ・テクスト、すなわち、外部は不在だからである。言及指示的に「外部」を体現する「テクスト」（text artifact）は存在せず、そうした「引用」行為の連鎖において可視化されうる、原理的に非決定的な「今ここ」のテクスト、テクストの痕跡、テクスト的リアリティ、テクスチュアリティ（text-uality）に、「土地」をテクスト化する最終的審級（final

---

　　　催が「承認」されたのである。
[38]　　上か下か、先か後かといった仕方で、比較可能性が高い範疇の序列。

tribunal) が据えられているのである (cf. Irvine, 1996, pp. 156-157)。

　そして、「今ここ」の相互行為出来事に付与された外部／痕跡は、儀礼において喚起される。したがって、首長の即位儀礼は、制度的に「首長」を維持するためのもの、「やればいい」もの、地代収入や土地所有などの利権に絡んだ権力闘争、民主化への過渡期を記す政治形態、遺制、あるいは、挫折した民主主義、脆弱国家、失敗国家 (cf. Wesley-Smith; 1999; Brown, 2007)、このような功利主義的な理解に帰される事象では全くなく、誰が、どのような儀礼を遂行したのか、どのような「神話」を、どのように一貫性と結束性をもって喚起したのか、そうした相互行為出来事が実現すること、それ自体が、土地の有り様に重大な帰結をもたらすものとなる。そのような集団にとっての、そして集団を構築する「相互行為テクスト」、今ここの只中にリアリティという「リアル」は顕現する。そして、ダワサム地域における即位儀礼は開催される。

第IV部

儀礼、映像、憑依

第10章 儀礼ことばの民族誌

第8〜9章で論じた通り、2009年半ばから、ダワサム地域において具体的に計画された首長の即位儀礼の正統性が、タイレヴ地方行政担当官（Roko Tui）と、北タイレヴ地域行政担当補佐官（Roko veivuke）ら、NLFCの傘下にある地方出先機関の政府役人と共に、2010年4月6日に行われた最終審議において（暫定的に）承認された首長の即位儀礼は、2010年4月15日から17日、ダワサム地域にとっては二十八年ぶりに開催されるに至った。

　この即位儀礼は、その前後で行われた諸儀礼[1]を含め四〜五日間にわたり、地域全体を巻き込んで行われた壮大な儀礼である。本章では、同儀礼が、ヴォニ氏族、デライ氏族などの儀礼賛成派によって解釈され、最終審議で行政担当官に対して提示された「土地の過去」を再現するものとして開催された点を、首長（ペニ・ワンガ）とヴォニ氏族、デライ氏族らによって遂行された「儀礼スピーチ（ritual speech）」、および儀礼全体の構造や空間の配置などに焦点を当て明らかにする（cf. Fox, 1988; Kuipers, 1990）。それによって、即位儀礼が、現在のダワサム地域からは遠く隔たった「かつて・彼岸」、1930年にNLCによって作成された「文書」には記述されていない「最初の」首長が土地に到来した時、すなわち、土地の「最初の時（matai ni gauna）」を「今ここ」で体現する記号（指標的類像; indexical icon）として生起した出来事である点について、その時空間の構成／較正（calibration）[2]の有り様を記述・分析することによって明確にするものである。儀礼および儀礼スピーチに関する言語人類学的アプローチについては、第2章を参照されたい。

---

[1]　儀礼に参加した多くの氏族・系族は、儀礼開催の前夜にデラカンド村に次々に到着し、それぞれの氏族が持ち寄った儀礼のための威信財（yau）、莫蓙（インベ; ibe）や、タロイモ（dalo）、カッサヴァ（tavioka）、魚（ika）などの食料を、儀礼の運営を一手に引き受けるヴォニ氏族ナンボロ系族に献上するための贈与交換儀礼が、デラカンド村の（ナンボロ系族が所有する）集会所（vale ni soqo）で夜を通して行われた。

[2]　「メタ語用的較正（metapragmatic calibration）」については、第1章4節3項（1.4.3）を参照。

地図6. ドゥリティ村からデラカンド村へ（ペニ・ワンガが辿った道）

（Google Map Earth より作成。© 2013 Cnes/Spot Image, Digital Globe, Geoeye）

10.1 首長を「連れてくる」(kauta mai na Ratu)

10.1.1 儀礼開催

　儀礼開催の前夜（2010年4月14日）から、その多くが開催地である丘陵部のデラカンド村に集結していたデライ氏族（三十名ほどの男性たち）は[3]、その翌日の4月15日（午前九時過ぎ）にデラカンド村を経ち、徒歩で沿岸部に位置するドゥリティ村にあるペニ・ワンガ邸宅へ向かう。三十分ほどで到着した後、デライ氏族の族長ナイタウは、その到来を待っていたペニ・ワンガ（と彼の幾人かの親族）に対して、即位儀礼が行われるデラカンド村へ共に赴くことの許しを請う[4]。

3　儀礼前夜（20時30分頃）、筆者はデライ氏族と共に、徒歩でナタレイラ村からデラカンド村へ移動した。

4　このようにデライ氏族がペニ・ワンガを迎えに来たのは、彼らが「最初の首長」

三日間に及ぶ即位儀礼の開始を標示するこの儀礼では、デライ氏族側と首長側とでヤンゴナのやり取り（sevusevu）が執り行われた後、デライ氏族の他の二人の長老と共に首長の屋敷の中に座っていたナイタウは、ヤンゴナ一束を手にして膝立ち[5]、以下の儀礼スピーチによって口火を切る[6]。

【Scene I】

1:　　Kila saka ni dua na **matanisiga**　　　　知っています、一つの**太陽**が
2:　　　　　solia na **Kalou** na kena cila　　　　**神**がその光を授けていることを
3:　　　　　　　e na mataka vinaka **nikua**　　　**今日**という良き日の朝に

4:　　Dua tale na **matanisiga** vou　　　　　　一つまた新たな**太陽**が
5:　　　　　kei **Dawasamu**　　　　　　　　　**ダワサム**と共に
6:　　　　　　　e cabe tiko, tekivu cabe　　　　　昇っています、昇り始めます
7:　　　　　　　e na siga **nikua**　　　　　　　**今日**の日に

8:　　Loku saka tiko na **vanua**　　　　　　　**土地**はそれを待ちわびて参りました
9:　　　　　　　e na loma ni vica na **vula**　　　**数ヶ月**の間

　ここでは、「太陽」、「神」、「土地」など、それ自体として象徴的な名詞／隠喩が登場する。さらに、言及指示的に分割される、行1～3、行4～7、行8～9という三つのパートによって構造化されることで、スピーチの他界的トーンを強化している。一方で、三つのパートの締め括り（行3・行7・行9）には、「今日

　　　　を土地に連れてきた、という解釈に則ったものである。
5　　儀礼スピーチは、通常、発話者が贈与物を手に、膝立ち（tekiduru）になって行われる。
6　　ここに取り上げるのは、ナイタウが行った儀礼スピーチの一部である。また、本章で分析する儀礼スピーチは、発話者が行った息継ぎやポーズ、定型的発話などのディスコース・マーカーに依拠し、言及指示的一貫性を示す「場面（scene）」に分節している。そして、談話テクストの統語的／形式的構造にしたがって「行／節（line / stanza）」、さらに「対句（couplet）」へと分節している。

(nikua)」や「数ヶ月（vica na vula）」という時間性を示す語彙が登場し、即位儀礼を、「彼岸」（太陽／神）が「今ここ」（土地）へ到来したという二つの領域の「邂逅」として範疇化している。

　行1において、ナイタウは、「知る（kila）」という、他動性（transitivity）が比較的低い状態動詞を使用し、特定の事象について「知っている」特定の主体の「静態／不動性」を喚起する。その「不動の主体」に据えられたオリゴから、それとは対照性を示す「動的客体」である「太陽（matanisiga）」について言及している。ここで想定されている「不動の主体」は、それと比較して「動的な客体」である太陽を見ている。しかし、行2においては、太陽の光は「神（na Kalou）」が与えていると言及され、行3では、それが「今日の／この朝（mataka nikua）」に注がれていると述べられる。すなわち、行1において「動体」として指示された太陽は、神という「静態的」存在と同一視され、それとは対照的な時空、動的な経験的世界として「今日の朝」が配置されている。

　したがって、ここでは、「静／動」という意味範疇を、互いに倒置していると考えられる[7]（cf. 平賀, 1986）。行1で、「知っている」という静態として提示された主体は、行3では、「今日」という動的な経験的時空にいること、あるいは、その時空自体として提示されている一方、行1で、「動的客体」として提示された「太陽」は、行2では、「神」という「静態」として提示されている。このようなパラレルな倒置／逆転によって、「知っている」主体が、指標／動的であり、且つ、象徴／静的な主体として指示されている。そうした形式的／意味的な詩的倒置は、「太陽」と「今日」が示す類似性、日々更新（再生）される「新たな日」を（「昇る」[8]動作によって）運ぶ動態（sinsign）であり、同時に、その同一の動作を規則的に「反復」する静態（legisign）、という両者の類像的関係を生成している（cf. Fox, 1988, pp. 186-187）。行4と行5においては、行1〜行3において提示された「知っている」主体と、それが位置付けられている「今日」

7　詩的テクストに観察される意味論的倒置と韻律構造の関係については、自然の静寂性を詠んだ松尾芭蕉の俳句を分析した平賀（1986）を参照されたい。

8　ペニ・ワンガは、ナイタウと共に、デラカンド村がある「山岳地帯（delana）」へ、「沿岸部（ra）」のドゥリティ村から「上る」ことになっている。

という時空間、その主体と場所が、「ダワサム」（という主体／場所）であることが言及されている。「太陽」が登ることを「知っている」静態であり、「今日」という動的な存在としての「ダワサム」と、同一の運動を動的に繰り返す静態「太陽」、この両者の等価性が生成されている。

最後に、行8と行9においては、太陽が変わりなく「登ること」を「知っている」主体として想定されていた存在が「土地」であることが、明示的に述べられるに至る。まず、行8の冒頭"Loku"は「準備する、設置／設定する」という意味の動詞であり、その「準備する」主体が"na vanua"（土地）、つまり、ダワサム地域であると述べられている。続く、行9では、"e na loma ni vica na vula"（数ヶ月の間）という実時間性が指示されている。したがって、「土地」は、特定の事象を、経験的時空において「準備してきた」（そして、「待ちわびてきた」）のであり、それは「今日」という日、「新たに／変わりなく昇る太陽」との等価物、つまり「即位儀礼」であることが隠喩的に開示されているのである。

そして、この行8 "Loku saka ..."（待ちわびてきた）という時空の較正が、行1 "Kila saka ..."（知っていた）によって較正される時空と類像性を有しているように、即位儀礼を「準備してきた（loku tiko）」主体、儀礼の到来／太陽の光の到来を「知っている」主体は、その「変わることのない」動き、その訪れを既に「知っている」主体である。それは、その訪れを疑うことなく待ちわびることが「出来る」時間的で無時間的な主体——完全な主体——としての「土地（の民）」であり、静態性、不変性、象徴性（ノミックな存在としての契機）を獲得しているのである。ダワサムの土地にとっての「本当の」姿が訪れる日、コスモロジカルな「転換」、宇宙論的「邂逅」[9]が、これから開催される即位儀礼として達成されようとしていることが詩的に言及されている。

10.1.2 定型の中の意図と侮蔑

【Scene I】から示唆される通り、このスピーチは、「儀礼」（太陽・神・首長）

---

9 「土地（ヴァヌア）」自体に社会文化的審級が据えられた「今ここ」の時空への転換。

第10章　儀礼ことばの民族誌　　　359

の到来と、その到来を知り待ちわびてきた「土地」、様々な問題を孕んで展開した数ヶ月間の儀礼開催の画策（準備）と、「最初の首長」を土地の民が「連れてきた」神話的過去、この両出来事を架橋し、即位儀礼の「正統的」な意義付けを図るスピーチである。そのような、儀礼全体の中での当該スピーチの位置付けが、賛成派と反対派を排他的に位置付ける「意図性」を、スピーチの定型性を契機として漏洩する。

【Scene II】
10:　Levu saka tiko **na kena vosa**　　　多くの**声**があります
11:　Levu saka tiko **na veisaqasaqa**　　多くの**反対**があります
12:　**Sega ni** yalolailai　　　　　　　決して度量が小さいものたち**ではない**
　　　　　na nomuni qase　　　　　　　　　貴殿の先達は
13:　E vinakati tiko me vaturagataki　　首長を頂くことが求められています
　　　　　na noda vanua　　　　　　　　　私たちの土地に

　行10と行11は、明瞭な詩的構造を成し、（多くの）「声（na kena vosa）」と（多くの）「反対（na veisaqasaqa）」を対句的に提示し、賛成派による儀礼開催の画策に反対した者たちの存在を（暗に）指示している。また、それがドゥリティ村での発話であることが、土地を二分した即位儀礼を巡る争い、氏族・系族集団の排他的関係を指し示す、「挑発性」を詩的に喚起する発話となっている[10]。

　まず、行12において、ナイタウは、これまで詩的構造を維持して推移してきたスピーチの構造性を幾分逸脱する／逆手に取った発話を行っている。それが「貴殿の先達は、決して度量の狭い者たち**ではない**（**Sega ni** yalolailai na nomuni qase）」という発話である。このナイタウによるスピーチ全体において、「否定辞」を用いた発話は、この行12と、後に現れる、行19の二箇所のみとなっており、それ以外は、否定辞を用いない叙述的な発話となっている。この発

10　なぜなら、このドゥリティ村は、反対派の急先鋒である、「マタニヴァヌア」のアリオケが集落を構える村落であり、彼と彼の家系が集落を形成している場所は、このペニ・ワンガ宅の間近に所在するからである。

話は、定型性を示した（否定辞を用いない）叙述的な発話と対比的に、「否定辞」を使用することによって、特異な社会指標性を喚起している。

まず、行12は比較的低いピッチで、文頭の"se (ga)"に「強勢」を付与して発話されており、それに合わせて、その場に居合わせた者たちの複数は、「ヴィナカ（vinaka）」（ありがとう／宜しい／結構）と掛け声を返している。発話者以外の者が発話に掛け声を掛けることは、フィジーにおける儀礼スピーチでは頻繁に観察され、儀礼スピーチを成す一要素ともなっている。それは、発話が創出する「定型性」に合わせた相槌となることで、発話出来事の結束性を生成するものであると同時に[11]、発話自体の内容とそれが喚起する社会指標性に関連をもつ。筆者が知る限り、そうした相槌は、発話内容が発話参加者にとって特定の社会指標性、とりわけ、発話者自身の信条や主張が「表出」したと解釈されうる発話に現れる傾向がある[12]。

ここで為されたナイタウの発言に「ヴィナカ」という掛け声が付随したことは、その発言が、その他の発話とは異なる、（有標な）「否定形」による発話であることによって、ナイタウ「個人」の信条が表出したと解釈された可能性が高まる。そして、ナイタウが述べた、行12の「貴殿の先達は、決して度量の

---

[11] これはガーナのアカン社会の儀礼スピーチで、王の発話に対して為されるokyameによる相槌（sio）と同じ機能がある。この発話については、第2章3節3項（2.3.3）を参照。

[12] 筆者自身が2012年1月、調査村（ナタレイラ村）を後にする際に、長老たちを前にして行った儀礼スピーチの中で、"Au vakavinavinakataka na nomuni veikawaitaki au."（「私は、あなた方が、私を大切に守ってくれたことに感謝します。」）と、一人称代名詞単数形を使用して、明示的に（遂行的に）謝意を述べた際、複数の長老が、「ヴィナカ」と相槌を打ったことを覚えている。筆者が行ったスピーチ自体が、「謝意（vakavinavinaka）」を述べる儀礼的スピーチとして理解されていたが、その中で最も「謝意らしさ」が喚起された発話が、上記の一節であったと考えられる。なぜなら、それ以外の発話は、筆者が、「デライ氏族の一員」として生活した村落での時間について説明をする部分によって構成されていたためであり、そうした叙述との対照性によって、明示的に「謝意」を表明する遂行的発話は、村落住民にとって、特定の社会指標性を（筆者との関係において）喚起する発話であったからである。その発話は、「謝意」を表すという語用実践を成就させた、と言い換えることが出来るだろう。

狭い者たちではない。(Sega ni yalolailai na nomuni qase.)」という発言は、その直前で提示された、行10〜11の「多くの声／多くの反対がある」という発言を受けて為された発話であり、儀礼に反対する人物／集団に対して、ナイタウ自身が放ったやや間接的な「侮蔑」であると考えられよう。そして、次のセグメントで、もう一つの「否定辞」(行19) が後続する。

14:　Yaco saka tiko na ilakolako　　　　迎えが参っています
15:　　　o na rai tiko e dakuqu　　　　私の背後に見るでしょう
16:　o ratou lako tiko mai na qase　　　彼らその先達がやって来ました
17:　　　o sa iratou sara ga qo　　　　この彼らこそが
18:　　　o ratou lai kauta mai na Ratu　彼らが首長を連れてきました
19:　E sega tale ni dua　　　　　　　　決してそれ以外ではありません

ナイタウは、儀礼に反対する者たちを、度量が小さい者たちとし、土地に「首長を頂くことが望まれている」という言及を行った前出のセグメント (行12〜13) に続き、「最初の首長」は自らが率いる集団（デライ氏族）が連れてきた (kauta mai) こと、その時と同じように、(変わらずに登る太陽のように)「この彼らこそが (iratou sara ga qo)」ペニ・ワンガの迎えとして参じたことを、「決してそれ以外ではない (E sega tale ni dua)」という否定辞を再び用いて強調している。彼は、前出のセグメントで言及した反対派との対照性において、自らの集団を「土地の民」であることを、意図的に「信条らしさ」を喚起して示している。

　当該セグメントは、1) 他のセグメントでは登場しない（ピッチを変化させた）「否定形」が反復され、否定辞を伴わない叙述との対照性によって、発話者自身の意図性が喚起されるセグメントであること、2) その意図性が儀礼スピーチという詩的構造性／象徴性の高い談話の内部で喚起されていること[13]、

13　Fox (1988) は、儀礼スピーチの定型句は、厳密な定型性を逸脱せざるを得ないスピーチを、「儀礼スピーチ」として統制する談話的機能を有しているとする (ibid., p.179)。

3) その詩的に打ち消される対象／反対派が、実際にスピーチが為されている村落に住んでいること、以上の多層化した隠喩的（メタ語用的）効果によって「皮肉性」を表出させ、後者を間接的に（しかし意図的に）侮蔑する、その限りにおいて「挑発的」な言及となっている。

10.1.3 「道」(sala)

ナイタウは、彼らデライ氏族が迎えに来たこと、そして即位儀礼が開催されることを、土地の「最初の時」の再起であり、然るべき「道」に沿って訪れたとスピーチを続けてゆく[14]。

【Scene III】

28:	Sai koya qo, e vadeitaka tiko	だからこそ、それを確にするのです
29:	koya e muria tiko mai **na gaunisala**	それが、その**道**を
30:	mai **na matai ni gauna**	その**最初の時**を
	na gauna makawa	その**古き時**を（辿って）
31:	koya e yocova tiko mai e na siga nikua	それが、今日へと辿り着いたことを

行29において、ナイタウは、「道（gaunisala / sala）」という隠喩を使用して、デライ氏族が最初の首長を、ヴニンダワからダワサムへと連れてきて、ヴォニ氏族へ預けたという二つの氏族の繋がりとしての「道」、そして、首長の即位儀礼を実行するのは、常に必ず、「土地の民」であるという相互行為出来事の定型としての「道」を指示している（cf. Katz, 1994）。繰り返し踏みしめることで、道となったその道。繰り返し「参照」されることによって、定型と化した特定

14　Bakhtin (1981) は、「儀礼」や「儀礼スピーチ」が喚起する再起性や引用可能性といった特徴を、「既に話された (already uttered)」ことと表現している (Bakhtin, 1981)。また、Bauman & Briggs (2003) も、儀礼スピーチが生み出す定型性は、それが「既に言われたこと、それがこれから言われること (aligned to the already-said and anticipate the to-be-said)」としての解釈を生起させるとしている (Bauman & Briggs, 2003, p. 319)。

の相互行為、特定の事象が特定のジャンルの典型として生起すること、そうしたメタ語用的解釈が生起する状態が「道を辿る」こと、「最初の時／古き時を辿った」状態である。ナイタウは、以下のように、「道」を、「新たな変化（so na ka vou sa veisau）」という表現と対照的に提示している。

32: Dina ni sa mai so na **ka vou**　　　たとえ幾つかの**新たなこと**が
　　　　sa veisau　　　　　　　　　　　　変化しようとも
33: 　koya e sega ni yaco rawa kina　　だからこそ、それが訪れないように
　　　dua na veisau e na nodatou vanua　　私たちの土地に、一つの変化も
34: E sa muria tale mai na **sala makawa** qo　この**古き道**を、改めて辿るのです

　ここでナイタウが言及している「幾つかの新たな変化」というのは、「土地の（本当の）民」に取って代わり、ヴォニ氏族やデライ氏族の筆頭系族に成り上がった、土地の「外」からやってきた「よそ者」たち、そして、それを「虚偽」の証言に基づいて記録した「文書」を暗示していると理解できる。「古き（makawa）」と「新しき（vou）」という語彙ペアは、NLCによって行われた土地所有の調査（Veitarogi Vakavanua）と、そこで作成された「文書」、それらの記号を基点として生起する「前と後」（liu：muri）という社会文化的時空間、その両範疇へと対応付けられている。

　したがって、この「道（sala）」は、ダワサム地域が文書として造られた時、新たな変化が生じた「文書」という出来事を基点として二つに範疇化される領域を繋ぐ「道」、最初の首長が、ヴニンダワからマタキ・ダワサムへ到来した「道」であり、アンディ・リティアがゴマ島からダワサムにやって来た「道」である。それは新しく変化した動的な現在を、古く不動の静的な過去へと結び付ける「道」であり、両領域が整合性をもって「正しく」重なり合い、土地の「現在」が「過去」のレプリカ（replica）[15]として復元される「道」となってい

15　新たなコンテクストにおいて、特定のディスコースを再現（reproduce）すること、つまり、「オリジナル」のテクストの「複製／コピー」として生起するテクスト／ディスコースのことである（cf. Urban, 1996, p. 21）。

る[16] (cf. Keane, 1997, pp. 217-218; 2007, pp. 265-266)。

10.1.4 最初の時への回帰

　ナイタウは、その「古き道」を辿ること、つまり、首長が「土地」(デラカンド村／山岳地帯) に到来し、即位儀礼が開催されることを、土地が「待っている」と述べて、ペニ・ワンガへ一束のヤンゴナを贈呈し、デラカンド村へ向かう許しを請う。ナイタウは、儀礼開催に反対してきた者たちが住むドゥリティ村 (沿岸部／下方) と、儀礼が開催されるデラカンド村 (山岳部／上方) という二分された地理的範疇を前提として、それが、前者「よそ者」の土地から、後者「土地の民」の土地、「あなた (首長) の土地 (na nomu vanua)」、「過去」へと「出発する」ことであると強調する。ナイタウは、これから開催される儀礼の意義付けを強化するように、「ダワサムの土地に、私が約束します。(Au yalataka tiko na vanua ko Dawasamu.)」という遂行的発話によって、その後スピーチを結んでいる。

　以上のように、ナイタウのスピーチは、デラカンド村で開催される即位儀礼が、土地の「最初の時」、本当の「過去」の再起として、儀礼全体の枠組みを較正するスピーチとなっていると言えよう。ペニ・ワンガは、ナイタウによる申し出を受諾し、デライ氏族が徒歩にて周囲を護衛する車に乗り込み、共にデラカンド村へ向かった[17]。

16　Keane (2007) は、儀礼スピーチの主たる特徴の一つは、認識論的に断絶した二つの領域を繋ぐもの (passage across a gap) であるとしている (ibid., pp. 265-266)。

17　ペニ・ワンガが厳重な護衛を伴って、儀礼の開催地へと向かうことによって、ペニ・ワンガという「今ここ」の人物の象徴性が喚起されている。彼は、護衛されなければならないのであり、そのような「護衛」は、神話と同じやり方に則るという合目的的説明と同時に、(あるいは、より根本的には) そのような「スペクタクル」それ自体に、首長を中心とした政体がもつ (記号現象としての) 重要性がある (cf. Geertz, 1990 [1980], pp. 12-13)。

写真9. ペニ・ワンガの邸宅（ドゥリティ村）へ向かうデライ氏族

＊先頭を歩くのがナイタウである。(撮影日：2010年4月15日)

写真10. ブレへ向かうペニ・ワンガとエヴェレティ

（撮影日：2010年4月15日）

10.2 即位という「語彙化」

　午前10時過ぎ、三十分ほどで内陸部に位置するデラカンド村に到着したペニ・ワンガとデライ氏族は、ヴォニ氏族のナザニエリ宅に向かった。
　ナザニエリ宅に着いた後、ナイタウは、ペニ・ワンガをナザニエリ（ヴォニ氏族）に受け渡した。ペニ・ワンガとナザニエリは、そこで待っていた女性たち（ペニ・ワンガの従姉妹であり、タイ氏族の女性ニリア; Nilia など）の手助けによって、儀礼用の衣装（マシ; masi）[18]に着替えさせられた。その後、午前10時50分頃、着替えを終えたペニ・ワンガは、デライ氏族の手を離れ、ナザニエリともう一人のヴォニ族（ナンボロ系族）の男性（エヴェレテ

18　儀礼の際に着用される、樹皮布で作られた衣装。

ィ; Evereti)[19] を伴って、即位儀礼を行うために建てられた家（ブレ; bure)[20] へ向かった。

10.2.1 ブレの内外の分節

ブレの中では、既に、ダワサム地域内の各氏族を代表する族長、メソジスト派キリスト教会の牧師等が座しており、ペニ・ワンガを迎え入れた。図12は、ブレの内外における、氏族長、牧師等の位置である。

まず、「最上座（cake）」には、1) 首長ペニ・ワンガが「下座（ra）」を向いて座っている。その両脇には、2) キリスト教（メソジスト派）の牧師二人が座している[21]。さらに、その脇には、ヴォニ氏族ナンボロ系族のエヴェレティ

19　即位儀礼開催中は、このヴォニ氏族の男性が、本来、首長のスポークスマンである「マタニヴァヌア」であり、即位儀礼に反対をしたアリオケに替わって、首長のマタニヴァヌアとしての役割を担った。

20　通常は、トタン板などを使用せず、「伝統的」な仕方で建てられた家を指す。

21　ダワサム地域住民の多くは、メソジスト派キリスト教徒である。しかし、ナイタウがその族長（liuliu）であるデライ氏族・ナワライ系族の多くは、カトリック派である。その他、アッセンブリーズ・オブ・ゴッド（Assemblies of God）派、オール・ネイションズ（Church of All Nations）派など、ペンテコステ系に属する宗派の信徒も、とりわけ若年層を中心に増加している。そして、前二者（メソジスト、カトリック）が、「古き悪しきフィジー的」習慣を続ける宗派として、後者（ペンテコステ系宗派）による原典回帰主義的な批判の対象となる傾向が顕著である。

　　近年（2008～2011年）では、都市部を中心にして、「ニュー・メソジスト（New Methodists）」という、聖書への（言及指示的）忠実性を尊ぶ宗派が、壮年・若年層の支持を集めている。彼らは、ヤンゴナやアルコール飲料を飲むこと、タバコを吸うこと、あるいは、ヤンゴナ・酒・タバコ自体を、「悪魔」との接点を維持する「悪しき古き」フィジー的伝統と認識し、それを破壊することや、組織を排した「神と個」（汝と我）の直接的な信仰の重要性を唱え、大きな社会運動となっている。その主導者であるアトゥ・ヴラオノ（Atu Vulaono）は、フィジー警察（Fiji Police Force）の（2009年当時の）長官エサラ・テレニ（Commodore Esala Teleni）の弟であり、警察組織と協働して集会を開催するまでに至っている（Simpson, 2009）。このような現代フィジーにおけるキリスト

図12. ブレの内と外に座した長老たちの配置

ブレの内

上座 (cake)

出入口

牧師（ナメナ）
Talatala (Namena)

エヴェレティ（ヴォニ氏族）
Evereti (Yavusa Voni)

ナメナ地域首長（ナメナ）
Tui Na Wainovo (Namena)

ケレラ・ディカクア (IFLC)
Kelera Dikakua (IFLC)

アリオケ（トヴァ氏族）
Arioke (Yavusa Tova)

ネタニ（ワイレヴ氏族）
Netani (Yavusa Wailevu)

ドンヌ（デライ氏族）
Donu (Yavusa Delai)

ダワサム地域首長 ペニ・ワンガ
Gone Turaga na Ratu ni Dawasamu
Peni Waqa

牧師 トマシ・ヴァカロロ（ナメナ）
Talatala Tomasi Vakalolo (Namena)

モセセ・ナウジ（ラ）
Mosese Nauci (Ra)

イリモ（タイ氏族）
Ilimo (Yavusa Tai)

ナザニエリ・ラギラギ（ヴォニ氏族）
Nacenieli Lagilagi (Yavusa Voni)

サヴェナザ（ナンブト氏族）
Savenaca (Yavusa Nabuto)

モセセ（ダワサム氏族）
Mosese (Yavusa Dawasamu)

タノア
(tanoa)

正面入口

下座 (ra)

サナイラ（ナヴニセア氏族）
Sanaila (Yavusa Navunisea)

レヴィ・ヴェレ（ヴォニ氏族）
Levi Vere (Yavusa Voni)

マオニ（ラウ氏族）
Maoni (Yavusa Lau)

ヴニアニ・ナイタウ（デライ）
Vuniani Naitau (Yavusa Delai)

ブレの外

デライ氏族の警護隊
(Yadra ni Yavusa Delai)

が座している。エヴェレティは、デラカンド村での儀礼開催中、ペニ・ワンガ（首長）のスポークスマン／後見人である「マタニヴァヌア」を、儀礼には参加しなかった反対派の急先鋒であるアリオケに替わって務めた[22]。さらに下座に向かって、**3)** ダワサム地域に隣接するナメナ地域の首長（Tui na Wainovo）と、ペニ・ワンガの先祖が由来するラ地方のナラワ地域の長老（Mosese Nauci）、いわゆる「土地の親族」（veiwekani vakavanua）が座している。さらに下座には、フィジー言語文化研究所（IFLC）のケレラ・ディカクア（Kelera Dikakua）が、ヴィデオで儀礼の撮影を行っている。

　さらに下座に向かって、**4)** ダワサム地域に存在する氏族の族長／代表ら八人が座り、内二人（ラウ氏族のマオニ; Maoni、ナヴニセア氏族のサナイラ; Sanaila）は、家の中に収まりきらず、その外に座っている。家の中の最下座の左隅には、ペニ・ワンガの（第二夫人の）長男モセセ（Mosese）が座っている。そして、（ナイタウを含めた）デライ氏族が担う警護隊（yadra）が、ブレを取り囲むようにして周辺の警護に当たっている[23]。さらに、儀礼の家の脇には、集まった地域住民たちが日差しを避けて儀礼に参加できるように設置された屋根のある場所（ヴァトゥヌロア; vatunuloa）に、ダワサム小学校の生徒たちや地域住民などが、儀礼を見守っていた。

　　教とフィジー土着の信仰に関わる言語人類学的な分析として、Tomlinson（2009, 2014）が挙げられる。石森（2011）は、これに類似したソロモン諸島における宗教運動である「クリスチャン・フェローシップ教会」を、「本当のメソジスト」を主張する運動として詳細に議論している。また、Lattas（1998）は、パプア・ニューギニアにおける現代のキリスト教ファンダメンタリズムの流行と、カーゴ・カルトの復活との相関関係の存在を指摘している（ibid., pp. 271-315）。

22　ある人物が、（上座に座す）特定の人物に対して「マタニヴァヌア」の役割を担った場合、マタニヴァヌアは、その上座の人物が飲んだ直後に配られるヤンゴナを飲む（rabe）ことになる。したがって、マタニヴァヌアは固定的な役割ではなく、上座に座った特定の人物（その儀礼において歓待を受ける側の人物）に対して、誰が「マタニヴァヌア」を務めるかは、状況に応じて変容する。通常は、その人物に対して親族関係上、比較的近い者（兄弟、従兄弟など）が担うことが多い。デラカンド村での即位儀礼では、エヴェレティは、この役割を固定的に担い、常にペニ・ワンガの身辺にいた。

23　本書冒頭の口絵を参照。

写真11. インベで作られた道に座す女性たちとヴァトゥヌロア

(撮影日：2010年4月15日)

　また、ペニ・ワンガが、儀礼用の衣装（マシ）に着替えを行ったナザニエリ宅から、儀礼の家までの50mほどの道は、莫蓙（インベ; ibe）[24]とマシが敷かれており、その道の両脇には、女性たちが座している。その道が、ブレと接続している近傍には、ヴォニ氏族、デライ氏族など、儀礼を主導した氏族の族長の系譜に属する、長老格の女性たちが座している[25]（**写真11を参照**）。

24　パンダナス（voivoi）の葉を、長時間煮た後、繊維だけになったものを乾燥させて編んだ莫蓙。女性がインベを編むことは、「タリタリ（talitali）」と呼ばれる。

25　各氏族の氏族長の系譜に属する女性たちなどであり、デライ氏族では、ナイタウの姉ナイナ（Naina）、イシレリの妻セタイタ（Setaita）などが座していた。また、この儀礼で使用するため、各村落に付き、五枚のインベを持ち寄るように決められていた。通常、インベは女性たちによって作られ、女性たちの財となっている。それぞれの村落には「婦人会（soqosoqo ni marama）」が存在

以上を整理すれば、**1)** 首長として即位するペニ・ワンガが座す最上座の両脇には、「三位一体」の神と教会に仕える人物たち、「神／上」と「人間／下」の領域の間に位置付けられる（メソジスト派の）牧師が座し、より「下座」へ向かっては、**2)** ダワサム地域を基点として、その地域の「外部」として範疇化される（タイレヴ地方の）ナメナ地域と（ラ地方の）ナラワ地域の首長位の系譜に属する長老が座り、そして、**3)** フィジー政府（フィジー言語文化研究所; IFLC）の役人が座っていることになる[26]。政府を境に、さらに「下座」に向かって、**4)** ダワサム地域の氏族長らが座り始めるが、その境界は、ブレの空間を上下に二分するほぼ中央に位置している。境界は、両側にブレの出入口（katuba）があること、また、その両側の出入り口を結んだ線の中央に、ヤンゴナを混ぜ合わせる盥（タノア; tanoa）が置かれることによっても指標されている[27] (Ravuvu, 1983, pp. 17-18)。

ブレの外（さらなる「下座」）には、**5)** これら地域の氏族長によって率いられる地域住民が座り、さらに、**6)** ブレを中心とした周辺一帯を、棍棒（wau）を担いだデライ氏族の男たちが「敷居」を作るようにして警備に当たり、その敷居の内部へと（儀礼の秩序・手続きに則ることなく）侵入しようとする者を妨げる義務を担っている[28]。敷居内部に、指標性／偶発性（sinsign /

し、氏族長の系譜に属する女性や、氏族長の配偶者などが、その主導的地位（liuliu）を担い、集団や村落としての共同作業（solesolevaki）を遂行する女性の組織となっている。

[26] この役人（ケレラ）の目的が、儀礼のヴィデオ撮影であったことが、彼女が座る場所を決めたという説明も可能だが、実際には、彼女は、他の者たちが座した後に遅れてブレにやって来て、彼女にこの場所に座るように指示したのは、デライ氏族のナイタウであった。つまり、ケレラが撮影に最適な場所を指定したというより、儀礼の場に座す他の人物たちとの関係、その空間に作用している指標性の階梯に沿って、彼女の座る位置は統制／選定されたものであったと考えられる。

[27] タノアの配置については、第8章1節1項（8.1.1）を参照。

[28] この敷居内で「タブー」を犯すことが許された人物、ブレの内外で自由な行動を取ることが許された「秩序外」の人物は、筆者（調査者／外部観察者）のみであったことを併記しておく。

写真12. ブレの内の装飾

*最上座と、その後背に張られたマシにはRATU PENI WAQAと書かれている。

(撮影日：2010年4月15日)

singularity) が入り込むことを妨げることによって、規則性／類型性（legisign / regularity）がドミナントに作用する象徴的時空として、敷居内部を「タブー（tabu）／禁域化」している[29]。

10.2.2 空間の詩的多層化

　ブレの内部の装飾についても記述したい。ペニ・ワンガが座る最上座の後背には、RATU PENI WAQA（ラトゥ・ペニ・ワンガ）という「首長位（Ratu）と名前（Peni Waqa）」が書き記されたマシが張られている。ペニ・ワンガは、何重にも多層的にマシとインベが積み重ねられた上に座り、その彼が座るマシにも、そしてインベには刺繍（kula）によって同様の文字（RATU PENI WAQA）が編み込まれている。ブレの柱や梁も全てマシによって入念に包まれている（**写真12**を参照）。

　さらに、RATU PENI WAQAという三つの語は、全て「子音+母音（CV）」の反復（二音節）によって構成されており、いずれも大文字で記載されている。この三語は、視覚的にも詩的構造が顕著であり、音声的にも地域住民たちにとっての「ワン・ライナー（one liner）」[30]、つまり、言及指示的価値／象徴性をあまりもたず、社会指標性／類像性が前面化した視覚記号——文字——いわば集団連合にとっての視覚的・音声的「トーテム」として生起する名詞句となっている。このRATU PENI WAQAは、「地位名詞」と「固有名詞」、象徴と指標の結合としての名詞句であると解釈できる。そのような「文字」が刻印され、幾重にも重ねられたマシ（後背）とインベ（座位）、それらによって多層的に包まれた空間、そのような多層化した「包含構造」によって詩的に形象化されたブレ、その「最上座」（cake）が、自身もまたマシに身を包み、その両脇にヴ

---

[29]　実際に、デライ氏族のある男は、この敷域内部に侵入しようとした犬を追い払おうとし、その際に犬が上げた大きな鳴き声が、IFLCのヴィデオ映像に記録されていた。

[30]　この種の言語使用（キャッチ・フレーズなど）は、視覚記号（非言語的な文字など）との親和性が高く、類像性と指標性が顕著な性質をもつ。実際に、視覚記号と共に、そして、視覚記号として機能する傾向を示す。

ォニ氏族の従者（ナザニエリとエヴェレティ）、さらに前後にデライ氏族の厳重な護衛を伴って、ドゥリティ村（下方; ra）からデラカンド村（上方; cake）へ、そして、ブレへ辿り着いたペニ・ワンガが座る場所となっている[31]。ドゥリティ村（ra）からデラカンド村（cake / delana）へ、デライ氏族が連れてきた（kauta mai）ペニ・ワンガは、ナザニエリ宅に設置された着替えの場所（icili）において、デライ氏族からヴォニ氏族へと渡される。そこで、ヴォニ氏族によって準備されたマシを、ペニ・ワンガの従姉妹（vasu）、ルヴナヴアカ村に住むタイ氏族の女性らによって身に付けられる。マシに身を包み、「着替え」を終え、儀礼的存在へと変容したペニ・ワンガは、その前後をヴォニ氏族（ナザニエリとエヴェレティ）、さらにその前後をデライ氏族による護衛を、「包含構造」を形成するように伴って、「儀礼の場（ritual center "out there / out here"）」、つまり、首長位と自らの名前が刻印されたマシとマットによって多層的に包まれた詩的空間に座るのである。

31　Sahlins（1993 [1985]）は、ホカートの議論を引用しつつ、フィジーにおける首長の即位儀礼において、首長が纏うマシ（樹皮布）は、インベと同様に女性が作るものであり、女性が所有する重要な財（iyau）であることから、外部／自然／男性の象徴としての首長を、内部／土地／女性の象徴としてのマシによって包むことは、土地（女性／内部）が首長（男性／外部）を馴化したことを意味すると同時に、同様にマシを身につけた土地の氏族長ら（masi ni vanua）を掌握したことを宇宙論的に意味付けているとする（ibid., pp. 85-90）。このように、マシやインベの弁別的機能を否定する必要はないし、実際に、そのような文化的ステレオタイプを喚起する装置であるとも解釈しうる。しかし、こうした議論は、象徴と指標の相互嵌入の有り様が論じられていないため、まさにサーリンズ的な、（反）西洋近代的な宇宙観（の投影）の域を出ないものとなっている。ちなみに筆者は、調査当時、サーリンズの民族誌『モアラ（Moala）』を読んだことがあるというモアラ島出身の青年と、ナタレイラ村で出会ったことがある（cf. Sahlins, 1962）。今後、サーリンズの論考、その他の人類学者たちが書き残した著作が、フィジー的伝統のメタ・テクストの一つとなってゆく可能性は否定し難いだろう。

10.2.3　象徴記号化

　こうした移動は、ペニ・ワンガという指標的コンテクストが、首長位という「地位／系譜」、「時空間」、つまり「象徴構造」それ自体へ、象徴記号のレプリカへと変容することを意味している。名詞句階層に依拠すれば、通常、「一人称代名詞」によって直示的（deictic）に指示される、一回的で経験的なコンテクストに依存した「今ここ」の人物が、「固有名詞」そして「地位名詞」へと象徴性の階梯／名詞句階層を上り、多層化した詩的構造を通して、コンテクスト依存性／指標性が強く抑制された詩的空間に座す。そして、コンテクストに関係なく前提可能性の高い歴史的・普遍的人物、つまり、文化的ステレオタイプ／文化的意味範疇を（比較的）透明に反映する抽象名詞、すなわち、象徴記号の現実態（トークン）——神話——として記号化される過程として説明できよう。

　このような名詞句階層に依拠した過程と相関を成すように、「儀礼の場」であるブレを中心としたデラカンド村の時空間は、RATU PENI WAQAという詩的構造を顕著に示す「ワン・ライナー」、つまり地位／象徴となった名前（固有名詞）が各所に刻印されている。そして、牧師によって両脇を固められて神聖化された「最上座」（「上座」と「下座」の境界としてタノアが置かれたブレの中央）を起点として、その下座へ、家の外へ、護衛隊による敷居の外へ、さらに、デラカンド村の外へと向かって、漸次的に「象徴性」を低下させてゆく（よって「指標性」が段階的に上昇してゆく）ように分節化されている。この記号原理に則って、ブレの内に座す人物たちは、（ダワサム地域を基点とした場合）外部に位置付けられる象徴性の高い存在、**a)** ダワサム地域においては「地位名詞」によって指示される傾向が強い他地域の首長位に属する人物たちから、**b)** 比較的象徴性が低い、地域内部に位置付けられる存在、つまり、ダワサム地域に存在する氏族の長たち、**c)** その氏族の長によって率いられる、「名をもたない」、語用的コンテクストに依存したダイクティックに指示される「私／あなた」たち、つまり、ブレの外に集まった子供たちを含む、その他の地域住民、氏族・系族集団など、オーディエンスが配置されている。

　このように、デラカンド村は、明瞭な詩的形象化を経ることによって脱コン

テクスト化され、人々の意識に上り易くなった文化的意味範疇、神話を、「今ここ」で直接引用した空間／フォーミュラ、つまり「指標的類像記号」(indexical icon / metapragmatic diagram) へと変容する。そして、首長となるペニ・ワンガは、その基点へ投錨され、儀礼スピーチ（呪文）が繰り返し唱えられたヤンゴナを「飲む」、身体に入れる、直接引用することで、神話が憑依した人物、首長、そのようなメタ語用的効果（マナ）を生むように較正されていると言えるだろう。そして、ブレの中央、つまり「上座」と「下座」を弁別する、両脇の出入り口を結んだ境界に運び込まれるのが、そのヤンゴナである。

10.3 ヤンゴナを「飲ませる」(veivagunuvi)

11時30分、ブレに到来したペニ・ワンガを祝福する一連の儀礼スピーチと贈与交換が行われた後、首長の即位儀礼で最も重要な、首長にヤンゴナを飲ませる儀礼（veivagunuvi）、あるいは、「ビロ（bilo）」を首長へ譲渡する儀礼（soli na bilo）が行われた。

10.3.1 凝固した八つの氏族

初めに、ナザニエリの弟であるナンボロ系族のレヴィによって、ブレの中に運び込まれたヤンゴナについてのスピーチが為される。ブレの中央に置かれたタノアとヤンゴナの側で膝立ちになったレヴィは、ダワサム地域の八つの氏族が、ペニ・ワンガへ「ビロ」（ヤンゴナの器）を譲渡することに賛成していると述べる。

1:	Au **sa mai** tekiduru na nomuni qase	私、あなた様の先達は膝立ちで**います**
2:	**sa mai** lose na tanoa yaqona	ヤンゴナのタノアが、混ぜ合わさ**れます**
3:	**qo** saka na vatu ni vanua o Dawasamu	**これ**はダワサムの土地の石です
4:	**qo** saka na bilo wai ni vanua o Dawasamu	**これ**はダワサムの土地の水の器です
5:	**e ratou** sa dabe na nodaru qase	**彼ら**、私たち二人の先達が座っています

6:　e ratou sa vakadinadinabulatakia　　　彼らが、確証しています
7:　qo wari ka ni gauna vou　　　　　　　これは、新たな時のことではありません
8:　qo na ka ni gauna taumada qo　　　　これは、この、最初の時のことであります

　このスピーチの一節には、顕著な詩的構造が現れている。初めに、韻律的な反復構造について説明しよう。まず、行1と行2は、それぞれ中母音[e]（qase）と低母音[a]（yaqona）によって締め括られている。行5と行6の末尾（qase, -takia）にも同様の韻律構造が現れ、［行1-2：行5-6］という同一の脚韻を踏んだ対照ペアを形成している。さらに、行3と行4では、それぞれの末尾に[u]（Dawasamu）という母音が現れ、脚韻構造を形成している。行7の末尾では、[u]（vou）という母音が登場し、行8の末尾では[o]（qo）という中母音が登場している。行7の"vou"という形容詞の末尾の母音[u]は、実際に発声された場合、その直前の中母音[o]を伴うことによって、音声自体としては[o]に近い音（[o]と[u]の中間に落ちうる異音）[32]となるため、行8の末尾[o]と（ほぼ）脚韻構造を形成していると解釈できるだろう。

　さらに、頭韻構造も見てみよう。行1-2は、（行1の冒頭Auを除いて）"sa mai"、行3-4はqo、行5-6は"e ratou"、行7-8も"qo"という対句によって、それぞれが頭韻構造を形成しており、さらに［行3-4：行7-8］は、同一の頭韻を踏んだ対照ペアを形成している。したがって、この一節は、［行1-2：行5-6］という同一の脚韻による対照ペアと、［行3-4：行7-8］という同一の頭韻による対照ペアによって、さらなる詩的構造を包含的に形成していることが理解できる。また、この一節全体の始まりは、行1の"Au"（一人称代名詞の一致の標識）によって始まっているが、直後の行2では、それに対応しうる語彙を「空所化変形（gapping）」によって伴っておらず[33]、"sa mai"によって開始されている。同様に、この一節全体を締め括る行8の末尾"qo"は、直前の行7には、それに対

32　"allophones"（音声的ヴァリエーション）のこと。厳密には特定の音素には対応しない「異なる音」でありながら、「（ほぼ）その音素に対応している」という範疇的認識が生起する音。

33　空所化変形については第2章2節1項（2.2.1）を参照。

応しうる語彙を伴っていない。すなわち、行1 "au"と行8 "qo"は、各々の直前・直後に対句を形成する語をもたない語彙となっており、その両者（au：qo）自体が対句を成すことで、この一節全体を完結したセグメントとして枠付け（敷居付け）ていると解釈できよう。

また、行8のみを見た場合、末尾の語である "qo" は、文頭においても登場しており、その反復が一節全体の止揚を指標すると同時に、その言及指示内容自体を強調する発話ともなっている。まず、行8は、行7と言及指示的意味において明瞭な対照性を示す発話となっている。なぜなら、行7は、"wari"[34]という否定辞を伴って、行われている出来事が、「新しき時のこと（ka ni gauna vou）」ではないと言及するのに対して、行8は、否定辞を伴わず、「新しき（vou）」の対句として「始まり（taumada）」という語彙が登場している。即位儀礼（今ここで為されている「この」出来事）が、土地の「始まりの時」の再現であることを、「これ（qo）」というダイクシスの反復によって形象化し、直前の行7の「否定／打ち消し」を「完了」するように機能している[35]。

以上によって、この一節全体は、統語的にも韻律的にも、明瞭な詩的構造を伴ってテクスト化されていることにより、「ビロ」（水の器; bilo wai）をペニ・ワンガへ譲渡する地域の氏族長らの結束の強さ、言い換えれば、「石（vatu）」[36]

34　"wari"は、"warai / wara"の変形であり、フィジー語標準変種バウ語の否定辞 "sega"（no, none）の方言変種である。ダワサム地域に隣接するナメナ（Namena）地域を中心に観察される（Geraghty, 1983, p.319）。

35　ここでは否定辞を伴っているが、その直後に現れる語彙ペアが、通常、「新しき」の対照ペアとして前提とされる「古き（makawa）」ではなく、「始まりの時（gauna taumada）」という語彙が現れている。つまり、「古き始まりの時」であることを言及指示する発話となっている。

36　行3では、「これ（qo）」（指示代名詞）が登場し、それが「ダワサムの土地の石（na vatu ni vanua o Dawasamu）」であると述べられている。ここで「石（vatu）」という隠喩によって指示されているのは、レヴィが手にもっているタンブア（鯨歯）のことである。儀礼スピーチにおいてタンブアが言及指示される場合、"kamunaga"というレジスターが一般的に使用されるが、ここでは「石」という凝固性や固体性を指標する語が使用されている。したがって、「石」の授受が体現する出来事、つまり、即位儀礼を開催した「土地の民」の結束の強固さを指標している。また、行4と行3は、同一の統語構造を有しており、「石」

のような塊としての凝固性を強く喚起するよう貢献している。すなわち、「石＝器＝土地」という結合関係を固体化し、「ビロの譲渡」という出来事を、儀礼参加者の眼前において、確証（vakadinadinataka）[37]するように作用している。

10.3.2 「ビロ」の譲渡（soli na bilo）

　レヴィによって行われたスピーチの後、二十八年前にペニ・ワンガが、アンディ・リティアから継承した「鯨歯」が象徴するもの、そして、土地（地域）が生成された「最初の時（matai ni gauna）」、つまり、デライ氏族がヴニンダワ地域から連れてきた男子「ナゾウ」が、最初の首長として即位した時に、ヴォニ氏族によって与えられて飲んだヤンゴナの器「ビロ（bilo）」の授受儀礼が実行される。ヤンゴナをブレの中で作るのは、ヴォニ氏族ナンボロ系族の男性たち（cauravou）である。

　そして、彼らが作ったヤンゴナを「ビロ」の中に受け取り、それを手にもって、上座に座っているペニ・ワンガの目前に立ち上がった人物、この儀礼開催の画策の主導者であるナザニエリはスピーチを行う[38]。スピーチは、まず、行1「偉大なる首長よ（Turaga na Ratu）」という呼格（vocative）に始まり、次に、

　　　の対句として、「水（ヤンゴナ）の器（na bilo wai）」が言及され、この「石」と「器」の所有者、そして、それが由来する場所が、「ダワサムの土地（vanua o Dawasamu）」と言及されている。つまり、「石＝器＝土地（の民）」という強い結束性が喚起されている。

[37]　"vaka-"は、形容詞や名詞句の接頭辞となることによって、名詞や使役動詞を形成することが出来る。これは、「本当の」という形容詞"dina"の反復（dina-dina）に、"vaka-"を伴うことによって「確証」という名詞ともなり得るが、ここでは、その後に"-taka"という語尾の変化によって使役動詞となっている。"-taka"は、他動詞を形成する接尾辞（形態音素）"-aka"が発音される際に/t/を伴って現れる形態である。

[38]　このスピーチは、そのリズムやポーズ（間合い）などのパラ言語的要素と、発話全体が示す詩的構造、そして言及指示内容に鑑みた場合、「冒頭部」、「中核部」、「終結部」の三つのセグメントによって構成されていると考えられる（cf. Tedlock, 1992, p. 82）。さらに、それら三つのセグメントを枠付けるように、「始まり」と「終わり」に、それぞれ短い発話が為されている。

写真13. ヤンゴナを混ぜ合わせるヴォニ氏族の男性たち

（撮影日：2010年4月15日）

行2「これがあなた様のビロです（Qo na memuni bilo）」という、ナザニエリが手に持っている「このビロ（bilo qo）」について説明する簡潔な発話によって口火が切られている。

【始まり】

1: Turaga na Ratu　　　　偉大なる首長よ
2: Qo na me<u>muni</u> bilo　　これがあ<u>なた様</u>のビロです

行2で使用されている「あなたの（memuni）」は、液体（飲み物）を指示する際に使用される定冠詞"me"に続いて、その液体の所有者を指示する二人称所有代名詞多数形の"-muni"である。したがって、ここでは、「尊大さ」を体現する（二人称所有代名詞多数で指示される）人物（amplified person）としてペニ・ワンガが指示され、そのビロ（ヤンゴナ）がペニ・ワンガ（首長）のため

写真14. ビロを手に持ちスピーチを行うナザニエリ

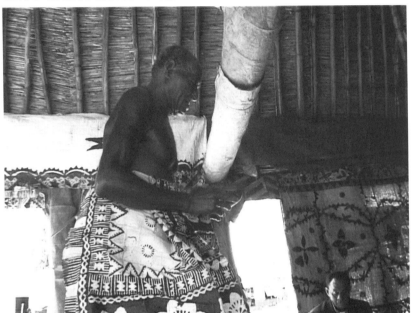

（撮影日：2010年4月15日）

のものであると語られる[39]（cf. Benveniste, 1971 [1946], pp. 200-204; 1971 [1958], pp. 224-230）。そして、「偉大なる首長」に与えられるビロ、ヴニンダワからダワサムの土地への「道」、長きにわたった「様々な困難」を乗り越えてダワサムへと辿り着いた土地の民が手に持つ「この」ビロ、そのようにして提示されたビロが、どのように到来したのかについての説明が展開してゆく。

---

[39] エミール・バンヴェニスト（Émil Benveniste）は、コミュニケーションにおける「話者」や「聞き手」、人称代名詞の使用を通して間主観的に現れる「主体」や「客体」に関する議論において（Benveniste, 1971 [1956], pp. 224-230）、一・二人称代名詞の「複数形」によって言及指示された対象は、「尊大化（amplified）」された人物、いわば「非人格性（impersonality）」を付与された存在として指示される現象であることを論じている（Benveniste, 1971 [1946], pp. 200-204）。

【冒頭部】

3: **Sa vakavinavinaka** 　　　　　　感謝します
4: 　　na nona veivakarautaki na Kalou 　神による導きを
5: **Sa mai duavata** na lewenivanua 　ここに**一つとなる**土地の民
6: 　　e na sasaga levu e caka tiko mai 　その大いなる画策と共に
7: 　　e na loma ni vica na yabaki. 　　数年来為されてきた画策

8: 　　Qo na bilo ni vanua o Dawasamu 　これがダワサムの土地のビロです
9: 　　**sa loma donu** na Turaga ni vanua 　**真っ直ぐな心**の土地の長老たち
10: 　　**sa loma donu** na Kalou 　　　**真っ直ぐな心**の神

11: 　　Sa mai **soli vei iko** e na siga e daidai 　今日ここに、**あなたに与えられる**
12: 　　na bilo ni vanua qo 　　　　　この土地のビロです

　【冒頭部】の最初の発話は、行3「感謝します（Sa vakavinavinaka）」という希求法で始まり、その後に、その謝意の対象が二つ言及されている。一つ目は、行4「神による準備（na nona veivakarautaki na Kalou）」であり、二つ目が、行5「土地の民が賛成／一致している（sa mai duavata na lewenivanua）」状態である。"na" は定冠詞であり、"nona" は三人称所有代名詞単数形、"veivakarautaki" は「準備する」という自動詞 "vakarau" の他動詞形 "vakaraut-aka" の受動態 "vakaraut-aki" に、接頭辞 "vei-" が付いて名詞化したものである。"na Kalou"[40] は、キリスト教の「神」を指示し、ここでは、「準備（veivakarautaki）」（という動作の）主体として指示されている。

　次に登場する行5 "Sa" は、非時制的／無時間的に動作の確定性を強調する「現実相（realis）」である[41]。それに後続する "mai" は、発話出来事のオ

40　フィジー土着の祖先神／祖霊は、"kalou vu" と言及されるが、"kalou Vu" と "na Kalou"（キリスト教の神とフィジー土着の祖霊）の区別は、コンテクストに依存したものでもある。

41　現実相（realis）については、第6章3節3項（6.3.3）を参照。

リゴに向かってくる動作の状態／方向を指すダイクシスであり[42]、その後の"duavata"は、「一つである」状態を指示する形容詞である。そして、その主語は、"lewenivanua"（「土地の民」）と言及されている。したがって、行5の言及指示内容は、「今まさに団結した／しつつある土地の民」であり、その確定性を喚起する発話となっている。すなわち、ナザニエリによる謝意は、「神が準備した状態」であり、「今ここに団結した土地の民」、この両事象（あるいは、「神が準備した団結した土地の民」）がその対象となっている。行6 "na sasaga levu"は、「大きな（levu）努力／画策（sasaga）」という名詞句であり、後続する"e caka tiko mai"は、"na sasaga levu"を後置修飾する関係節であることから、（オリゴに向かって）「為されてきた（caka tiko mai）」という意味を有する[43]。そして、行7 "e na loma ni vica na yabaki"[44]は、「数年の間」という前置詞句である。したがって、土地の民がここ数年来進行させてきた即位儀礼開催の画策の結果、ダワサムの土地の民が一体となったこと、それが「神」によって準備されたものであることが言及されている。

以上を受けて、ナザニエリは、行8「これが、ダワサムの土地のビロです（Qo na bilo ni vanua o Dawasamu）」と述べている。長年の画策を経て「一枚岩（duavata）」となったダワサムの「土地」、その凝固した固体を指し示すものが「このビロ」であるとする。そして、行9「土地の長老・氏族長ら（turaga ni vanua）」と、行10「神（na kalou）」が対照ペアとして登場し、その両者の「心の内」が「真っ直ぐ正しい（loma donu）」[45]状態であることが、同一の統語構造 "Sa loma donu ---."によって示されている。よって、この両者（神と土地の民）は、等価な主体であり、等価な状態（真っ直ぐ正しい心の内）であることが詩的構造によって喚起されている。

行11で、再び「ダワサムの土地のビロ」が「今日（e na siga e daidai）」[46]、首

42　動作の状態／方向を指すダイクシスについては、第9章2節1項（9.2.1）を参照。
43　"caka"は「行う」という動詞、"tiko"は進行相である。
44　"vica na yabaki"は「数年」という意味。
45　ここでの"loma"は、人の「心（の中）」を指す名詞として使用されている。
46　"daidai"は、「今／現在／最近」を指示する名詞であり、前置詞を伴って"e

長に渡される（soli）こと／渡されようとしていることが言及されている。また、【始まり】のセグメントで、二人称多数の所有代名詞（memuni）によって、遠く彼岸に位置する人物として指標されていた首長（Turaga na Ratu）は、「あなた（iko）」（二人称代名詞単数形）によって指示される人物、つまり、ナザニエリの眼前に座すペニ・ワンガへと変容し、その「あなた（iko）」へ渡される（soli）ものが、「この土地のビロ（na bilo ni vanua qo）」であることが強調されて【冒頭部】は結ばれている。以上、【冒頭部】は、首長を指し示す二人称代名詞が、「多数形」から「単数形」へと移行すると同様に、首長が受け取る「ビロ」が、神による準備によって、そして「土地の民」の長きにわたる画策によって、「今日」、「ここに」辿り着いたこと、その確定性を指標する発話となっている。

【中核部】

13:	**Sa nuitakia**	祈願します
	ni na vakalougatakia tiko na Kalou na bula	神の御魂に幸あらんことを
14:	maroroi na vakatulewa	政治的決定権が大切にされることを
15:	mo dau ni vakatulewa vinaka	あなたが上手に政治的決定を行い
16:	me rairai votu na veivuke	そのための助けが到来するように
17:	kei na kena maroroi na vanua	土地を大切にすることと共に
	e na itikotiko vakaturaga	首長の住む場所において
18:	rogoci mai na lewa	決定が聞こえる
	ka na soli vei iko	そして、あなたに与えられる
19:	**na vanua qo me sa nomu vakadua na kena lewa**	**この土地、その意志決定権は永久にあなたのものになる**
20:	kei ira na lewenivanua qo	彼らこの土地の民と共に

【中核部】の最初の発話である行13も、【冒頭部】の行3と同様に、「祈願します

---

daidai」「今の／現在の／最近の」として現れる。したがって、"siga"「日」という名詞を後置修飾し、"siga e daidai"「今日」という名詞句を形成する。

(Sa nuitakia)」[47]という希求法で開始されている。ここでは、「神とその御魂（na Kalou na bula）」が「幸福な」状態にある（vakalougatakia tiko）こと、行14では、首長が「土地」の意志決定（na vakatulewa）を大切に守ること（maroroi）、行15で、良い／上手く意志決定を行うこと（mo dau ni vakatulewa vinaka）が希求されている。行16では、首長が執る意志決定に対して「土地からの助け（veivuke）」が為されること、行17では、首長の住居において（e na itikotiko vakaturaga）、土地の民が首長を支え守ること（kena maroroi na vanua）、以上が祈願されている。

したがって、この【中核部】では、【冒頭部】で言及された「土地のビロ」がペニ・ワンガへ譲渡されることで、「土地の民」と「土地に対する意志決定権」が永久に（vakadua）ペニ・ワンガのものとなること、言い換えると、ペニ・ワンガ自身が「土地」となり、「土地」がペニ・ワンガ（首長）となることが述べられている。そのことは、【冒頭部】で提示された「ビロ」、象徴的時空から、「今ここ」に辿り着いた「このビロ」が、「今ここ」の指標的な土地の民、その土地に対する意志決定の力と一体化すること、つまり、「象徴」と「指標」が（任意的に）結合するという「語彙化」が言及指示されたのである。

【終結部】

21: **Da vakavinavinaka** 　　　　　　　我々は感謝します
22: ni tiko na wekamuni vakavanua 　　あなた様の土地の親族がいることを
23: tiko na Turaga na iTalatala 　　　　牧師さま
　　 ilesilesi ni bose ko Viti, lesilesi ni matanitu 　フィジー政府の代表がいることを
24: sa <u>na</u> vakarau **solia vei iko** na bilo qo 　<u>あなたにこのビロを</u>**授けます**
25: sa nuitakia ni na ceguvia na nomu bula 　あなたの生命が安らぐことを祈ります
　　 ni na vakalougatatakia na Kalou na nomu bula 　あなたの神の生命に幸あらんことを
26: vakauasivi e na kalougata na vanua 　特に、この土地が
　　 e na veika e so vakarautakia na Kalou 　神が導く全てのことにおいて

47　"nuitakia" は、フィジー語標準変種バウ語の "nuitaka"（「希望する」）のダワサム・ナメナ地域周辺の方言変種である。

【終結部】も、最初の発話（行21）は、先行する冒頭部（行3）・中核部（行13）と同様に、「感謝します（Da vakavinavinaka）」という形式によって開始されている。しかし、ここでは、【冒頭部】と【中核部】において言及されていた、"sa"という出来事の確定性を指標する現実相は伴っておらず、"Da"（一人称代名詞包含形多数kedaの一致標識）が文頭に現れている。したがって、この発話は、【冒頭部】と【中核部】では、明示的に言及指示されていなかった、「感謝している／祈願している」動作の主体が、「聞き手」を含む（包含的）一人称代名詞多数形によって標示されたのである。【冒頭部】と【中核部】においては、その主語が明示化されることなく[48]、無時間的（象徴的）に標示された謝意や祈願は、聞き手を含む「包含形」（一人称代名詞多数）、つまり、時間的（指標的）な存在としての"da"（私たち）として明示的に標示されることによって、「彼岸」と「今ここ」が整合性を有して邂逅する時空が語用的に生み出されるように、この【終結部】はフレーム化されている。

　その上で、ナザニエリは、その謝意の受け手であり、それを共に表明する「今ここ」に位置付けられる主体たちの存在を同定する。初めは、ダワサム地域にとっての土地を介した親族たち、つまり「上座」に座っている周辺地域の首長位に属する長老たちを指している。次は、首長の脇（上座）に座っているキリスト教メソジスト派の牧師たち、最後は、「フィジー政府」[49]を代表して儀

48　あるいは、その主体は、この発話を行っているナザニエリ氏自身であることが省略されて、非明示的にのみ指示されていた。

49　筆者の記録では、この日、政府機関に所属する人物として儀礼に参加していた人物は、北タイレヴの行政を管轄する管区事務所の行政担当補佐官（Roko Tui veivuke）のヴェレシ・サクニトガ（Veresi Sakunitoga）、そして、「フィジー言語文化研究所（Institute of Fijian Language and Culture; IFLC）」に所属し、儀礼の一部始終を映像で記録していたケレラ・ディカクア（Kelera Dikakua）とシミオネ・セヴドゥレンドゥレ（Simione Sevudredre）の三人である。

　IFLCは、筆者のフィジーにおける受け入れ先であり、当該儀礼の開催をIFLC所長・職員に報告し、映像記録の作成を依頼したのは、筆者自身であった。当時のIFLC所長（故・ミシワイニ・ゲレンゲレタンブア；Misiwaini Qereqeretabua）は、筆者に対して、映像記録の依頼状を、儀礼を計画するダワサム地域の氏族・長老の名において作成し、スヴァ市にあるIFLCのオフィスに「文書として」送るよう指示した。筆者は、その指示に従い、デライ氏族のナ

礼に参加している人物である。

　これら土地の親族、キリスト教牧師、フィジー政府の存在を確認した後に、ナザニエリは、行24「あなたに、このビロを授けようと準備している（sa na vakarau **solia** vei iko na bilo qo）」と述べている。この発話では、冒頭部（行11）・中核部（行18）においては、「与えられる（soli）」という動詞の基本形"soli"の受動態（同形; soli）として指示されていたビロは、「与える（soli-a）」という能動態へと変化している。さらに、【冒頭部】および【中核部】においては、"sa"という出来事の確定性を非時制的に強調する相で標示されることによって、無時間的で他界的なトーンが強く喚起されて言及指示されていたビロは、"na"という「未来」（時制）を標す相を伴ったことによって、無時間的世界から、時間的世界へ、すなわち、ナザニエリが手に持つ「このビロ（na bilo qo）」、「よそ者」には授けることが出来ない神話的、超時空的な力が、「土地の民」であるナザニエリが持つ「このモノ」へと、この儀礼スピーチという「呪文」によって物象化、そして現前化されたと解釈できる。

　「彼岸」（外部）から「今ここ」（内部）へ、変わらず存在する古き道を伝って辿り着いたビロ、マナが宿ったビロが、土地の民によって、土地の親族によって、キリスト教牧師によって、そして政府による「承認」を伴って──政府を引用して──これら全てを「包含」した「私たち（da）」、「今ここ」の神話的人物、ヴォニ氏族ナンボロ系族のナザニエリによって、首長となる「あなたへ（vei iko）」、他動的／動的に渡される（soli-a）のである[50]。最後に（行24〜行25）、土地（vanua）と、神が準備したその他全て（veika e so）の幸福が祈願さ

　　　イタウと共に依頼状を作成し、儀礼開催の二日前に、それをIFLCに届けた。したがって、IFLCとダワサム地域の間を繋いだのは筆者であった。実は、そこで撮影された映像データに基づいて、IFLCが作成したDVD記録には、ダワサム地域にIFLCを招待した人物として、筆者の名前が記されている。当然、このDVDが政府によって作成されたこと、「アーカイヴ」となったことによって、ダワサム地域における筆者の存在は、儀礼の反対派にとっては悩ましき存在、「よそ者」として位置付けられた可能性は、否定し難いと思われる。DVDについては、次章（第11章）で議論する。

50　このスピーチの、とりわけ【始まり】から【冒頭部】にかけて、ナザニエリの声は明瞭に震えを示していた。

れ、それら全てが、神の導きであることが確認されている。以上によって、「今ここ」の土地へのビロの到着、土地自体への社会文化的オリゴの旋回というコスモロジカルな変遷として理解できる構造的な転換を示して、【終結部】は締め括られる。

【終わり】

27: Ni sa vakadavori donu na vanua　　土地が正しく横たわる時に
28: na vanua o Dawasamu　　ダワサムの土地
29: e na siga e daidai　　今日の日に

最後に、この儀礼スピーチの【始まり】で為された発話とパラレリズムを示し、象徴性を喚起する簡潔な発話によって、スピーチ全体が締め括られる。行27は、「土地が正しく／真っ直ぐに横たわる（sa vakadavori donu na vanua）」という状態、ペニ・ワンガがヤンゴナを飲むことによって顕現する土地の正しい（donu）状態を、非時制的に指示し、改めてスピーチの他界的なトーンが高められている。そして、行28において、その横たわる土地の名前が、「ダワサムの土地（na vanua o Dawasamu）」であり、続く行29において、それが「今日（e na siga e daidai）」実現されることが言及されている。

　以上のスピーチを経て神話的形象となったビロ、政府によっても正統性が承認されたこのビロを、土地の民がヴニンダワから連れてきた首長ナゾウに、「神話の民」が授けた神話のビロを、ナザニエリはペニ・ワンガへ、今ここで他動的に授けた（soli-a）。ペニ・ワンガはそれを飲み、首長として即位したのである[51]。

51　ここで為されたレヴィとナザニエリのスピーチは、ドゥリティ村で行われたナイタウのスピーチに特徴的だった、これから始まる即位儀礼についての「意義付け」という特徴は顕著ではなく、まさに現在起こっている出来事についての言及となっている。

表8. 即位儀礼初日の式次第（ドゥリティ村 → デラカンド村）

Tuvatuva ni veivagunuvi vei ira na Ratu e Dawasamu
（ダワサムの首長への即位儀礼の式次第）
Lotulevu（木曜日）- 15/04/10
9.00 am - Yaco mai ko ira na vulagi sureti（招待客到着）
10.00 am - Yaco mai na Turaga na Ratu（首長到着）
11.00 am - Dola na veivakagunuvi [Masu]（即位儀礼開催［祈り］）
- Qaloqalovi（首長の歓迎）
- Sevusevu（セヴセヴ）
- **Yaqona ni Vanua [Soli na bilo]**（土地のヤンゴナ［ビロの譲渡］）
- Nodra gauna na Ratu Dawasamu [Vosa]（ダワサムの首長と私たちの時［ことば］）
- Ulivi na vosa（ことばへの応答）
- Lotutaki na i tutu Vaka-Turaga（首長位のキリスト教による神聖化）
- Vakasigalevu（昼食）
- Veitalanoa na Turaga na Ratu kei ira na Vulagi sureti（首長と招待客との歓談）

10.3.3 儀礼の秩序

　以上の儀礼（soli na bilo / veivagunuvi）を経て土地に対する意志決定の力（vatulewa）は、ペニ・ワンガへ与えられたのであるが、この儀礼は、即位儀礼における諸儀礼において、最も重要性を帯びた儀礼とされている。デラカンド村において為された一連の儀礼は、以下の「式次第（na ituvatuva）」[52]に基づいて統制されていた。表8は、即位儀礼の初日（2010年4月15日）に、デラカン

52　この式次第（na ituvatuva）は、ヴォニ氏族によって作成され、儀礼に先だち、主だった長老たちに配布された。このような、タイムテーブルは、それに則って行われる相互行為が、特定の相互行為出来事の「引用」であるとするメタ語用的フレームの一つである（cf. Kuipers, 1993）。"ituvatuva"は、「配列・配置・分類」という意味の名詞。この式次第は、本章末の「添付資料1」に掲載した。

ド村において開催された諸儀礼である。

儀礼自体は、実際には、「首長位のキリスト教による神聖化（Lotutaki na itutu Vaka-Turaga）」によって終了しており、その後に催された「昼食」、「首長と招待客との歓談」は、一連の諸儀礼としての「形式性」（cf. Irvine, 1979）を有したものではなかった。したがって、この「式次第」（メタ語用的テクスト）が示す通り、前項で分析したレヴィとナザニエリによって行われた、ペニ・ワンガへの「ビロの譲渡（Soli na bilo）」が、これら諸儀礼の序列の中央に位置付けられていることからも、この儀礼を中心（peak / culminative point of ritual）にして、ダワサム地域の即位儀礼全体は構造化されていることが明らかだろう[53]。

10.4　首長を土地に「住まわせる」（veivakatikori）

儀礼最終日（2010年4月17日）は、デラカンド村において首長として即位したペニ・ワンガを、土地に住まわせる／据え置く儀礼「ヴェイヴァカティコリ（veivakatikori）」が開催された。よって、この儀礼はペニ・ワンガを、デラカンド村から彼の邸宅があるドゥリティ村へ再び送ることから始まった。表9は、儀礼三日目の「式次第」である。

儀礼三日目の朝まで、デラカンド村に滞在していた全ての氏族・系族の長老たちは、ペニ・ワンガよりも先に、ドゥリティ村へ向かった。午前10時頃、ペニ・ワンガは、往路（ドゥリティ村→デラカンド村）と同様に、デライ氏

---

[53] ペニ・ワンガは、儀礼が終了して数週間後、即位後に初めてナタレイラ村を訪れた際、彼が即位儀礼においてヤンゴナを飲んでいる瞬間の写真を、大きなサイズに引き延ばして現像して欲しいと筆者に依頼している。そのことからも、「ヤンゴナを飲む」（即位する）という当該儀礼の社会文化的意義が理解できる。したがって、その儀礼がデラカンド村で行われたという事実は、この即位儀礼を通して、ダワサム地域にとっての「オリゴ」（権威／メタ語用的力の所在）が、ドゥリティ村から（ナザニエリ等が住む）デラカンド村に移行し、デラカンド村とナザニエリ等ナンボロ系族に極めて強いメタ語用的「力」（メタフォース）が付与されたと解釈できるだろう。

第10章 | 儀礼ことばの民族誌   *391*

表9. 即位儀礼三日目の式次第（デラカンド村 → ドゥリティ村）

```
Vakarauwai（土曜日）- 17/04/10
  8.00 am - Liu na marama i Driti [ibe]（女性たちがドゥリティ村へ［マットを敷く］）
  10.00 am - Veivakatikori ena na nodra vale na Ratu
                        （首長を私たちの屋敷に住まわす儀礼）
    - Lotu ni Veivakatikori（首長住まわしのキリスト教による神聖化）
  1.00 pm - Vakasigalevu（昼食）
  2.00 pm - Caka na i Tatau [Iesu i Delakado]（首長との別れ［デラカンド村へ戻る］）
  4.00 pm - Qusi ni loaloa（祝宴）
  8.00 pm - Cava na soqo Vaka-Vanua（土地の宴会）
```

族による護衛（yadra）を伴って、復路（デラカンド村 → ドゥリティ村）を辿り、ドゥリティ村に到着した。ドゥリティ村では、儀礼（veivakatikori）が開かれる屋敷に入る数十メートル手前で、ペニ・ワンガが土地に降り立つことを記念する儀礼（vakasobu）が執り行われた後、そこから、インベとマシが敷かれ、その両脇に女性たちが座っている道を、ヴォニ氏族とデライ氏族と共に通って、ペニ・ワンガは屋敷に入った（**写真15**を参照）。

10.4.1 回顧的較正

儀礼は、ペニ・ワンガ宅に隣接する彼の旧屋敷にて行われ、反対派を除いた全ての氏族の長老、キリスト教牧師らと共に、ペニ・ワンガがダワサム地域の首長としてドゥリティ村に住まうことを記す儀礼（veivakatikori）が執り行われた。そして、その「住まわし儀礼」のスピーチを担ったのは、ナヴニセア（Navunisea）氏族の族長サナイラ（Sanaila）であった。彼は、ペニ・ワンガが首長としてダワサムの土地に住まうことを記念するタンブアを手にし[54]、屋敷

54　サナイラは、自らが両手で持つタンブアに実際に語りかけるように、スピーチに従事した。そして、そのタンブアについての言及は、言及指示内容をタンブ

写真15. デライ氏族とヴォニ氏族と共に屋敷へと向かうペニ・ワンガ

(撮影日：2010年4月17日)

の中央で膝立ちになって、上座のペニ・ワンガと向かってスピーチを展開し

アとして「モノ化／内在化」するように、強い反復性／詩的構造を有しており、そのタンブアが、土地の民、土地の親族、フィジー政府、そして、神によって授けられるモノであることが、以下のように繰り返し言及されている（ここでは、タンブアの儀礼におけるレジスターであるカムナガ (kamunaga) という語が使用されている）。

<u>Sa nodratou kamunaga saka tiko</u> na nomudou qase vakavuvale na masi e walu ni vanua, <u>sa nodra kamunaga saka tiko</u> na wekamuni vakavuvale na gone turaga na Tui Nawainovo, <u>sa nodra kamunaga saka</u> na wekamuni vakavuvale i Nacobicibici matadra saka na turaga na Tui Nalawa, ka <u>sa nodratou kamunaga</u> tale ga na i lesilesi ni bose ko Viti e ratou sa dabe saka e tikimuni e daidai me ratou vakadi-

た[55]。

Sa mai vakacagau saka na ilakolako e na ika tolu ni siga, mai na tolu na siga vaKalou e Dawasamu ni vakarau me mai vakacavari tiko na cakacaka vakasakaramede a sa tekivutaki ka tomani tiko mai na rua na siga sa oti, sa yacova tiko mai na i otioti ni siga na siga saka nikua.
［三日目へと至る行程が順調に進行して来ました。そのダワサムにおける神聖なる三日目、二日前に始まり続く聖礼典（vakasakaramede）の儀式を締め括る日、その最後の日、今日という日が、訪れています。］

以上のように、サナイラは、このスピーチが行われている時空を、儀礼初日から連続する時空として儀礼三日目（最終日）であると位置付けた後、以下のように述べる。

[...] Ni ①lesu saka vakalekaleka na rua na siga sa oti, e na nomuni ②lako saka yani i delana, oni a lako duadua saka yani, **vuku sa Kalou ni vunia na ka**, baleta na veika e lai vakayacori i delana e na rua na siga sa oti via kauta lesu mai na Kalou me tukuna i Viti, i vuravura e daidai na veisolisoli a

---

nadina saka tiko e mata ni Kalou bula e na vuku ni cakacaka savasava, cakacaka yaga sa mai vakacavari saka e daidai.
［それは彼らのカムナガ、あなた方氏族の先達たち、八人の「土地のマシ」。それは彼らのカムナガ、あなた様の親族、首長ナワイノヴォ。それは彼らのカムナガ、あなた様のナゾンヴィゾンヴィジの親族、ナラワの首長。そして、さらに彼らのカムナガ、フィジー政府の役人。彼らが、今、あなた様の側で、神の御霊の眼前で、その清き儀式のために、今、完了する、その意味ある儀式を見届けるために、座っています。］

このような詩的構造によって、サナイラが手に持つタンブアは、形象化した発話出来事（speech event）が張り付いたモノへと変容する。また、ここで言及されている「八人のマシ」とは、儀礼において「マシ（masi）」を胸元から足下まで纏い、上座に並んで座している土地の「長老／氏族長」らを言及指示するメトニミーである。

55　掲載したのは、サナイラが行ったスピーチの一部である。

yaco e na rua na siga sa oti, **sai koya** saka na veisolisoli vei rua na yavusa a vakayacori e **na gauna taumada**, ③dina beka ni oni na yalo lailai **kina**, na kena kamunaga au sa laveta vei kemuni e na sigalevu e daidai ni yalo vinaka ni yalo qaqa, ni dei e na nomuni i tikotiko vakaturaga, sa lala na tikimuni e daidai, era sa yali o ira na dodonu mera qarava na nodra itavi, soli na kena tiki ni qele, soli vata na kena itavi.

[[中略] あなた様が②デラナ (delana) へ向かった、二日前に短く①戻ります。あなた様は、たった一人でそこへ向かった。**その叡智（vuku）は神が隠したもの**、なぜなら、全てが二日前にデラナで行われ、フィジーへ、世界中へ、その授かり (veisolisoli) が二日前に辿り着いたことを知らせるために、今、神が連れて戻ってきたのだからです。**それこそ**が、その**始まりの時**（gauna taumada）に、二つの氏族によって為されたことです。③**その時**、あなた様は、心細かったかも知れない、しかし、今日という、良き心と強き心の日中に、あなた様の住処が確立する、あなた様へのカムナガを、私は持っています。今、あなた様の傍らは、空っぽです。義務を果たすべき彼ら、その土地と、その義務が与えられた彼らはどこかへ行ってしまいました。]

サナイラは、儀礼初日（2010年4月15日）に行われたことについて、①「戻る (lesu)」というメタ語用的な較正を生起させて、二日前（rua na siga sa oti）の出来事について言及してゆく。このスピーチは、儀礼初日から連続する時空として儀礼三日目を位置付けると同時に、既に為され終えたデラカンド村での儀礼を、「今ここ」の時空とは異なる時空として、遡及的にコンテクスト化する「回顧的」な様態をもった相互行為として較正している。

そして、サナイラが「回顧」する、その時空は、二日前の②「デラナ (delana)」である。スピーチが行われている「沿岸部」のドゥリティ村とは対照的に、「山岳地帯」に位置付けられるデラカンド村である。サナイラは、二日前にペニ・ワンガが一人で「行った (lako yani)」時空としてデラナを位置付け、そこが「神からの授かり／その受け渡し (veisolisoli)」が行われた場所であると述べている。そして、その「授かり／受け渡し」が、ダワサムの土

地にとっての「**始まりの時（gauna taumada）**」に、二つの氏族によって為された「授かり／受け渡し」であると、「**それこそ（sai koya）**」という照応代名詞を使用して指示している。したがって、サナイラのスピーチは、「二日前」にデラカンド村で行われた即位儀礼を指示すると同時に、ダワサム地域の「最初の首長」とされるナゾウがヴニンダワから到来し、デライ氏族からヴォニ氏族へと渡され、ダワサムの最初の即位儀礼が開かれた土地の「最初の時（matai ni gauna）」[56]を、明らかに指示している。二日前のデラカンド村での儀礼（veivagunuvi / soli na bilo）が、土地の「始まりの時」を再現する儀礼であったことを再コンテクスト化するメタ語用的発話となっている。

続いて、サナイラは、③「その時、あなた様は、心細かったかも知れない。(dina beka ni oni na yalo lailai kina.)」と言及している。ここで登場する「そこで／その時に（kina）」という照応代名詞は、その直前で言及された「始まりの時（gauna taumada）」を言及指示すると同時に、「二日前のデラナ」を指し示す照応代名詞となっている。第7章で記述した通り、デライ氏族のナイタウがナザニエリらに対して行った神話的語りにおいて、最初の首長（ナゾウ）が、ダワサムの土地に到来した時、彼は、「一人（duadua）」でやって来たのであり、そこで自らは「食されてしまう（laukana）」と考え、その場に「跪き（lutu）」、彼を連れてきたデライ氏族の先祖（ラテイ）に「殺さないで欲しい（Me'u bula）」と懇願した、とされていたことを想起されたい[57]。つまり、この発話の言及指示内容は、最初の首長ナゾウが、ダワサムの土地に到来した「始まりの時」を指示すると同時に、ペニ・ワンガが自らの氏族の成員、側近／後見（マタニヴァヌア、サウトゥラガ）たちによる執拗な反対にも関わらず、即位を決意しデラカンド村に赴いた「二日前」、その二つの時空間を指示していると理解できる。

56　ヴォニ氏族がナタレイラ村のデライ氏族を尋ね、「ナゾウ」のヴニンダワからの到来についての「神話」を聞いた日、この両氏族が「ズレ」を示さず合わさった（sota donu）日を、実際には指示する言及であるとも解釈できる。

57　この出来事は、「タマ・トゥレセ（Tama-turese）」と呼ばれている。この語りについては、第7章2節2項（7.2.2）を参照。

したがって、その後に続く談話テクストも同様に、この二つの時空間を指している。つまり、孤独で怯え、跪いたナゾウをラテイが引き上げ、ダワサムの土地の首長として即位させた神話的過去と、側近／後見らを伴うことなく、独りとなったペニ・ワンガを「土地の民」が即位させ、彼をダワサムの土地に住まわせよう（vakatikora）としている「今ここ」の時空間、この両者をアナロジカルに架橋し、二日前に為され終えた儀礼の「正統性」を、神話の引用によって創出しているのである。

  Sa oti saka tiko na veitataunaki mai delana, sa oti saka qo, sa na lala na nomuni loma ni vale, ni sa na tiko duadua saka mai. Ia, na veigauna e so, basika kina, tarai kemuni kina na veicagi tokavuki e so, ni yalo vinaka ni qai raica na kamunaga qo, ratou sa tu vakarau na masi e walu ni nomuni vanua, me ratou na colata na itavi oni na vinakata yani, se cava ga na leqa oni na leqa kina, sa tu vakarau na vanua o Dawasamu e daidai kei na veisiga me na tu raviti kemuni.
  ［デラナにおいて、（あなた様への）義務の授け（veitataunaki）は終わった。これが終わり、あなた様の家は空っぽ（lala）となった、あなた様はたった一人で（duadua）お住まいになる。しかし、いつの時も（veigauna）、吹き替わる風が現れ、そして、あなた様を触れゆく。どうか、このカムナガを見て頂きたい。彼ら八人の、あなた様が求める義務を、あるいは、あなた様にとっての問題が何であるのかを、それらを担ごう（colata）と、あなた様の土地のマシが、ダワサムの土地が、それを待っています、今日、そして、毎日、あなた様が変わりなく頼ることが出来るように。］

サナイラは、首長の後見人としての儀礼的義務（マタニヴァヌア、サウトゥラガ）を果たすべき人物たちが去って行った（「傍らが空っぽとなった」）ペニ・ワンガを、首長として支えてゆく義務を「土地の民」（八つの氏族）が担う準備が出来ているとする。その「証左」がサナイラが手に持つ鯨歯であり、その授受の完了によって生み出される土地の状態であること、それが「始まりの

時」から「今日 (e daidai)」まで、そして、これから「毎日 (veisiga)」、変わらずそうであり続けること (sa tu vakarau) として言及している。

　以上の通り、サナイラによるスピーチは、「二日前」に為された即位儀礼に対して回顧的位置を取り、それを「始まりの時 (na gauna taumada)」の出来事として言及指示することによって、「今ここ」(the pragmatic present) の経験的世界、彼ら賛成派が開催したデラカンド村での即位儀礼を、神話の再現として較正 (calibrate) し、その一連の諸儀礼を締め括る儀礼として、自らの語りと鯨歯の授受を位置付けた、いわば神話の神話化（伝統の創造）を遂行したのである (cf. Hobsbawm, 1983)。

10.4.2　首長のことば「風は正しく吹いている」

　サナイラから鯨歯を受け取った首長ペニ・ワンガは、その個人的「心情」を儀礼スピーチによって明示的に語ることになる。

> Au sa mai ciqomia tiko na kamunaga ni vanua, na kamunaga sa vakacerecerea tikoinia na itukutuku, ①tukuni tiko me'u sa mai vakatikori tiko e na vale kau sa vakarorogo tikoinia na nomudou lewa vakaturaga. Na kamunaga sa cabe tiko mai na yavusa e walu, sa cabe tiko mai e na vanua vakaturaga o Nawainovo, i Nacobicibici vua na gone turaga na Tui Nalawa.
> ［私は、土地のカムナガを受け取っています。最も尊きその啓示のカムナガ。私は、木の家に住まわされ、そして、あなた方の神聖なる意志決定に耳を傾けた①と言われています。カムナガは、八つの氏族と共に昇っています、神聖なるナワイノヴォの土地と共に昇っています。ナゾンヴィゾンヴィジのナラワの首長と共に昇っています。］

ダワサム地域の「八つの氏族 (yavusa e walu)」を代表するサナイラから鯨歯を受け取ったペニ・ワンガは、自らが首長として即位し、ダワサムの土地に住まうことを記す鯨歯を受領したことを宣言している。ペニ・ワンガの語りは、サナイラの語りと同様に、「神話」それ自体を実演するフッティングでは

なく、発話者自らにオリゴを据えて「過去」を回顧する言及、「今ここ」の時間的・経験的な発話者自身の存在（personal presence）が前景化している（Du Bois, 1986）。

　冒頭でペニ・ワンガは、「私は、木の家に住まわされ、そして、あなた方の神聖なる意志決定に耳を傾けた、と①言われています。(tukuni tiko me'u sa mai vakatikori tiko e na vale kau sa vakarorogo tikoinia na nomudou lewa vakaturaga.)」と述べ、"me"以下の言及を「伝聞／引用」（言われている; tukuni）としてフレーム化している。この「引用節」の言及指示内容は、最初の首長であるナゾウが、ダワサムの土地に住まうことになった時についての言及であるが、それが「引用節」として言及されることによって、[神話／ナゾウ]：[今ここ／ペニ・ワンガ]、この両次元が異なる次元に属していることを指示するフレームが生起している。その意味において、このペニ・ワンガによる発話も、「二日前」のデラナにおいて為された行為を、「神話」の引用を通してテクスト化／権威化する発話、「今ここ」の時間的な発話参加者たち自身にオリゴが据えられた発話となっている。

　　　Sa vakavinavinakataki vakalevu na vosa ni veitataunaki, sa ni mai veivaka-tikori i ke, na nomudou yaliyali lesu, ②sa dei tu na yaloqu, sa dei tu na lewe ni vuvale, vinaka vakalevu na veinanumi tiko, vakavinvinaka vakalevu na veika sa soli oti, sa mai tiko i kena sau kei na mana, vinaka vakalevu na nomudou sulu suasua tiko mai na turaga na veigauna balavu me yacovia mai na siga nikua.
　　　[義務の授けのことばに感謝します（vakavinavinakataki）。あなた方の戻りと共に、ここに住まうことに、②私の心（yaloqu）は不動となっています（dei tu）。家族／家系は、不動になっています。それぞれの想いに感謝します。与えられた全てのことに感謝します。「サウ（sau）」と「マナ（mana）」が存在します。あなた方の「尽力（sulu suasua）」[58]、それが常に長く、今日に至るまで、その先達から続いてきたことに感謝します。]

58　これは直訳すれば、「濡れた（suasua）服（sulu）」という意味。

第10章 儀礼ことばの民族誌

③Au warai ni nanume rawa ni mai vakayacori voki e dua na itovo vakaturaga nomudou mai veivakatikori nikua, ia, au sa ciqomia, rokovia e na doka na nomudou veivakamenemenei. Vinaka vakalevu na loloma, vinaka vakalevu na veivakaturagataki kei na vosa vakaturaga sa mai tau.
[③私は、その神聖な行い、今日、あなた方が行う住まわしの儀式に至るこの行いが為されるとは、考えることが出来ませんでした。しかし、私は受け取ります（ciqomia）[59]、敬意と共に、あなた方の衷心からの尽力（veivakamenemenei）を敬います。そのロロマ（loloma）[60]に感謝します、その神聖化と述べられた高貴なことばに感謝します。]

　その後、ペニ・ワンガは、各々の氏族が儀礼の開催に尽力したことへの謝意と、②自らの決意が不動となっていること（dei tu na yaloqu）を、自らのことばによって表明した後、③「私は、その神聖な行い、今日、あなた方が行う住まわしの儀式に至るこの行いが為されるとは、考えることが出来ませんでした。(Au warai ni nanuma rawa ni mai vakayacori voki e dua na itovo vakaturaga nomudou mai veivakatikori nikua.)」と述べる。この発話は、主語の一人称代名詞単数形の一致の標識"au"が文頭に登場し、主語／発話者自身の思考や認知を指標する「思う／考える（nanuma）」（思考・認知動詞）の否定形「思わない／考えない（warai ni nanuma）」[61]によって、"ni"以下（従属節）に続く言及指示内容を、ペニ・ワンガ個人の見解としてフレーム化するものである。
　したがって、この談話テクストは、発話者自身の存在（personal presence）を明示的に指標し、まさに終わろうとしている一連の即位儀礼開催とその画策を回顧的に総括する、ペニ・ワンガ自身の「心情」を綴った（吐露した）テク

59　"ciqom-ia"は、ダワサム地域から見て南東のナメナ（Namena）地域により近いルヴナヴアカ、ドゥリティ、デラカンド、各村において、その使用が観察される"ciqom-a"（「受け取る」という他動詞）の方言変種である。
60　「ロロマ」については、第8章2節3項（8.2.3）を参照。
61　"wara-i"は、ラ（Ra）地方を中心に広く使用され、標準変種バウ語の否定辞"sega ni"の方言変種である。ダワサム地域はラ地方に隣接する地域であり、ラ地方で広く観察される方言変種が日常的に使用される。

ストとなっている。「二日前」のデラカンド村で行われた儀礼、数年来の即位儀礼開催の画策を、「今ここ」の行為主体からは遠く離れた「彼岸」として権威化すると同時に、その神々しい彼岸／神話を再現した時空を、そこからは明瞭に隔たった「今ここ」で主権的に引用することを通じて、「可能であるとは考えられなかった」儀礼を可能にしたこと、「テクスト」の完了を宣言するのである。そして、ペニ・ワンガの発話は、改めて、極めて象徴性の高い、儀礼スピーチに典型的に観察される定型的発話へと変容してゆく。

> Dou bula, kalougata tiko, me rawa ni qaravia vakavinaka tiko na itavi e na vanua raraba o Dawasamu.
> ［あなた方が、広きダワサムの土地における義務を、良く守り果たすために、活力有ること、幸あることを（願います）。］
>
> ④Cagi donu tiko na iyaliyali kei Dawasamu e na yabaki vou qo. Sa vakalougataki keda vata na turaga. ⑤Sa donu tu na sala ni kamunaga e na vanua.
> ［この新たな年のダワサムの歩みに、④風は正しく真っ直ぐ吹いています。私たちとその首長に幸有ることを願います。土地において、⑤カムナガの「道」は、正しく真っ直ぐであります。］

儀礼の開催に尽力した氏族たち（dou）[62]が「活力ある」状態（bula）であり、そして、「幸ある」状態であること（kalougata tiko）が希求される。そして、ダワサムの新たな歩み（na iyaliyali kei Dawasamu）[63]において、④「正しく真っ直ぐ風が吹いている（cagi donu tiko）」ことを宣言／祈願する。最後に、自らが受け取った土地の⑤「鯨歯の道（na sala ni kamunaga）」が、土地において、風と同様に正しく真っ直ぐであり、そうあり続けてゆくこと（sa donu tu）を宣言

---

[62] "kemudou"（二人称代名詞少数形「あなた方」）の一致の標識 "dou" である。その複数性によって、言及指示対象の「尊大さ」を指標する表現でもある。

[63] "yali-yali" は、標準変種バウ語の動作動詞 "lako"（「行く」）の方言変種 "yali" の名詞形（「行くこと」）である。

し祈願している。

　ここでは、それまでは"tiko"という「進行相」で指示されていたアスペクトは、より「現在進行性」（コンテクスト依存性）の低い"tu"に変化している。"tu"は、発話出来事において進行中の動作を指標する"tiko"とは異なり、発話出来事に先だって進行し続けている／し続けてゆく持続的状態を指標するアスペクトである。したがって、鯨歯によって示される道が、「正しく真っ直ぐ」（donu）続いてゆくことが強調されている。そして、この三日間に及んだ即位儀礼、そして数年来の儀礼開催の画策を締め括るペニ・ワンガによる儀礼スピーチは、あの魔法のフォーミュラによって終焉性を刻印する。

Mana e dina	マナ、それは真実である
A muduo, a muduo	永遠なり、永遠なり
A muduo, a muduo, ei	永遠なり、永遠なり、エイ
Kamunaga saka e levu	カムナガは、豊富であります

10.4.3　キリスト教による神聖化（lotu ni veivakatikori）

　デラカンド村（デラナ）において、首長として即位したペニ・ワンガを、ダワサムの土地に住まわせる儀礼、ここでは、即位儀礼が行われたデラカンド村から、ペニ・ワンガの住まいがあるドゥリティ村に再び戻り、儀礼全体の終了を宣言する儀礼（ヴェイヴァカティコリ; veivakatikori）が、ナヴニセア氏族のサナイラ（土地の民）からペニ・ワンガ（首長）への鯨歯の授受によって終了した。この儀礼の最後には、メソジスト派キリスト教牧師が「聖書（Vola Tabu）」に依拠して、ペニ・ワンガがダワサム地域の首長として就任したことを宣言する儀礼が行われた。

　ペニ・ワンガは、牧師によって読み上げられる「宣誓」のことばを、牧師の後に続いて読み上げ、自らが首長として就任したことを宣誓した。その後、宣誓のことばを述べた牧師と、その他の（より階級の低い）牧師複数名、そしてペニ・ワンガが、共に聖書に手を置き、「神（イエス）」と首長との一体が宣言され、その聖書が牧師からペニ・ワンガへ譲渡された。それに伴って、デラカ

写真16. ヴェイヴァカティコリ儀礼の最後を飾る「聖餐」

(撮影日：2010年4月17日)

ンド村において為された儀礼を含めた、即位儀礼の全行程が終了した。そして、その出来事に対して、全ての「土地の民」、八つの全ての氏族[64]が意を共にしていることを確認する「聖餐（Eucharist / Communion）」が、首長とその脇に座している全ての氏族の氏族長と共に執り行われ、三〜四日間に及んだ即位儀礼は幕を閉じた（**写真16を参照**）[65]。

64　当然、地域を「構成」する氏族集団が、どの集団であるか、幾つ存在するか、といったメタ語用的範疇化はコンテクスト依存性を示し、それを規定する集団・人物と、それ以外の集団・人物との力関係など、様々なコンテクスト的変数を露骨に反映したものでありうる。第4章3節2項（4.3.2）の**表1**を参照。

65　その後、ヴォニ氏族、デライ氏族、ワイレヴ氏族などは、デラカンド村に戻り、儀礼開催の労を労う供宴（qusiniloaloa）を行った。翌日の4月18日に、デラカンド村に残っていたデライ氏族や、儀礼開催に尽力した氏族の面々と共に開か

10.5 儀礼の構造

　本章では、2010年4月15日から17日に開催された、ダワサム地域における最高首長の即位儀礼が、儀礼賛成派によって解釈された「土地の過去」を再現するものとして開催された点を、儀礼スピーチ、儀礼全体の構造、空間の配置などに焦点を当て明らかにした。本節では、当該儀礼の各々の場面で為された儀礼スピーチが示す機能や志向性、それに伴った儀礼空間の範疇化の有り様を記号論に依拠して精査し、当該儀礼が、デラカンド村において行われた「ビロの譲渡（soli ni bilo）」を頂点（culminative point）として構造化され、その空間もデラカンド村に建てられた「ブレ（bure）」の中央を基点に分節化されていたことを明確にし、儀礼ことばの民族誌の結びとしたい。

＊＊＊

　当該儀礼が示す「テクスト構造」は、ヴォニ氏族が主導して作成した式次第（na ituvatuva）にも観察され、ダワサム地域住民によっても意識化されていた。この即位儀礼を、数日間に及ぶ一連の過程として捉えた場合、まず、1）「ドゥリティ村」（ra）→　2）「デラカンド村」（delana / cake）→　3）「ドゥリティ村」（ra）というペニ・ワンガの移動、つまり、儀礼の進行／連辞軸に沿って、儀礼は「象徴性」の階層を上がり、「ビロの譲渡（soli na bilo）」において、その階層は「ピーク（peak）」に達する。そして、相互行為が、再びドゥリティ村へと戻って来るに従って、儀礼の象徴性を低下させ、「指標性」が高まってゆく。当該儀礼は、1'）「今ここ」の経験界から、2'）神話的時空へと「向い」（lako yani）、3'）再び「今ここ」へと「戻ってくる」（lesu mai）という移行過程が、三層構造化されている。そのような構造が付与されることによって、デラカンド村での儀礼は「今・ここ」（ra）からは遠く離れた「かつて・彼岸」

れた会食では、首長ペニ・ワンガ側から、地域氏族らへの「返礼」として贈与されたウミガメが、ふるまわれた（本書冒頭の口絵を参照）。

(cake)、沿岸部の対極に位置付けられる山岳部（delana）、神話的時空として較正されることが可能となった[66]。

このような「象徴性／指標性」の階層によって説明可能な儀礼の分節は、それぞれの場面において実際に展開された儀礼スピーチ自体の志向性としても示されている。儀礼初日、**1"**）ドゥリティ村において、ナイタウ（デライ氏族）がペニ・ワンガ宅において行ったスピーチは、デラカンド村において「これから行われる」特定の出来事についての言及（儀礼の開始を土地が「待っている」ことを宣言する発話）（オンセット; onset）であり、デラカンド村での儀礼を「神話」の再起であることを「意義／方向付ける」（orientation）志向性が前景化した発話出来事であった。他方、**2"**）デラカンド村に移動して執り行われた儀礼で、レヴィやナザニエリのスピーチが顕著に示した志向性は、実際に「今ここ」で生起している出来事自体へと向けられており、「ビロの譲渡」や「土地の結束」それ自体を体現するスピーチ、その意味において、出来事／メッセージ自体への再帰的志向性（message for its own sake）が前景化した発話（ピーク; peak）となっていると解釈できる。さらに、**3"**）デラカンド村での儀礼を終えて、再び、ドゥリティ村に戻ってきた後に行われた「住まわしの儀礼（veivakatikori）」では、サナイラやペニ・ワンガのスピーチは、為され終えたデラカンド村での出来事の回顧、その出来事を神話的過去の再起として再定義（evaluation）し、初日のナイタウによって開始された一連の即位儀礼の

---

66 実際には、儀礼自体は、キリスト教牧師による祈りのことば（masu）によって開始され、キリスト教牧師による首長位の神聖化によって終了するという包含構造を有し、その内部において「土地」の儀礼が展開されるという形式を明瞭に示すものとなっている。「始まり」と「終わり」をキリスト教によって神聖化する儀礼を行うことによって、「土地」の儀礼／フィジー土着の信仰を、キリスト教的秩序の枠組みの中で為されたこと、言い換えれば、オリゴの近傍である「土着」の秩序は、それを包含する、外在的なキリスト教的秩序から逸脱するものではないと位置付けるメタ語用的解釈を示している。つまり、土地の神（フィジー的祖霊／神話的神々）の信仰が、キリスト教的秩序において行われるべきものであり、それを逸脱してはならないこと、両者は異なり前者は後者に従うべきものであるとする規範が、この儀礼の構造化にも反映されていると言えよう。

「完了」を宣言する発話（コーダ; codafication）であったと理解できるだろう[67]（cf. Bakhtin, 1981, p. 294; Hill, 1995, p. 110）。

＊＊＊

　以上のように、各々の場面において為された儀礼スピーチが示す機能や志向性、そして、それに伴った儀礼空間の範疇化の有り様が示す通り、この儀礼全体は、「デラカンド村」で為された儀礼を頂点として構造化されている。さらに、鯨歯や儀礼スピーチの授受の連鎖の中で、下座（ra）から上座（cake）へと渡される「ヤンゴナ」が、首長の「体内」へと取り込まれる儀礼、土地（下座／指標）と首長（上座／象徴）が、まさに一体化／憑依し、両者が整合する（sota donu）神話的邂逅を完遂する「ビロの譲渡」――マナの顕現――を頂点（peak）とした「引用の直接性」の階層として構造化されている。デラカンド村での儀礼は、(サナイラのスピーチが記したように)[68]「神が隠した叡智（vuku sa Kalou ni vunia na ka)」[69]、つまり、「沿岸部」から離れた「山岳部」、「今ここ」の経験界からは遙か彼方に見える彼岸の形象、幾重もの詩に包まれた「引用節」の向こうに隠された神話なのである[70]。

67　このような儀礼の三層構造が、儀礼スピーチ自体が示す定型性にも示されていることについては、第6章3節1項（6.3.1）を参照。また、このように示される構造は、犠牲や交霊、イニシエーションなどに関わる多くの儀礼を参照して Bloch（1992）などが見出したパターン、すなわち、混沌とした動態的生と、他方、社会組織の基盤となる超越的な永遠の静態的秩序、以上の二極から成る対照ペアの呈示、続いて、生の喪失／放棄、そして、外来の＜起源＞から得られた／贈られた力／生の再生、という儀礼の三段階的構造と根本的に一致する。

68　サナイラのスピーチについては、本章4節1項（10.4.1）を参照。

69　知識とマナの関係については、第7章3節2項（7.3.2）を参照。

70　こうした儀礼のプロットは、ダワサム地域の外部／神話的時空から、初代首長ナゾウを連れて、ダワサム地域（内部／今ここ）に帰ってきたというナイタウの神話的語りのプロットと類似性を示すものである。ナイタウの語りについては、第7章2節2項（7.2.2）を参照。

第11章 映像の体制

第Ⅳ部　儀礼、映像、憑依

　前章では、1930年に、植民地政府下のNLCと地域の氏族集団との間で行われた「宣誓」に依拠して作成された『一般証言』と『氏族登録台帳』の記載事項、とりわけ、氏族内部の系譜の「序列」とそれに対応する儀礼的義務には準拠しない仕方で即位儀礼を実行すること、それが実行可能であることを、地域に、そして政府に知らしめること――本を覆すこと――そうしたイデオロギーに依拠して画策され二十八年ぶりに実現した、ダワサム地域における首長の即位儀礼について記述した。

　本章では、その儀礼の一部始終が、NLFCと同じ先住民系フィジー総務省（Ministry of Fijian Affairs）に属する、フィジー言語文化研究所（Institute of Fijian Language and Culture; IFLC）によってヴィデオ撮影され、それを編集したDVD（映像記録）が作成されたことについて論じる。そして、このDVDの作成が、2009年以来、ダワサム地域で展開した文書と儀礼を巡った一連の出来事においてもち得た語用的効果とその含意について、DVDの内容の一部とIFLCの役人と儀礼の主導者らとの間で為されたやり取りを手掛かりに明確にする。

11.1　DVDによるアーカイヴ化

11.1.1　土地の決定

　2010年4月15日から17日までの三日間にわたって開催された儀礼には、IFLCの役人（シミオネ・セヴドゥレンドゥレ［男性］、ケレラ・ディカクア［女性］、以上二名）が同行し、儀礼の一部始終がヴィデオ撮影された。その後、その映像データは、IFLC（ケレラ・ディカクア）による編集を経てDVD化された[1]。作成された一枚のDVDは、「ダワサムの首長のための即位儀礼（Na veivagunuvi vua na Ratu ni Dawasamu）」と題され、約100分にわたりデラカンド村とドゥリティ村の二村落を跨いで行われた儀礼の様子を映し出している。主なシーンの転換部においては、IFLC職員（セコヴェ・デンゲイ; Sekove

---

1　以下がIFLCのウェブサイトである（http://www.fijianaffairs.gov.fj/index.html）。

第11章 映像の体制　　　　　　　　　　　　　　　　　　　　　　　　　　　*409*

Degei［男性］）によって、全てフィジー語（標準変種バウ語）の「（メタ）ナレーション」、つまり、儀礼についての説明文——地の文——が吹き込まれており[2]（cf. Bauman, 1986）、映し出されている映像に「註釈」を加えている。

　政府によって吹き込まれるこの「地の文」が、全て標準変種バウ語によって吹き込まれている点において、このDVDとNLCの『一般証言』（1930年6月10日）の記述は共通するが、DVDに映し出される儀礼スピーチやダワサム地域住民の会話は、地域で一般的である方言変種が使用されている。1930年のNLCの『一般証言』の記述は、ダワサム地域の住民（語り手）の「モノローグ」で進行していたにも関わらず、全てが標準変種バウ語で記述されていた。他方、このDVDでは、方言変種を「そのまま」記録する志向性が際立っている。要するに、NLCの文書は、政府が提示するメタ語用的「テンプレート」(Messick, 1993, p. 251) へと、土地を「はめ込む」という出来事であったのに対し、このDVDでは、文書によって「テンプレート化」された土地それ自体を「引用」していると言える。DVDの冒頭部分では、以下の映像（記述）が順に映し出される。

① ［開始0秒〜11秒］

　　Na iyaloyalo qo e vakarautaka na　　　　　　　　この映像は
　　　①-1Tabacakacaka iTaukei　　　　　　　　①-1先住民系フィジー総務省
　①-2Taba ni Vosa kei na iTovo Vakaviti　　　　①-2フィジー言語文化研究所の制作による
Na veivagunuvi vua na Ratu ni Dawasamu　　　　ダワサムの首長のための即位儀礼

　この冒頭部分では、DVDの「制作者」である政府の機関名、①-1先住民系フィジー総務省（Ministry of Fijian Affairs）、①-2フィジー言語文化研究所（IFLC）が登場し、その後に続く本編の内容が、「ダワサムの首長のための即位儀礼」であることを明示化するヘッドラインが標示されている。

2　語られた出来事（narrated event）と語りの出来事（speech event）を接続する、いわば「地の文」のことを、Bauman (1986) は「メタ・ナレーション」(meta-narration) と呼んでいる（ibid., pp. 91-101）。

映像は、その後、即位儀礼の開催地となったデラカンド村やダワサム地域の風景、準備作業をする住民たちの様子を、テンポ良く切り替えて映し出してゆくと共に、それに伴って、以下のようなナレーションが、BGM³と共に吹き込まれている。

② ［開始33秒後～52秒］

E na noda i Viti, e levu na lewai e tau e ②⁻¹lewa vakavanua se vakoro, sai koya qori ②⁻²na yavu e da bula tiko kina. E dua gona na lewa vakavanua va qori a tau ka cakacakataki e na koro ko Delakado e na tikina o Dawasamu e na Maji na rua na udolu ka tini. ②⁻³Qo na nodra sa duavata me buli na Ratu ni Dawasamu.

［私たちのフィジーでは、多くの決定（lewai）は、②⁻¹土地や村による決定によって決議され（tau）、それこそが②⁻²私たちが生きる土台（yavu）となっている。そして、そのような土地による決定が、ダワサム地域のデラカンド村において、2010年の3月に決議され、行われたことである。これは、ダワサムの首長を即位させる、②⁻³彼らの意が一つであることを示すものである。］

ここでは、②⁻¹「土地や村による決定（lewa vakavanua se vakoro）」が、私たちのフィジー（noda i Viti）の基底にあるもの、②⁻²「私たち（フィジー人）が生きる土台（yavu）」である、という「フィジー的」前提の表明から始まっている。そうした「土地の決定（lewa vakavanua）」による議決に基づいて行われた出来事が、ダワサム地域のデラカンド村で達成された2010年3月の議決であり[4]、そ

3　曲名は"soqonamaki - vuku -"、歌い手は"USP Oceania Center"。歌は土地についての男性たちによる合唱。

4　仮に、この「2010年3月の議決」の言及指示対象が、（第8～9章で考察した）タイレヴ地方行政担当官（Roko Tui）、担当補佐官（Roko veivuke）を交えて行われた最終審議であるならば、それは儀礼開催の約一週間前「2010年4月6日」に開かれていることから、この「3月」という言及は正確ではない。したがって、地域内部で儀礼開催の賛成派が大多数を占めるようになった頃を言及指示するも

第11章 │ 映像の体制

れに基づいて開催された即位儀礼であると述べている。つまり、デラカンド村で為された即位儀礼（me buli na Ratu）は、②-3「彼らの意が一つ（nodra sa duavata）」となったことにおいて承認され、そして実現された儀礼であることを強調している。

「私たちのフィジー」という言及から始まり、「土地の決定」の重要性がフィジー語によって語られる設定は、この映像のオーディエンスとして、フィジー語を理解できる者たち、（ダワサム地域に限らず）先住民系フィジー人一般が、少なくとも「認可された聞き手」（ratified hearer / viewer）として、想定されていると解釈できる。そのような「私たちのフィジー」が、私たちフィジー人自身が、土地の決定という「フィジー的仕方」に則って開いた儀礼を「観る／鑑賞する」、そして、制作者である政府がその映像の註釈を附して提示する、という相互行為的前提を喚起している。したがって、ここでは、儀礼は「観られるもの」、まさに映像／視覚的メディアとして登場しているのである。さらに、映像と地の文は、「土地」をより特定的に描写してゆく。

③ ［開始1分16秒後〜1分33秒］

A soli na kena draki ni ③-1rarama vinaka na matanisiga, qai mai mudre ③-2vakamalua tu na cagi, sa drokadoroka vinaka tu na Delai-voni, nodratou koro makawa na qase, vei ira na tiko e na soqo e na siga o ya, na totoka ni draki qo ③-3e vakadeitaka ni sa donu na veika e nakiti me vakayacori.

［太陽が良く③-1明るい（rarama）天気が与えられ、風が③-2ゆっくり（vakamalua）穏やかに流れ（mudre）続ける中、デライ・ヴォニ山（na Delai-voni）は、緑良く生え渡っている。デライ・ヴォニ山は、彼らの先達の古い村（koro makawa）である。その日、儀礼に参加した彼らにとって、この天気の美しさは、③-3起こることが望まれた（nakiti）全てのことが、正しく真っ直ぐである（donu）ことを証明するものであった。］

のであるとも考えられる。

ここで地の文は、ヴォニ氏族の始祖の土地（yavutu / dela ni yavu）が存在するデライ・ヴォニ山と、儀礼の開催日の天気を、③-1「明るい（rarama）」、③-2「ゆっくり（vakamalua）」など、フィジーでは特定の社会指標性を発揮しうる形容詞によって描写している。「明るい（rarama）」という形容詞は、「暗い（buto）」という形容詞と対照ペアを成す語彙であるが、通常フィジーにおいては、「明るい」という状態は、神の顕現（啓示）[5]やキリスト教への改宗以後のフィジー社会を指標する形容詞として使用される。それとは対照的に、「暗い」は「悪魔（tevoro）」の存在や改宗以前を指標する形容詞となっている[6]（cf. 春日, 1993）。また、「ゆっくり（vaka-malua）」は、「速い（totolo）」という形容詞とペアを成す語彙であるが、前者は、しばしば「フィジー的伝統」、「フィジーらしさ」を（肯定的に）指標し、後者は、その反対項に位置付けられるもの、一般的には、「外来性」（西洋的なるもの）を指標する形容詞として使用されることが典型となっている[7]。

---

5 デライ氏族が授かったメケを作詞する力、つまり未来を物語る／予言する力（parovisaitaka na gauna sa bera mai）は、海の向こうから「光り（rarama）」を携えてやって来たウミガメが、その啓示を運んできたことによると理解されている。この伝承については、第9章1節5項（9.1.5）を参照。

6 このような明暗の対比は、19世紀前半に渡来したメソジスト派の宣教師たちが用いたことが始まりであるとされ、戦争や食人に象徴される無知で野蛮なフィジー人の生活を、キリスト教の慈愛や教育を通して、神の意に沿う生活へと変わることが、闇から光への移行として表現された（春日, 1993, p. 22）。キリスト教がフィジーに布教されてから、現在に至る時間を言及指示する際に、"rarama mai"（明るくなる）と述べられることが頻繁にある。

7 カトリックであるナタレイラ村のイシレリは、以下のようにフィジー的生き方（itovo）について述べている（2009年10月3日、15時50分。ナタレイラ村、イシレリ宅にて収録）。

　　Au sa bulia na nomu itovo, au solia vei iko, qo na ivarau varautaka, qo na noqu itovo, qo itovotaki iko kina. E rauta na nomu tiki ni qele, e rauta na kemu roka, e rauta na kemu lailai, e rauta na nomu ivakarau, solia kece vei kemudou. Na tamata, sa qai bese, sa taura <u>na ka vou ke sa lako mai valagi</u>, veisau kece na ka. Kevaka <u>sa rui totolo</u> vasivia va qo e so [...] lako va qo dua na tamata [...] sega ni kaci, sa sega. Baleta <u>sa rui totolo</u> kaiViti nikua. <u>Sa sega ni vakamalua</u>. Me vakamalua na kaiViti, tubuqu mai i liu sa kaci, 'Lako mai, mai kana.'

第11章　映像の体制

　以上のような「神」や「伝統」といった文化的価値を肯定的に喚起する形容詞を伴い、さらに、ここでは「太陽」、「風」、「緑」といった語彙——とりわけ、文書化された「土地所有」が、自己規定の最もドミナントな範疇の一つとして存在する「フィジー語話者」たち、先住民系フィジー人にとっては、神話的に価値化された形象としての「土地」、「土地らしさ」、「土着性」を喚起する語彙——が多用され、ヴォニ氏族の始祖の土地、(最初の首長の受け渡しが達成され、最初の即位儀礼の開催地とされる) デライ・ヴォニ山が同定されている。したがって、そのような社会指標性を喚起して描写された土地の姿は、これから視聴者が「観る／鑑賞する」ことになるダワサム地域の儀礼が、③-3 <u>起こることが望まれた全てのことが、正しく真っ直ぐである（donu）ことの証左</u>であり、土地の決定と儀礼の開催が正統なものであったというコンテクスト的前提を、儀礼の映像が進行する前段階において形成している。そのような前提を参照した上で、地の文の「語り手」は、これから鑑賞されてゆく儀礼についての前提を、さらに具体化している。

④ ［開始1分35秒後〜1分59秒］

　　Na tikina o Dawasamu e dua vei ira na tikina e na loma ni yasana o Tailevu, e ono na kena koro ya na koro o Driti, Delakado, Nataleira, Silana, Nasinu, kei Vorovoro, ka ra vakarorogo kece vua na Ratu. ④-1<u>E walu na kena yavusa</u>, kena koro o Turaga o Driti. Ia, na soqo ni veivagunuvi qo, na qaravi kece na

---

　　　［私は、おまえの生きる仕方を創った、私は（それを）おまえに与えた、これは生きる仕方、これが私の生きる在り方であり、おまえは、そうして創られた。十分な土地、十分な肌の色、十分な食物、おまえに準備されたものは十分で、全てがおまえたちに与えられている。人は、それを断る。<u>新しいものが外国から到来すると、それを掴み、全てのことを変えてしまう</u>。もし、このように（変化が）<u>速すぎて（sa rui totolo)</u>、［中略］人が訪ねてきても、［中略］その人に声をかけないようになっている。声をかけない。なぜなら、今日のフィジー人は<u>速すぎる</u>から。<u>ゆっくりではない（sega ni vakamalua)</u>。フィジー人は、<u>ゆっくりでなければならない</u>。私の祖父は、誰か人が訪ねてきたら、「<u>来なさい、食べなさい（Lako mai, mai kana)</u>。」と声をかけたものだ。］

kena oga e Delakado, ④⁻²e ratou na qase ni vanua, ya o ratou na yavusa Voni.
［ダワサム地域は、タイレヴ地方に存在する一つの地域である。六つの村、ドゥリティ、デラカンド、ナタレイラ、シラナ、ナシヌ、そして、ヴォロヴォロ、各村が存在し、彼ら全てが首長に従っている。<u>④⁻¹八つの氏族が存在し</u>（e walu na kena yavusa）、首長の村落はドゥリティ村である。しかし、この即位儀礼は、その全ての行事がデラカンド村において執り行われた。<u>④⁻²彼らは土地の先達（na qase ni vanua）であり、それは、ヴォニ氏族である。</u>］

このように語り手は、ダワサム地域を、首長を中心として六つの村落と、<u>④-1「八つの氏族」</u>によって構成される時空間として具体的に同定した上で、首長の住む村落がドゥリティ村であるにも関わらず、即位儀礼に関する行事が、全てデラカンド村で行われたとしている。そして、その行事を取り仕切ったのが、<u>④-2「土地の先達たち」</u>であり、中でも「ヴォニ氏族」であると位置付ける。したがって、ナレーションは、視聴者がダワサム地域の儀礼を鑑賞し、この儀礼が映像として記録される上で、初めに断っておくべき前提、そのように語り手／聞き手が想定している（であろう）事柄、つまり「なぜ開催地は変更され得たのか」という「問題の所在」に向かって誘導的に言及してゆくことになる。

11.1.2 割譲以前

⑤ ［開始２分07秒後〜２分24秒］

⑤⁻¹<u>E dina ni</u> koro ko turaga o Driti, a lai qaravi tale na soqo ni veivagunuvi e Delakado e na vuku ni ⑤⁻²<u>lewa vakavanua</u>. Qo e ra vakamurimuria tiko ga na veibuli a caka taumada ⑤⁻³<u>e na daku ni kuila</u>, a caka mai na Tokatokai e na Koroni mai Delaivoni, qai mai vakatikori i Driti.
［首長が住まう村落が、ドゥリティ村である<u>⑤⁻¹にも関わらず</u>、<u>⑤⁻²土地の決定</u>にしたがって、即位儀礼はデラカンド村に行って、執り行われることになった。これは、<u>⑤⁻³割譲以前</u>に、最初に行われた（a caka taumada）即位儀礼を、彼らが踏襲している（vakamurimuria）のであ

る。そして、その（最初の）即位儀礼は、デライヴォニ山のコロニのトカトカイにおいて行われ、そして、ドゥリティ村へ首長の住まわし（vakatikori）が為されたとされる。]

　ここで地の文は、この即位儀礼の開催を巡って、地域を二分した賛成派と反対派の対立、そのような対立の存在を（非明示的に）指標し、その対立に終止符を打たんとする意図が現れた言及となっている。では、なぜそうであるのだろうか。

　ダワサム地域の首長が住まう村落（koro ko turaga）がドゥリティ村であり、したがって、首長の即位儀礼はドゥリティ村において開催されるべきであることを、⑤-1「〜にも関わらず（e dina ni...）」という譲歩を示す従属節を使用して認めた一方で、その後、儀礼の開催地に関して通常前提とされる理解が、さらなる前提によって覆されている。それは、先行する冒頭部分（セグメント②）において、フィジー人が生きる「土台（yavu）」として言及され、この談話テクストの内部（co-text）[8]において、既に規範性や前提可能性が高められていた⑤-2「土地の決定（lewa vakavanua）」というフィジー的前提である。デラカンド村で儀礼を開催することが、土地の決定に依拠したものであったという事実、（談話内部において）より前提可能性の高いコンテクストを指示すること――「土地の決定」[9]というメタ・テクストを引用すること――で、首長とその側近・氏族の住まいではない村落での即位儀礼という事実は、（談話内部に

8　コ・テクスト（co-text）については、第7章2節3項（7.2.3）を参照。
9　この「土地の決定」というディスコースは、フィジー人の共同体性／伝統らしさを喚起する一方で、実際には、「民主化（democratization）」という平等主義的思潮、その意味において、首長制（階級社会）というフィジーの伝統的秩序との対照性を喚起しうる言説でもある。つまり、「土地の決定」という言説は、共同体性／伝統らしさを喚起する一方で、それ自体を（植民地主義的）旧体制として唱えるアンチテーゼ、つまり、「個人」や「主体」という概念を強く打ち出すディスコースとなっている。このディスコースでは、初期植民地期における先住民保護的政策を背景に、「先住民化」した集団が、先住民としての主体性を獲得し、主体性をもたされ、多様な政治的運動の原動力（先住民運動、環境運動、カルト的宗教運動など）、つまり社会文化的審級の所在として前景化している。

おいては）より前提可能性の低いコンテクストとして退けられ、したがって、その「非正統性／偽性」を取り消し可能な（defeasible）コンテクストへと変容させている[10]。

そして地の文は、極めて象徴的な言及を行う。それは、土地の決定は、⑤－3「割譲以前（e na daku ni kuila）」[11]に行われた「最初（taumada）」の即位儀礼を辿った議決であるという言及である。当然、この「割譲（Cession）」の言及

---

[10] 「遡及的な取り消し（転覆）可能性（retroactive defeasibility）」。これは、既に言われたことや為されたことが、今、言われていることや為されていることを部分的に規定してゆくだけでなく、逆に、今、言われていることや為されていることが、遡及的に、既に言われたことや為されたことを部分的に規定しもするということである（cf. Silverstein, 1992, pp. 71-73）。

　この点を、小山（2011）は、以下のように説明している。たとえば、誰かが「不完全性定理の発見者って、すごいよね。よく、あんな論法を考えたもんだよね。」と言ったとしたら、おそらく、この発話者は、普通、不完全性定理の発見者とされている**クルト・ゲーデル**（Kurt Gödel (1906-1978) ウィーン学団のメンバー）という特定の個人というよりも、ゲーデルであろうと誰であろうと、「不完全性定理のようなものを発見した人はすごい」という意味で、「不完全性定理の発見者」いう名詞句を使っていると想定される。しかし、上の発言を聞いた者が、不完全性定理の発見者はゲーデルであることを知っていたら、その人は、話者が「不完全性定理の発見者」として属的に言及指示している対象は、ゲーデルであると思うであろう。

　しかし、不完全性定理の発見者が、ゲーデルではなく、実は**シュミット氏**であったことが、新たな歴史的資料の発見によって、後に明らかとなった（そのような言説が「真実」という権威をもつようになった）とすると、上の発言が行われたとき、話者が（属的に）言及指示していたのは、ゲーデルではなくシュミットであったと遡及的に解釈可能となる（ibid., p. 370; cf. Kripke, 1972; Putnam, 1975）。「属的言及指示（attributive reference）」については、Donnellan (1966) を参照。

[11] "kuila"は、通常「旗、国旗」という意味の名詞である。旗は、首長が乗ったカヌーにのみ独自の模様を付けて立てられたもので、彼の力と権威を表し、別の旗を掲げることは、それに対する明らかな挑戦、それを上回る力の示威を意味していたという（春日、2001, p. 133）。そして、領土割譲は「旗が揚がった（sa vakarewa na kuila）」と表現され、英国の傘下となったニュースが伝えられたという。植民地化以前は、「旗の前（bela ni kuila）」として指示される。

第11章 映像の体制　　*417*

指示対象は、1874年の大英帝国へのフィジーの領土割譲である[12] (cf. Lal, 1992; Scarr, 1979)。したがって、この言及は、「割譲」という出来事を指標として喚起される「過去」と「現在」という時空的分節を前提とし、「割譲以前」に行われた最初の即位儀礼を「辿る（vakamurimuria）」こと、前者を後者へと忠実に「引用」することによって、「現在」の慣例を転覆可能にすると同時に、「土地の決定」自体を権威化する語りとして生起している。すなわち、首長の住んでいるドゥリティ村で即位儀礼を実行することが、ダワサム地域の「伝統」に忠実な行為であるとする理解が、実際には、「虚偽」に過ぎなかった、――「曖昧な（ambiguous）」、「不明瞭な」場所として指示されている割譲以前、現在のフィジーの起源を辿ることが出来る「植民地期以前」の時空に、「引用」されるべき「本当の」、「隠された」過去／始原が存在し、それに依拠して「土地の決定」が為された――と述べることによって、デラカンド村での即位儀礼は、その正統性を獲得し得たとされるのである[13] (cf. Tomlinson, 2004, 2014)。その後、実際に行われた儀礼の内容は、以下のように要約されている。

12　「割譲」から植民地期への歴史的背景については、第4章2節（4.2）を参照。
13　Tomlinson（2004）は、「曖昧さ（ambiguity）」や「不明瞭さ」を指標する儀礼スピーチ（キリスト教メソジスト派による祈り; chain prayer）が、フィジー社会を規定する権威ないし恐れの所在を創出し維持するように機能しているとする。その中で、儀礼スピーチで使用される二人称代名詞 単数"oiko"（you）も、その指示対象は曖昧なことが多いとしている。敢えて曖昧さを喚起するスピーチによって、過去という権威／恐れの所在を可視化するように働いている（ibid., p. 12）。Stroud（1992）は、パプア・ニューギニアの東セピック州のガパン（Gapun）村落においては、英語を土台としたクレオール言語で、パプア・ニューギニアのリンガ・フランカであるトク・ピシン（Tok Pisin）と、土着の言語であるタイアップ（Taiap）の両言語のコードスイッチは、曖昧さ（ambiguity）を軽減するためになされるものではなく、むしろ、曖昧さを生み出すために行われているとしている。そして、このようなメラネシアにおける言語使用は、メラネシア社会や人格に関する理解と不即不離なものであることは、多くの研究が示唆してきたことである（cf. Shore, 1982; Ochs and Schieffelin, 1984; Lutz, 1988; Ochs, 1988; White, 1991）。

⑥ [開始3分33秒後〜4分05秒]

　　　　E ra tiko ⑥⁻¹<u>kece na liuliu ni yavusa e walu</u> e na soqo, e na veivagunuvi e ratou a vakaitavi vakalevu ga kina na qase ni yavusa o Voni. E ra a qalovi e liu, qai cabori na isevusevu ni vanua, ni bera ni gunuvi na yaqona vakaturaga. Sa qai tuberi ⑥⁻²<u>na isoli ni bilo</u> ni na vanua, oti sa qai tutaki sara yani. Sa qai tataunaki na vanua vua na Ratu, oti sa qai vakaraitaka na lomana, e na veivosa kei na veiqaravi e ra cakava vua na lewe ni vanua. Sa qai tini na cakacaka ni veivagunuvi qo ⑥⁻³e na nodra masu ni talatala ni tabacakacaka o Nananu.

[彼ら⑥⁻¹八つの氏族の氏族長全てが、儀礼に参加したが、首長にヤンゴナを飲ませる儀礼（veivgunuvi）において、多くの義務を担ったのは、ヴォニ氏族の長老であった。先だって初めに、彼らは首長を迎え（qalovi）、そして、土地のセヴセヴが、首長へヤンゴナを飲ませる前に、執り行われた。そして、⑥⁻²ビロの譲渡が執り行われ、その後、首長へヤンゴナが与えられた。そして、首長へ、土地に対する義務が付与され（tataunaki na vanua）、その後、土地の民のために開かれた歓談の時間を通して、首長の胸の内（lomana）が明かされた。そして、この即位儀礼は、ナナヌからの⑥⁻³キリスト教牧師による祈りによって幕を閉じた。]

　こうした要約においても、その基点は⑥-2「ビロの譲渡」に据えられ、それが⑥-1「八つ全ての氏族長」と⑥-3「キリスト教の神」による賛意に依拠したものとして、土地の結束性が喚起されている。その後、映像は、初日のデラカンド村での即位儀礼、二日目の「ヴァカボンギヴァ（vakabogi-va）」の儀礼、そして、三日目にドゥリティ村での首長の住まわしの儀礼「ヴァカティコリ（vakatikori）」の模様を映し出してゆく。

11.1.3 著作権

　三日目の儀礼が終了した後、以下の記載が標示され、100分程度に及んだダワサム地域の即位儀礼のDVDは、締め括られている。

⑦ [開始101分42秒後～102分]

Na kena rawa ni saravi na iyaloyalo qo sa vakavinavinaka kina vakalevu na Tabacakacaka iTaukei vei kemuni qo:

Ratu ni Dawasamu, Ratu Peni Waqa kei na vanua o Dawasamu ena veiciqomi, veimaroroi kei na itukutuku ni veibuli.

Vunivola Tudei ni Tabacakacaka iTaukei ena soli ni veivakadonui me tabaki ka maroroi mai na itukutuku ni veibuli qo.
[...]
copywrite: Tabana ni Vosa kei na iTovo Vakaviti Tabacakacaka iTaukei
2010.

この映像が鑑賞され得ることに、**先住民系フィジー省**は、あなた方に対し、ここに感謝致します：

ダワサム首長、首長ペニ・ワンガ氏 そして、ダワサムの土地／地域による受け入れ、ご加護、即位儀礼の伝承に。

先住民系フィジー省の長官に対しこの即位儀礼の記録、伝承の保存を承認したことに。
［中略］
著作権：フィジー言語文化研究所 先住民系フィジー総務省
2010年。

こうして、2010年4月中旬に開催されたダワサム地域の首長の即位儀礼は、フ

写真17．DVDの最終映像頁

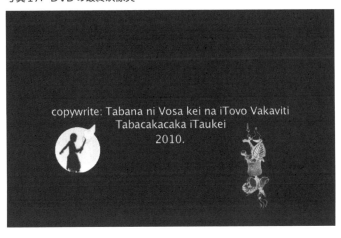

ィジー言語文化研究所（ILFC）と先住民系フィジー総務省（Ministry of Fijian Affairs）の「著作権（copyright）」の下に、DVDによるアーカイヴとなったのである（写真17を参照）。この先住民系フィジー総務省（Ministry of Fijian Affairs）こそ、1930年にダワサム地域の『一般証言』と『氏族登録台帳』を作成したNLCの後身であるNLFCを傘下にもつ行政省／政府機関である。

　以上で見たように、「文書」の記載に沿わない形で計画された即位儀礼が開催されたことによって、NLFCが保管している『一般証言』と『氏族登録台帳』の記載、系族間の地位関係の記述自体が修正されることは無かったし、おそらく、今後も為されることは無いだろう。しかし、「文書」の記載が誤りであるという主張が、結果的には承認される手続きを通過して儀礼が開催され、それがDVDとして同省内部にアーカイヴ化されたこの事実は、それ自体としては、看過し得ない示唆を伴う結末であると言えないだろうか。すなわち、NLFCが保管する「文書」が物理的に修正されなくとも、その記載事項に公然と異を唱えた即位儀礼が、土地の見解の一致によって開催され、その記録が残されたという出来事は、実際それ自体として文書の権威の失墜を物語るものである。あるいは、この文書と儀礼の関係を通して生じたダワサム地域でのポリティクス／もつれ合いを、介入し得ない地域自体の問題として「見て見ぬふり」をした役人、一種のドタバタ劇として「静観」しようとした政府のフッティングそれ自体が、既にそうした事態を指標していたとも言える。その限りにおいて言えば、植民地期に作成された文書は、土地における相互行為の「文書」、すなわち、「儀礼」（transcendent record）によって遡及的に「取り消し可能」なテクストへと変容したと言えるのではないだろうか。

11.2 「相克」のテクスト化

　ここでは改めて、「取り消し可能」となったダワサム地域にとっての社会文化的（コン）テクストとは何だったのか。そして、このDVDにおいて儀礼に註釈を施し続けてきた「地の文」の語り手／作者は誰だったのかについて考察してみよう。

表10. ダワサム地域の伝令の道（儀礼前）

1. 首長（Ratu）⇒ マタニヴァヌア（ダワサム氏族）⇒ サウトゥラガ（ヴォニ氏族・ナマラレヴ系族）⇒ ヴォニ氏族（ナンボロ系族）⇒ ワイレヴ氏族 ⇒ デライ氏族（ナヴニヤシ系族）⇒ ナヴニセア氏族 ⇒ ラウ氏族 ⇒ トヴァ氏族
2. 首長（Ratu）⇒ マタニヴァヌア ⇒ ナヴニセア氏族（ナタレイラ村）
3. 首長（Ratu）⇒ マタニヴァヌア ⇒ ナンブレンブレワ氏族（ナンブアラウ集落）

＊この三つの伝令の道以外にも、幾つかの道が存在していたと予想されるが、ここでは、筆者が調査し得たもののみを記載している。儀礼以前は、首長からの伝令は全て、マタニヴァヌアかサウトゥラガを介して、他の氏族へと伝達されていたという。

表11. 再編成されたダワサム地域の伝令の道（儀礼後）

1. 首長（Ratu）⇒ ヴォニ氏族（ナンボロ系族）⇒ デライ氏族（ナワライ系族）
2. 首長（Ratu）⇒ ヴォニ氏族（ナンボロ系族）⇒ ワイレヴ氏族 ⇒ ナヴニセア氏族 ⇒ ラウ氏族 ⇒ トヴァ氏族（・ナギロギロ氏族）
3. 首長（Ratu）⇒ ヴォニ氏族（ナンボロ系族）⇒ ナンブト氏族（ヴォロヴォロ村）
4. 首長（Ratu）⇒ ヴォニ氏族（ナンボロ系族）⇒ タイ氏族（ルヴナヴアカ村）

11.2.1　伝令の道（sala ni tukutuku）

　実は、デラカンド村での即位儀礼の二日目（2010年4月16日）の朝、儀礼が行われたブレの中では、IFLC職員（ケレラ）がヴィデオ撮影する中、首長ペニ・ワンガと儀礼を主導した長老らが集まり、即位儀礼後の地域における首長を中心とした「連絡網／伝令の道（sala ni tukutuku）」[14]を、儀礼に反対した

14　ダワサム氏族のイソア・ワンガは、この「連絡網」を、土地の「コミュニケーション・チャンネル（communication channel）」と呼び、フィジーの土地／地域での集団としての生活において、最も重要なネットワークであると筆者に説明したことがある。また、この伝令の道は、第4章3節2項（4.3.2）の図9で、ラ

氏族・人物らを排した形で再編成することについて話し合っていた。「連絡網／伝令の道」とは、政府やタイレヴ地方から地域首長へ渡される連絡や、土地の政治的決定や、それに付随した会議（bose）の開催などの伝達事項を、首長から各氏族・系族集団へと届けるための伝達回路（sala）である。**表10**に示した通り、儀礼が行われる以前に確立されていたダワサム地域の伝令の道は、「マタニヴァヌア」のアリオケや、「サウトゥラガ」のセヴァナイアを要衝として成立していた。

しかし、儀礼二日目の朝に行われた話し合いの中では、儀礼に反対したマタニヴァヌア（アリオケ）やサウトゥラガ（セヴァナイア）などの人物や氏族・系族を、この連絡網から「消去すること」（boko）が議論されたのである。そして、**表11**の四つの道が改めて設置され、その全ての道への「ドア（katuba）」として、即位儀礼を主導したナザニエリ率いるヴォニ氏族のナンボロ系族が位置付けられることになった。

したがって、儀礼終了後は、それまで首長の側近、伝令の道の要衝としての役割を果たしていたアリオケやセヴァナイアらの所属集団、そして、彼ら反対派に（明示的／非明示的に）賛同し、儀礼開催に貢献しなかった幾つかの集団（ナンブレンブレワ氏族、デライ氏族ナヴニヤシ系族、ナタレイラ村のナヴニセア氏族など）は、このネットワークから排除されることになった、まさに「よそ者」とされたのである。

11.2.2 地の文の語り手

この場では、さらなる事項に議論が及んだ。それは、ヴォニ氏族・デライ氏族内部の系族間の序列関係であり、『一般証言』、『氏族登録台帳』の記載事項の「誤り」について指摘し、その議論の模様をIFLCがヴィデオで撮影するという場面があった[15]。1930年のNLCによる「文書」の記載の誤りが首長、その他の

　　　ッサンガの文献から引用した、首長と氏族の忠誠関係と相関を示すものである。

15　筆者の記録では、この場面には、ペニ・ワンガ（ダワサム氏族）、ナザニエリ、レヴィ、エヴェレティ（ヴォニ氏族ナンボロ系族）、ナイタウ、ケレ（デライ氏

第11章　映像の体制　　　*423*

氏族長老らによって認められることを、IFLC（政府）による映像としてアーカイヴ化させようという企てであった。以下は、そこで為されたヴォニ氏族ナンボロ系族のエヴェレティ（Evereti）と、IFLCのシミオネ（Simione）とのやり取りの一端である[16]。

Evereti:
Me vaka ni rau tiko qo na Tabacakacaka iTaukei, nanumi me dou sa na ututakia qo e dua na yaliyali vou e na sala ni vakadewa itukutuku ni vanua. Ia, e na lewai qoi me vakaivolataki e na Veitarogi Vanua e na Tabacakacaka iTaukei? Baleta na kena irairai sa laurai tiko e na mataka qo, au sa rogocia voki ga ni so na ka sa na vakadodonutaki. E so na ka sa na vakadodonutaki e na nomudou veivakaiotaki e na sala ni tukutuku. E dua na sala ni tukutuku e koto makawa, dou vakaiotakia qo me sa utu e na yavu a tekivu mai inia na vanua qo. Ke rawa ni kerei ratou mada me ratou vakamacala mada e na yasana ya?

［先住民系フィジー総務省（Tabacakaka iTaukei）の二人がここにおられます、土地の知らせを送る道（伝令の道）について、一つの新たな出発を記すべきであると考えます。この決定は、先住民系フィジー総務省のNLFC（Veitarogi Vanua）において記録／文書化されるものです、ね？ なぜなら、今朝、私は、幾つかの事柄が真っ直ぐ正される（vakadodonutaki）ということを耳にしている、そのような状況にあるからです。幾つかの事柄が、知らせの道に関して、あなた方の賛成に依拠して正されます。昔に存在した一つの伝令の道があります、あなた方よ、この土地が始まった土台／起源において、これを据えることに賛成されたい。もし、可能であれば、これに関して彼らに説明して頂きたいと思いますが？］

族）、アリオケ（トヴァ氏族）、ネタニ（ワイレヴ氏族）、サナイラ（ナヴニセア氏族）、シミオネ（IFLC）、ケレラ（IFLC・ヴィデオ撮影）、その他、幾人かの男性たち、そして筆者が居合わせた。

16　この模様は、IFLC職員ケレラによって撮影されて進行していた。

Simione:

Na ka nu vakaraitakia tiko mai baletia nu sa mai vakadeitakia voki, na itavi levu mai na Tabacakacaka iTaukei me taqomaka na veika e vakaiotaki mai vanua, a wara ni buli yavu na kena Tabacakacaka iTaukei, na ka ga sa vakadeitaki mai na vanua, a neitou itavi ga me maroroi, dua na tiki ni maroroi itukutuku sa caka saka tiko nu qo, na itaba, dua voki sa caka nanoa na itaba, ni qima qo ni sa yadi bale sa na lai maroroi tu, na vanua no tu na sema inia, na gauna tou na vinakata inia e so na itukutuku me vakarautaki, qe tu na qai basika mai inia, me vakaivolataki. Dou na taro mai dua na ka ratou a lai katona mai vei keitou na Tabana ni Vosa keitou kerea. Sa neitou itavi me vakarautakia na veika nu sa vakaiotaki mai. Ia, na veika vakaivola e rawa ni veisautaki kevaka sa donu mai na vanua vei ira sa vakatulewatakia.

［先住民系フィジー総務省の重要な任務は、土地において賛成された全てのことを大切に保管すること（taqomaka）です。先住民系フィジー総務省が土台を造るのではありません。土地において確定されたもの、私たちの任務はそれを保管すること（maroroi）です。その伝承の保管の一部が、ここで撮っているヴィデオ・写真、また昨日行ったヴィデオ・写真撮影です。私たちが、幾つかの伝承を準備するように求められたとき、これらが記録／文書化されるために取り上げられると言うことです。私たちの任務は、賛成された全てのことを準備することです。しかし、記録／文書化された全てのことは、もし土地の判断において確認された場合、変更することが可能です。］

ここでエヴェレティは、土地の「伝令の道」を、土地の決定において（古くて正しい状態へと）記述し直し、政府（NLFC）の公的な文書記録としうる可能性について言及している。そして、（NLFCと同じ先住民系フィジー総務省に属する）IFLCのシミオネに対し、そうした事項に関する彼ら政府側の役割・見解を伺おうと試みている。シミオネは、IFLCの義務（itavi）は、土地が決定し行ったことを記録し、後にそれを参照することが出来る状態に「保存／保管（maroroi）」しておくことにあると説明している。また、過去の公的文書の記

載事項が誤っており、それが「正される（vakadodonutaki）」べきであることが「土地の決定」として承認されれば、それは正されること／変更が可能であるという、やや踏み込んだ発言を行っている。

しかしながら、こうしたシミオネの見解は、NLFCが保管している『一般証言』や『氏族登録台帳』の記録事項が、土地の賛意に依拠して物理的に「書き直す」ことが可能であるとする発言では決してない。彼が行った「変更可能（rawa ni veisautaki）」という言及は、土地の伝承に関わる何らかの記載や理解が、土地の判断によって誤りであると認められた場合、そのような土地の判断が成立したこと、その議決自体を「文書」として保管すること、その意味における「変更可能性」である。そのような、両者の認識のズレは、その後のやり取りにおいて表面化している。

  Evereti: Ni dua e mai volai, qai sa wara ni qaravia na nona itavi. Kena ibalebale ke via veisautaki e na caka vakacava liga.
   ［なぜなら、ある者がやって来て登記（volai）され、そして、彼の義務を果たさない。ということは、（それが）変更されたい（via veisautaki）場合、一体どのように為されるのでしょうか。］
  Simione: E lesi vua dua na itavi, qai wara ni qaravia? Au wara ni tauria vinaka na cava na taro?
   ［ある義務が、その者に選ばれ、そして、その義務を果たさない？ 私は、質問の意味が良く掴めませんが？］
  Evereti: Io, ke via veisautaki, baleta na ka qe sa ka tiko vakaivola, sa volai tiko vakaivola o ia na ka dina e kilai ni tiko dina na kena vuniutu, ia sa mai veisautaki e na gauna ni vakadewa itukutuku e na gauna ni matai ni ka e caka sa yacovia ni'ra sa vakayadi vata mai qo, qo sa dua tu na tai, baleta ni wara sara ga me tokona na cakacaka levu qo, qe na vosa e tukunia tiko o ia, o ia me sa vakalutui bale i ra. Ia, na cava na vakasama ni Tabacakacaka iTaukei e na yasana qe?
   ［えっと、（それが）変更されたい場合、なぜなら、これは本になっている事柄だから、本には知られている真実に基づいて記

第Ⅳ部　儀礼、映像、憑依

載される必要があります。しかし、その真実は最初に伝承が伝えられたときから今日まで偽られたままになっています。彼（セヴァナイア）は、この大仕事に全く協力しない、それが彼が言っていたことです。彼は、（その地位から）下へ落とされる（vakalutui bale i ra）べきだ。しかし、この件に関して、先住民系フィジー総務省の見解は何でしょうか？］

Naca: Volai me soli vata na nona itutu, nona qele, oti sa qai kacivi na ka qo, qai bese, ia me soli na qele me soli na itutu me qaravia na itutu vakaturaga, au via kuria vakalailai na ivakamacala, e wara ni turaga ni vanua qo. Yadi me mai maroroi soli na itutu vata na qele me qaravi ira na turaga qo.

［地位と土地が渡され、その後、このこと（即位儀礼の開催）が招集され、そして断った。首長位を後見するために、土地が渡され、地位が渡された。私は、説明を少し付け加えたい。（彼らは）この土地の民ではない。（彼らはダワサムに）やって来て、この首長たちを後見するために、地位と土地が渡され保護されたのだ。］

Simione: Vinaka, o kodou mo dou na kaukauwa tiko no e na nomudou yavu, ni wara ni muri sa luluqa, mo dou na kaukauwa tiko no na nomudou yavu na vanua dou davo tiko inia.

［はい、あなた方は、あなた方の土台（yavu）において厳しい姿勢をもち、怠慢な状態を辿らぬよう、あなた方が横たわる土地の土台において、厳しくあるべきでしょう。］

ここでエヴェレティが、シミオネに対して質問している「伝令の道（sala ni tukutuku）」の変更は、「文書」に関するものである。つまり、NLFCが管理している「文書」（『一般証言』と『氏族登録台帳』）の記述の変更（veisautaki）を目的とした質問であり、その変更が可能かどうか、また、可能であればどのような手続きが必要なのかに関する質問である。エヴェレティは、特定の人物・集団に付与された、土地の民として果たすべき儀礼的義務が存在し、仮にその人物・集団が、与えられた義務を果たそうとしない場合は、その義務を彼らに

与えた者たちの判断によって、義務・地位は変更されるべきであること、「文書」は記述し直されるべきであるとする問題提起であり、その後のナザニエリの発言も、同様の所見から為されていることは発言内容から明白だろう。

　他方、シミオネは、その質問の「真意」を聞き返した後に、土地の義務を果たさない人物・集団が存在する場合、彼らを土地の「土台（yavu）」において厳しく資することが肝要であると、聊か「的を外した」返答をしている[17]。両者のやり取りに見られる「食い違い」は、エヴェレティ（地域側）は、文書を保管している政府に、その記載事項が誤りであることを承認させ、その修正を実現することを（非明示的に）求めているのに対し、（その文書を直接保管しているNLFCと同省に所属する）IFLC役人シミオネ（政府側）は、そのような修正を行うのは「土地の決定（lewa vakavanua）」であること、つまり、土地・地域側自身であり、IFLCは、その決定自体を保管・保存する任務を果たす機関として自己規定していること、こうした両者の志向性の差異に帰されるものである。実際、そうした理解に基づいてIFLCは即位儀礼の映像を撮りに来たのである。すなわち、両者は互いにズレた理解、いわば裂けた相互行為テクストを（分裂生成的に）紡ぎ出しているのである。

11.2.3　言文一致体

　IFLCの任務は、土地が有する「伝承」を記録化し、それを後に参照可能な「言及指示テクスト」として保管することですらなく、「土地の決定」という出来事それ自体を保管すること、土地・地域をそれ自体として（いわばコミュニティやローカルなものとして）、鑑賞可能なテクスト（セノ化した出来事）としてサルベージすること、そして、彼ら彼女らが主体的に／持続的に、自らの土地・地域、すなわち「文化」を保護・管理してゆくことを可能とするよ

---

[17]　あるいは、シミオネは、そうしたダワサム地域における集団間の「厄介」な問題への明示的な言及を避けるため、意図的に「的を外した」返答をしたのかもしれない。

うな補助的役割[18]、「文化遺産」の管理人（custodian）としての役割を担うことに置かれていると解釈できる（cf. Pigliasco, 2007）。事実、ここで為された（儀礼二日目の朝の）やり取りは、バックステージ（backstage）の映像として編集の段階でカットされ（cf. Goffman, 1959）、完成したDVDには全く以て映し出されていない。よって、上映されるのは、（彼らが想定する）フロントステージ（frontstage）、いわゆる「儀礼」（パフォーマンス）などのスペクタクルや、地域の住民たちが（大人も子供も、女性も男性も）総出で儀礼の運営や準備に励む様子、まさに土地の結束性や一体性、そして、コミュニティ性やローカル性を強く喚起しうる場面であった[19]。

地域側と政府のやり取りは、以上のような両者の相互行為的「相克」を孕みながら、結果的には、前節 (11.1) にて考察したDVD（映像を伴ったテクスト）がIFLCによって作成され、実際、DVDの地の文は、この即位儀礼を主導したヴォニ氏族のエヴェレティによって「監修」されて作成されている[20]。しかし、DVD映像の最後に明瞭に記されていた通り、その「著作権（copyright）」をもつのは、フィジー言語文化研究所（IFLC）（先住民系フィジー総務省; Ministry of Fijian Affairs）となっている。つまり、IFLC（政府）は、土地の有り様それ自体の記録／アーカイヴ化を目的としており、したがって、政府は土地の「直

---

18 「エンパワーメント（empowerment）」である。
19 このDVD（メディア）は、「複製」され、一枚約五フィジードルで購入することも可能になっている。そのような商品化／「民芸化（folkloriation）」（Kuipers, 1992, p. 104）された土地の儀礼は、政府・国際機関のネットワークを通じて、不特定多数のオーディエンスによって「鑑賞」されることも暗黙裏に前提化されており、そのようにして、鑑賞される儀礼、（交換価値／展示価値を前景化させた）文化・伝統的所有物（cultural property）、「無形文化遺産（intangible cultural-heritage）」の「所有者（iTaukei）」としてのフィジー人、その「管理者（custodian）」としての政府機関、そして、両者の二重体／スペクタクルが形成されてゆくことになる（cf. Pigliasco, 2007）。
20 DVDの作成を担当したIFLCケレラによれば、ナレーションはヴォニ氏族のエヴェレティが確認した（verify）という。よって、ダワサム地域側（賛成派）が「監修者」（principal）となって作成されたDVDであると解釈できる（cf. Goffman, 1981 [1979]）。

接引用」という語用（reported speech）に従事することによってテクスト化されていると理解できる。シミオネが、エヴェレティの質問に対して、土地の歴史や伝統に関わる記述や理解の変更が為される場合、そのような変更が「土地の決定」によって承認されたこと、それを「文書」として書き留めることを指示し、政府（IFLC）が、それ自体を保管するという意味における「変更可能性」に言及したことは、政府は、今ここの経験的な土地の民の「アニメーター（発声体）」、あるいは憑依体として存在していることを示唆している。

以上によって、「地の文」の語り手が誰であるのかが判然となろう。DVDの中の「地の文」の語りは、政府であり土地の民自身、語り手／作者であり聞き手／読者自身、この両者の「自由間接話法」[21]となり、その語り手は、フィジー語によってフィジー語話者自身について語る「言文一致体」[22]である。

11.3 「ヴァヌア」というメタ・ディスコース

11.3.1 All vests with the vanua

Pigliasco（2011）は、オセアニアにおける「無形文化遺産（intangible cultural-heritage）」に関する論考の中で、フィジー政府／国家遺産・文化・芸術省（Department of National Heritage, Culture & Arts）の政策立案担当官（Senior Policy Planning Officer）のシピリアノ・ネマニ（Sipiriano Nemani）[23]による「土地（vanua）」についての以下のような言及を引用している。

> The ***vanua*** considers land, water, customary practices, and human environ-

---

21 自由間接話法（free indirect style）については、第2章3節2項（2.3.2）を参照。
22 さらにIFLCは、2007年6月に、フィジー語によるフィジー語辞書（iTaukei monlingual dictionary）を作成している。この点については、以下のウェブサイトを参照（http://www.fijianaffairs.gov.fj/Sale%20of%20Dictionary.html）。
23 この人物は、以前はIFLCに勤務しており、2009年7月に、筆者のフィジーでの調査研究計画を審査し、調査許可証（research permit）発給に必要な受け入れ許可証の発給を担当した人物である。

ment as one and indivisible. Given this cultural context, the idea of pursuing the promotion of traditional knowledge and expressions of culture cannot consider only one element but the whole. [...] ①−1No govenment policy, no organized workshop, no financial assistance can help **the indigenous community in Fiji** elevate its traditional values and identity. ①−2All vests with the *vanua* and those at the helm of traditional leadership to proactively pursue and reinforce to members of the *vanua* the importance of maintaining key customs. (Pigliasco, 2011, p. 325)（下線・太字は引用者による）

第9章で論じたケレピによる言及に見られたのと同様に[24]、シピリアノによる言及においても、「土地」と「土地の人々」は①−2「全てが帰される所在（all vests with the vanua）」、言い換えれば、既に全てを「知っている」場所として存在し、①−1政府はそれに寄り添うこと、「土着／先住民コミュニティ（the indigenous community in Fiji）」の自発性と主体性それ自体に委ねること、それを手助けする存在として自認していることが理解できる[25]。このように、「土地」という範疇が、神話的に価値化（elevate）、遺産化され、現代フィジー社会を規定するメタ・ディスコース／メタ・テクストとなっていることが理解されよう。

したがって、このディスコースの体制は、政府（顕在的権威）と土地／地域（潜在的権威）による互いの「再認」という語用的関係として成立しており、同時に、そのような互いの「再認」の過程自体として成立し続けてゆく。言い換えるならば、NLCによって記された文書の「言及指示的な」超越性／外

24　ケレピの言及については、第9章4節2項（9.4.2）を参照。
25　同様の言説は、「コミュニティ・ベース」、「参加型」など、今日のフィジーの環境運動に極めて類似した語り口となっていることは既に示唆されているであろう（cf. Govan, Aalbersberg, Tawake, & Parks, 2008）。つまり、「環境と文化」という問題系は、常に言説のレベルにおいて、言い換えれば、象徴ではなく、語用レベル／指標記号を基点として超領域化しており、それは取りも直さず、環境が常に必ず社会と出会って生起することを示唆している（cf. Milton, 1996; Agrawal & Gibson, 2001; Anderson & Berglund, 2003）。

部性／脱コンテクスト性は不在となっており、その文書が繰り返し「押印」され続けてゆくという、今ここの「相互行為的な」指標的連鎖として存立する体制である。遠く彼岸に位置する「語られた世界（narrated event）」としての文書、書記された彼岸、その文書の保管人としての政府、他方、その権威によってテクスト化される「語りの世界（speech event）」、土着／先住民コミュニティ、この両者の安定した秩序が不在となり、今ここ、この土地の民たち自身に超越性が内在化されるという（不可能な）事態が生じている[26]。このことは、現代フィジーにおける社会文化的審級の所在が、植民地統治期以降の史的変遷の過程において「テクスト」となった土地／土地の民に置かれていること、あるいは、そこで為される神話的語りや儀礼などを通して織り出される「相互行為的テクスト」、「相互行為性」自体へと肉薄してゆく体制、言及指示的テクストのテクスト性（テクスチュアリティ; textuality）を喚起する、今ここの相互行為テクストに付与される体制が生起していることを示唆するものであると結論付けることが出来るだろう。

11.3.2 バイニマラマと民主化の語り

　このような「文書の秩序」（植民地的体制）の記号論的な変容は、フィジー政府首相チョサイア・ヴォレゲ・バイニマラマ[27]に顕著に観察される「民主化」の語りにも見出すことが出来るだろう。2012年3月14日、バイニマラマは、

26　このDVDには、NLCの『一般証言』のような政府と土地の間で為される宣誓などの記載は無く、ナレーションは「土地自体の決定」を強調し、「土地の儀礼」それ自体を引用／再現／反復するのである。

27　2000年に起きたクーデターの実行者が参加する政党（Conservative Alliance Matanitu Vanua）と連携し、2001年の総選挙を経て発足したライセニア・ガラセ（Laisenia Qarase）首相のフィジー人民族主義と手を結んだ政治運営や政治汚職に批判を強めていた軍の司令官バイニマラマは、2006年の総選挙でも勝利を収めたガラセ政権に対し、同年12月5日、「クリーンアップ・キャンペーン」という名でクーデターを実行した。そして、翌2007年1月5日にバイニマラマは臨時政権を樹立し、大統領を味方につけ、自ら臨時首相の座に着いた（丹羽、2010, p. 76）。

英領植民地期（1874～）以来、130年以上に及びフィジー政治の中心的組織の一つであり続けてきた「大首長会議（Bose vaka turaga / Great Council of Chiefs; GCC）」[28]の撤廃を発表し、以下のように述べた。

[THE FIJI TIMES（2012年3月15日）からの抜粋][29]

    The Great Council of Chiefs is a **product of our colonial past** and Fiji must now focus on a future in which all Fijians are represented on the same basis. [...] If all Fijians are to have their say during the consultation for Fiji's new constitution, we must ensure every voice is equally heard and equally represented. [...] In 1875, the British under colonialism created an elite body of iTaukei chiefs known as the 'Native Council' to directly and indirectly implement its rule over Fiji. The members of this body, which later came to be called the Great Council of Chiefs, held certain privileges. [...] Fiji's iTaukei heritage is a distinct and fundamental aspect of Fiji. This cannot be denied. However, as an institution, the Great Council of Chiefs perpetuated elitism and fed into the divisive politics which **plagued our country**. [...] We must now look to our commonalities as citizens of the same nation, not to what separates us as individuals or groups.（下線・太字は引用者による）

このようにバイニマラマは、GCCをフィジーにおける「植民地的過去の遺産（a product of our colonial past）」であり、それがいわば亡国の元凶（plagued our

---

28 GCCは、植民地時代初期、初代総督のゴードン政権時代である1875年に、フィジー人を代表する機関として既存の首長層を集めて設置された（Legge, 1958, p. 209）。GCCは大統領、副大統領、首相、十四州からそれぞれ選出された三委員からなる四十二人の地方委員、大統領指名の六委員、ロトゥマ委員会から三委員、そして1987年クーデターの首謀者であり、終身委員であるランブカの五十五名によって構成されている。1987年のランブカのクーデター後に制定された1990年憲法では、三十四人の上院議員のうち二十四人をGCCから選出、大統領と副大統領も選出していた。バイニマラマは、2007年に、このGCCの活動を停止していた。

29 全文は、本書末の「添付資料2」を参照。

country）なるものとして捉え、その廃止を宣言した。

　バイニマラマは、2001年から続いていたライセニア・ガラセ首相によるフィジー人民族主義的政権運営を批判して2006年にクーデターを実行し、翌2007年に臨時首相の座に着いた。その後、2013年3月に、フィジー政府は政府独自の新憲法草案を公表し、国民からの意見を公募し、同年9月に、フィジー政府は新憲法を公布する。2014年3月、バイニマラマは国軍司令官を辞任する。2014年9月、フィジーでは総選挙が実施され、バイニマラマ首相率いるフィジー第一党が過半数の議席を獲得し、バイニマラマ首相は再任されている。1987年のシティヴェニ・リガママンダ・ランブカ（Sitiveni Ligamamada Rabuka）によるクーデター、2000年のジョージ・スペイト（George Speight）によるクーデターは、いずれも対インド系フィジー人という構図の中で、先住民系フィジー人によるフィジーの支配やその経済的地位の向上を呼びかけ、民族的な利害の回復を中心に置いていたのに対し、バイニマラマの掲げる理念は、「多民族主義」としてのフィジーを訴えたものである。フィジーで生活をする全ての人に平等な権利を与え、先住民系フィジー人の支配に直接的には結び付かない「多民族主義」としてのフィジーであった[30]（丹羽, 2010, p. 82）。

　こうした理念に裏打ちされたバイニマラマによるGCCの撤廃宣言によって、現在までフィジー各地において強くコンテクスト化されてきた最高首長を頂点とした階層性を有した氏族集団の連合体が消滅するかどうかを予測することは難しい。しかし、ここで検討すべき点は、GCCを特定の階層による支配（elitism）や民族主義など、現在のフィジーの災いの元凶、植民地期の負の遺産として認識し、GCCの解体によって、「民主主義的決定」に依拠した国民全体の利益向上を目指すバイニマラマの「民主化」の語り、脱民族主義／脱植民地主義的な語りが、単に政治制度としての民主化、あるいは、災いの元凶を取り除くことによって秩序の刷新を図る、「災因論」などと語られる事象ではな

---

[30] バイニマラマが主導したクーデターは、1986年のランブカや2000年のスペイトらによるものとは異なった主張を展開しており、このような変化は、バイニマラマ個人の性格や主張に帰されるものではなく、本書が論じている「映像的体制」と看過し得ない関わりをもつ事象ではないかと考える。

く（cf. 長島, 1982）、本書が分析してきた、文書と儀礼、政府と土地、コロニアルとポストコロニアルという秩序の関係において展開した一連の出来事と、構造的には同型／同根のディスコースとなっている点だろう。つまり、土地の民による決定、彼らによって行われる語りや儀礼という相互行為出来事、「今ここ」で喚起されるテクスト性、「今ここ」の相互行為性なるものに、「書記された彼岸」／文書の秩序／リアルの所在が帰されてゆく、あるいは内在化してゆく記号体制の変遷の中で生起するディスコースであると考えられる[31]。

11.3.3 「今ここ」の複製

儀礼終了後、ヴォニ氏族のレヴィは、筆者に対して次のように語っている。

O ira ga na veibuli e ra kila na vanua qo o Dawasamu, e ra sa buli koya, e ra sa lumuti koya. O ratou na nodratou vanua qo Dawasamu, o ratou na lewe walu, o ratou sa buli i koya oti. Koya na matai ni gauna na veibuli keitou cakava tiko qo, keitou sega ni muria vakaivola. Keitou sa tautauri sara tiko ga mai na matai ni gauna e na kena tawani o Dawasamu.
［彼ら、ダワサムの土地は、彼（ペニ・ワンガ）を即位させたこと、ダワサムの土地が創られたことを知っている。彼らのこのダワサムの土地、彼ら八つの氏族、彼らが彼（ペニ・ワンガ）を首長にした。それが今回、初めて私たちが行っている即位儀礼であり、それが今回、私たちが行っていること。私たちは、本／文書に沿って行うのではない（sega ni muria vakaivola）。私たちは、ダワサムの土地が創られた／人が住んだ（tawani）、最初の時（na matai ni gauna）を辿って、（儀礼を）行ってい

---

[31] したがって、こうした言説を「エリート」による「文化の政治」として、それとの対照性において措定された「日常の人々」との認識のズレ／差異を問題化し、前者の後者に対する権力性／暴力性、後者による文化実践に「真正性」を見出すような文化分析は、それ自体として極めて政治的な分析であると言える。

る。]³²

　文書以前(「割譲」以前)の土地の秩序／最初の時(matai ni gauna)を、文書によって秩序化された「今ここ」(文書以後)に喚起する儀礼が行われ、それを映像記録したDVDが政府に保存されることになった。それによって、地域における「伝令の道」は、(名目上は)反対派を除外した形に再編成された³³。しかし、彼ら賛成派(とりわけ、ナザニエリらヴォニ氏族のナンボロ系族、ナイタウらデライ氏族のナワライ系族)が最も望んでいた(であろう)こと、植民地期以来、長きにわたって再起し続けてきた集団として抱え込んだ「痛み(mosi)」、植民地期の経験、記憶、文書となった集団間の序列自体が修正されたわけではなかった。それにも関わらず、儀礼を主導した彼らダワサム地域の長老たちにとっては、儀礼が開催されたという事実、その行為の実行可能性それ自体に「真実」はある、「真実」は既に喚起されたのであって、「文書」がいかように記述されていようと、末節の問題に過ぎないのかも知れない³⁴。ナイタウは、儀礼が終了した数日後、筆者との語らいの中で、儀礼の開催に伴って地域を二分した騒動を振り返りながら、以下のように述べている。

　　Ke ratou tukuna va qo, va qo, sega ni dua na ka. Keitou sa kila tiko ocei dina, qai caka na ka.
　　[たとえ、誰が何を言おうと、私たちは、それを気にする必要は無い。私たちは、この土地において、自らが誰であるかを知っているし、その儀礼を行ったのだから。]³⁵

32　2010年6月。ナタレイラ村にて収録。
33　儀礼開催反対派は、多数派となった賛成派との地域内部での関係を絶たれたことになり、このことをナイタウは、「彼らはただ無秩序に土地にいるだけ。(O ratou tu ga vakaveitalia.)」と述べている。また、反対派のダワサム氏族のイソアは、それについて "Somehow, we have to find a way to survive." と述べている。
34　その意味において、儀礼が行われた事実は反対派にとっても、新たに「痛み」として経験される出来事、消去／修正したい記憶／テクストであったに違いない。
35　2010年4月。ナタレイラ村、ナイタウ宅にて収録。

そして、「文書」の管理者であり、（その記載を覆す）「儀礼」を映像によってアーカイヴ化した政府自体もまた、それを「追認」するのである。土地における「真実」は土地自体にある、彼ら彼女らの語りの世界、土地の民が自らの決定に従い「主体的に」行う儀礼という「今ここ」の相互行為出来事に。「全ては土地自体に帰される（All vests with vanua）」のであり、そのことを、「私たち（土地の民としての）フィジー人、一人一人が知っている」と。

したがって、今日のフィジーにおける土地の記録は、a）象徴的で、集団の従属的関係を記述する文書ではなく、出来事の一回性、このもの性（this-ness）、今ここ性（haecceity）を、出来事のままに、ありのままに、リアルに映し出す媒体、あるいは、そのようなリアリティ／誤認を形象化する（大量に「複製」する）幻映装置／ファンタスマゴリ、すなわち、b）指標的で、集団間の並列的／相互行為的関係を映し出す映像による記録──映像を介した土地のアーカイヴ化／登記──へと、構造的・コスモロジカルな転換を語用的に記すのである。つまり、このDVDは、地域住民が植民地政府という顕在的な権威の前で、自らが語った伝承が真実であることを宣誓し、統一された形式において土地所有集団が個別化されたNLCの文書とは異なり、そのようにして文書となった地域住民たち自身による「決定」に基づいて、彼ら彼女ら自身が実行した即位儀礼を「直接引用」する記録、土地の人々をそれ自体として「映し出す」映像メディアによる記録となっている。そして「地の文」は、DVDの製作過程で、儀礼を実行したヴォニ氏族のナンボロ系族の男性（ダワサム地域の「土地の民」）によって監修された。しかし、その著作権（copyright）は、IFLC（Ministry of Fijian Affairs）に属すものとして完成したのである。したがって、ダワサム地域において生起した文書（writings）と儀礼（performance）を巡った一連の過程の顛末が産み落とした一枚のディスクは、植民地政府／国民国家という文書的／顕在的な権威と、それによって土地の所有者／近代フィジー人となった語る主体、集団の成員たち、この両者の「二重体」、その意味において「言文一致体」を体現したテクストとなっている。つまり、土地の民が政府に憑依し、政府は「土地の民」を直接引用する発声体として存在するディスコース的秩序が、今日のフィジーにおいて生起している。あるいは、「文書」が

もち得る儀礼的力／メタフォースの期限は切れている、この文書的秩序空間は構造転換を起こしていると言えるのではないだろうか。

今日のフィジーでは、初期植民地政府下で作成された土地所有集団をテクストとして産み出した文書、そして、その文書を作成し保管した植民地的／国民国家的な権威は、文書を通じて形象化された土地の所有集団・その成員（土地の民）、そして、そこで為される神話の語りや儀礼という「相互行為的テクスト」、言い換えれば、映像によって記録されうる「今ここ」の指標的出来事、行為自体へと近似的に、弁証法的に同一化し続けてゆく（不可能な）儀礼的立ち上げが生起している。植民地政府という顕在的権威によって強く終焉性・決定性（finality）が付与されていた集団の過去、グラフィックに形式化・文書化された「**語られた世界**（**narrated event**）」は、話し手や聞き手、語りを行うオーラルな土地の民／「先住民」たちの経験的な世界からは切断された外部であり、両次元には安定した指標性の隔たりが介在していた。しかし、そのような文書による社会文化的形式化（モデル化）が広く浸透し、そのようなモデル／範疇構造が自然化した植民地期以降の現代フィジーにおいては、文書が有する外部性は凋落し、話者と聞き手、土地の民／先住民たちの経験的で指標的な「**語りの世界**（**speech event**）」に近似的に肉薄し、土地の民自身による相互行為自体に、超越的な契機が「憑依」している。

第 12 章 記号論的総括

本書は、フィジー諸島共和国、タイレヴ地方最北部に位置するダワサム地域において、**1**）2010年4月15日から17日の三日間、当該地域にとっては約三十年ぶりに開催された最高首長の即位儀礼と、**2**）20世紀初頭、植民地政府と先住民系フィジー人との間で行われた土地所有集団の登記作業に際して作成された文書、この二つの「神話／詩的テクスト」の記号論的繋がり——メタプラグマティクス——を言語人類学の視座から記述することを目的とした。

　具体的には、特定の土地を所有する集団の存在を明記した植民地期の「文書」が記載している集団間の序列に、忠実ではないとされる集団によって計画された「即位儀礼」が、政府役人の承認を経て実行され、その儀礼の一部始終が政府機関によって「映像」として記録された過程に焦点を当てた。そして、この過程は、初期植民地政策における文書編纂によって刻印された集団間の序列が、植民地期以後へと至る史的変遷の中で、土地所有集団の成員の「登記」という反復行為を契機として形象化したことを明らかにした。その上で、そのように土地とそれを所有する集団範疇が形象化したことによって、今日のフィジー社会を規定する権威や審級、メタ・テクストの所在が、植民地期の文書やそれを保管する政府にではなく、文書によってテクスト化された土地（ヴァヌア）とその所有集団自体に帰される社会文化的秩序、言い換えれば、「文書的体制」から「映像的体制」への変容として理解できる記号生成の秩序が生起していることを、「文書」・「神話的語り」・「儀礼」・「DVD」という四つに分類しうるテクストを考察し解き明かそうと試みた。

12.1　文化記述と記号論

　したがって、本書は文化現象を、「意識化」（あるいは「意識の限界性」）の問題として捉えた。なぜなら、全ての文化現象は、それがどのような時代や社会で生起した事象であれ、その基点には意識という指標的契機／出来事が存在しているからである。したがって、そのような意識が、それが発現する出来事を、どのように捉え損ねてしまうのか、そのようにして生じた捉え損ね——ズレ——は、どのようにして意識化の標的となり、さらなる捉え損ねをその帰結と

して産み出してゆくのか、以上、意識とそれが生起する出来事（無意識）の関係、すなわち、メタ語用と語用の関係を明らかにすること、そうした原理的理解（そして、その限界性）を、明示的にではなくとも何らかの形で想定した上で、文化的事象の固有性を特徴付けることが、「文化記述」に必要な手続きであると（少なくとも筆者には）思われるからである。

　以上のような記号論的な文化理解に依拠して、本書は、メラネシア／オセアニア人類学の底流を成してきた幾つかの議論を、サーリンズ、トーマス、ストラザーンの三者に便宜的に大別しうる「構造」、「歴史」、「存在」として布置することから始めた。サーリンズの構造歴史人類学では、1) 構造（神話）から歴史（出来事）の接合を目論んだにも拘わらず、構造と歴史が二項対立的に概念化され、その両者が邂逅する（ように見える）儀礼という出来事一点にのみ窮屈に据え置かれたため、実際の出来事の地平、すなわち、意識化が発動する「今ここ」の相互行為が不可視となったことを指摘した[1]。したがって、2) 構造（文化的意味範疇）を語用へ投錨する「メタ語用」（意識／イデオロギー）の位置付けが不明瞭となり、象徴を指標へ、語用を構造へと、一足飛びに接合（架橋）しようとするトーテミズム、その意味で「意識の限界」を体現した論議であったこと、その結果、3) サーリンズの議論は、「語彙ペア」として現れる神話的図式が、事実、存在するという主張に、原理的には検証不可能な仕方で終始したことを示唆した。

　サーリンズの構造に対峙して自己定位したトーマスの「文化の客体化（objectification）」という論議は、1) サーリンズのような象徴記号ではなく、植民地期という歴史的過程へと焦点を当て、政治的イデオロギーを介して「造られる」語用的プロセスとして文化を捉えたこと、その上で、2) 植民地的接触という出来事が、その効果として文化的対照性を生成する作用に焦点化したこと、すなわち、通常、「反義語」として理解されているような、同義性が高く、ある特定の素性（feature）のみが反転する意味範疇のペアを生み出す点に着目したこと、したがって、3) 植民地的「他者」と「自己」――「西洋」と「非西

---

[1] それは、発話行為論者たちが露呈した課題――言及指示中心主義――と同型の問題であることを示唆した。第3章1節4項（3.1.4）を参照。

洋／フィジー」——は、共に混淆的に、混じり合って出来する現象として捉えたことを指摘した。

　さらに、ストラザーンが展開した人格論は、**1)**「個人」なる単体は、コミュニケーションが出来事として生起する際に喚起するメタフォリカルな現象として捉えたこと、そして、**2)** 人／モノ、文化／自然、すなわち森羅万象は、このコミュニケーションの過程が産出し続ける効果／帰結（effect）としてのみ存在し得ること、したがって、**3)** 文化記述の焦点は、コミュニケーションという出来事のアナロジーを契機とする生成原理である「指標的類像化」という記号作用、それ自体に向けられ、そして、それを文化記述自体によって体現しようとする試みであることを通じて、文化記述と記述対象が互いに反響し合う出来事——儀礼——となっていることを指摘した。

　以上のことは、サーリンズ、トーマス、ストラザーンによる三者の論議が、植民地的接触において生起する「テクスト化」の過程として接合可能であることを意味した[2]。すなわち、連辞軸で生起した対照性を成す範疇のペアが、意識に上り易い序列となり、植民地政策などの進行を通じて前提可能性の高い「神話構造」へと形象化すること、帝国主義と土着主義のシズモジェネシス（分裂生成）としての近代的秩序を詩的に生成してゆく過程、これが植民地的過程の記号論的な内実——詩／儀礼を基点とした神話のテクスト化の歴史——であると特徴付けた。以上のように、本書は、メラネシア／オセアニアにおける植民地的過程を、儀礼というコミュニケーション出来事、あるいは、その基底にある意識化／テクスト化という記号作用を基点に接合し、神話記録の変容を民族誌的に素描することを旨としたものである。

---

[2]　この三者に限らず、私たちが行う全ての「考察」が文化現象の何某かを記述するものである限り、それは記号論によって説明可能な現象、つまり記号過程のある断片を取り出したものである。

12.2 文書から映像へのメディア的変容
12.2.1 従属モデルから並列モデルへ

　19世紀末、初期植民地政府下に設置された先住民所有地委員会（NLC）は、フィジー各地域において、土地所有の単位集団として「系族（mataqali）」、その下位集団として「家族（tokatoka）」、系族が集合して形成される上位集団として「氏族（yavusa）」を規定し、各氏族の移住伝承や系族構成、構成集団に付与される儀礼的義務などをフィジー人による「宣誓」という行為形態において記録した。それらを収録した『一般証言』は、首長を輩出する氏族を含んだ単位化された個々の集団が、それぞれに「起源」をもち、それぞれの発展過程において自然発生的に寄り集まった束、つまり、首長位に対する氏族集団の「従属性」、首長位を頂点とした氏族間の「階層性」が前景化した「従属モデル（ハイポタクシス；hypotaxis model）」として理解できる叙述形式によって、その集団連合を記述した。また、『一般証言』の内容に照応し「氏族＞系族＞家族」という階層化された集団ごとの構成員を登記する名簿として『氏族登録台帳』が作成された。そして、前者が厳重な管理の下、一般への公開が比較的強く排除され「脱コンテクスト性」が維持される一方、後者は比較的一般の目に曝され、随時、書き込み・修正が可能な謄本として機能するという、ペア文書体制が誕生した。そして、繰り返し行われる成員の「登記」という（世俗的）儀礼を契機に、「氏族＞系族＞家族」という画然たる序列構造（serial structure）としての先住民系フィジー社会が、文書を媒介としてテクスト化された。

　このような文書の体制を通してテクスト化した集団間の序列が、意識が収斂し易い意味範疇として形象化した結果、この序列を巡った集団同士の「排他的／対立的意識」が醸成され、そうした意識が、ダワサム地域においては、最高首長の即位儀礼の開催を巡る議論に際し、「文書」に記載された序列の真偽が問題化される形で顕在化した。そして、過去にダワサム地域に存在したとされる「本当の」首長位の系譜が絶えた原因が、文書化された集団間の序列（それに付随する儀礼的義務）の「誤り／ズレ」にあると意識化され、首長の即

位儀礼を、文書化される「以前」の地域の状態、土地の「最初の時（matai ni gauna）」を体現するものとして実現し、最高首長の不在に終止符を打つことで、文書によって規定された土地の秩序のズレを、「古き正しき」秩序へと矯正しようとする画策が展開した。そして、その画策を遂行する集団は、様々な文化的価値付けを喚起する語彙ペアや、それに伴ったダイクシスのペアを駆使した、強い一貫性と結束性を有する神話的語りに従事した。それを通して、主張の「正統性」を喚起し、それが政府のタレイヴ地方行政担当官（Roko Tui）を交えた会議で承認され、即位儀礼が実行されるに至った。こうした神話的語りでは、首長がどのように「地域」に外来したのか、それを「地域」の氏族が、どのように馴化したのかという点を強調する、地域に「行為主体性（agency）」あるいは「主権性」を見出す形式（sovereign speech）、つまり、首長と土地の民、その他集団間の「排他性／対立性」が前景化した「並列モデル（パラタクシス；parataxis model）」として理解できる叙述形式が特徴的であった。

12.2.2　ビロの譲渡とズレの修正

　文書の「ズレ」を問題視し、儀礼開催を目論む長老らによる神話的語り[3]を通して再構成された土地の過去を、現在に再現する首長の即位儀礼[4]が開催された。したがって、この儀礼は、文書以前に帰される土地の「本当の」秩序、土地の「最初の時（gauna taumada）」を、文書以後の時空に直接引用するメタ語用的ダイアグラム（指標的類像記号）として較正されたものであった。
　三日間におよぶ儀礼全体は明瞭な三層構造を成し、デラカンド村にて行われた「ビロの譲渡（soli ni bilo）」、つまり土地の民が首長にヤンゴナを渡し、それを首長が「飲む」という行為を頂点にして構成された。開催場所や空間は、内陸部のデラカンド村に建てられた「ブレ」の上座を起点として、下座から周辺へ、さらに沿岸部のドゥリティ村へ向かって象徴性の階層（名詞句階層）を漸次的に下ってゆくように分節化されていた。儀礼スピーチは、デラカンド村

---

[3]　神話についてのメタ意味論的語り。
[4]　神話のメタ語用的体現。

では、進行中の儀礼が神話的時空の体現であること自体についての再帰的な言及が特徴的であったのに対し、ドゥリティ村では、これから行われる／既に行われたデラカンド村での儀礼が、過去のレプリカである／あったことについて、事前に／遡及的に言及指示する特徴が顕著であった。このことは、単純に、即位儀礼が示す典型的な形式性という問題で論じられるものではなく、**1)** この儀礼の開催自体が、**a)** 首長がその称号の証左として所持するビロの「本当の」所有者が誰であるのか、誰がビロを首長に与えるのかという点を巡って展開したものであり、**b)** それは取りも直さず、「文書」の記載の真偽、集団間の序列／そのズレを巡って生じた出来事であり、その文書の序列に忠実ではない人物が、地域氏族の代表として、首長にビロを渡したという点、**2)** そして、**a)** この儀礼自体が、1930年、植民地施政下のNLCが、階層化された集団連合の序列を「従属モデル（hypotaxis model）」に依拠して作成した文書を、**b)** その序列に一致しない集団たちによる、より外来王的色彩を濃くした語り、すなわち、首長と土地の民、その他集団間の「排他性／対立性」が前景化した「並列モデル（parataxis model）」に依拠した神話の体現（儀礼）であった点において、重要性をもつ出来事であった。

　儀礼の開催は、ダワサム地域では長らく不在であった首長を再生させ、文書化された現在の地域の秩序を、文書以前に起源する過去のレプリカとして再秩序化／較正（calibrate）することを通して、［儀礼賛成派：首長（神）：土地の民：最初の正しい土地の神話］という範列として現れた「土地の文書」と、［儀礼反対派：悪魔：よそ者：現在の誤った植民地期の神話］という範列として現れた「政府の文書」、以上の対照的な範列として生起する秩序——相互行為的テクスト——を「今ここ」に創出した。そして、前者の等式が後者の等式に取って代わることによって、「政府の文書」による秩序を遡及的に取り消し可能にした。また、それは、土地やその所有集団である土地の民をテクスト化するメタ・テクストが、土地や土地の民自体に帰される記号生成の体制へのコスモロジカルな転換を指標した出来事でもあったと特徴付けられるだろう。

12.2.3 亡霊の憑依

　最後に、ダワサム地域で開催された儀礼の一部始終は、NLFC（旧NLC）と同じ先住民系フィジー総務省（Ministry of Fijian Affairs）に属する、フィジー言語文化研究所（Institute of Fijian Language and Culture; IFLC）によってヴィデオ撮影され、100分程度のDVDとしてアーカイヴ化された。DVDの地の文は、通例に忠実ではない仕方で開催された首長の即位儀礼が、全て「土地の決定（lewa vakavanua）」に基づくものであることを強調するものであった。さらに、DVDは、儀礼を行う地域住民たちを標準変種バウ語によって註釈を加えるものであるが、映し出される住民たちの語り、儀礼スピーチには、方言変種が観察されるものであった。このDVDは、地域の住民が政府の前で伝承が真実であることを宣誓し、統一された形式に則ってユニット化されたNLCの文書とは異なり、文書となった地域の住民たち自身による「土地の決定」に基づいて、彼ら彼女ら自身が実行した即位儀礼を「引用」する記録、まさに土地の民を「映し出す」映像記録となっている。実際、その地の文（ナレーション）は、DVDの製作過程で、儀礼を実行したヴォニ氏族の男性（ダワサム地域の「土地の民」）によって監修され、しかし、著作権（copyright）はIFLC（Ministry of Fijian Affairs）に属すものとして完成した。2009〜2010年にダワサム地域において生起した「文書」と「儀礼」を巡った一連の過程の顛末が産み落としたこの一枚のディスクは、その意味において、「言文一致」を体現したテクストとなっている。つまり、土地が政府に憑依し、政府は「土地の民」を直接引用する発声体として存在するディスコースの秩序が、今日のフィジーにおいて生起していると捉えた。

　以上の議論を通じて、現代フィジーでは、初期植民地政府下で作成された土地所有集団をテクスト化した文書、そして、その文書を保管する近代国民国家としての権威、フィジー人／土地の民をテクスト化しておく「メタ・テクスト」は、植民地期以降となった現代では、文書化を通じてテクスト化されたフィジー人／土地の民自身、彼ら彼女らによって織り出される語りや儀礼という「相互行為的テクスト」、映像化される今ここの出来事自体——指標記号——へと近似的に同一化し続けてゆく、（不可能な）記号／テクスト生成の体制が

生起していると考えた。植民地政府という顕在的権威によって終焉性・決定性（finality）が付与されていた文書、グラフィックに、そして一様にモデル化された土地の過去／「語られた世界（narrated event）」は、話し手や聞き手、語りを行うオーラルな土地の民／先住民たちの経験的な世界からは断絶した象徴的な外部、「書記された彼岸」であり、両次元には安定した指標的な隔たりが介在していた。しかし、文書による土地とその所有集団のモデル化が広く浸透し、それが自然化した植民地期以降の現代フィジーでは、文書が有する象徴性／外部性は自明ではなく、それは、話者と聞き手といったダイクティックな存在、土地の民／先住民たちの経験的で指標的な「語りの世界（speech event）」に、超越的な契機が——そして植民地帝国、キリスト教、フィジー国家などの「亡霊」が——転移していると理解できる。つまり、両者が互いに肉薄した状態、再帰的に引用し合うという憑依体として存在していると考えられるだろう。

12.3　ポストコロニアルの登記儀礼

　このように見た場合、2009～2010年にかけてダワサム地域で展開したペニ・ワンガの即位儀礼は、ナザニエリら儀礼賛成派が語った土地の「最初の時」、神話的過去を、今ここで反復するものであったと同時に、実際には、20世紀初頭、植民地施政下のNLCによって行われた文書化という「儀礼」、この出来事を踏襲した（ポスト）コロニアルな儀礼であったと解釈できる。本書が時系列的に論じてきた通り、ダワサム地域での即位儀礼の開催までの過程は、**1)** 地域住民たちによる話し合いから、**2)** 政府役人による伝承の正統性の「承認」、そして **3)** 儀礼の開催を経て、**4)** 映像によるアーカイヴ化という手続きを踏んでおり、NLCによる土地所有集団の文書によるアーカイヴ化と類像的な手続きとなっていた。そして、実際に「文書」の存在を前提として成立した出来事であった。

　他方、政府による承認から映像記録化という過程は、多層化した宣誓と承認の遂行によって「終焉性（finality）」を付与された、1930年のNLCによる文書化とは異なり、2010年にダワサム地域で為された政府による儀礼開催の承認

は、ダワサム地域側の決定自体を、政府側が「追認」するという関係として成立し、さらにDVD化された記録は、地域側が監修して作成したものであった。したがって、この過程は、地域側は、政府によって儀礼の計画が承認されたことによって、彼らの証言の「正統性」が確認されたと認識するに至った一方で、政府側は、地域側での議決が達成されたことをもって、それを「承認」するという決定性を欠いて作動し続けてゆく弁証法となっており、その限りにおいて、浮遊する（ポスト）モダンな主体／シニフィアンのロジックに従い、地域をテクスト化できる（明示的な）外部性を有したメタ・テクストは不在となっている。結果として、その不在性を紡ぎ出す基点／審級は、史的過程を通してテクスト化された「土地（ヴァヌア）」、語り得ぬもの、ただ行うことしか出来ないもの——行為自体——に存在し、それによって土地／土地の民自身が、サーリンズ・トーマス以後のフィジーなるテクストが、登記（"copy-write"/ rewrite）されるに至るのだろう。

結／コーダ

植民地期から植民地期以後へ。フィジーが記したこの秩序変容の軌跡を、本書では、筆者がフィールド調査の過程で参与した幾多のダイアローグ——時に古文書として、時に過去や秘密の開示の語りとして、時に儀礼や公的スピーチとして、さらには映像記録として、多様な形態を纏って現れるテクスト（text）——これらの記述・分析を基点に、それらのテクストによって儀礼的に／メタ儀礼的に立ち上げられる秩序、記号生成の体制、その変容の有り様として審らかにしようと試みた。その理由は、テクストというコミュニケーションの出来事が、意識という「ズレ」が生起する場所、その限りにおいて、全ての文化的／自然的現象の起点であり、したがって、テクストの分析が、文化記述というコミュニケーションの出来事それ自体の起点／審級でもあるという理解に基づいたためである。

　以上の試みは、サーリンズ、トーマス、ストラザーンへという転回、言い換えれば、構造から歴史、そして存在へという変遷として理解できるメラネシア／オセアニア文化研究の諸議論を、それぞれの研究者によるイデオロギー的相違として理解するのではなく、それらも同様に一つのコミュニケーション出来事であると捉え、それぞれは互いに矛盾を示すようなものではなく、論理的一貫性をもった枠組みの中に布置しうることを示そうとする試みでもあった。なぜなら、メラネシア／オセアニア人類学と呼び得るような研究史自体もまた、当然、テクストとして生起するコミュニケーション出来事であり、そのような研究史的変遷自体を通して、植民地期以降のフィジーを含むメラネシア／オセアニアは、メタ語用的に形成されてきた（テクスト化されてきた）はずだからである。

　したがって、本書を通じて行った試みは、本書の記述・分析自体が、構造から歴史、そして存在論的転回へという研究史的コンテクストを前提として、あるいは、その消点として、「相互行為」というテクスト、コミュニケーション出来事へと焦点を据えて（discourse-centered）展開し得ることを示すものであり[1]、その展開自体が、植民地期から植民地期以後へという歴史的過程——植民

---

[1]　序章および第3章で記述した通り、ストラザーンによる「部分的繋がり（partial connections）」など、文化現象をアナロジカルな拡張による現実生成として捉え、

地政府とそれが作成した文書から、土地において喚起される相互行為テクスト／テクスチュアリティ自体に、社会文化的秩序を決する審級が帰されてゆく記号生成の体制の変遷——その只中において出来する記号現象であることを、本書の考察を通して（内在的に）示唆するものであった。この意味において、ここに記述された出来事とその記述を可能にする枠組み、それらは実際の文化現象として共起関係にあり、互いに再帰的に指標し合う言説的布置として成立していることが示唆される。すなわち、相互行為というテクスト——指標記号——への焦点化という本書の基本的姿勢は、それ自体が歴史的な記号論的変遷として生み出されるものであることが示されたと考える[2]。

＊＊＊

　文化記述は、意識の限界として生み出されるコミュニケーションという現象、その現象のメカニズム自体を厳密に記述可能とするメタ理論を構築することを目指すものである必要がある。言い換えれば、どのような要素が私たちの意識には上り易く、意識化の対象となり得るのか、どのような部分が意識には上りにくく、よって意識下へと後景化するのか、以上のような意識による現実の捉え損ね——ズレ／歪み——を体系的に説明可能にするメタ言語の構築を目指し

　　その存在論的な記述を試みるような研究は、指標記号（指標的連鎖）が指し示すコンテクスト、それによって今ここで喚起／生成されるテクスト性（あるいは、「オリゴの所在」）に関する議論であると言える。したがって、基本的には、相互行為の次元へという記号論的枠組みの中での旋回として理解され得るだろう。

[2]　すなわち、メラネシアにおける社会文化的実践と人類学的分析、この両者は、例えば、ストラザーンが水平的反響（lateral reflexion）と表現したような対称的関係ではなく、特定の指標的（(認識)存在論的）地平において共起する再帰的関係にあると考えた。そして、本書は、記述・分析の対象となる「文化現象」と対象化する「文化記述」を対称的に、アナロジカルに捉えるようなストラザーン的な戦略／戦術ではなく、この両者が共に類像化・指標性を特徴とする現象であることを示すことで、より「フラット」な（(認識)存在論的）地平を構築しようとする試みを、歴史的な水準で展開しようとしたものであると特徴付けることが出来よう。

つつ、そのメタ言語と（明示的にであれ、非明示的にであれ）整合性をもつ仕方で、一回的で多様な文化的事象を特徴付けること、そうした手続きに基づくことによって導かれうる全体的かつ相対（主義）的な記述・分析が、社会文化・言語研究における「外部／彼岸」の所在を指し示し得る試みであると、筆者には感じられる。なぜなら、文化記述という行為、これ自体が一回的で経験的なコミュニケーション出来事であり、このコミュニケーション出来事という地点が、文化記述と他の全てのコミュニケーション出来事が共有する唯一の場所、指標的／存在論的媒介点だからである。この点が想定されていない文化記述は、詰まるところ、相互行為的な言説としての役割しか果たさない。そのような言説は、「転回」という自己言及的儀礼が生み出す力(マナ)、「回る」というコミュニケーション行為が生み出すメタフォリカルな効果、そのメタフォースが切れる頃には「古いもの」となり、さらなる「転回」を繰り返し続ける「文化の産物」としかならないのではないかと危惧されるからである。

　本書は、そのような試みの考えられうる一つの契機として記号論的枠組みを捉え、可能な限り記号論的な理解を喚起しうる仕方で記述を行った。このテクストが読まれるという出来事を通して、記号論的座標の中で生起している「もう一つの＜現代＞の布置（another constellation of "modernity"）」、時に試練のようにすら感じられた筆者にとっての通過儀礼の島々(Feejee)、その何某かを、ここで今、再起することが出来たとすれば、本書はその目的を果たし得たと言えるかも知れない。

添付資料

添付資料１（調査許可書関連）
① フィジー言語文化研究所からの調査受け入れ受諾書

INSTITUTE OF FIJIAN LANGUAGE AND CULTURE
87 Queen Elizabeth Drive
Suva
[Level 1, North Wing, GCC Complex, Draiba]

DEPARTMENT OF INDIGENOUS AFFAIRS

Ref: IFLC 4/1

20th July 2009

TO WHOM IT MAY CONCERN

<u>Endorsement of Research on Contemporary Fijian Meke</u>

This is to confirm that we have thoroughly examined Mr. Yuichi Asai application and proposal for the above study.

Mr. Asai is a PHD student at Rikkyo University, Japan and intends to conduct his PHD degree study on the above topic in Fiji.

The Institute of Fijian Language and Culture fully support the intended study and have briefed candidate on necessary procedures and protocols that needs to be followed in regards to the proposed study. Student has agreed to submit copies of all raw data collected and final copy of thesis to the institute.

The research will be useful in the enhancement of current literature pertaining to *mekes* and its relationship with the environment.

For any further enquires and clarification, please contact Mr. Setoki Qalubau at the Institute of Fijian Language & Culture on 3100909 ext. 1039 or email: setoki.qalubau@govnet.gov.fj .

Misiwaini Qereqeretabua [Mr.]
Director, Institute of Fijian Language and Culture.

G.P.O BOX 2100
GOVERNMENT BUILDINGS
SUVA.

TEL: (679) 3100909
FAX: (679) 3308761
EMAIL: mqereqeretabua@govnet.gov.fj [Director]
sdegei@govnet.gov.fj [Senior Researcher]

② 教育省からの調査許可書／推薦書

 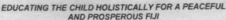

MINISTRY OF EDUCATION
EDUCATING THE CHILD HOLISTICALLY FOR A PEACEFUL AND PROSPEROUS FIJI

Marela House, 19 Thurston Street, Suva, Fiji Islands Ph: (679) 3314477 Fax: (679) 3303511
Private Mail Bag, Government Buildings, Suva

Our Reference: Your Reference: Date: 26/08/09

Mr.Yuichi Asai
1-10-5-501
Kami- Ikebukuro
Toshima-ku
Tokyo
Japan

Dear Sir,

Re: **Research Permit Approval**

I am pleased to inform you regarding the above on the topic ' **Contemporary Fijian meke practice and its relationship with environmental conservation activities.**'

This approval is from **August 2009 to July 2012.**

As a condition for all research approvals, a copy of the research final report should be submitted to this office as soon as it is ready. In addition to this, there should not be any release made regarding the findings or results unless the Ministry of Education has authorize it.

Please also note that the Ministry reserves the sole right to publish the final report or an edited summary of it.

All the best and good luck to your research work.

Isoa Naulumatua [Mr.]
for **Permanent Secretary for Education, National Heritage and Culture, Youth and Sports**

ALL COMMUNICATIONS TO BE ADDRESSED TO THE CHIEF EXECUTIVE OFFICER FOR EDUCATION

③　調査許可書

IM/P/944-09   07ᵗʰ September 2009

Mr Asai Yuichi
C/- Institute of Applied Science
University of the South Pacific
Private Mail Bag
SUVA

Dear Sir,

re: **APPLICATION FOR RESEARCH PERMIT**
      MR ASAI YUICHI

I am pleased to advice that your application for research permit has been approved for eighteen (18) months in principle. Six (6) months is now issued and the balance will be issued every six (6) months thereafter upon submission of a satisfactory progress report on the research.

This approval is subject to the attached prescribed Terms and Conditions of the permit.

Please have the two (2) copies of the Terms and Conditions signed and a copy returned to this office together with the submission of the following to facilitate the issue of the said permit:-

- ❖ Applicant's passport

Please note that this approval will lapse at the expiry of forty-two (42) days from the date of this letter if the above requirements are not complied with.

Yours faithfully

POSTED 08/09/09

....
[J Ledua]
for **Director of Immigration**

Deepak.

④ 即位儀礼の式次第

TUVATUVA NI VEIVAGUNUVI VEI IRA NA RATU E DAWASAMU

LOTULEVU – 15/04/10

9.00 am — Yaco mai ko ira na vulagi sureti
10.00 am — Yaco mai na Turaga na Ratu
11.00am — Dola na veivakagunuvi [Masu]
 - Qaloqalovi
 - Sevusevu
 - Yaqona ni Vanua [Soli na bilo]
 - Nodra gauna na Ratu Dawasamu [Vosa]
 - Ulivi na vosa
 - Lotutaki na i tutu Vaka-Turaga
 - Vakasigalevu
 - Veitalanoa na Turaga na Ratu kei ira na Vulagi sureti

VAKARAUBUKA – 16/04/10

2.00 pm – Qaravi na Vakabogi- Va

VAKARAUWAI – 17/04/10

8.00 am — Liu na marama i Driti [ibe]
10.00 am — Veivakatikori ena na nodra vale na Ratu
1.00 pm — Vakasigalevu
2.00 pm — Caka na i Tatau [Iesu i Delakado]
4.00 pm — Qusi ni loaloa
8.00 pm — Cava na soqo Vaka-Vanua

添付資料2（新聞）

①Loanakadavu, S. (2010, April 17). Vanua installs Waqa. The Fiji Times. Retrieved from http://www.fijitimes.com/story.aspx?id=144593

Fiji Times ONLINE
Copyright © 2011, Fiji Times Limited. All Rights Reserved.

Vanua installs Waqa
Samuela Loanakadavu (Saturday, April 17, 2010)

THE tikina of Dawasamu in Tailevu officially installed Ratu Peni Waqa Veilave, 73, as their chief after 28 years of confusion and uncertainty.

On Thursday, more than 300 people from the eight yavusa under the title of the Turaga na Ratu gathered at the village of Delakado to witness this historic occasion.

The eldest in the king-maker clan of Voni, Nacanieli Lagilagi, told the Fiji Times the vanua of Dawasamu had been under a curse in the last 100 years because of a dispute over who should be in charge of the official installation of chiefs.

Speaking in Fijian, Mr Lagilagi said they knew what was going on because so many relatives of the title holder had died because of the king-maker's wrongdoing.

Ratu Peni is only the second chief to be traditionally installed by the yavusa Voni who are the rightful king-makers.

Dawasamu chief Ratu Peni Waqa (above and right) drinks a bowl of yaqona after his

Mr Lagilagi said the past four chiefly title holders were installed by another group from the same yavusa and the result was death to the title holders and his family members.

He said Ratu Peni's father, Ratu Seva Veilave, had seen the worst of it in the 1970s when his brother died prematurely along with a sister-in-law and his 18-year-old son.

Mr Lagilagi said only a few weeks ago, Ratu Peni was admitted at the CWM Hospital but the cause of the sickness could not be determined.

He said it was only after the last meeting to confirm the installation ceremony was held, did he become well again.

The newly-installed Turaga na Ratu will spend four nights with all of the eight chiefs of the yavusa before he is taken back to his residence in Driti to assume his chiefly seat.

Assistant Roko Tui Tailevu Veresi Sakunitoga was also present at the installation.

Copyright © 2011, Fiji Times Limited. All Rights Reserved.

http://www.fijitimes.com/print.aspx?id=144593

②Tevita, T. (2012, March 15). No more GCC. The Fiji Times. Retrieved from http://www.fijitimes.com/story.aspx?id=196039

Fiji Times ONLINE

Copyright © 2013, Fiji Times Limited. All Rights Reserved.

No more GCC

Tevita Tuiwavu (Thursday, March 15, 2012)

GOVERNMENT will select an alternate body for the appointment of Fiji's next President following the abolishing of the Great Council of Chiefs.

Prime Minister Commodore Voreqe Bainimarama made the announcement at Government Buildings yesterday after President Ratu Epeli Nailatikau approved decrees that formally abolished the GCC that was created by the British.

"The Great Council of Chiefs is a product of our colonial past and Fiji must now focus on a future in which all Fijians are represented on the same basis," Commodore Bainimarama said.

"If all Fijians are to have their say during the consultation for Fiji's new constitution, we must ensure every voice is equally heard and equally represented," he said.

"In 1875, the British under colonialism created an elite body of iTaukei chiefs known as the 'Native Council' to directly and indirectly implement its rule over Fiji. The members of this body, which later came to be called the Great Council of Chief, held certain privileges."

Commodore Bainimarama said over the last 20 years, the GCC including its secretariat became highly politicised with its members having political affiliation and membership in political parties.

He said unfortunately that resulted in the GCC and its members unduly involving themselves in national politics or taking advantage of the GCC's traditional role to assert personal or political agenda.

"Fiji's iTaukei heritage is a distinct and fundamental aspect of Fiji ù this cannot be denied. However, as an institution, the Great Council of Chiefs perpetuated elitism and fed into the divisive politics which plagued our country.

"We must now look to our commonalities as citizens of the same nation, not to what separate us as individuals or groups."

In recent years, government has done much to ensure that many of the challenges facing the iTaukei have been addressed, including equal distribution of land lease monies.

Ba Provincial Council chairman Ratu Meli Saukuru said government should consider the thoughts of GCC members and chiefs from the 14 provinces before de-establishing the GCC.

Copyright © 2013, Fiji Times Limited. All Rights Reserved.

http://www.fijitimes.com/print.aspx?id=196039

資料3 （地図・史料・統計）

（地図）

Google Earth. (2013). [Dawasamu, Viti Levu, Fiji] [Image]. Retrieved from https://maps.google.co.jp/maps/ms?ie=UTF8&oe=UTF8&t=h&om=1&msa=0&msid=108310372797875347087.000434b6259e81065443d&mid=1359371365

（史料）

Native Lands and Fisheries Commission (1930). *Ai tukutuku raraba*. Suva, Fiji: Native Lands and Fisheries Commission.

Native Lands and Fisheries Commission (1930). *Vola ni kawa bula*. Suva, Fiji: Native Lands and Fisheries Commission.

Native Land Trust Borad (2011). *Leases in the tikina of Dawasamu*. Suva, Fiji: Native Land Trust Borad.

（統計）

Fiji Islands Bureau of Statistics (2000). *Fiji social atlas: 1996 census of population and housing*. Suva, Fiji: Fiji Islands Bureau of Statistics.

Fiji Islands Bureau of Statistics (2009). *Key statistics: June 2009*. Suva, Fiji: Fiji Islands Bureau of Statistics.

参考文献

Agha, A. (1994). Honorification. *Annual Review of Anthropology*, *23*, 277-302.
Agha, A. (2004). Registers of language. In A. Duranti (Ed.), *A companion to linguistic anthropology* (pp. 23-45). Malden, MA: Blackwell.
Agha, A. (2007). *Language and social relations*. Cambridge, MA: Cambridge University Press.
Agha, A. (2011). Commodity registers. *Journal of Linguistic Anthropology*, *21*(1), 22-53.
Agrawal, A., & Gibson, C. C. (Eds.). (2001). *Communities and the environment: Ethnicity, gender, and the state in community-based conservation*. Piscataway, NJ: Rutgers University Press.
Ahearn, L. M. (2011). *Living language: An introduction to linguistic anthropology*. Hoboken, NJ: Wiley-Blackwell.
Anderson, D. G., & Berglund, E. K. (Eds.). (2003). *Ethnographies of conservation: Environmentalism and the distribution of privilege*. New York: Berghahn Books.
アルチュセール，L.（2005［1995］）．『再生産について：イデオロギーと国家のイデオロギー諸装置』平凡社．［原著：Althusser, L. (1995). *Sur la reproduction: Idèologie et appareils idèologiques d'État*. Paris: Presses Universitaires de France］．
Arno, A. (1985). Structural communication and control communication: An interactionist perspective on legal and customary procedures for conflict management. *American Anthropologist*, *87*(1), 40-55.
Arno, A. (1990). Disentangling indirectly: The joking debate in Fijian social control. In K. Watson-Gegeo & G. White (Eds.), *Disentangling: Conflict discourse in Pacific societies* (pp. 242-289). Stanford, CA: Stanford University Press.
Arno, A. (1993). *The world of talk on a Fijian island: An ethnography of law and communicative causation*. Norwood, NJ: Ablex.
Arno, A. (2005). Cobo and tabua in Fiji: Two forms of cultural currency in an economy of sentiment. *American Ethnologist*, *32*(1), 46-62.
浅井優一（2008）．「文化と自然の環境コミュニケーション：＜今ここ＞＜彼岸＞の詩的構造としてのシカゴ環境史」『異文化コミュニケーション論集』第6号，69-85頁．
浅井優一（2009a）．「「行為の詩」あるいは「儀礼」としての自然インタープリテーション：環境ディスコースの言語人類学的考察」『社会言語科学』第11巻，第2号，69-82頁，社会言語科学会．
浅井優一（2009b）．「異文化コミュニケーション学、あるいは、文化と自然のポエティクス：「記号の系譜 社会記号論系言語人類学の射程」についての一考察」『異文化コミュニケーション論集』第7号，135-145頁．
浅井優一・野村康（2012a）．「フィジー：環境保護、コミュニティ、文化的多様性」立教大学ESD研究センター（監修）阿部治・田中治彦（編著）『アジア・太平洋地域のESD：＜持続可能な開発のための教育＞の新展開』(316-341頁)．明石書店．
浅井優一（2013）．「首長再生と悪魔排除：フィジーにおける神話化過程としての首長制」『アジア・アフリカ言語文化研究』第85号，5-39頁．
Attinasi, J., & Friedrich, P. (1995). Dialogic breakthrough: Catalysis and synthesis in life-changing dialogue. In D. Tedlock & B. Mannheim (Eds.), *The dialogic emergence of*

culture (pp. 33-53). Urbana, IL: University of Illinois Press.

Austin, J. L. (1975 [1962]). *How to do things with words: The William James lectures delivered at Harvard University in 1955* (2nd ed.). J. O. Urmson & M. Sbisà (Eds.). Cambridge, MA: Harvard University Press.

東裕（2003）.「パシフィック・ウェイという生き方：フィジーにおける政治生活を中心に」佐藤幸男（編）『太平洋アイデンティティ』(15-41頁). 国際書院.

Bakhtin, M. M. (1981). *The dialogic imagination: Four essays*. Austin, TX: University of Texas Press.

Bakhtin, M. M. (1986). The problem of speech genres. In M. Holquist & C. Emerson (Eds.), *Speech genres and other late essays* (pp. 60-102). Austin, TX: University of Texas Press.

バルト, R.（2005 [1957]）.『現代社会の神話：ロラン・バルト著作集3』（下澤和義・訳）. みすず書房.［原著：Barthes, R. (1957). *Mythologies*. Paris: Éditions du Seuil］.

Bateson, G. (1958 [1936]). *Naven*. Stanford, CA: Stanford University Press.

Bateson, G. (1972 [1955]). A theory of play and fantasy. In *Steps to an ecology of mind* (pp. 177-193). New York: Ballantine Books.

Bauman, R. (1986). *Story, performance, and event: Contextual studies of oral narrative*. Cambridge, MA: Cambridge University Press.

Bauman, R. (1992). Performance. In R. Bauman (Ed.), *Folklore, cultural performance, and popular entertainments* (pp. 41-49). Oxford: Oxford University Press.

Bauman, R. (1996). Transformations of the word in the production of Mexican festival drama. In M. Silverstein & G. Urban (Eds.), *Natural histories of discourse* (pp. 301-327). Chicago, IL: The University of Chicago Press.

Bauman, R. (2004). *A world of others' words: Cross-cultural perspectives on intertextuality*. Malden, MA: Blackwell.

Bauman, R., & Briggs, C. L. (1990). Poetics and performance as critical perspectives on language and social life. *Annual Review of Anthropology, 19*, 59-88.

Bauman, R., & Briggs, C. L. (2003). *Voices of modernity: Language ideologies and the politics of inequality*. Cambridge, MA: Cambridge University Press.

Becker, A. (1995). *Body, self, and society: The view from Fiji*. Philadelphia, PA: University of Pennsylvania Press.

Belshaw, C. (1964). *Under the ivi tree: Society and economic growth in rural Fiji*. London: Routledge.

Besnier, N. (2004). Diversity, hierarchy, and modernity in Pacific Island communities. In D. Alessandro (Ed.), *A companion to linguistic anthropology* (pp. 95-120). Oxford: Basil Blackwell.

Benveniste, E. (1971 [1946]). Relationship of person in the verb. In *Problems in general linguistics* (pp. 195-204). Coral Gables, FL: University of Miami Press.

Benveniste, E. (1971 [1956]). The nature of pronouns. In *Problems in general linguistics* (pp. 212-222). Coral Gables, FL: University of Miami Press.

Boas, F. (1887). The study of geography. *Science, 9*(210), 137-141.
Boas, F. (1901). The mind of primitive man. *Journal of American Folklore, 14*, 1-11.
Boas, F. (1939). I believe. In C. Fadiman (Ed.), *I believe: The personal philosophies of certain eminent men and women of our time* (pp. 19-29). New York: Simon & Schuster.
Boas, F. (1966 [1911]). Introduction. In P. Holder, (ed.), *Introduction to handbook of American Indian languages, by Franz Boas, and Indian linguistic families of America north of Mexico, by J. W. Powell* (pp. 1-79). Lincoln, NE: University of Nebraska Press.
Brenneis, D. L., & Myers, F. R. (Eds.). (1984). *Dangerous words: Language and politics in the Pacific*. New York and London: New York University Press.
Bloch, M. (1992). Prey into hunter: The politics of religious experience. Cambridge, MA: Cambridge University Press.
Blommaert, J. (2010). *The sociolinguistics of globalization*. Cambridge, MA: Cambridge University Press.
ブルデュー, P. (1990 [1979]).『ディスタンクシオン 1：社会的判断力批判』(石井洋二郎・訳). 藤原書店. [原著: Bourdieu, P. (1979). *La distinction: Critique sociale du jugement*. Paris: Les Éditions de Minuit].
ブルデュー, P. (2001 [1980]).『実践感覚 1』(今村仁司・港道隆・訳). みすず書房. [原著: Bourdieu, P. (1980). *Le sens pratique*. Paris: Les Éditions de Minuit].
Brewster, A. B. (1967 [1922]). *The hill tribes of Fiji*. New York: Johnson Reprint Corporation.
Bricker, V. R. (1989 [1974]). The ethnographic context of some traditional Mayan speech genres. In R. Bauman & J. Sherzer (Eds.), *Explorations in the ethnography of speaking* (2nd ed.) (pp. 368-388). Cambridge, MA: Cambridge University Press.
Brown, P., & Levinson, S. C. (1987 [1978]). *Politeness: Some universals in language usage*. Cambridge, MA: Cambridge University Press.
Briggs, C. L. (1986). *Learning how to ask: A sociolinguistic appraisal of the role of the interview in social science research*. Cambridge, MA: Cambridge University Press.
Brown, M. A. (2007). Security and development: Conflict and resilience in the Pacific Islands region. In M. A. Brown (Ed.), *Security and development in the Pacific islands* (pp. 1-31). Boulder, CO: Lynne Rienner.
Bühler, K. (1982 [1934]). *Sprachtheorie: Die Darstellungsfunktion der Sprache*. Stuttgart: Gustav Fischer Verlag.
Capell, A. (1941). *A new Fijian dictionary*. Suva, Fiji: Government Printer.
Capell, A., & Lester, R. (1941). Local divisions and movement in Fiji. *Oceania, 11*(4), 313-341.
Carrithers, M., Candea, M., Sykes, K., Holbraad, M., & Venkatesan, S. (2010). Ontology is just another word for culture: Motion tabled at the 2008 meeting of the group for debates in anthropological theory, University of Manchester. *Critique of Anthropology, 30*(2), 152-200.
Cato, A. C. (1951). Malolo island and Viseisei village, western Fiji. *Oceania, 22*, 101-115.
Caton, S. C. (1987). Contribution of Roman Jakobson. *Annual Review of Anthropology, 16*, 223-260.

Chafe, W. & Nichols, J. (Eds.). (1986). *Evidentiality: The linguistic coding of epistemology*. Norwood, NJ: Ablex.

Clifford, J., & Marcus, G. E. (Eds.). (1986). *Writing culture: The poetics and politics of ethnography*. Berkeley, CA: University of California Press.

Clifford, J. (1997). *Routes: Travel and translation in the late twentieth century*. Harvard, MA: Harvard University Press.

Coleman, S. (2000). *The globalisation of charismatic Christianity: Spreading the gospel of prosperity*. Cambridge, UK: Cambridge University Press.

de Marzan, J. (1987). Custom and beliefs in upland Vitilevu. (N. Thomas, Trans.). *Domodomo*, 5(3-4), 28-62.

Dean, E., & Ritova, S. (1988). *Rabuka: No other way*. Suva, Fiji: The Marketing Team International.

Deane, W. (1921). *Fijian socity: Or the sociology and phychology of the Fijians*. London: Macmillan and Co.

ドゥルーズ，G.，＆ガタリ，P.（1994 [1980]）．『千のプラトー：資本主義と分裂症』（宇野邦一・田中敏彦・小沢秋広・訳）河出書房新社．[原著: Deleuze, G., & Guattari, F. (1980). *Mille plateaux*. Paris: Les Éditions de Minuit].

Derrick, R. A. (1974 [1946]). *A history of Fiji, i*. Suva, Fiji: The Government Press.

デリダ，J.（2010）．『アーカイヴの病：フロイトの印象』（福本修・訳）．法政大学出版局．[原著: Derrida, J. (1995). *Mal d'archive: Une impression freudienne*. Paris: Éditions Galilée].

Dixon, R. M. W. (1971). A method of semantic description. In D. D. Steinberg & L. J. Jakobovits (Eds.), *Semantics: An interdisciplinary reader in philosophy, linguistics and psychology* (pp. 436-471). Cambridge, MA: Cambridge University Press.

Dixon, R. M. W. (1988). *A grammar of Boumaa Fijian*. Chicago, IL: The University of Chicago Press.

Donnellan, K. (1966). Reference and definite expressions. *Philosophical Review*, 75, 281-304.

Du Bois, J. W. (1986). Self-evidence and ritual speech. In W. Chafe & J. Nichols (Eds.), *Evidentiality: The linguistic coding of epistemology* (pp. 313-336). Norwood, NJ: Ablex.

Durutalo, A. (2000). Elections and the dilemma of indiginous Fijian political unity. In B. V. Lal (Ed.), *Fiji before the storm: Elections and the politics of development* (pp. 73-92). Canberra: The Australian National University E Press.

Duranti, A. (1994). *From grammar to politics: Linguistic anthropology in a western Samoan village*. Berkley, CA: University of California Press.

Durkheim, É. (1965 [1915]). *The elementary forms of the religious life*. New York: Free Press.

Eliade, M. (1959). *The sacred and the profane: The nature of religion*. New York: Harcourt, Brace and World.

Erskine, J. E. (1853). *Journal of a cruise among the Islands of the Western Pacific, including the Feejees and others inhabited by the Polynesian negro races, in her majesty's ship 'Havannah'*. London: John Murray.

エヴァンズ=プリチャード, E. E. (2001). 『アザンデ人の世界：妖術・託宣・呪術』(向井元子・訳). みすず書房. [原著: Evans-Pritchard, E. E. (1937). *Witchcraft, oracles and magic among the Azande.* Oxford: Oxford University Press].
Finnegan, R. (1977). *Oral poetry: Its nature, significance and social context.* Cambridge, MA: Cambridge University Press.
Firth, R. (1936). *We, the Tikopia.* London: Allen and Unwin.
Firth, R. (1970). Posture and gestures of respect. In J. Pouillon & P. Maranda (Eds.), *Èchanges et communications: Mèlanges offerts à Claude Lèvi-Strauss à l'occasion de son 60ème anniversaire* (pp. 188-209). The Hague: Mouton.
Foucault, M. (1973 [1966]). *The order of things: An archeology of the human sciences.* New York: Vintage Book.
フーコー, M. (1974 [1966]). 『言葉と物：人文科学の考古学』(渡辺一民・佐々木明・訳). 新潮社. [原著：Foucault, M. (1966). *Les mots et les choses.* Paris: Gallimard].
Fox, J. (1988). Manu Kama's road, Tepa Nilu's path: Theme, narrative, and formula in Rotinese ritual language. In J. Fox (Ed.), *To speak in pairs: Essays on the ritual languages of eastern Indonesia* (pp. 161-201). Cambridge, MA: Cambridge University Press.
Fox, J. (Ed.). (1988). *To speak in pairs: Essays on the ritual languages of eastern Indonesia.* Cambridge, MA: Cambridge University Press.
Fraenkel, J., & Firth, S. (Eds.). (2007). *From election to coup in Fiji: The 2006 campaign and its aftermath.* Suva, Fiji: IPS Publications University of the South Pacific.
France, P. (1968). The founding of an orthodoxy: Sir Arthur Gordon and the doctrine of the Fijian way of life. *The Journal of the Polynesian Society, 77*(1), 6-32.
France, P. (1969). *The charter of the land: Custom and colonization in Fiji.* Melbourne: Oxford University Press.
Gatty, R. (2009). *Fijian-English dictionary with notes on Fijian culture and natural history.* Suva, Fiji: Oceania Printers.
Geddes, W. R. (1948). *Cultural change in Fiji.* (Doctoral dissertation). University of London, London.
Geertz, C. (1973). *The interpretation of cultures: Selected essays.* New York: Basic Books.
Geertz, C. (1988). *Works and lives: The anthropologist as author.* Stanford, CA: Stanford University Press.
Geraghty, P. A. (1983). *The history of the Fijian languages.* Honolulu, HW: University of Hawai'i Press.
Gifford, E. W. (1952). *Tribes of Viti Levu and their origin places (University of California anthropological records 13:5).* Berkley, CA: University of California Press.
Gilion, K. L. (1962). *Fiji's Indian migrants.* Melbourne: Oxford University Press.
Goffman, E. (1956). The nature of deference and demeanor. *American Anthropologist, 58*(3). 475-499.
Goffman, E. (1959). *The presentation of self in everyday life.* New York: Anchor Books.
Goffman, E. (1967). *Interaction ritual: Essays on face-to-face behavior.* Chicago, IL: Aldine.

Goffman, E. (1981 [1979]). *Forms of talk*. Philadelphia, PA: University of Pennsylvania Press.
Gordon, A. H. (1879). *Paper on the system of taxation in force in Fiji: Read before the Royal Colonial Institute*. London: Harrison and Sons.
Govan, H., Aalbersberg, W., Tawake, A., & Parks, J. (2008). *Locally-maganed marine areas: A guide for practitioners*. Suva, Fiji: The Locally-Managed Marine Area Network.
Grégoire, A. (1937). *L'apprentissage du langage*. Bibliothèque de la Facultè de Philosophie et Lettres de l'Universié de Liège, *73*.
Gumperz, J., & Hymes, D. (Eds.). (1964). The ethnography of communication. *American Ethnologist*, *66* part 2.
Gumperz, J., & Hymes, D. (1972). *Directions in sociolinguistics: The ethnography of communication*. Austin, TX: Holt Rinehart & Winston.
Gumperz, J. (1982). *Discourse strategies*. Cambridge, MA: Cambridge University Press.
Gurevich, A. Y. (1969). Space and time in the Weltmodell of the old Scandinavian peoples. *Mediaeval Scandinavia*, *2*, 42-53.
ハッキング, I. (1999).『偶然を飼い馴らす』(石原英樹・重田園江・訳). 木鐸社.［原著：Hacking, I. (1990). *The taming of chance*. Cambridge, MA: Cambridge University Press］.
Halliday, M. A. K., & Matthiessen, C. (2004). *An introduction to functional grammar* (3rd ed.). London: Hodder Education.
浜本満（1989）.「死を投げ捨てる方法：儀礼における日常性の再構築」田辺繁治（編）『人類学的認識の冒険：イデオロギーとプラクティス』(333-356頁). 同文館.
Hanks, W. F. (1987). Discourse genres in a theory of practice. *American Ethnologist*, *14*(4), 668-692.
Hanks, W. F. (2000). *Intertexts: Writings on language, utterance, and context*. New York: Rowman and Littlefield.
橋本和也（1988）.「第三世界における『民主主義』：フィジーのクーデターが提起したもの」『静岡県立大学短期大学部研究紀要』創刊号, 1-16頁.
Helms, M. W. (1998). *Access to origins: Affines, ancestors and aristocrats*. Austin, TX: University of Texas Press.
Henare, A., Holbraad, M., & Wastell, S. (Eds.). (2007). *Thinking through things: Theorising artefacts ethnographically*. London: Routledge.
Hill, J., & Irvine., J. (1993). *Responsibility and evidence in oral discourse*. Cambridge, MA: Cambridge University Press.
Hill, J. (1995). The voices of Don Gabriel: Responsibility and self in a modern Mexicano narrative. In D. Tedlock & B. Mannheim (Eds.), *The dialogic emergence of culture* (pp. 97-147). Urbana, IL: University of Illinois Press.
平賀正子（1986）.「推敲の記号論：芭蕉の蝉の句の推敲について」『記号学研究』第6号, 127-138頁.
Hiraga, K. M. (2005). *Metaphor and iconicity: A cognitive approach to analysing texts*. New York: Palgrave Mackillan.
Hobsbawm, E., & Ranger, T. (1983). *The invention of tradition*. Cambridge, MA: Cambridge

University Press.

Hocart, A. M. (1927). *Kingship*. Oxford: Oxford University Press.

Hocart, A. M. (1936 [1970]). *Kings and councillors: An essay in the comparative anatomy of human society*. Chicago, IL: University of Chicago Press.

Hocart, A. M. (1952). *The northern state of Fiji. Royal Anthropological Institute Occasional Publication No. 11*. Royal Anthropological Institute of Great Britain and Ireland.

Hopper, P. J., & Thompson, S. A. (1980). Transitivity in grammar and discourse. *Language, 56*, 251-299.

Hymes, D. (1981). *"In vain I tried to tell you": Essays in Native American ethnopoetics*. Philadelphia, PA: University of Pennsylvania Press.

Hymes, D. (1996). *Ethnography, linguistics, narrative inequality: Toward an understanding of voice*. London: Taylor & Francis.

Hymes, D. (2003). *Now I know only so far: Essays in ethnopoetics*. Lincoln, NE: University of Nebraska Press.

Irvine, J.T. (1979). Formality and informality in communicative events. *American Anthropologist, 81*(4), 773-790. [Reprinted in A. Duranti, (Ed.), (2001). Linguistic anthropology: A reader (pp. 189-207). Malden, MA: Blackwell].

Irvine, J. (1996). Shadow conversations: The indeterminacy of participant roles. In M. Silverstein & G. Urban (Eds.), *Natural histories of discourse* (pp. 131-159). Chicago, IL: The University of Chicago Press.

Irvine, J. (2011). Leaky registers and eight-hundred-pound gorillas. *Anthropological Quarterly, 84*(1), 15-40.

石井眞夫（2002）．「土地と首長制：ヴィティレヴ島北部ラ地方の首長制」河合利光（編）『オセアニアの現在：持続と変容の民族誌』(106-134頁)．人文書院．

石森大知（2001）．「カストムとファッシン：ソロモン諸島ヴァングヌ島における過去と現在をめぐる認識論的連関」『民族学研究』第66巻，第2号，222-239頁．

石森大知（2011）．『生ける神の想像力：ソロモン諸島クリスチャン・フェローシップ教会の民族誌』世界思想社．

岩谷彩子（2011）．「死者の夢を想起する：移動民ヴァギリの夢にみる時間」西井涼子（編）『時間の人類学：情動・自然・社会空間』(254-277頁)．世界思想社．

Jakobson, R. (1953). Discussion in Claude Lévi-Strauss, Roman Jakobson, Carl F. Voegelin and Thomas A. Sebeok: Results of the conference of anthropologists and linguists. *International Journal of American Linguistics Memoir, 8*, 11-21.

Jakobson, R. (1957). Shifters and verbal categories. In L. R. Waugh & M. Monville-Burston (Eds.), *On language* (pp. 386-392). Cambridge, MA: Harvard University Press.

Jakobson, R. (1960). Closing statement: Linguistics and poetics. In T. A. Sebeok (Ed.), *Style in language* (pp. 350-377). Cambridge, MA: MIT Press.

Jakobson, R. (1987 [1961]). Poetry of grammar and grammar of poetry. In K. Pomorska & S. Ruby (Eds.), *Language in literature* (pp. 121-144). Cambridge, MA: Harvard University Press.

Jensen, C. B., & Rödje, K. (Eds.). (2010). *Deleuzian intersections: Science, technology, anthropology*. Oxford: Berghahn Book.
Kaplan, M. (1988). *Land and sea and the new white men: A reconsideration of the Fijian Tuka movement*. (Doctoral dissertation). University of Chicago, Chicago, IL.
Kaplan, M. (1990a). Christianity, people of the land, and chiefs in Fiji. In J. Baker (Ed.), *Christianity in Oceania: Ethnographic perspectives* (pp. 127-147). Lanham, MD: University Press of America.
Kaplan, M. (1990b). Meaning, agency and colonial history: Navosavakadua and the Tuka movement in Fiji. *American Ethnologist*, *17*(1), 3-22.
Kaplan, M. (1995). *Neither cargo nor cult: Ritual politics and the colonial imagination in Fiji*. Durham, NC: Duke University Press.
Kaplan, M. (2016). From Jew to Roman: Mr Joske, Mr Brewster, The Hill Tribes of Fiji, and the hill tribes of Fiji. In A. Golub, D. Rosenblatt & J. D. Kelly (Eds.), *A practice of anthropology*. (pp. 113-132). Montreal: McGill-Queen's University Press.
春日直樹（1992）.「キリスト・悪魔・貨幣：フィジーの呪術と資本主義」『社会人類学年報』第18号，33-55頁.
春日直樹（1993）.「フィジー人の「伝統と近代」」石川榮吉（監修）清水昭俊・吉岡政徳（編）『オセアニア③：近代に生きる』(21-33頁). 東京大学出版会.
春日直樹（2001）.『太平洋のラスプーチン：ヴィチ・カンバニ運動の歴史人類学』世界思想社.
春日直樹（2002）.「首長制の深淵」『オセアニア・ポストコロニアル』(109-142頁). 国際書院.
春日直樹（2007）.『遅れの思考：ポスト近代を生きる』東京大学出版会.
春日直樹（2009）.「物語と人と現実とのもう一つの関係：メラネシアから考える」『岩波講座 哲学11：歴史／物語の哲学』(141-160頁). 岩波書店.
春日直樹（2011a）.「人類学の静かな革命：いわゆる存在論的転換」春日直樹（編著）『現実批判の人類学：新世代のエスノグラフィへ』(9-31頁). 世界思想社.
春日直樹（2011b）.「人間の（非）構築とヴィジョン」春日直樹（編著）『現実批判の人類学：新世代のエスノグラフィへ』(290-310頁). 世界思想社.
春日直樹（編著）（2011c）.『現実批判の人類学：新世代のエスノグラフィへ』世界思想社.
鹿熊信一郎（2005）.「フィジーにおける沿岸資源共同管理の課題と対策（その1）・FLMMAと沿岸水産資源管理の状況」『地域漁業研究』第46巻，第1号，261-282頁.
Katz, R. (1994). *The straight path: A story of healing and transformation in Fiji*. Jackson, TN: Perseus Books.
河合利光（2002）.「国家を支える力：フィジー中部諸島のリーダーシップ」河合利光（編著）『オセアニアの現在：持続と変容の民族誌』(135-159頁). 人文書院.
Keane, W. (1997a). Religious language. *Annual Review of Anthropology*, *26*, 47-71.
Keane, W. (1997b). *Signs of recognition: Powers and hazards of representation in an Indonesian society*. Berkley, CA: University of California Press.
Keane, W. (2007). *Christian moderns: Freedom and fetish in the mission encounter*. Berkley, CA: University of California Press.

Keesing, R. M. (1979). Linguistic knowledge and cultural knowledge: Some doubts and speculations. *American Anthropologist*, *81*, 14-36.
Keesing, R. M. (1989). Creating the past: Custom and identity on the contemporary Pacific. *The Contemporary Pacific*, *1*, 19-42.
Keesing, R. M. (1990). Colonial history as contested ground: The Bell massacre in the Solomons. *History and Anthropology*, *4*, 279-301.
Keesing, R. M., & Jolly, M. (1992). Epilogue. In J. G. Carrier (Ed.), *History and tradition in Melanesian anthropology* (pp. 224-247). Berkeley, CA: University of California Press.
Kelly, J. D., & Kaplan, M. (1990). History, structure, and ritual. *Annual Review of Anthropology*, *19*, 119-150.
Kelly, J. D., & Kaplan, M. (2001). Peace in Fiji. In B. V. Lal & M. Pretes (Eds.), *Coup: Reflections on the political crisis in Fiji* (pp. 65-68). Canberra: The Australian National University Electronic Press.
菊澤律子（1999）.『標準フィジー語入門』アジア・アフリカ言語文化研究所.
菊澤律子（2000）.「フィジー語カナ表記の標準化について」『日本オセアニア学会 NEWSLETTER』第66号，9-14頁.
菊澤律子（2001）.「フィジー語」『月刊言語』第30巻，第1号，98-101頁. 大修館書店.
小林泉・東裕（1998）.「強いられた国民国家」佐藤幸男（編）『世界史の中の太平洋』(69-106頁). 国際書院.
小山亘（2008a）.『記号の系譜：社会記号論系言語人類学の射程』三元社.
小山亘（2008b）.「Origo：一般コミュニケーション論の確立に向けて」『月刊言語』第37巻，第5号，30-35頁. 大修館書店.
小山亘（編）（2009）.『記号の思想 現代言語人類学の一軌跡：シルヴァスティン論文集』三元社.
小山亘（2011）.『近代言語イデオロギー論：記号の地政とメタ・コミュニケーションの社会史』三元社.
小山亘（2012）.『コミュニケーション論のまなざし』三元社.
Kripke, S. (1972). *Naming and necessity*. Cambridge, MA: Harvard University Press.
Kuipers, J. (1990). *Power in performance: The creation of textual authority in Weyewa ritual speech*. Philadelphia, PA: University of Pennsylvania Press.
Kuipers, J. (1992). Obligations to the word: Ritual speech, performance, and responsibility among the Weyewa. In J. Hill & J. Irvine (Eds.), *Responsibility and evidence in oral discourse* (pp. 88-104). Cambridge, MA: Cambridge University Press.
Kuipers, J. (1993). Reported speech and reproduction of authority among the Weyewa. In J. Hill & J. Irvine (Eds.), *Responsibility and evidence in oral discourse* (pp. 105-134). Cambridge, MA: Cambridge University Press.
Kuper, A. (1996). *Anthropology and anthropologists: The modern British school*. London: Routledge & Kegan Paul.
Kulick, D. (1992). *Language shift and cultural reproduction: Socialization, self, and syncretism in a Papua New Guinean village*. Cambridge, MA: Cambridge University Press.

Labov, W. (1972). *Sociolinguistic patterns*. Philadelphia, PA: University of Pennsylvania Press.
La Croix, S. J. (2004). Explaining divergence in property rights: Fiji and Hawai'i in the nineteenth century. In S. Engerman & J. Metzer (Eds.), *Land rights, ethno-nationality and sovereignty in history* (pp. 183-209). London: Routledge.
Lal, B. (1983). *Girmitiyas: The origin of the Fiji Indians*. Canberra: The Journal of Pacific History.
Lal, B. (1992). *Broken waves: A history of the Fiji Islands in the twentieth century*. Honolulu, HW: University of Hawai'i Press.
Lasaqa, I. Q. (1963). *Dawasamu-Bure. N.E. Viti Levu: Fiji* (Master thesis). Auckland University Library, Auckland, New Zealand.
Lasaqa, I. Q. (1984). *The Fijian people: Before and after independence*. Canberra: Australian National University Press.
Lattas, A. (1998). *Cultures of secrecy: Reinventing race in Bush Kaliai cargo cults*. Madison, WI: The University of Wisconsin Press.
Lawrence, P. (1964). *Road belong cargo: A study of the cargo movement in the southern Madang district New Guinea*. Manchester: Manchester University Press.
Lawson, S. (1991). *The failure of democratic politics in Fiji*. Oxford: Clarendon Press.
Lawson, S. (1997). Chiefs, politics, and the power of tradition in contemporary Fiji. In G. White & L. Lindstrom (Eds.), *Chiefs today: Traditional Pacific leadership and the postcolonial state* (pp. 108-118) Stanford, CA: Stanford University Press.
Leach, E. R. (1964). Anthropological aspects of language: Animal categories and verbal abuse. In E. H. Lenneberg (Ed.), *New directions in the study of language* (pp. 23-63). Cambridge, MA: MIT Press.
レヴィ＝ストロース，C．（1972）．『構造人類学』（荒川幾男・生松敬三・川田順造・佐々木明・田島節夫・訳）．みすず書房．［原著：Lévi-Strauss, C. (1958). *Anthropologie structurale*. Paris: Librairie Plon］.
レヴィ＝ストロース，C．（1976）．『野生の思考』（大橋保夫・訳）．みすず書房．［原著：Lévi-Strauss, C. (1962). *La pensée sauvage*. Paris: Librairie Plon］.
Leckie, J. (1990). Workers in colonial Fiji: 1870-1970. In C. Moore, J. Leckie & D. Munro (Eds.), Labour in the South Pacific (pp. 47-66). Townsville: James Cook University of North Queensland.
Lee, B. (1997). *Talking heads: Language, metalanguage, and the semiotics of subjectivity*. Durham, NC: Duke University Press.
レーナルト，M．（1990）．『ド・カモ：メラネシア世界の人格と神話』（坂井信三・訳）．せりか書房．［原著：Leenhardt, M. (1947). *Do kamo: La personne et le mythe dans le monde mélanésien*. Paris: Gallimard］.
Legge, J. D. (1958). *Britain in Fiji 1858-1880*. London: Macmillan & Co.
Lindstrom, L. (1990). *Knowledge and power in a South Pacific society*. Washington, DC: Smithsonian Institution.
Linton, R. (1943). Nativistic movements. *American Anthropologist*, *45*(2), 230-240.

Lutz, C. A. (1988). *Unnatural emotions: Everyday sentiments on a Micronesian atoll and their challenge to Western theory.* Cambridge, MA: Cambridge University Press.

Lyons, J. (1977). *Semantics* (2nd ed.). Cambridge, MA: Cambridge University Press.

マクルーハン，M.（1968）.『グーテンベルクの銀河系 — 活字的人間の形成』（高儀進・訳）．竹内書店．[原著：McLuhan, M. (1962). *The Gutenberg galaxy: The making of typographic man.* Toronto: University of Toronto Press].

真島一郎（2005）.「翻訳論：喩の権利づけをめぐって」真島一郎（編）『だれが世界を翻訳するのか：アジア・アフリカの未来から』(9-57頁)．人文書院．

Manoa, P. (2010). Redeeming hinterland. *Pacific Journal of Theology, 43,* 65-86.

モース，M.（2009［1925］）.『贈与論』（吉田禎吾・江川純一・訳）．筑摩書房．[原著：Mauss, M. (1962). Essai sur le don. Forme et raison de l'échange dans les sociétés archaïques. *L'Année Sociologique, 1,* 30-186].

Mauss, M. (1985). The category of the human mind: The notion of person; the notion of self. In M. Caritherrs, S. Collins, & S. Lukes (Eds.), *The category of the person: Anthropology, philosophy, history* (pp. 1-25). Cambridge, MA: Cambridge University Press.

Messick, B. (1993). *The calligraphic state: Textual domination and history in a Muslim society.* Berkley, CA: University of California Press.

Milner, G. B. (1952). A study of two Fijian texts. *Bulletin of the School of Oriental and African Studies, 14,* 346-377.

Milner, G. B. (1990). *Fijian grammar.* Suva, Fiji: Government Press.

Milton, K. (1996). *Environmentalism and cultural theory: Exploring the role of anthropology in environmental discourse.* London: Routledge.

宮崎広和（1992）.「19世紀フィジーにおける首長と土地処分権」『民族學研究』第57巻，第2号，197-221頁．

宮崎広和（1994）.「オセアニア歴史人類学研究の最前線：サーリンズとトーマスの論争を中心として」『社会人類学年報』第20号，193-208頁．

宮崎広和（2002）.「文書館と村：歴史人類学から文書の民族誌へ」春日直樹（編）『オセアニア・ポストコロニアル』(79-107頁)．国際書院．

宮崎広和（2009）.『希望という方法』以文社．

Morgan, L. H. (1877). *Ancient society: Or, researches in the lines of human progress from savagery through barbarism to civilization.* New York: Holt.

長島信弘（1982）.『死と病の民族誌：ケニア・テソ族の災因論』岩波書店．

Nakatani, H. (2006). The empire of fame: Writing and the voice in early medieval China. *positions, 14*(3), 535-566.

Nayacakalou, R. R. (1963). *Fijian leadership in a situation of change.* (Doctoral dissertation). University of London, London.

Nayacakalou, R. R. (1965). The Bifurcation and amalgamation of Fijian lineages over a period of fifty years. *Transactions and Proceedings of the Fiji Society, 9,* 122-133.

Nayacakalou, R. R. (1975). *Leadership in Fiji.* Suva, Fiji: University of the South Pacific.

名和克郎（2002）.『ネパール、ビャンスおよび周辺地域における儀礼と社会範疇に関する民

族誌的研究：もうひとつの「近代」の布置』三元社.
名和克郎（2011）．「ランの葬送儀礼における時空間の構成とその変化に関する試論」西井涼子（編）『時間の人類学：情動・自然・社会空間』(358-382頁)．世界思想社.
西井涼子（2011）．「時間の人類学：社会空間論の展開」西井涼子（編）『時間の人類学：情動・自然・社会空間』(1-36頁)．世界思想社.
丹羽典生（2003）．「我々の『共産党宣言』：フィジーにおける一協同組合集団ブラ・タレの実験と顛末」『南方文化』第30号，67-83頁.
丹羽典生（2005）．「フィジアン：フィジー人とインド人の共存」綾部恒雄（監修）前川啓治・棚橋訓（編）『世界の先住民族 ファースト・ピープルズの現在 09：オセアニア』(262-282頁)．明石書店.
丹羽典生（2009）．『脱伝統としての開発：フィジー・ラミ運動の歴史人類学』明石書店.
丹羽典生（2010）．「民族主義から多民族共生へ：フィジー諸島共和国における2006年クーデタの特質」塩田光喜（編）『グローバル化のオセアニア』(71-89頁)．アジア経済研究所.
Obeyesekere, G. (1992). *The apotheosis of Captain Cook: European mythmaking in the Pacific.* Princeton, NJ: Princeton University Press.
Ochs, E. (1988). *Culture and language development: Language acquisition and language socialization in a Samoan village.* Cambridge, MA: Cambridge University Press.
Ochs, E., & Schieffelin, B. B. (1984). Language acquisition and socialization: Three developmental stories. In R. A. Shweder & R. A. LeVine (Eds.), *Culture theory: Essays on mind, self, and emotion* (pp. 276-320). Cambridge, MA: Cambridge University Press.
小川正恭（2002）．「首長国としてのラウ：フィジー東部諸島における首長制の伝統と変化」河合利光（編著）『オセアニアの現在：持続と変容の民族誌』(26-51頁)．人文書院.
Parmentier, R. J. (1985a). Sign's place *in medias res*: Peirce's concept of semiotic mediation. In E. Mertz & R. J. Parmentier (Eds.), *Semiotic mediation: Sociocultural and psychological perspectives* (pp. 23-48). Orland, FL: Academic Press.
Parmentier, R. J. (1985b). Times of the signs: Modalities of history and levels of social structure in Belau. In E. Mertz & R. J. Parmentier (Eds.), *Semiotic mediation: Sociocultural and psychological perspectives* (pp. 131-154). Orland, FL: Academic Press.
Parmentier, R. J. (1987). *The sacred remains: Myth, history, and polity in Belau.* Chicago, IL: The University of Chicago Press.
Parmentier, R. J. (1993). The political function of reported speech. In J. A. Lucy (Ed.), *Reflexive language: Reported speech and metapragmatics* (pp. 261-286). Cambridge, MA: Cambridge University Press.
Parmentier, R. J. (1994). *Signs in society: Studies in semiotic anthropology.* Bloomington, IN: Indiana University Press.
Peirce, C. S. (1977). *Semiotic and significs: The correspondence between Charles S. Peirce and Victoria Lady Welby.* C. S. Hardwick (Ed.). Bloomington, IN: Indiana University Press.
Pigliasco, G. C. (2007). *The custodians of the gift: Intangible cultural property and commodification of the Fijian firewalking ceremony.* (Doctoral dissertation). University

of Hawai'i, Manoa, HI.

Pigliasco, G. C. (2011). Are the grassroots growing?: Intangible cultural-heritage lawmaking in Fiji and Oceania. In E. Hviding & K. M. Rio (Eds.), *Made in Oceania: Social movements, cultural heritage and the state in the Pacific* (pp. 321-337). Wantage: Sean Kingston.

Pike, K. L. (1967). *Language in relation to a unified theory of the structure of human behavior* (2nd ed.). Berlin: De Gruyter Mouton.

Pritchard, W. T. (1968 [1866]). *Polynesian reminiscence, or life in the South Pacific island.* London: Dawsons of Pall Mall.

Putnam, H. (1975). The meaning of 'meaning'. In *Philosophical papers*, Vol. 2: *Mind, language, and reality* (pp. 215-271). Cambridge, MA: Cambridge University Press.

Qalo, R. R. (1984). *Divided we stand: Local government in Fiji*. Suva, Fiji: Institute of Pacific Studies of the University of the South Pacific.

小田亮（1996）.「ポストモダン人類学の代価：ブリコルールの戦術と生活の場の人類学」『国立民族学博物館研究報告』第21巻，第4号，807-876頁.

Quain, B. (1942). *The flight of the chiefs: Epic poetry of Fiji*. New York: J. J. Augustin.

Quain, B. (1948). *Fijian village*. Chicago, IL: The University of Chicago Press.

Quine, W. V. O. (1968). Ontological relativity. *Journal of Philosophy*, 65(7), 185-212.

Ravuvu, A. (1983). *Vaka i Taukei: The Fijian way of life*. Suva, Fiji: University of the South Pacific.

Ravuvu, A. (1991). *The façade of democracy: Fijian struggles for political control 1830-1987*. Suva, Fiji: University of the South Pacific.

Ricoeur, P. (1976). *Interpretation theory: Discourse and the surplus of meaning*. Fort Worth, TX: Texas Christian University Press.

Riles, A. (ed.). (2006). *Documents: Artifacts of modern knowledge*. Ann Arbor, MI: The University of Michigan Press.

Rorty, R. (1989). *Contingency, irony, and solicarity*. Cambridge, MA: Cambridge University Press.

Routlege, D. (1985). *Matanitu: The struggle for power in early Fiji*. Suva, Fiji: University of the South Pacific.

Roth, G. K. (1953). *Fijian way of life*. Melbourne: Oxford University Press.

Rutz, H. (1978). Fijian land-tenure and agricultural growth. *Oceania*, 49(1), 20-34.

Sahlins, M. (1962). *Moala: Nature and culture on a Fijian Island*. Ann Arbor, MI: University of Michigan Press.

Sahlins, M. (1976). *Culture and practical reason*. Chicago, IL: The University of Chicago Press.

Sahlins, M. (1981). *Historical metaphors and mythical realities (ASAO special publications)*. Ann Arbor, MI: University of Michigan Press.

サーリンズ，M.（1993）.『歴史の島々』（山本真鳥・訳）．法政大学出版局．［原著：Sahlins, M. (1985). *Islands of history*. Chicago, IL: University of Chicago Press.］

Sahlins, M. (1993). Goodbye to tristes tropes: Ethnography in the context of modern world

history. *Journal of Modern History, 65,* 1-25.
真田信治（1983）.『日本語のゆれ：地図で見る地域語の生態』南雲堂.
真田信治（1999）.「ネオ方言の実態」『日本語学』第18巻，第13号，46-51頁.
Sapir, E. (1921). *Language: An introduction to the study of speech.* New York: Harcourt, Brace, & Co.
Sapir, E. (1949). *Selected writings of Edward Sapir in language, culture and personality.* D. G. Mandelbaum (Ed.). Berkley, CA: University of California Press.
Scarr, D. (1979). John Bates Thurston: Grand panjandrum of the Pacific. In D. Scarr (Ed.), *More Pacific islands portraits.* Canberra: Australian National University Press.
Searle, J. R. (1972). What is a speech act?. In P. P. Giglioli (Ed.), *Language and social context* (136-154). Middlesex: Penguin.
Senft, G., & Basso, E. B. (Eds.). (2009). *Ritual communication.* Oxford: Berg Publishers.
Shore, B. (1982). *Sala'ilua: A Samoan mystery.* New York: Colombia University Press.
Siegel, J. (1987). *Language contact in a plantation environment: A sociolinguistic history of Fiji.* Cambridge, MA: Cambridge University Press.
Silverstein, M. (1976a). Shifters, linguistic categories, and cultural description. In K. H. Basso & H. A. Selby (Eds.), *Meaning in anthropology* (pp. 11-55). Albuquerque, NM: University of New Mexico Press.
Silverstein, M. (1976b). Hierarchy of features and ergativity. In R. M. W. Dixon (Ed.), *Grammatical categories in Australian languages* (pp. 112-171). Canberra: Australian Institute of Aboriginal and Torres Straits Islander Studies.
Silverstein, M. (1981a). Metaforces of power in traditional oratory. Lecture presented in the PERL lecture series, The rhetoric of politits, University of Chicago, and at the Department of Anthropology, Yale University.
Silverstein, M. (1981b). The limits of awareness. *Sociolinguistic Working Paper, 84.* [Reprinted in A. Duranti, (Ed.), (2001). *Linguistic anthropology: A reader* (pp. 382-383). Malden, MA: Blackwell].
Silverstein, M. (1992). The indeterminacy of contextualization: When is enough enough? In P. Auer & A. Di Luzio (Eds.), *The contexualization of language* (pp. 55-76). Amsterdam: John Benjamins.
Silverstein, M. (1993). Metapragmatic discourse and metapragmatic function. In J. A. Lucy (Ed.), *Reflexive language: Reported speech and metapragmatics* (pp. 33-58). Cambridge, MA: Cambridge University Press.
Silverstein, M. (2003 [1996]). Indexical order and the dialectics of sociolinguistic life. *Language & Communication, 23,* 193-229.
Silverstein, M. (2004). "Cultural" concepts and the language-culture nexus. *Current Anthropology, 45,* 621-652.
Silverstein, M. (2005). Axes of evals: Token versus type interdiscursivity. *Journal of Linguistic Anthropology, 15*(1), 6-22.
Silverstein, M. (2007). How knowledge begets communication begets knowledge: Textuality

and contextuality in knowing and learning.『異文化コミュニケーション論集』第5号, 31-60頁.

Silverstein, M. (2011). Presidential ethno-blooperlogy: Performance misfires in the business of "message"-ing. *Anthropological Quarterly*, *84*(1), 165-186.

Silverstein, M., & Urban, G. (Eds.). (1996). *Natural histories of discourse*. Chicago, IL: The University of Chicago Press.

Simpson, S. (2009, August). The rise of the New Methodists. *Mai Life*, 18-22.

白川千尋（2001）.「ナヴァカマティとしてのカストム：ヴァヌアツ・トンゴア島民におけるカストムの様相」『民族學研究』第66巻，第2号，203-221頁.

Spencer, D. (1941). *Disease, religion and society in the Fiji Islands*. Seattle, WA: University of Washington Press.

Sperber, D., & Wilson, D. (1995 [1986]). *Relevance: Communication and cognition* (2nd ed.). Oxford: Blackwell.

Spier, L., & Sapir, E. (1930). *Wishram ethnography: University of Washington publications in anthropology*, V3, No. 3, May, 1930. Whitefish, MT: Literary Licensing LLC.

Strathern, M. (1988). *The gender of the gift: Problems with women and problems with society in Melanesia*. Berkley, CA: University of California Press.

Strathern, M. (1990a). Artefacts of history: Events and the interpretation of images. In J. Siikala (Ed.), *Culture and history in the Pacific* (pp. 25-44). Helsinki: Finnish Anthropological Society.

Strathern, M. (1990b). Negative strategies in Melanesia. In R. Fardon (Ed.), *Localizing strategies: Regional traditions of ethnographic writing* (pp. 204-216). Edinburgh: Scottish Academic Press.

Strathern, M. (1991). *Partial connections (ASAO special publications)*. Savage, MD: Rowman & Littlefield.

Strathern, M. (1992). *Reproducing the future: Essays on anthropology, kinship and the new reproductive technologies*. New York: Routeledge.

Strathern, M. (1997). Gender: Division or comparison?. In K. Hetherington & R. Munro (Eds.), *Ideas of difference: Social spaces and the labour of division* (pp. 42-63). Oxford: Blackwell.

Strathern, M. (1999). *Property, substance and effect: Anthropological essays on persons and things*. London: Athlone Press.

Strathern, M. (2004). *Partial connections* (updated ed.). Walnut Creek, CA: AltaMila Press.

Strathern, M. (2005). *Kinship, law and the unexpected: Relatives are always a surprise*. New York: Cambridge University Press.

Stroud, C. (1992). The problem of intention and meaning in code-switching. *Text*, *12*, 127-155.

杉島敬志（1999）.「人類学の歴史研究：バリ宗教の近代史」栗本英世・井野瀬久美恵（編）『植民地経験：人類学と歴史学からのアプローチ』(305-325頁). 人文書院.

杉島敬志（2014）.「次世代人類学を構想する：エージェンシーの定立と作用：コミュニケーションから構想する次世代人類学の展望」『民博通信』第144号, 24-25頁. 国立民

族学博物館.
鈴木中正（編）（1982）.『千年王国的民衆運動の研究：中国・東南アジアにおける』東京大学出版会.
竹沢尚一郎（2007）.『人類学的思考の歴史』世界思想社.
多木浩二（2003）.『最後の航海：キャプテン・クック　ハワイに死す』新書館.
Tambiah, S. J. (1985). *Culture, thought, and social action: An anthropological perspective*. Cambridge, MA: Harvard University Press.
Taussig, M. (1980). *The devil and commodity fetishism in South America*. Chapel Hill, NC: University of North Carolina Press.
Tedlock, D. (1992). Ethnopoetics. In R. Bauman (Ed.), *Folklore, cultural performances, and popular entertainments: A communications-centered handbook* (pp. 81-85). New York: Oxford University Press.
Tedlock, D. (1995). Interpretation, participation, and the role of narrative in dialogical anthropology. In D. Tedlock & B. Mannheim (Eds.), *The dialogic emergence of culture* (pp. 253-287). Urbana, IL: University of Illinois Press.
Thomas, N. (1986). *Planets around the sun*. Sydney: University of Sydney.
Thomas, N. (1989a). Material culture and colonial power: Ethnological collecting and the establishment of colonial rule in Fiji. *Man (N.S.), 24*, 41-56.
Thomas, N. (1989b). *Out of time: History and evolution in anthropological discourse*. Cambridge, MA: Cambridge University Press.
Thomas, N. (1989c). Taking people seriously: Cultural autonomy and the global system. *Critique of Anthropology, 9*, 59-69.
Thomas, N. (1990). Sanitation and seeing: The creation of state power in early colonial Fiji. *Comparative Studies in Society and History, 32*, 149-170.
Thomas, N. (1991). Against ethnography. *Cultural Anthropology, 6*, 306-322.
Thomas, N. (1992). The inversion of tradition. *American Ethnologist, 19*(1), 213-232.
Tomlinson, M. (2004). Ritual, risk, and danger: Chain prayers in Fiji. *American Anthropologist, 106*(1), 6-16.
Tomlinson, M. (2009). *In God's image: The metaculture of Fijian christianity*. Oakland, CA: University of California Press
Tomlinson, M. (2014). *Ritual textuality: Pattern and motion in performance*. New York: Oxford University Press.
Toren, C. (1990). *Making sense of hierarchy: Cognition as social process in Fiji*. London: The Athlone Press.
Turner, V. (1974). *Dramas, fields, and metaphors: Symbolic action in human society*. Ithaca, NY: Cornell University Press.
Tuwere, I. (2001). Indigenous peoples' struggle for land and identity. *Pacific Journl of Theology, 25*, 39-50.
Urban, G. (1996). Entextualization, replication, and power. In M. Silverstein & G. Urban (Eds.), *Natural histories of discourse* (pp. 21-44). Chicago, IL: The University of Chicago

Press.

Valeri, V. (1985). *Kinship and sacrifice: Ritual and society in ancient Hawai'i*. Chicago, IL: University of Chicago Press.

Viveiros de Castro, E. (1998). Cosmological deixis and Amerindian perspectivism. *The Journal of Royal Anthropological Institute (N.S.)*, *4*(3), 469-488.

Vološinov, V. N. (1973 [1929]). *Marxism and the philosophy of language*. Cambridge, MA: Harvard University Press.

Wallace, A. (1956). Revitalization movements. *American Anthropologist*, *58*(2), 264-281.

Walter, M. (1978). An examination of hierarchical notions in Fijian society: A test case for the applicability of the term "chief". *Oceania*, *49*, 1-19.

Walsh, C. (2006). *Fiji: An encyclopaedic atlas*. Suva, Fiji: The University of the South Pacific.

Ward, R. (1995). Land, law and custom: Diverging realities in Fiji. In R. G. Word & E. Kingdon (Eds.), *Land, custom and practice in the South Pacific* (pp. 198-249). New York: Cambridge University Press.

Wesley-Smith, T. (1999). Changing patterns of power. In M. Rapaport (Ed.), *The Pacific islands: Environment and society* (pp. 144-155). Honolulu, HW: Bess Press.

West, F. J. (1961). *Political advancement in the South Pacific: A comparative study of colonial practice in Fiji, Tahiti and American Samoa*. Westport, CT: Greenwood Press.

White, G. M. (1991). *Identity through history: Living stories in a Solomon Island society*. Cambridge, MA: Cambridge University Press.

Wilkes, C. (1845). *Narrative of the United States exploring expedition during the years 1838, 1839, 1840, 1841, 1842*. London: Wiley and Putnam.

Woolard, K. A. (1989). *Double talk: Bilingualism and the politics of ethnicity in Catalonia*. Stanford, CA: Stanford University Press.

Worsley, P. (1968). *The trumpet shall sound: A study of 'cargo' cults in Melanesia*. New York: Schocken Book.

渡辺公三（2009）.『西欧の眼：身体・歴史・人類学Ⅱ』言叢社.

White, G. M., & Lindstrom, L. (1997). *Chiefs today: Traditional pacific leadership and the postcolonial state*. Stanford, CA: Stanford University Press.

Yankah, K. (1991). Power and the circuit of formal talk. *Journal of Folklore Research*, *28*(1), 1-22.

Yankah, K. (1995). *Speaking for the chief: Okyame and the politics of Akan royal oratory*. Bloomington, IN: Indiana University Press.

吉岡政徳（2001）.「カストム論再考：文化の政治学を越えて」『民族學研究』第66巻，第2号，178-183頁.

吉岡政徳（2005）.『反・ポストコロニアル人類学：ポストコロニアルを生きるメラネシア』風響社.

Young, J. (1970). Evanescent ascendancy: The planter community in Fiji. In J. W. Davidson & D. Scarr (Eds.), *Pacific islands prtraits* (pp. 147-176). Canberra: Australian National University Press.

あとがき

　本書は、2013年6月30日、立教大学異文化コミュニケーション研究科に提出した博士学位申請論文『文書と儀礼の記号論：フィジー・ダワサム地域における神話と詩的テクストに関する言語人類学的研究』を土台にし大幅な改稿を加えたものである。博士論文に至るフィジーでの調査から本書の執筆に至る過程では、実に様々な方々からご指導とご支援を賜り、ここに上梓できた本書は、これらのご助力の賜以外の何物でもない。私が謝辞を送るべき方々は数限りなく、また、その思いは筆舌に尽くし難いものである。ここでは、本書を閉じるに当たって、その中でも、博士課程に入り二年目の2008年暮れより着手したフィジー諸島での調査・研究、博士論文の執筆から提出、そして本書の上梓に至る過程において、直接的な関わりがあった方々に対して、末筆ながら感謝の意を記しておきたい。

＊＊＊

　2008年12月26日の出会い、私がフィジー・ダワサム地域において従事しようとしていた調査研究の何某かの意義（na ibibi ni vakadidike）を理解してくださり、カッサヴァの植え方（tei tavioka）、家畜牛の寝床の替え方（vakadewa bulumakau）、農作業用の鉈（isele）の研ぎ方、食事前の祈りの捧げ方（masu ni kana）、ミサでの福音書の読み方（wilika na itukutku vinaka）、儀礼の場で振る舞う仕方（veiqaravi）に至るまで、様々なフィジーでの「生き方（itovo vakaViti）」を何一つ知らず、十字を切ることすら覚束なかった私を「我が子（luvequ）」として受け入れてくださり、慈しみ合うこと（veilomani）、そして赦し合うこと（veisereki）の意味を諭してくださった父（tata）、イシレリ・ラテイ（Isireli Ratei）氏、毎日々々、三度欠かすこと無く食事を作ってくださり、慣れない村落での長い生活の中で、何にも増して、私の健康を第一に気に掛けてくださった母（nana）、セタイタ・ノンドゥラコロ（Setaita Nodrakoro）

氏、デライ氏族の長として、そしてフィジーにおける先生（qasenivuli）として、毎回、同じ質問を繰り返す物分かりの悪い私に、土地での考え方（itovo vakavanua）を根気強く教えてくださり、別れの会食の前日には、大きな野豚を罠にかけるという奇跡（caka-mana）を起こして見せた、ヴニアニ・ナイタウ（Vuniani Naitau）氏と、その妻、故ルイサ・ブイ（Luisa Bui）氏、以上、私にとっての二組の父と母に対し、心から感謝の意を表したい。村を去る日、早朝のバスに乗り込む私に、「モゼ（moce）」と力強く手を握ったナイタウ氏の表情が、昨日のことのように脳裏に蘇ることがあり、忘れてはならない何某かのことを思い出させてくれる契機となっている。

　兄弟として、友人として、助手として、日々起きる様々な出来事、そして様々な感情を共にし、村落での調査の成り行きを側面から支えてくれたヴェレタリキ・サンガナモア（Veretariki Saqanamoa）氏、ヴァシティ・レワンダウ（Vasiti Lewadau）氏、サランボンギ・エネリ（Salabogi Eneri）氏、以上三氏を初めとするナワライ系族（vuvale o Nawarai）の家族たち、さらに、ダワサム地域での調査を実施するために、調査ビザ発給に必要な書類の準備など、様々な便宜を計って頂いたイソア・ワンガ（Isoa Waqa）氏、持ち前の真摯さと正義感の強さで、私の不安をいつも和らげ、調査に向かう私を勇気づけてくれたオファヴィウ・マイロマロマ（Ofaviu Mailomaloma）氏、調査の受け入れ先として支援を賜ったフィジー言語文化研究所（iTaukei Institute of Language & Culture）のケアシ・ヴァタニタワケ（Keasi Vatanitawake）氏、ラニエタ・デンゲイ（Lanieta Degei）氏、ケレラ・ディカクア（Kelera Dikakua）氏、シミオネ・セヴドゥレンドゥレ（Simione Sevudredre）氏、セトキ・ガルンバウ（Setoki Qalubau）氏、さらに、帰国後に調査データに基づいた論文の執筆などに際して相談役として力添え頂いた在日フィジー大使館のヴェニナ・マタイトガ（Venina Mataitoga）氏、セレアナ・タンブヤンゴナ（Sereana Tabuyaqona）氏、以上の方々から、それぞれの仕方で頂いた慈愛（loloma）に対して、深く御礼（vakavinavinaka）を申し上げたい。

　本書の議論の基になったフィジー諸島でのフィールド調査に区切りを付けてから、既に五年余りになる。キングス・ロード上の拠点コロヴォウの街からダワサム地域へと伸びる砂利道は、今では整備されアスファルトとなった。村

には電柱が立ち並び、夜になれば家屋の中では煌々と明かりが点っている。いつ稼働するかも分からない発電機が、村で唯一の電力源だった調査当時、私のノート型パソコンを充電しようと小型発電機をもつ家々に毎晩頼んで回ってくれた弟のサランボンギ・エネリは、結婚してアメリカに移住し、現在、一児の父となっている。本書の冒頭では、本書で考察した首長の即位儀礼の当日の朝（2010年4月15日）、ダワサム地域のドゥリティ村入口にて、最高首長となるペニ・ワンガ氏を、儀礼の開催地デラカンド村へ護衛して運ぶ準備をしているデライ氏族の男性たちの写真を口絵として掲載した。ここに写っており、私を可愛がってくださった長老のうちの二人（tata Meli, momo Kele）は、既に、遠く儚い存在となっている。目まぐるしく移り変わるダワサム地域とナタレイラ村を取り巻く状況に、時の経過を感じざるを得ないのと同時に、本書上梓の報告を、もう少し早く届けることが出来なかったものかと、とても悔やまれる。

　また、2016年2月、フィジーでは観測史上最大とされるサイクロンがヴィティレヴ島タイレヴ地方の東北部を直撃し、ダワサム地域では、ナタレイラ村を含む全ての村落において、甚大な被害を及ぼした。倒壊した家屋や教会の修繕など、一刻も早い復旧を祈るばかりである。明るいニュースもあった。2016年10月、デラカンド村の隣村であるナタンドゥラダヴェ（Natadradave）村で泉が湧き出たという。身体の様々な症状に効果・効能がある湧き水のようで、「奇跡の水（miracle water）」として紙面を賑わせた。サイクロンからの復旧途上にある中で、地域住民にとっては嬉しい出来事だっただろう。ちなみに、この村の名前は、「洪水（dave）の夢を見る（na tadra）」である。

＊＊＊

　立教大学大学院異文化コミュニケーション研究科では、修士課程を合わせて八年半の院生生活を過ごした。この八年半の過程で、間違いなく、最も記憶に残っていることは、ヤコブソンの言語論を基礎として、シルヴァスティンによる一般コミュニケーション理論へと展開してゆく言語人類学、この記号の系譜に近現代の人文社会科学の重要な到達点を見出す講義／語りである。この語りには、院生だった当時、私が知り及んでいた人類学のディスコースからは、感

じ得ることが出来なかった体系性と厳密性があった。巌のようなテクストに強く惹きつけられ、録音した講義を繰り返し聞いていた日々のことをよく覚えている。講義を通して、書物を介して、時には太平洋の彼方から、「指標の矢を放つ」という独自の流儀で辛抱強く私を指導してくださり、学問に取り組む姿勢と、今ここ／刹那を生きてゆく仕方のようなものを、「瓶に詰めたメッセージを彼岸に向けて投げる」ようなメタ・コミュニケーションに従事することを通して、喚起し続けてくださったその儀礼テクストの語り手、小山亘先生（立教大学教授）に、この場をお借りして衷心からの謝意を表したい。今日、研究者としての私があるのは、ひとえに小山先生のご指導のお陰である。

　荒削りで読みにくい私の論文の幾つかに、常に労を惜しまず、肌理細かく目を通しご指導くださった平賀正子先生（立教大学教授・「言語と人間」研究会(Human Linguistics Circle)会長）、英語同時通訳法を受講していた学部生だった頃から、陰に陽に私を励ましてくださった鳥飼玖美子先生（立教大学名誉教授）、本書の基になった博士論文の副査として予備審査の段階から草稿を読んでくださり、改稿するに当たって的確な指摘を賜った故・中谷一先生（立教大学准教授）、同じく、博士論文の学外審査委員を快く引き受けてくださり、貴重なご指導とご助言を頂いた名和克郎先生（東京大学教授・東洋文化研究所）に、衷心からの謝意を表したい。博士論文の口頭試問は、2013年5月17日（金）だったが、副査の一人であった中谷先生への御礼のメールに対する返事に、「力作で、楽しく審査に参加した」と書かれていたのが嬉しかった。私と中谷先生のやり取りは、それが最後だった。同じく副査であった名和先生からも、「良い事例に出会ったのみならず、それをしっかり記述分析している」との総評を口頭試問で頂いたことに、とても感謝している。修士の頃、名和先生の授業に潜っていた私にとって、長きにわたった院生生活が報われたように感じられる瞬間だった。

　自らの非力を恥じつつ、しかし本書が上梓されることが、これらの先生一人一人とのダイアローグを通して私が培ってきたこと、ただただ尊く感じられるこれらの学恩に、少しでも報いるものであることを切に願う次第である。

　また、市川哲先生（名古屋市立大学准教授）、野村康先生（名古屋大学准教授）には、研究生活全般に関する様々なことを相談できる先輩として私を励ま

し続けてくださったことに、感謝申し上げたい。そして、順天堂大学国際教養学部の同僚諸氏、特に、703研究室を共にする加藤洋一先生（順天堂大学教授）、北村薫先生（順天堂大学名誉教授）、島内憲夫先生（順天堂大学教授）、フランソワ・ニヨンサバ（Francois Niyonsaba）先生（順天堂大学先任准教授）、山倉文幸先生（順天堂大学教授）に、この場を借りて、心からの謝意をお伝えしたい。未熟な私を快く温かく迎え入れてくださったばかりでなく、これらの先生の寛容で開かれた姿勢から、日々多くのことを学び得ている。そして何より、フィジーでの出来事を取り入れて構成した私の「文化人類学」の講義、毎週小レポートを課すというハードな必修授業に、粘り強く付いてきてくれた順天堂大学・国際教養学部の学生諸氏にも感謝の意を表しておきたい。ボアズ人類学を生んだ国で、エスノセントリズムの嵐が吹き荒れる皮肉な時代にあって、文化相対主義の重要性が、彼ら彼女らの記憶に少しでも残り続けてゆくことを切に願っている。

　本書の出版は、日本学術振興会科学研究費（研究成果公開促進費・2016年度・課題番号16HP5115）の獲得によって実現したものである。しかし、当該科研費が採択されてからも、脱稿までにはかなりの時間を要し、三元社の石田俊二社長には、多大なるご迷惑とご心配をお掛けした。既に手元にある原稿を「本にする」という類いの出版ではなく、少しでも自分がより納得できる議論を構築した上で上梓したいという思いがありながら、実際には思い通りに執筆作業を進められなかった筆者の力不足がその原因である。しかし、その思いを汲み取ってくださり、当該科研費の申請から本書の加筆修正、そして上梓に至るまで、原稿の完成を辛抱強く待ってくださった石田社長に、衷心より感謝申し上げる。また、2008年以来のフィジー諸島における調査、帰国後の博士論文の執筆、さらに本書の加筆修正・出版は、以下の研究助成の交付を受けて可能となったものであることを付記しておく。

・立教大学学術推進基金　大学院生研究（2007年度・2011年度）
・立教大学大学院異文化コミュニケーション研究科　金子詔一奨学金（2011年度）
・損保ジャパン日本興亜環境財団　学術研究助成（2011年度）

・日本学術振興会　特別研究員DC2／PD研究奨励費（2012〜13年度・課題番号244381）
・日本学術振興会科学研究費　若手研究B（2014〜2016年度・課題番号JP26870634）
・日本学術振興会科学研究費　研究成果公開促進費（2016年度・課題番号16HP5115）

とりわけ、2012〜13年に特別研究員DC2／PDとして採用され、文部科学省科学研究費補助金の支給を受けることがなかったら、フィジー諸島をフィールドとした私の調査研究は、確実に頓挫していただろう。本書は、これらの資金によって可能になった研究成果の一部であることを明記し、ここに謝意を記しておきたい。

＊＊＊

最後に、私事に触れさせて頂きたい。生活を共にし始めて間も無かった頃、突然フィジーに行ってしまうという、どうしようもなく我が儘で向こう見ずな私を受け容れ、傍らで忍耐強く支え続けてくれた妻に、心から感謝の言葉を贈りたいと思う。また、母、姉、友人たちには、出口が見えない大学院生活の中で、思い悩むこともあった私を励まし続けてくれたことに、改めてありがとうと伝えたい。そして、2016年9月、父になる慶びを私に教えてくれた新たな命の存在に感謝して、本書を閉じようと思う。

　　　Loloma yani,

2017年1月

浅井　優一

索引

[人名]

[ア行]

ウィルキンソン, デイヴィッド　170, 190-192

ウォーフ, ベンジャミン・リー　25, 27-29, 34, 37, 44, 49, 57

ヴィヴェイロス・デ・カストロ, エドゥアルド　110

ヴォロシノフ, ヴァレンティン　5, 62

ヴラオノ, アトゥ　367

エヴァンズ＝プリチャード, エドワード　322

オースティン, ジョン　60, 79, 81, 89, 90

オベイエセカラ, ガナナト　100

[カ行]

春日直樹　96

カプラン, マーサ　96, 97, 243, 244

ガラセ, ライセニア　431, 433

カント, イマヌエル　26, 80

ガンパーズ, ジョン　3, 60, 61, 106

ギアツ, クリフォード　3, 6, 24, 61

キージング, ロジャー　100

クック, ジェームス　86-88, 90, 100, 119

グライス, ポール　60, 79, 80, 81, 89, 202, 264

ゴードン, アーサー　121-123, 273, 432

ゴフマン, アーヴィング　13, 14, 37, 47, 58, 60, 62, 74-76, 81, 105-107, 175, 261

[サ行]

サーストン, ジョン　121, 122

サーリンズ, マーシャル　14, 17, 84-86, 88-101, 91, 108, 132, 133, 153, 264, 265, 271, 306, 311, 374, 441, 442, 448, 450

サール, ジョン　60, 79-81, 89, 112, 202, 264

ザコンバウ, セル　120

サピア, エドワード　14, 25, 27-29, 32, 34, 37, 44, 49, 57, 67, 108

シルヴァスティン, マイケル　25, 37, 44, 47, 65, 85, 106, 108, 150

ストラザーン, マリリン　14, 17, 84, 101-112, 273, 276, 304, 441, 442, 450, 451

スペイト, ジョージ　433

ソシュール, フェルディナン・ド　3, 4, 11, 40, 51

[タ行]

ターナー, ヴィクター　60, 97

タウシッグ, マイケル　300

テッドロック, デニス　62

デュボア, ジョン　64, 76-78

デュルヴィル, ジュール・デュモン　118

デュルケム, エミール　35, 54, 60, 81, 107, 150

ドゥルーズ, ジル　105

トーマス, ニコラス　84, 95, 97, 98, 110-112, 131-133, 306, 441, 442, 448, 450

トーレン, クリスティーナ　97

[ナ行]

ナヤザカロウ, ルシアテ　170-172, 205

ニーチェ，フリードリヒ　26
丹羽典生　96

[ハ行]
パース，チャールズ・サンダース　25, 36, 40, 41, 43, 44-46, 50, 51, 55-58
バイニマラマ，チョサイヤ・ヴォレンゲ　85, 431-433
ハイムズ，デル　58, 60-62
バヴォウ，チョヴェサ　243-244
パトナム，ヒラリー　93
バフチン，ミハイル　5, 14, 58, 60, 62, 70, 72, 76
バンヴェニスト，エミール　381
ファイソン，ロリマー　123
フーコー，ミシェル　37, 113
フリードリック，ポール　62, 85
ブルデュー，ピエール　36, 37
ベイトソン，グレゴリー　3, 45, 105-107
ボアズ，フランツ　10, 14, 20, 24-27, 34, 37, 44, 49, 50, 57, 58, 60
ホカート，A. M.　84-86, 97, 153, 174, 319

[マ行]
マクスウェル, G. V.　169
マリノフスキー，ブロニスラフ　6-7
モーガン，ルイス　121, 123
モース，マルセル　35, 36, 60, 107

[ヤ行]
ヤコブソン，ローマン　4, 5, 10, 11, 14, 20, 25, 35-41, 43-45, 47, 49, 50, 61, 62, 65, 67, 70, 80, 85, 94, 151, 290, 314

[ラ行]
ラッサンガ，イシレリ　128, 130
ラトゥール，ブルーノ　110
ラボヴ，ウィリアム　113
ランブカ，シティヴェニ・リガママンダ　432, 433
リティア，アンディ　142-153, 155-158, 163, 164, 214, 217, 323, 325, 328, 329, 331-332, 335, 342, 379
リンドストローム，ラモント　260
ルッツ，ヘンリ　173, 174
レヴィ＝ストロース，クロード　14, 34-37, 49, 60, 62, 85, 86, 88, 90, 93, 94
レーナルト，モーリス　107, 247, 304

[ワ行]
ワンガ，ペニ　373-376, 397-401

[地名]
[ア行]
インド　119, 122, 123, 164, 204, 323, 433
ヴァヌアツ　100, 118, 260
ヴァヌアレヴ（島）　118, 119, 146
ヴィティレヴ（島）　2, 12, 96, 118, 120, 124, 125, 130, 134, 179, 181, 243
ヴェラタ（地域）　139, 238-240, 242, 246
ヴォロヴォロ（村）　126, 129, 144, 147, 149, 150, 324, 325,
ヴニンダワ　138-144, 152, 214, 232, 233, 236, 240, 245, 246, 248, 309-311, 328-330, 363, 381, 388
オヴァラウ（島）　120, 200

[カ行]
カンダヴ（島）　164
ゴマ（島）　141-144, 147, 149, 150, 200, 217, 249, 285, 329-331, 363
コロヴォウ　201

[サ行]
サワカサ（地域）　126, 191, 194
スヴァ（市）　17, 19, 197, 200, 283, 340, 341, 386

ソロモン諸島　100, 118, 119, 369

[タ行]
タイレヴ（地方）　12, 124, 181, 196, 348, 440
ダワサム（地域）　2, 12, 124
タンガニーカ　139, 238, 242
タマ・トゥレセ　234
デライ・ヴォニ（山）　234, 237, 248, 411-413

[ナ行]
ナイタシリ（地方）　310, 138, 139, 149, 232-233, 238
ナウソリ（市）　201
ナコロヴァトゥ（村）　233, 240, 248
ナコロトゥンブ（地域）　217, 307, 310, 317
ナザギ（山）　254, 162, 235-237
ナタレイラ（村）　2, 18, 126, 129
ナトヴィ　200
ナメナ（地域）　126, 369, 371, 378, 385, 399
ナヤヴ（地域）　184, 232, 233
ナラワ（地域）　259, 267, 268, 369, 371, 393, 397
ニューカレドニア　118, 247

[ハ行]
バウ（地域）　120, 171, 181, 238, 239,
パプア・ニューギニア　101, 369, 417
ハワイ　86-88, 90, 95
ポリネシア　85, 87, 118, 119, 318

[マ行]
マタキ・ダワサム（マタイ・ダワサム）　184-186, 230, 233, 234, 248, 363
ミクロネシア　118
ムニア　326
メラネシア　84, 118, 318, 417
モアラ　374

[ラ行]
ラ（地方）　138, 139, 144, 200, 243, 252, 255, 307, 310, 369, 399
ラウ（諸島）　119, 326
ロンドニ　170, 191, 194, 281

[ワ行]
ワイニンブカ　184, 232, 244

[事項]
[ア行]
アーカイヴ　131, 195, 387, 408, 420, 423, 428, 436, 446, 447
アーカイヴ記録国家　131
アイコン　43
会う／合う（sota）　323, 325, 395
悪魔（tevoro）　211, 212, 215, 222, 252, 254, 267, 300, 305, 311, 367, 412, 445
アスペクト　401
アナロジー　35, 36, 108
アニメーター（アニメート）　75, 201, 321, 429
アメリカ先住民　24-26, 67, 72
アルケー　195
イーミック　27, 161
意識の限界　29, 32, 110, 440, 441, 451
威信財　102, 143, 152, 174, 354
一次的（社会）指標性　261
一回性　6, 436
一般証言　12, 14, 148, 149, 159, 160, 169, 170, 177-181, 190, 213, 243, 271, 284, 345
イデオロギー　6, 24, 34, 35, 36, 54, 61, 62, 84, 95, 98, 100, 112, 175, 264, 408, 441, 450
意図性　64, 79, 80, 81, 112, 104, 359, 361
イニシエーション　405
今ここ性　436
印鑑　296, 321, 335, 339
韻文　42, 43, 47, 52, 65

索 引　　*489*

引用　76, 187, 398, 417, 446
ヴァヌア　129, 137, 210, 260, 271, 276, 339, 345, 429, 448,
ヴァリエーション　189, 250, 377
ヴィチ・カンバニ運動　96
ヴェイヴァカティコリ　390, 401, 402
ヴェイヴァグヌヴィ　154
ヴェイタロギ・ヴァカヴァヌア　124
ヴォイシング　70
叡智　394, 405
エスノ・ポエティクス　60, 62
エティック　27
王権　84-86, 153
オノマトペ　52
オノミー知識　182, 183
オリエンタリズム　100
オリゴ　48, 271, 276, 388
音韻論　35, 36, 94
オンセット　31, 404
音素　25, 26, 29, 30, 31, 36, 377, 379
オントロジー　188

[カ行]
カーゴ・カルト　96, 97, 204, 205, 260, 369
邂逅　8, 68, 90, 109, 224, 249, 251, 323, 327, 328, 357, 358, 386, 405, 441
解釈　3, 5, 6, 10
解釈項　51-53, 56
解釈人類学　3
外来王　86, 96-98, 227, 246, 271, 275, 277, 445
較正　43, 354
カストム　100
語られた（出来事）世界　431, 437, 447
語りの（出来事）世界　431, 437, 447
割譲　120, 121, 189, 248, 414, 416, 417, 435
カトリック　367, 412
カナク人　304
カノン　132, 133, 204
カムナガ　143, 392-394, 396, 397, 400, 401

間接的発話行為　80
完全な主体　358
完了相　193
関連性理論　79, 90, 202
擬音語　42, 52
記号過程　112, 442
記号論　49-51, 53, 55-58, 440
規則態　51, 55, 56
擬態語　42
起点ダイアローグ　73
機能文法　45, 274
客体化　14, 98-100, 112, 132, 133, 211, 441
供宴（veiqaravi）　174, 175, 316, 402
ギルミティヤ　123
儀礼　47-49
儀礼スピーチ　60, 78, 354, 360, 397
儀礼的義務（itavi）　139, 147, 163, 212, 249, 262, 267, 396, 408, 426, 443
儀礼的コミュニケーション　107-109
空所化変形　65, 377
クーデター　431, 432, 433
クラ　102
クラウン・ランド　121, 122
クレオール　417
クンブナ　120
経験的＝超越論的二重体　113
啓示　2, 3, 225, 227, 248-251, 260, 263, 265, 303, 326, 327, 397, 412
形式性　62, 64, 65, 67, 69, 80, 81, 109, 178, 390, 445
形象化　48, 49, 107, 108, 112, 113, 204, 277, 321, 373, 375, 378
ゲシュタルト　37, 42, 79
結束性　112, 246, 270, 274, 288, 290, 300, 340, 350, 379
ゲレ・ヴァカラトゥ　155
ケレケレ　99
権威化　46, 71, 72, 74, 194, 203, 257
原因と効果　103, 304

言及指示中心主義　441
言及指示的テクスト　45, 246
言語意識　28, 33, 305
言語構造　28-30, 30, 32, 34, 36, 38, 39, 51, 91-93, 94, 176
言語人類学　10, 12-14, 19, 20, 24, 25, 37, 49, 60, 84, 101, 106, 369
言語相対性　25, 27, 28, 34, 38, 44, 49
顕在的　32, 112-114, 171, 277, 430, 436, 437, 447
現実相　193, 382, 386
現実態　40, 51, 55, 56, 93, 251, 375
現象学　37
原物　296
言文一致　113, 277, 427, 429, 436, 446
コ・テクスト　45, 246, 415
語彙化　93, 366, 385
語彙部　29, 305
語彙ペア　33, 314, 316, 317, 322, 363, 378, 441, 444
行為主体性　273, 274, 276, 277, 330, 444
構造歴史人類学　14, 34, 91, 94, 95, 111, 441
行為の詩　47
護衛隊　375
コーダ　31, 405
コード　38, 39
呼称　291
個人の存在性　64, 78
個性記述科学　25, 27
言霊　89, 90
ことばの民族誌　14, 60-62, 65, 76, 79, 80
このもの性　436
コミュニケーション出来事　8-13, 44, 45, 63, 71, 79, 81, 109, 110, 151, 314, 442, 450, 452
コミュニタス　97
固有名詞　149, 151, 185, 304, 339, 373
語用（プラグマティクス）　3, 4, 9, 84, 107
語用的現在　48

痕跡　155, 349, 350
コンテクスト　10, 38-43, 45, 47, 48, 53-55, 62
コンテクスト依存性　78, 79, 98, 111, 130, 151, 175, 176, 274, 315, 334, 375, 401, 402
コンテクスト化　69, 71
コンテクスト化の合図　3, 106, 304

[サ行]
再帰性　5, 6, 9, 45
再帰的較正　44, 45, 106
最高首長　2, 128, 137, 148, 154, 250, 271, 403
最初の時（matai ni gauna）　202, 285, 354, 362, 364, 434
サウ　137, 398
サウトゥラガ　129, 212, 218, 421
サバルタン　6, 7, 100
サピア・ウォーフ仮説　28, 29
三幅対　50, 281, 288, 301, 51, 52, 55-57
散文　42, 43, 47, 52, 70
詩学　10, 11, 14, 58, 60
視覚記号　373
時空　44
時空内的較正　45, 46
自己言及　7, 264, 452
指示関係　51-56
指小辞　42
システム・センテンス　182
自然化　200, 203, 210, 277, 437, 447
氏族登録台帳　12, 146, 159, 345
指大辞　250, 327
実験民族誌　6
詩的機能　11, 25, 38, 39, 40, 43, 45, 48, 65, 290
詩的結束　249, 252
詩的構造化　41, 112
シニフィアン　51, 448
シニフィエ　51
指標記号　46, 48, 52, 53, 56, 89, 93, 94, 111, 134, 315, 430, 446, 451

指標性　29, 40, 44, 46, 53, 64, 76, 78, 151, 294, 270, 330, 371, 403, 437
指標的連鎖　154, 199, 431, 451
指標野　4, 48, 76, 94, 151
自明性　64
社会指標性　33, 152, 154, 261, 295, 296, 299, 317, 321, 322, 360, 373, 412, 413,
社会文化的価値　261, 317
ジャンル　5, 48, 52, 62, 98, 178, 204, 275, 277, 296, 363
自由間接話法　70, 429
終焉性　195, 319, 401
集団表象　54, 150
主権性　187, 274, 444
呪術　254
証拠性　46, 185
証拠付け　249, 250, 290
証左　151, 155, 164, 262, 296, 323, 327
象徴記号　49, 52-56, 93, 94, 111, 150, 315, 375, 441
象徴性　46, 80, 151, 152, 181, 199, 203, 294, 299, 339, 358, 361, 364, 375, 400, 403
象徴的自己提示　76
指標的類像　16, 47, 48, 49, 94, 108, 112, 114, 178, 323, 328, 354, 376, 442, 444
初期植民地政策　118, 121, 131, 177, 203, 274
序列構造　15, 112, 113, 189, 195, 349, 443
シラブル　30, 31, 42, 43
人格　77, 78, 101-103, 105, 107, 108, 111, 199, 304, 306, 381, 417, 442
審級　17, 265, 277, 281, 339, 340, 349, 415, 448, 451
人工物　102-104, 107, 108
親族名詞　150, 151, 291, 294, 326
神話　112
神話集　195
推意　80
遂行的構造　88
遂行的発話　89, 90-93, 194, 321, 360, 364

遂行文　45, 46, 89, 91, 93
遂行論的循環　265
水平的反響　451
スピーキング（SPEAKING）モデル　62
スピーチ・ジャンル　5
ズレ　7-9, 28, 34, 48, 90, 104, 202, 204, 205, 318, 323
整合性　9, 76, 238, 246, 272, 318, 323, 327
聖餐　402
セヴセヴ　418
宣教師　120, 215, 247, 299, 412,
潜在態　40, 51, 55, 56
先住民　277
先住民系フィジー総務省　168, 280, 409, 409, 419, 424, 428, 446
先住民所有地委員会　15, 124, 168, 271
先住民保護政策　119, 121, 274, 415
宣誓　169, 171, 176, 179, 190, 335, 401
先達　238-240, 242, 376, 398, 414
千年王国（運動）　96, 97, 204, 205
ソヴァ・ベヌ　235
相互行為的テクスト　301, 340, 431, 437, 445, 446
相互行為儀礼　13, 37, 47, 48, 81
贈与　151, 152, 174, 221, 304, 305, 320, 321, 403
贈与交換　102, 107, 143, 174, 315, 319, 354, 376
贈与とジェンダー　102
遡及的な取り消し　416
即位儀礼　2, 354
祖先神・祖霊　226, 244, 382
ソノリティー　31, 42
存在論　45, 46, 101, 110, 118, 151, 192, 195, 262, 451, 452
存在論的基盤　9, 112, 114
存在論的転回　10, 13, 84, 101, 107, 114, 450
尊大化　381

[夕行]

ダイアグラム 16, 65, 67, 68, 69, 112, 188, 189, 204, 247, 253, 349, 444
タイアップ 417
ダイアローグ 2-5, 11, 19, 70, 72-74, 450
ダイアロジズム 14, 58, 60, 70
第一性 51, 55, 56
ダイクシス 38, 53, 314
第三性 51, 52, 55, 56
大首長会議 85, 130, 432
対照性 8, 16, 31-33, 35, 42, 43, 66, 86, 98, 111, 112, 171, 317, 331, 357, 415, 434, 442
対照ペア 111, 144, 246, 300, 311
第二性 51, 55, 56
タイプ 46, 55, 56
ダウニヴズ 326
ダクワンガ 211
他者修正 301, 316
他者 5-9, 50, 70, 111, 441
脱コンテクスト化 150, 168, 175, 181, 204
他動性 330, 357
タノア 316, 371, 375, 376
タブー 305, 316, 371, 373
ダブル・バインド 105, 106
魂 3, 384
多民族主義 433
タリタリ 370
単線的進化理論 273
タンブア 143, 152, 153, 155, 157, 217, 270, 285, 329, 332, 378, 391-393
血 145, 216, 342, 343, 346
地位名詞 294, 295, 304, 317, 373, 375
地の文 70, 409, 411- 413, 415, 416, 420, 422, 428, 429, 436, 446
抽象化する力 26
超言語学 5, 70, 76
超時空的較正 46, 92
直接引用 16, 77, 304, 305, 376, 428, 436, 444, 446

著作権 418-420, 428, 436, 446
伝えられた言葉 5
ディスコース 69-74, 150, 151, 155, 164
提喩 6, 7
テーマ 45
出来事 88-91
テクスト・センテンス 182
テクスト化 4, 8, 11, 43, 44, 69, 71, 94, 110-112, 114, 442
テクスト性（テクスチュアリティ）13, 340, 349, 431, 434, 451
デラ・ニ・ヤヴ（ヤヴ、ヤヴトゥ、始祖の地）124, 169, 178, 183-185, 189, 225, 248, 271, 309, 412, 413, 427
デラナ 307, 309, 394-396, 401, 398
転換子 20, 25, 38, 39, 43, 44, 53, 77, 94, 314
デンゲイ 96, 211, 243, 408, 480,
伝承 159, 169, 178, 179, 204, 244, 246, 250, 289
テンプレート 409
伝聞 184, 187, 192, 398
伝令 269, 307, 308, 311, 421, 422-424, 426, 435
トゥカ 96, 97
登記 200, 276, 447
統語的範疇 30
倒置 30, 32, 357
トークン 40, 55, 56, 93, 375
トーテミズム 25, 35, 36, 60, 89, 93, 95, 108, 441
トーテム 47, 54, 150, 177, 182, 183, 186, 189, 373
トク・ピシン 417
土地の決定 408, 410, 411, 413-417, 424, 425, 427, 429, 446
土地の親族 369, 385, 387, 392
土地の民 252, 255, 319, 330, 348, 381, 392, 402, 436, 447, 448
土着性 185, 187, 413

[ナ行]

内在　9, 10, 17, 90, 104, 110, 113, 277, 431, 451
ナヴェン　105
流れ者　139, 223, 269, 270, 310
ナゾウ　138, 227, 233
ナラティヴ　58, 60, 62, 180
ナワライ　160-162, 224, 248
二項対立　5-8, 35, 36, 86, 89, 98, 111, 311, 441,
二次的（社会）指標性　261, 262, 295, 297, 300, 306
二重体　16, 113, 114, 177, 277, 428, 436
日常言語学派　60, 79, 81, 89, 90, 202
ニュー・メソジスト　367
認識論　26, 27, 262, 364
ネイティヴ・ランド　121, 122
ノミック相　321, 358

[ハ行]

パートノミー　188, 189
媒介性　64, 69-72, 80, 81
排他的対立　35, 36, 98
ハイポタクシス　16, 274, 276, 271, 330, 443
バウ語　85, 181, 378, 385, 399, 409, 446
旗　416
バックステージ　345, 428
発話行為論　79, 81, 89, 93, 104, 441
発話出来事　36, 38, 39, 45, 48, 61, 62, 315, 316, 330, 382, 404, 410
ハビトゥス　36, 37, 263
パフォーマンス　61, 62, 81, 111, 107-109, 428
パラ言語　2, 77, 379
パラタクシス　15, 271, 275, 276, 330, 444
パラレリズム　63, 64, 66, 67, 81, 321, 388
パロール　3, 4, 11, 40
範疇的認識　25, 27, 98, 261, 318, 321, 323, 377
範列　16, 40, 317, 445
ピーク　31, 67, 403, 404
非決定性　348

非顕在的　112, 114, 171, 204
比喩的効果　9
憑依　16, 17, 76-78, 225, 226, 263, 265, 327, 376, 405, 429, 436, 437, 446, 447
表敬　261
標準変種　85, 181, 378, 385, 399, 400, 409, 446,
ビロ（の譲渡）　152, 153, 155, 157, 216, 217, 229, 266, 287, 334, 335, 376, 378-385, 418, 444
品行　261
ファンタスマゴリ　436
フィギュール　42, 48, 251
フィジー言語文化研究所　18, 19, 369, 408, 409, 419, 446, 454
フィジー人民族主義　431, 433
フィジー地域管理海域（FLMMA）　17, 18, 341
フェイス（面子）　81, 107
フォーマット　178, 183, 189, 195, 274, 330
フォーマリティー　261, 299
フォーミュラ　45, 47, 93, 319, 321, 376, 401
副次的合理化　28, 32
復唱　69, 72, 321
複製　104, 363, 428, 434, 436
物神化　7
フッティング　37, 76, 81, 106, 175, 300, 348, 397, 420
部分的繋がり　4, 103, 104, 450
プラグマティシズム　25, 55, 94
プラトー　105
プラハ構造主義　14, 35
プランテーション　119, 122, 204
フリーホールド・ランド　121, 122
ブリコラージュ　35, 111
ブレ　238, 266, 369-376, 444
フレーム　37, 68, 74, 75, 81, 106, 247, 281, 298, 300, 301, 304, 398
フレーム修復　298, 301

フロントステージ　428
文化相対主義　24, 27, 29, 39, 110
分割可能な人　103, 304
文化的意味範疇　8, 13, 47, 90, 93, 314, 316, 375, 441
文化的ステレオタイプ　91, 93, 94, 110, 112, 150
文化と自然　8, 86, 109
分人　14, 102-104, 107, 108, 111, 112, 114, 265, 304
分析哲学　93, 151
文法範疇　26, 28, 29-31, 36, 38, 39, 43, 53, 92, 93, 94, 321
分裂生成　33, 105-108, 111, 113, 177, 204, 427, 442
ヘテログロッシア　70
ヘテロフォニー　70
ペルソナ　107
弁証法　35, 71, 88, 276, 437, 448
ペンテコステ　367
弁別特徴　30, 35, 36
方言変種　378, 385, 399, 400, 409, 446
法則定立科学　25, 27
亡霊　69, 446, 447
ポストコロニアル　328, 434, 447
ポストモダン人類学　5-7, 84, 95, 100
ポトラッチ　106
ホモロジー　36, 164, 317
ポライトネス理論　90, 202
ポリフォニー　5
翻訳　5, 6

[マ行]

マオリ　88, 107, 121
マカヒキ祭　87, 88
マギティ　142, 160, 174, 285, 291,
マシ　366, 370, 372-374, 393, 396
マタニヴァヌア　129, 218
マタニトゥ　98, 129
マタンガリ　174, 176

マナ　9, 85, 86, 88, 107, 216, 249, 260, 267, 318, 319, 321, 343, 401, 452
魔法のフォーミュラ　319, 321, 401
ミソ・プラクシス　86, 88, 90, 91, 93, 95
道（sala）　251, 362-364, 400, 401
南太平洋大学　17, 19, 221, 254, 341
民主化　350, 415, 431, 433
民族誌記述　4, 6, 7, 10, 12, 19, 108, 109
無意識　27, 28, 30, 34-38, 49, 60, 93, 249, 301, 441
ムード　334
無形文化遺産　428, 429
名辞　51, 54, 56
名詞句階層　150, 151, 294, 375, 444
命題　51, 54, 56, 92
メケ　18, 212, 326, 412
メソジスト　123, 164, 367, 369, 371, 386, 401, 412, 417
メタ・コミュニケーション　3, 45, 105-107
メタ・ディスコース　308, 429, 430
メタ・テクスト　161, 165, 199, 340, 349, 374, 415, 430, 440, 446, 448
メタ・フレーム　284, 306
メタ意味論的構文　186
メタ言語　7, 10, 12, 40, 451, 452
メタ語用　3, 43, 44, 94, 319
メタ語用的透明性　49, 294
メタ指標　44, 109
メタファー　61, 66, 67
メタフォース　68, 107, 390, 436, 437, 452
メタフォリカル　68, 108, 109, 301, 442, 452
メッセージ　5, 11, 38, 39, 40-43, 45, 65, 74, 80, 106, 290, 404
メディア　62, 155, 411, 428, 436, 443
メトニミー　61, 153, 156, 157, 393
モーラ　30-33, 305
目標ダイアローグ　73
モノ　4, 10, 31, 47, 102-104, 106-108
物自体　6, 7, 32, 185
モノローグ　4, 181, 308, 335, 409

模倣　52, 76-78

[ヤ行]

ヤヴサ　172, 188, 272
野生の思考　25, 35, 36
ヤンゴナ　85, 371, 376
ユニゾン　320
予言　222, 326, 412
よそ者　255, 257-261, 258

[ラ行]

ラ地方の人（kai Ra）　253, 255, 281
ラミ運動　96
ラング　3, 11, 40
リアリズム　5-7
リアリティ　8, 13, 33, 88, 248, 349, 350, 436
リゾーム　105
類似性　32, 33, 35, 40, 43, 52-55, 98, 357, 405
類象記号　52, 56, 328
類像性　8, 40, 43, 45, 52, 74, 104, 323, 327, 358, 373
レーマ　45
歴史の記号　142, 155, 163, 164, 247, 248, 296, 328
歴史の中の記号　155, 164
レジスター　33, 70, 77, 78, 143, 154, 299, 378, 392
レプリカ　16, 46, 47, 52, 92, 182, 251, 363, 375, 445
連辞　40, 43, 45, 67, 98, 111, 112, 403, 442
ローカル・エリート　341
六機能モデル　11, 25, 40, 41, 62, 65, 80, 290
ロコ・トゥイ　280
ロコモウトゥ　238, 240, 242-246
ロノ神　86, 87
ロロマ　299, 300, 399
論法　51, 56

[ワ行]

ワン・ライナー　373, 375

著者紹介

浅井 優一（あさい・ゆういち）
順天堂大学 国際教養学部 助教
2004年 ニューヨーク州立大学 バッファロー校 人文科学部 卒業
2012年 日本学術振興会 特別研究員 DC2（2013年から PD）
2013年 立教大学大学院 異文化コミュニケーション研究科 博士課程修了
2015年 より現職
［専門領域］
文化人類学　言語人類学　社会言語学　オセアニア地域研究
［主要業績］
「Mana、儀礼、魔法のフォーミュラ：現代エコクリティシズムの所在／彼岸」『交感幻想』野田研一（編）ミネルヴァ書房 2017年
Environmentalism and its ritualized fakeness: A semiotic analysis of onomatopoeic discourse on nature. *RASK: International Journal of Language and Communication 42* (2015).
「首長再生と悪魔排除：フィジーにおける神話化過程としての首長制」『アジア・アフリカ言語文化研究』85号 2013年
「行為の詩、あるいは、儀礼としての自然インタープリテーション：環境ディスコースの言語人類学的考察」『社会言語科学』11巻2号 2009年

儀礼のセミオティクス
メラネシア・フィジーにおける神話／詩的テクストの言語人類学的研究

発行日	2017年2月28日　初版第1刷発行
著　者	浅井優一
装　幀	臼井新太郎
発行所	株式会社 三元社
	〒113-0033
	東京都文京区本郷1-28-36鳳明ビル
	電話 03-5803-4155　FAX 03-5803-4156
	郵便振替 00180-2-119840
印刷＋製本	モリモト印刷 株式会社

©Asai Yuichi 2017
ISBN978-4-88303-423-9
Printed in Japan

社会の探究としての民族誌　ポスト・ソヴィエト社会主義期南シベリア、セレンガ・ブリヤート人に於ける集団範疇と民族的知識の記述と解析、準拠概念に向けての試論
渡邊日日　経済・言語・儀礼・教育を舞台に、準拠概念を手掛かりにモンゴル系ブリヤート人の社会と知識を問う。　　　　　　　　　　7600円

リアリティと他者性の人類学　現代フィリピン地方都市における呪術のフィールドから
東賢太郎　呪術への実体論的アプローチによって、呪術と近代、〈我々〉と〈彼ら〉をめぐる、新たな可能性を探る。　　　　　　　　5000円

ネパール、ビャンスおよび周辺地域における儀礼と社会範疇に関する民族誌的研究
名和克郎　いま、民族誌を編むことを自らに問いかけながら描き出した、人々の生活と、その指し示すもの。　　　6000円〈品切中〉

民族という政治　ベトナム民族分類の歴史と現在
伊藤正子　ある「民族」であるとは、人々に何を意味するのか。上からの民族政策の問題点を明らかにする。　　　3800円〈品切中〉

エスニシティ「創生」と国民国家ベトナム　中越国境地帯タイー族・ヌン族の近代
伊藤正子　タイー族・ヌン族はいかに少数「民族」となり、ベトナム「国民」となったか。その歴史過程を明らかにする。　　4300円〈品切中〉

記号の思想　現代言語人類学の一軌跡　シルヴァスティン論文集
M・シルヴァスティン著　小山亘編・ほか訳　社会文化コミュニケーション論による「言語学」の超克、「認知科学」、「人類学」の再構築。　5500円

記号の系譜　社会記号論系言語人類学の射程
小山亘　ボアス以来の人類学、パースからヤコブソンへと展開してきた記号論を融合した言語人類学とは。　　　　　　　　　　　4600円

近代言語イデオロギー論　記号の地政とメタ・コミュニケーションの社会史
小山亘　「敬語」は、なぜ、いかにしてイデオロギッシュに機能するのか。「京都方言」はいかにして「京都方言」となるのか。　5700円

批判的社会語用論入門　社会と文化の言語
ヤコブ・L・メイ著　小山亘訳　現実社会から遊離した「言語」研究の軛から「語用論」と「ことば」を解き放つ「批判的社会語用論」の全体像。　5500円

批判的談話分析入門　クリティカル・ディスコース・アナリシスの方法
R・ヴォダック＋M・マイヤー編著　野呂香代子監訳　メディア等の談話の権力・イデオロギー性を析出、差別や抑圧と闘うための入門書。　3000円

コミュニケーション論のまなざし
小山亘　コミュニケーションは、単なる情報伝達ではなく、歴史、文化、社会の中で起こる出来事であることを示す。　　　　　　1700円

社会言語学のまなざし
佐野直子　様々な「話すという事実」において何がおきているのか。「ことば」の多様な姿を多様な形で記述することで何が見えてくるのか。　1600円